Phil Town

Regel Nummer 1

Einfach erfolgreich anlegen!

*Die Originalausgabe erschien unter dem Titel
„Rule #1 – The Simple Strategy for Successful Investing
in Only 15 Minutes a Week“ bei Crown Publishers,
ein Verlag der Crown Publishing Group, einer Abteilung
von Random House, Inc., New York.
ISBN: 978-0-307-33613-2*

7. Auflage 2023

*Übersetzung: Egbert Neumüller
Gestaltung und Satz: Jürgen Hetz
Druck: GGP Media GmbH, Pößneck*

*Phil Town: Regel Nummer 1 – Einfach erfolgreich anlegen!
ISBN 978-3-86470-606-6*

Bibliografische Information der Deutschen Nationalbibliothek:
Die Deutsche Nationalbibliothek verzeichnet diese Publikation in der Deutschen Nationalbibliografie; detaillierte bibliografische Daten sind im Internet über <http://dnb.d-nb.de> abrufbar.

BÖRSEN MEDIEN
AKTIENGESELLSCHAFT

Postfach 1449 • 95305 Kulmbach
Tel: +49 9221 9051-0 • Fax: +49 9221 9051-4444
E-Mail: buecher@boersenmedien.de
www.boersenbuchverlag.de
www.facebook.com/plassenbuchverlage
www.instagram.com/plassen_buchverlage

Inhalt

Einführung – Geld verdienen um jeden Preis

„Ändere deine Gedanken, dann veränderst du die Welt."

– Norman Vincent Peale (1898–1993)

Dieses Buch ist eine einfache Anleitung, wie man an der Börse fast ohne Risiko Erträge von 15 Prozent und mehr erzielt. Investments nach Regel Nummer 1 sind gegen das Auf und Ab des Aktienmarktes praktisch immun – und bis zum Ende des Buches habe ich Ihnen das bewiesen.

Dass man der Regel Nummer 1 folgend investiert, ist heute aus mehreren Gründen wichtig, unter anderem, weil die Kinder des Babybooms derzeit durchschnittlich etwa 50.000 Dollar auf der Bank haben, die in 20 Jahren für ihren Ruhestand reichen müssen. Sie wissen, dass sie eine Million brauchen, aber sie werden es nicht schaffen. Die jüngeren Generationen haben genug Schwierigkeiten, ihre Schulden zu bezahlen und ein bisschen zu sparen; an Investitionen am Aktienmarkt können sie kaum denken. Wenn man nichts anderes tut, als in risikoarme Staatsanleihen zu investieren, die vier Prozent Zinsen abwerfen, sichert man sich einen unbequemen Ruhestand. Andererseits führt der Versuch, 15 Prozent Ertrag zu erzielen, garantiert zum Verlust, wenn man sich einfach nur „überlegt", wo man investieren sollte (in der Anlegersprache heißt das „spekulieren"). Die Regel Nummer 1 löst das Problem des hohen Ertrags bei geringem Risiko und damit kommen Sie schneller und mit weniger Anfangskapital in den Ruhestand, als Sie sich vorstellen können.

Ich habe diese Regel nicht erfunden. Als Erster hat sie Benjamin Graham an der Columbia University aufgestellt und dann hat sie der berühmte Graham-Student und inzwischen erfolgreichste professionelle Investor der Welt befolgt – Warren

Buffett. Buffett sagt: „Für die Geldanlage gibt es nur zwei Regeln. Regel 1: Kein Geld verlieren. Regel 2: Regel 1 nicht vergessen."
Der Grund, weshalb ich über die Regel schreibe, besteht darin, dass ich kein Buffett und kein Graham bin. Wenn man ein Genie sein muss, damit man die Regel anwenden kann, dann braucht man ja eher nicht darüber zu schreiben, oder? Ich bin ein ganz normaler Mensch wie Sie. Ich mag einfache, ehrliche Sachen. Ich habe nicht Wirtschaft studiert und nicht an der Wall Street gearbeitet. Ich habe die Regel in der Schule der harten Schläge gelernt. Wenn Sie ohne die Gefahr des Verlustes investieren könnten, wären Sie dann vielleicht eher bereit, die Dinge selbst in die Hand zu nehmen?
Da die Antwort auf diese Frage eindeutig Ja lautet, darf ich jedes Jahr mindestens 500.000 Menschen zeigen, wie leicht es ist, Regel 1 anzuwenden. Ich habe auf Peter Lowes monumentaler Tournee „Get Motivated" in den Stadien gesprochen und wurde vorgestellt als „der Mann, der mehr Menschen das Investieren beigebracht hat als sonst jemand im Land". Auf dieser Tournee stand ich mit Rudy Giuliani, Bill Clinton, George H. W. Bush, Gerald Ford, Jimmy Carter, Margaret Thatcher, Colin Powell, Michail Gorbatschow und General Tommy Franks auf der Bühne – und erzählte mehr als zwei Millionen Menschen von der Regel 1. Und jetzt wird es Zeit, dass ich auch Ihnen davon erzählen kann.
Bevor ich die Regel 1 erlernte und auf Tour ging, musste ich mich meistens schmutzig machen, um meinen Lebensunterhalt zu verdienen. Von teuren Immobilien oder luxuriösen Reisen durch die Weltgeschichte wagte ich nicht einmal zu träumen. Ich habe Gräben ausgehoben, Leihgeräte gereinigt, Benzin gezapft, Lastwagen gefahren, Tische abgeräumt und Beinschienen angefertigt. Ich war ein mittelmäßiger Schüler und habe für das College vier Anläufe gebraucht. Während meiner vierjährigen Armeezeit habe ich zwei Jahre bei Spezialeinheiten („Green Berets") und vier Monate in Vietnam verbracht.

Am 1. März 1972 ging mein Militärdienst in Vietnam zu Ende und ich kehrte in die Vereinigten Staaten zurück. An meinem letzten Tag als Armeeangehöriger ging ich durch den SeaTac Airport in Seattle, stolz auf die Uniform und das grüne Barett, das ich trug. Plötzlich kam ein Mann angerannt, spuckte mich an und rannte weg. Ich war so lange außer Landes gewesen, dass ich nicht wusste, wie viele Amerikaner mich für das verachteten, wofür ich nach Übersee geschickt worden war. Nachdem ich meinem Land mehrere Jahre lang gedient hatte, stellte ich schon nach wenigen Tagen als Zivilist fest, dass mich viele Menschen für verrückt (oder Schlimmeres) hielten, weil ich mein Leben aufs Spiel gesetzt hatte.

Ich dachte, ich würde nie Arbeit finden, aber dann bekam ich einen Job als River Guide. Nachdem ich ein paar Jahre lang in Kalifornien, Utah und Idaho gearbeitet hatte, landete ich schließlich am Grand Canyon. Meine Haare waren damals so lang, wie man sie damals eben hatte, ich trug schwarze Lederklamotten, ließ mir einen Ziegenbart wachsen, wohnte in einem Tipi in der Nähe von Flagstaff, Arizona, und fuhr auf einer schwarzen, richtig lauten Harley-Davidson durch die Gegend und erschreckte die Menschen. Von der Wall Street und der Welt des Investings war ich denkbar weit entfernt. Ich musste mich immer noch schmutzig machen, aber wenigstens hatte ich jetzt eine Gesinnung.

Mein Leben veränderte sich, als ich im Jahr 1980 mit den Kuratoren von Outward Bound eine zweiwöchige Tour durch den Canyon machte. Outward Bound ist ein Bildungsprogramm, das Menschen aller Altersklassen in verschiedenen Situationen vor Herausforderungens stellt, meistens in Form abenteuerlicher Expeditionen in die Wildnis. Dabei sollen sie Teamgeist lernen, Führungsqualitäten erwerben, die Welt verbessern, sich selbst finden und so weiter. Da Outward Bound die Teilnehmer alles selber machen lässt, wollten wir es mit den Leitern genauso machen. Anstatt sie den Fluss hinunterzurudern, setzten wir sie in kleine Boote und zwangen sie, die meiste Zeit selbst zu paddeln. Nach sieben Tagen kamen wir zum Crystal, der übelsten Stromschnelle des Grand Canyons. 2.000 Kubikmeter Wasser pro Sekunde krachen gegen eine Granitwand, wenden im rechten Winkel und fallen mehr als zehn Meter in die Tiefe. Durch den Sog entsteht an der Felswand ein riesiger Strudel, der als „The Hole" [das Loch; Anm. d. Übers.] bekannt ist. Ich war dem Loch auf allen meinen Fahrten durch den Canyon noch nie zu nahe gekommen und der einzige Mensch, dem das meines Wissens passiert war ... na ja, er war kaum mit dem Leben davongekommen. Er hatte sich tiefe Fleischwunden zugezogen und sich beinahe das Rückgrat gebrochen. Wir manövrierten die Boote immer nach rechts und schlichen uns sozusagen am Loch vorbei. Aber dieses Mal paddelten wir und ich brauchte die Hilfe der Mannschaft, um das Boot auf die rechte Seite des Flusses zu bekommen, aber als ich meinen Schützlingen sagte, sie sollten nach rechts hinüber paddeln, tat sich nichts. Wir trieben sogar immer mehr auf das Loch zu. „Paddelt schneller! Fester! Es geht um euer Leben!"

Aber wir trieben immer noch rückwärts auf das Loch zu. Dann sagte ich den Burschen, sie sollten paddeln, als hänge mein Leben davon ab, aber das führte nur dazu, dass sie mit den Paddeln zusammenstießen. Sie schnappten nach Luft und wir trieben immer weiter zurück. Uns blieb nichts anderes übrig, als das Boot zu wenden und direkt auf das Loch zuzuhalten. Vielleicht würden auf diese Art nur ein paar von uns sterben. In diesem Moment sah ich einen schmalen Streifen Wasser zwischen Strudel und Felswand und ich schrie meiner Crew über den Lärm der Stromschnelle zu, sie sollten so stark sie konnten auf den oberen Rand des Loches zu paddeln. Ich dachte, wir könnten vielleicht auf der Welle vor der Klippe entlangsurfen. Das war eigentlich absolut aussichtslos und ich sah uns schon, wie wir an den Felsen zerschmettert wurden, bevor wir im Loch ertranken. Vielleicht sahen die anderen das auch oder sie hatten einfach nur begriffen, dass das Loch das Ende bedeutete. Doch wie dem auch sei, plötzlich schien das Paddelboot zu fliegen und wir schlitterten am Rande des Loches entlang. Einen kurzen Moment lang blickten wir alle in den gähnenden Strudel wie Mäuse, die in eine Waschmaschine schauen. Ich kann es bis heute noch nicht recht fassen, dass wir es geschafft haben, an dieser Stromschnelle vorbeizukommen. Wir kamen genau in den Streifen ruhigen Wassers hinein, an der Felswand und dem Loch vorbei, sodass wir auf die andere Seite gelangten. Und dabei waren wir nicht einmal nass geworden. Sehr aufregend. Als wir an Land gingen, musste sich einer der Kerle übergeben, während ich dem Besitzer des Unternehmens – der zufällig auch mit von der Partie war – erklären musste, wieso es nicht unbedingt meine Schuld war, dass sechs seiner VIPs knapp an der Katastrophe vorbeigeschrammt waren.

Später am Abend umarmte mich einer der Rafter mit Tränen der Rührung in den Augen und sagte: „Wie kann ich Ihnen dafür danken, dass Sie mir das Leben gerettet haben?" Ich hatte nicht den Mut, ihm zu sagen, dass ich ihn beinahe umgebracht hätte. Dieser Mann – den ich als Wolf bezeichnen möchte, weil sein Familienname so etwas Ähnliches bedeutet – war Selfmade-Millionär. Als er davon redete, dass er mir danken wollte, dachte ich natürlich, er wollte mir Geld geben, weil ich sein Leben „gerettet" hatte. Aber nein, er machte es wie in der Geschichte mit dem Fisch. Sie kennen das: Gib einem Mann einen Fisch, dann hat er einen Tag zu essen. Lehre einen Mann das Fischen, dann hat er sein Leben lang zu essen. Aber ich hörte gar nicht richtig zu. Er sollte seinen Fisch behalten. Ich wollte nur das Geld. Aber er war wild entschlossen, mir beizubringen, wie man investiert. Meine völlige Apathie und meine halbherzigen Antworten akzeptierte er nicht.

Am abendlichen Lagerfeuer fragte er mich , was ich denn verdienen würde. Ich sagte ihm, dass ich in der Rafting-Saison 4.000 Dollar im Monat und in den restlichen sechs Monaten

Arbeitslosenunterstützung bekam. Das brachte ihn für ein paar Tage zum Schweigen. Aber er ließ trotzdem nicht locker, er packte mich bei meiner Neugier und schließlich fing ich doch an. Ich lieh mir 1.000 Dollar und fünf Jahre später war ich Millionär. Bis dahin beherrschte ich die Grundlagen der Methode, die ich als Regel-1-Investing bezeichne. Ich wusste damals noch nicht, dass die besten Investoren der Welt diese Regel anwenden und dass es sie seit fast 80 Jahren gibt. Ich wusste nur, dass sie Geld brachte. Und das will ich Ihnen mit diesem Buch auch beibringen.

Ja schon, es gibt viele Wege zum Reichtum. Vielleicht lernen Sie, wie man einen Homerun schlägt und unterzeichnen einen Vertrag bei einer großen Baseballmannschaft. Erfinden Sie den neuesten technischen Schnickschnack, kaufen Sie ein Lotterielos oder arbeiten Sie an Ihren schauspielerischen Fähigkeiten und werden Sie eine hochbezahlte Hollywood-Berühmtheit. Aber sind solche Ziele für Menschen wie Sie und mich wirklich erreichbar? Es ist viel leichter zu lernen, wie man nach der Regel Nummer 1 investiert, und fertig. Dafür braucht man nicht einmal besonders klug zu sein. So einfach ist das.

Die meisten Amerikaner lassen sich von Investmentfonds fangen, die bestenfalls auf den Wellen des Marktes mitschwimmen. Sie diversifizieren, um das Risiko zu verteilen. Sie investieren langfristig. Sie tun alles, was ihnen die Experten raten. Bloß machen sie Verlust, wenn die Börse nach unten geht. Überlegen Sie sich einmal Folgendes: Der Dow Jones Industrial Average – einer der wichtigsten Indizes für das Auf und Ab der Märkte – erreichte im Jahr 1906 die Marke von 100 Punkten. Im Jahr 1942 stand er wieder bei 100. Das bedeutet, wenn man irgendwann zwischen 1906 und 1942 ein diversifiziertes Aktienportfolio gekauft hätte, dann hätte man eine Ertragsrate von null oder noch weniger gehabt (wahrscheinlich noch weniger). 36 Jahre. Das ist sehr, sehr langfristig. Von 1942 bis 1965 stieg der Markt und schenkte den

Anlegern 22 Jahre lang einen schönen kumulierten Ertrag von durchschnittlich elf Prozent im Jahr (Dividenden nicht eingerechnet). Aber dann erreichte der Dow Jones die Marke von 1.000 Punkten und überschritt sie 18 Jahre lang nicht, bis 1983. Danach hob der Markt wieder ab - von 1.000 auf 11.0000 in 17 Jahren. Und jetzt driftet er wieder seitwärts. Offensichtlich (zumindest für uns als Amateure) explodiert der Markt, ist dann massiv überteuert und stagniert zwei oder drei Jahrzehnte lang. Das wichtigste Wort in diesem Satz ist - falls Sie es nicht gemerkt haben sollten - „Jahrzehnte".

Natürlich gibt es noch andere Möglichkeiten als die Seitwärtsbewegung. Während ich diese Zeilen schreibe, versucht der amerikanische Präsident, die Sozialversicherung umzubauen. Er will der arbeitenden Bevölkerung zwei Billionen Dollar zurückgeben, damit sie sie privat investieren kann. Wenn er das schafft, fließt dieses Geld in Investmentfonds und treibt den Markt geradewegs nach oben. Jedenfalls für eine gewisse Zeit. Dann gehen die Babyboomer so langsam in Rente und heben ihre Millionen wahrscheinlich wieder ab, sodass der Markt auf das Niveau von 2002 zurückfallen könnte. Manche halten dagegen, China und Indien würden bis dahin derart solide Märkte bereitstellen, dass die amerikanischen Unternehmen ihre Gewinne weiterhin steigern könnten; und das wiederum würde die Aktienkurse in die Höhe treiben. Aber wollen Sie sich darauf etwa verlassen? Was bleibt Kleinanlegern wie Ihnen und mir in dieser ganzen Verwirrung denn übrig? Uns bleibt die einzig richtige Art der Geldanlage - Regel 1 in der heutigen Marktsituation anzuwenden.

Ähnlich wie Buffett seine Anlageprinzipien mit der Zeit an Veränderungen des Marktes anpassen musste, so musste auch ich die Prinzipien von Regel 1 weiterentwickeln, weil in den letzten 20 Jahren drei große Kräfte auf den Markt gewirkt haben: (1) die Auswirkungen institutioneller Mittel - Investmentfonds, Pensionsfonds, Bankenfonds und Versicherungsfonds. (2) die Auswirkungen der Theorie der Markteffizienz (werde ich noch erklären) und (3) die Auswirkungen, die das Internet und der Personal Computer auf die Möglichkeiten des Einzelnen haben, sich kostengünstig Informationen zu beschaffen und sie zu seinem Vorteil zu nutzen.

➥ Wenn Regel 1 so eine tolle Sache ist, warum haben die Menschen sie dann bisher nicht benutzt? Weil es die Werkzeuge auf Ihrem Computer zum ersten Mal möglich machen, dass jedermann mit nur ein paar Minuten Aufwand pro Woche Regel 1 anwenden kann.

Die Regel 1 entsteht daraus, dass die eine erprobte und bewährte Anlagemethode in einer Zeit auf einen von Institutionen kontrollierten Markt stößt, in der jeder, der einen Computer besitzt, Zugang zu den nötigen Investment-Werkzeugen hat. Zum ersten Mal in der Geschichte kann auch der kleine Mann, der es sich nicht leisten kann, acht Stunden am Tag ausgiebiges Research zu betreiben, Regel 1 in die Tat umsetzen. Die Werkzeuge, die Ihnen der Computer bereitstellt, erlauben es Ihnen, in 15 Minuten pro Woche zu einem erfolgreichen Regel-1-Investor zu werden. Sie haben viele Vorteile – Ihr vorhandenes Wissen, die Informationen, zu denen Sie Zugang haben, und die Schnelligkeit, mit der Sie in den Markt einsteigen und wieder aussteigen können. Zusammen machen es diese Vorteile möglich, dass Sie die sogenannten Experten überflügeln können. Wenn Sie ein guter Einkäufer sind, der weiß, wo man schöne Sachen zu günstigen Preisen bekommt, werden Sie Regel 1 problemlos lernen, denn sie beruht genau auf dem gleichen Konzept.

Dieses Buch wird Ihnen klarmachen, dass das Zusammentreffen von Technologie, Geld und Strategie gerade zu der Zeit eine Investment-Revolution auslöst, zu der Kleinanleger wie wir sie am dringendsten brauchen.

Ich hoffe, dass dieses Buch Ihren Glauben an das Investieren erneuert. Wenn Sie bereit sind, an Regel 1 zu glauben, werde ich Sie lehren, finanzielle Berge zu versetzen. Dazu brauchen Sie nur ein bisschen Glauben, ein bisschen Übung und ein bisschen Aufwand. Ich frische Ihr Training auf, wenn Sie die Hoffnung verloren haben, die Sie in den Markt gesetzt hatten, und ich trainiere Sie, wenn Sie Investment-Neuling sind – auch wenn Sie keinerlei Erfahrung in Finanzdingen haben und einfach etwas anfangen wollen, das risikolos finanzielle Sicherheit garantiert.

Egal, ob Sie ausgebuffter Investor oder Novize sind, Sie müssen sich von den alten, verqueren Theorien aus dem Elfenbeinturm lösen. Lassen Sie die Investmentfonds und die Fondsmanager hinter sich. Dadurch entfliehen Sie der Mittelmäßigkeit und lernen, dass Sie selbst ganz allein das Tor zum wahren Reichtum aufstoßen können.

Die Autoren Levitt und Dubner sagen in dem Buch „Freakonomics" deutlich, was uns das Internet allen gegeben hat: Zugang zu bislang geheimen Informationen sowie die Macht, diese Informationen zu unserem Vorteil zu nutzen.

Sie schreiben: „Information ist die Währung des Internets. Das Medium Internet verlagert mit brillanter Effizienz Informationen aus den Händen derer, die sie haben, in die Hände derer, die sie nicht haben. [...] Das Internet trägt die besten Früchte in Situationen, in denen die physische Begegnung mit einem Experten das Problem der asymmetrischen Information sogar noch verschlimmern würde – Situationen, in denen ein Experte seinen Informationsvorsprung dafür benutzt, um uns das Gefühl zu geben, wir seien dumm, voreilig, minderwertig oder unwürdig."

Und wer hortet in der Welt des Investings wohl Informationen, um uns dumm aussehen zu lassen und um uns von sich abhängig zu machen? Ja genau, die sogenannten Experten, also viele – aber nicht alle – Vermögensverwalter, Broker und Finanzplaner.

Und wissen Sie, was mir wirklich das Herz höher schlagen lässt? Stellen Sie sich eine Welt vor, in der die Kinder in der Schule im Alter von 15 Jahren Regel 1 lernen und anfangen, ihr Geld zu 20 Prozent im Jahr anzulegen. Junge Menschen, die im Jahr 1.000 Dollar auftreiben können, mit denen sie gute Unternehmen kaufen, haben über 45 Millionen Dollar, wenn sie mit 65 in den Ruhestand gehen. Das heißt, dass sie beruflich machen können, was sie wollen, ohne sich Sorgen um die Rente machen zu müssen. Sie können Unternehmer werden, Lehrer, Soldat, Astronaut, Wissenschaftler, Feuerwehrmann, Künstler oder Missionar. Das spielt keine Rolle, denn sie wissen, dass sie mit 50 Jahren ein Vermögen haben. Noch höher schlägt mein Herz, wenn ich daran denke, dass meine Generation, die Generation des Babybooms, beruhigt in den Ruhestand gehen kann, weil sie gelernt hat, mit hohen Ertragsraten in Unternehmen zu investieren, auf deren Besitz sie stolz ist – und dass sie nicht zu befürchten braucht, dass sie ihr hart erarbeitetes Geld wieder verliert. Regel 1 ist für jedermann geeignet, unabhängig vom Alter, Vermögen, IQ oder dem gesellschaftlichen Status. Ich garantiere Ihnen, dass Sie bei richtiger Anwendung nie wieder Geldsorgen haben werden. Ich weiß, dass Sie bereit sind, also fangen wir an.

Wenn Sie ein richtiger Regel-1-Investor werden wollen, müssen Sie ein paar grundlegende Berechnungen beherrschen. Das macht am Anfang vielleicht ein bisschen Angst, aber eigentlich sollte einem das nicht mehr Angst machen, als wenn man etwas Neues in der Schule lernt und sich an das, was man sieht und tut, erst gewöhnen muss. Glauben Sie mir, ich habe eine Mathe-Phobie und ich hasse alles Komplizierte. Tun Sie einfach so, als wären Sie in der vierten Klasse und müssten noch einmal das Einmaleins lernen. Wenn Sie sich daran gewöhnt haben, mit den Zahlen zu arbeiten und Routineberechnungen anzustellen, fällt Ihnen das genauso leicht wie zwei mal zwei. Wenn Sie das Buch zu Ende lesen, haben Sie gelernt, gewisse Muster zu erkennen, die Ihnen Regel 1 zur zweiten Natur machen.

Ein weniger beachteter Vorzug von Regel 1 besteht darin, dass man sich auch mit relativ wenig Geld zur Ruhe setzen kann. Nehmen wir einmal an, Sie haben bis zum Rentenalter 300.000 Dollar angespart (abgesehen von Ihrem Haus etc.) und befolgen dann die Empfehlung der meisten Profis – wenn Sie das Vermögen größtenteils in Anleihen anlegen, haben Sie ein Jahreseinkommen von rund 15.000 Dollar. Das sind rund 1.300 Dollar im Monat (und noch ein bisschen mehr, wenn das Kapital fällig wird). Das reicht nicht annähernd für einen Mittelklasse-Lebensstandard. Aus diesem Grund empfehlen Finanzplaner, das Zehnfache eines Jahreseinkommens anzusparen – das bedeutet für viele Menschen, dass sie eine Million auf die Seite legen müssen. Für die meisten Menschen ist das eine erschreckende Summe. Wenn man sie sicher in Anleihen anlegt, wirft sie ein Jahreseinkommen von rund 50.000 Dollar ab.

Der Regel-1-Anleger kann das regelmäßige Einkommen von 50.000 Dollar hingegen schon mit einem Sparstrumpf von 300.000 Dollar erzeugen! Allein schon dieser Vorteil spricht eindeutig für eine Methode, die Regel 1 umsetzt. Das rechnet sich, weil man als Regel-1-Investor einen Jahresertrag von 15 Prozent ernten kann. Die wenigsten Babyboomer können in ihrer jetzigen Situation erwarten, dass sie in den nächsten 15 Jahren auf eine Million kommen. Und diejenigen, die die Million anvisieren können … nun ja, als Regel-1-Investor zieht man aus einer Million nicht 4.000 Dollar im Monat, sondern rund 12.000 Dollar. Mit einem Monatseinkommen von 12.000 Dollar kann sich ein Millionär zur Ruhe setzen wie ein … eben wie ein Millionär.

Um den Lernprozess zu vereinfachen und die Berechnungen so weit wie möglich zu erleichtern, habe ich eine Website eingerichtet, die das Buch ergänzt. Sie werden immer wieder Verweise auf www.ruleoneinvestor.com finden und vielleicht sollten Sie sich damit schon einmal vertraut machen, bevor Sie anfangen. Dort finden Sie diverse Rechner und Verweise auf zuverlässige Finanzseiten. Aber das meiste, was Sie brauchen, um sich in Regel 1 einzuarbeiten, wartet hier auf Sie. Ich benutze die Internetseite eher wie eine Tafel, die es mir ermöglicht, mit Ihnen zu interagieren – wenn Sie das wollen. Sie haben die Chance, an die Tafel vorzukommen und die Regel-1-Methode mit meinen Werkzeugen auszuprobieren.

Ich benutze in diesem Buch viele Beispiele, in denen Zahlen vorkommen, zum Beispiel Aktienkurse, prozentuales Wachstum, Gewinn pro Aktie und so weiter. Diese Zahlen sollen die Konzepte erklären und Ihnen helfen, Regel 1 zu erlernen. Da die Zahlen von Mitte 2005 stammen oder noch älter sind, dürften sie wohl nicht mehr aktuell sein, wenn Sie das Buch lesen. Lassen Sie sich dadurch beim Lernen nicht stören. Betrachten Sie sie als bloße Beispiele.

Wenn ich jemanden darin bestärken will, dass er oder sie das schaffen wird, erzähle ich gerne die Geschichte einer Frau, die ich vor ein paar Jahren in einem Workshop kennengelernt habe. Ich nenne sie hier Julie. Julie war 20 Jahre lang Hausfrau und Mutter gewesen und davor hatte sie an der Highschool Kunst unterrichtet. Sie hasste Mathematik, war nicht daran gewöhnt, mit Zahlen zu arbeiten und war auch zu Hause nicht für die Rechnungen zuständig. Als sie die Werbung für ein Seminar sah, bei dem auch ich sprach, wurde sie trotzdem neugierig. Sie trug sich für einen Workshop ein und schon nach wenigen Monaten war sie auf dem besten Wege, eine meisterhafte Regel-1-Investorin zu werden. Sie hatte sehr schnell gelernt, mit Zahlen umzugehen. Ihr Ehemann, der vorher alle Anlagen und Haushaltsfinanzen gemanagt hatte, musste sich geschlagen geben. Als Julie das Portfolio übernommen hatte, wuchs es innerhalb weniger Monate von 45.000 auf mehr als 75.000 Dollar – ein Ertrag von 60 Prozent. Das 401k-Rentenkonto* von Julies Ehemann umfasste damals 50.000 Dollar und legte im gleichen Zeitraum nur 462 Dollar zu. Wenn Julie die Rechnerei geschafft hat, dann schaffen Sie das auch.

Ich versuche, möglichst viele Begriffe im laufenden Text zu erklären, aber wenn Sie auf einen Begriff stoßen, den Sie nicht verstehen, können Sie im Glossar am Ende des Buches nachschlagen.

Die unabhängigen Geister, die nicht die zeitsparenden Rechner auf www.ruleoneinvestor.com benutzen wollen, sollten die Seite trotzdem sofort besuchen. Ich biete ihnen dort Tools an, die es ermöglichen, das Gleiche in Excel zu machen. Sie können aber davon ausgehen, dass das Regel-1-Denken mit zunehmender Vertrautheit immer mehr im Kopf abläuft. Am Ende werden Sie die Website vor allem benutzen, um Finanzdaten, Online-Börsentools und aktuelle Informationen zu bekommen. Es kann auch sein, dass Sie meine Seite nur besuchen, um die neuesten Informationen zu lesen, die ich dort poste, und um von dort aus auf andere Online-Ressourcen zuzugreifen.

Außerdem können Sie mir von der Website aus jederzeit eine E-Mail schicken. Antworten auf häufige Fragen stelle ich ins Netz.

* Form der US-amerikansischen Betriebsrente

Kapitel 1 – Investmentmythen

„Ein Experte ist ein Mensch, der kleine Fehler vermeidet, während er einen großen Irrtum begeht."

– Benjamin Stolberg (1891–1951)

Der Goldstandard der risikoarmen Geldanlage ist die zehnjährige Schatzanleihe der Vereinigten Staaten, die zum Zeitpunkt des Schreibens eine Jahresrendite von vier Prozent bringt. Wenn man ausschließlich in solche Anleihen investiert, bekommt man garantiert jedes Jahr vier Prozent. Das einzige Problem dabei ist – vor allem wenn es um die Millionen der Babyboomer geht, die bald ihre Rente brauchen –, dass es bei einer Verzinsung von vier Prozent 18 Jahre dauert, bis sich das Geld verdoppelt. Dazu kommt noch, dass selbst bei einer niedrigen Inflationsrate von zwei bis drei Prozent die höheren Preise den größten Teil des Gewinns auffressen, sodass Sie nach 18 Jahren kaum mehr Kaufkraft haben als am Anfang. Trotz dieser Tatsachen kaufen Geldanleger solche vierprozentigen Anleihen im Wert von Milliarden von Dollar.

Warum in aller Welt sollte man eine Anleihe kaufen, die kaum mit der Inflation Schritt hält und die das Vermögen real so gut wie gar nicht vermehrt? Weil fast alle davon überzeugt sind, dass eine höhere Ertragsrate notwendigerweise ein viel höheres Risiko mit sich bringt. Die Menschen haben mehr Angst davor, bei dem Versuch der Ertragssteigerung Geld zu verlieren, als davor, keinen bequemen Ruhestand zu haben.

Tatsache ist aber, dass eine höhere Ertragsrate nicht unbedingt mit einem erheblich größeren Risiko verbunden sein muss. Lassen Sie mich das einmal erklären.

Hohe Erträge bringen nicht zwingend höhere Risiken mit sich

Bei einer Rede in der America West Arena in Phoenix, Arizona, habe ich das Publikum gefragt: „Wer von Ihnen ist heute mit dem Auto hierher gekommen?“ Die meisten hoben ihre Hände. „Okay, das sind fast alle. Und wer von Ihnen ist dabei ein enormes Risiko eingegangen?“ Ein paar Hände gingen noch einmal nach oben. „Also Leute, Ihr seid auf der Fahrt hierher ein enorm großes Risiko eingegangen?“, fragte ich ungläubig. „Entweder seid Ihr kein großes Risiko eingegangen und veräppelt uns bloß oder wir haben gerade herausgefunden, was am Autoverkehr in Phoenix schief läuft: Alle, die die Hände oben haben, können nicht fahren. Ist es das?“ Alle lachten. „Okay, die Fahrt hierher war also gar nicht so beängstigend. Aber jetzt stellen Sie sich einmal vor, auf der Fahrt hierher hätten nicht Sie selbst am Steuer gesessen, sondern Ihr elfjähriger Neffe. Wären Sie dann ein großes Risiko eingegangen?“ Die Menschen lachten und nickten zustimmend. „Die Fahrt ist die gleiche, von A nach B, aber wenn Sie jemanden ans Steuer setzen, der nicht fahren kann, wird aus einer sicheren Fahrt eine äußerst gefährliche Fahrt.“

Exakt das Gleiche gilt für Ihre Fahrt zur finanziellen Freiheit. Wenn Sie nicht wissen, was Sie tun, ist die Reise entweder sehr langsam oder sehr riskant. Deshalb halten die meisten Menschen schnelles Fahren (hohe Erträge anstreben) für gefährlich – weil sie nicht wissen, wie man das Finanzauto fährt, und nicht etwa, weil schnelles Fahren zwangsläufig gefährlich wäre. Gefährlich ist es nur, wenn man nicht weiß, was man tut. Und das Grundprinzip von Regel 1 besteht gerade darin, dass man weiß, was man tut – man investiert in der Gewissheit, dass man kein Geld verliert!

Jetzt fragen Sie sich vielleicht: „Und was ist mit den Investmentfonds? Was ist denn mit den ganzen Methoden, die wir lernen sollen, um das Risiko zu minimieren und den Ertrag zu maximieren?“ Also Leute, ich überbringe ja nur ungern schlechte Nachrichten, aber ich muss euch die Wahrheit sagen: Sein Geld in einem Investmentfonds anzulegen ist ein ganzes Stück riskanter, als nach Regel 1 zu investieren. Wenn man in einen Investmentfonds investiert, ist das in mehrfacher Hinsicht genauso, als würde man seinem elfjährigen Neffen den Autoschlüssel geben.

Der Schwindel mit den Investmentfonds

Wenn Sie Anteile an Investmentfonds besitzen, die versuchen, besser als der Marktdurchschnitt zu sein („den Markt zu schlagen“), und wenn Sie hoffen, dass Ihnen Ihr Fondsmanager zu einem angenehmen Ruhestand verhilft, dann fallen Sie höchstwahrscheinlich einem riesigen Schwindel zum Opfer. Damit sind Sie nicht allein – 100 Millionen Anlegern geht es genauso. Die Zeitschrift *Fortune* berichtet, dass seit dem Jahr 1985 nur vier Prozent aller Fondsmanager den S&P 500 übertroffen haben. Die wenigen, denen das gelungen ist, haben es auch nur knapp geschafft. Anders ausgedrückt hat fast kein Fondsmanager das getan, wofür Sie ihn bezahlen – nämlich den Markt geschlagen. In den goldenen 1980er- und 1990er-Jahren fiel diese bedeutsame Tatsache kaum auf, weil der Aktienmarkt zweistellige Wachstumsraten verbuchte und Ihren Fondsmanager mit sich zog. Aber jetzt ist die fröhliche Fahrt vorbei und die Anleger stellen so langsam fest, dass ihre Fondsmanager weitgehend nutzlos sind. Diese Beobachtung ist allerdings nicht ganz neu.

Warren Buffett sagte vor einigen Jahren über Ihren Fondsmanager Folgendes: „Auf anderen Gebieten bringen Fachleute, zum Beispiel Zahnärzte, dem Laien sehr viel, aber bei einem professionellen Vermögensverwalter bekommen die Menschen für ihr Geld nichts.“ Das wichtigste Wort ist hier „nichts“. Und trotzdem, was tun Sie? Sie geben Ihr schwer verdientes Geld einem dieser Menschen und hoffen, dass er die gleichen mindestens 15-prozentigen Erträge liefert wie in den 1990er-Jahren. Aber warum? Weil Sie Ihr Geld nicht selbst anlegen wollen und weil Sie die gesamte Branche der Finanzdienstleister davon überzeugt hat, dass Sie das nicht können.

Blicken wir doch den Tatsachen einmal ins Auge. In den Jahren 2000 bis 2003 haben die Investmentfonds die Hälfte ihres Wertes verloren. 50 Prozent Ihres Geldes zu verlieren – das hätten Sie auch ohne professionelle Hilfe geschafft. Im Jahre 1996 wurde tatsächlich ein Affe engagiert, der sich mit den besten Fondsmanagern in New York messen sollte. Er schlug sie zwei Jahre hintereinander. Als ich diese Geschichte in der Arrowhead Pond Arena in Los Angeles erzählte, rief jemand weit oben im Publikum: „Wie heißt denn der Affe?" Das beweist, dass die Menschen alles Mögliche tun, nur damit sie ihr Geld nicht selbst anzulegen brauchen.

Peter Lynch, einer der wenigen Fondsmanager, die überdurchschnittliche Erträge erzielt haben, ist ausgestiegen, bevor ihn der Markt besiegen konnte. In seinem Buch „Der Börse einen Schritt voraus" schreibt er, dass der Amateur-Anleger „zahlreiche Vorteile hat. Wenn er sie richtig nutzt, kann er den Markt und die Experten überflügeln." Das bedeutet, dass man das am besten selbst machen sollte. Aber Sie tun das trotzdem nicht. Das liegt daran, dass die gesamte Finanzindustrie drei Investmentmythen am Leben erhält, damit die Menschen trotz der armseligen Performance der Branche in allen längeren Zeiträumen weiterhin bei ihr investieren.

Die drei Investmentmythen

Mythos 1: Nur Fachleute können Geld verwalten.

Als Erstes möchte ich den Mythos zerstören, dass man viel Zeit und Fachkenntnisse braucht, um sein Geld zu managen. Das wäre wohl so, wenn Geldanlage schwer zu erlernen wäre oder wenn man viel Zeit brauchen würde, um sich die Informationen zu beschaffen, die man für Entscheidungen benötigt. Ich werde beweisen, dass dem nicht so ist, auch wenn uns die Finanzbranche das glauben machen will. Die Industrie verdient Milliarden daran, dass Sie glauben, Sie könnten das nicht selbst.

Das Internet hat alles verändert. Werkzeuge, die früher 50.000 Dollar im Jahr kosteten, gibt es jetzt für weniger als zwei Dollar am Tag und man braucht sie nur noch zwei Minuten pro Tag zu benutzen und nicht mehr 50 Stunden pro Woche. Außerdem sind die Internet-Tools genauer, aktueller und leichter zu benutzen als alles, was Ihrem Fondsmanager vor ein paar Jahren zur Verfügung stand. Sie brauchen nur eine kurze Einführung und eine kurze Lernphase. Aber fragen Sie bitte nicht Ihren Broker, Finanzplaner, Finanzberater, Steuerberater oder Fondsmanager, ob Sie das selbst machen sollten. Sie wissen ja, was die Ihnen sagen, zum Beispiel: „Aber das mache ich doch schon für Sie, machen Sie sich da mal keine Sorgen." Sie sollten sich aber Sorgen machen. Große sogar. Es geht um Ihr Geld und Sie sind der einzige, den es wirklich interessiert, was damit passiert.

Selbst ein Profi wie Jim Cramer, der eigentlich auf Ihrer Seite steht und der es gerne sehen würde, wenn Sie selbst investieren würden, weiß nicht wirklich, was es heißt, einer von uns zu sein. Wie die anderen Top-Leute der Finanzbranche auch hat Jim an einer Elite-Universität studiert, er ist unglaublich klug, er spielt den ganzen Tag und die ganze Nacht mit Aktien, er lebt und atmet das. Er weiß nicht, wie es sich anfühlt, wenn man wie Sie und ich irgendwo Gräben aushebt und hofft, dass man sich irgendwann zur Ruhe setzen kann. Für solche Menschen ist das ein Spiel. Ein ernstes Spiel zwar, aber trotzdem ein Spiel. Jim ist Trader und er spekuliert gern. Wenn man seine Methode befolgen will, muss man mindestens fünf bis zehn Stunden pro Woche investieren und dann spielt man ein gefährliches Spiel mit Geld, das zu verlieren man sich im Gegensatz zu wahrhaft reichen, schlauen und motivierten Menschen wie Jim nicht ohne weiteres leisten kann.

Wenn Sie glauben, Sie könnten dieses Spiel gewinnen, bitte sehr. Und wenn Sie wirklich gewinnen, Hut ab! Dann sind Sie bedeutend klüger als unsereiner. Für alle anderen einschließlich meiner Person muss es noch einen anderen Weg geben. Die meisten von uns können keine fünf Stunden die Woche für Investing aufbringen. Das ist eben so. Wir müssen Kinder aufziehen, ein Leben leben und für die Arbeit sowieso schon mehr Zeit aufbringen, als wir eigentlich haben. Wir wollen weder gezwungen sein, ständig die Börse zu beobachten, noch zu hektischen Day-Tradern zu werden. Würde Ihnen das etwa Spaß machen? Wir suchen etwas, in das wir investieren können, das uns richtig gute Erträge ohne Verlustrisiko bringt und ohne dass wir viel Zeit darauf verwenden.

Regel 1 ist die Anlage für Menschen wie Sie und mich.

Mythos 2: Sie können den Markt nicht schlagen.

Es stimmt schon, 96 Prozent aller Investmentfonds-Manager haben es in den vergangenen 20 Jahren nicht geschafft, den Markt zu schlagen. Sie sind aber kein Fondsmanager und werden nicht danach beurteilt, ob Sie den Markt schlagen. Ihr Finanzgeschick wird danach beurteilt, ob Sie im Alter von 75 Jahren ein bequemes Auskommen haben. Sie sollten sich nicht darum kümmern, ob Sie den Markt schlagen. Wenn der Markt um 50 Prozent fällt und der Fondsmanager nur 40 Prozent verliert, dann mag er zwar den Markt geschlagen haben, aber finden Sie das gut? Wer nach Regel 1 investiert, erwartet einen kumulierten Jahresertrag von mindestens 15 Prozent. Wenn wir das bekommen, ist uns egal, was der Markt in dieser Zeit gemacht hat. Wir wollen uns sowieso zur Ruhe setzen. So gesehen ist man als Regel-1-Investor König.

Der Mythos, man könne den Markt nicht schlagen, wurde in den 1970er-Jahren unter anderem von Professor Burton Malkiel von der Princeton University aufgebracht. Er hat viele Forschungen angestellt, die beweisen sollten, dass niemand den Markt schlagen kann (mit Malkiels Theorien befassen wir uns später noch ausführlicher, aber wir müssen ihn hier schon erwähnen, um den Mythos zu entlarven). Sein Buch „A Random Walk Down Wall Street“ verkauft sich heute noch gut. Er hat eine ganze Generation von Wirtschaftsprofessoren beeinflusst, die kollektiv einer Theorie anhängen, die als Theorie der Markteffizienz oder Theorie der effizienten Märkte bekannt ist (Efficient Market Theory, EMT oder Efficient Market Hypothesis, EMH). Die EMT besagt, dass Märkte im Allgemeinen und der Aktienmarkt im Besonderen effizient sind – dass sie Dinge entsprechend ihrem Wert bewerten. Die Auf- und Abwärtsbewegungen des Aktienmarktes kommen dadurch zustande, dass rationale Investoren in jeder Minute auf Ereignisse reagieren, die sich auf ihre Investments auswirken könnten. Laut EMT ist der Markt derart effizient, dass alles, was man über ein Unternehmen wissen kann, minütlich in den Aktienkurs eingepreist wird. Das heißt, dass der Wert einer Aktie zu jedem Zeitpunkt dem Wert des Unternehmens entspricht.

Wenn das stimmt, so sagen die Professoren, die an die EMT glauben, ist es schlichtweg unmöglich, dass man unterbewertete Aktien findet, und genauso unmöglich ist es, dass man für eine Aktie zu viel bezahlt. Wieso? Weil der Preis immer dem Wert entspricht. Also gibt es am Markt weder Schnäppchen- noch Wucherpreise. Laut den EMT-Vertretern ist dieser Umstand dafür verantwortlich, dass fast kein Fondsmanager den Markt übertrifft. Die Fondsmanager sind ja schließlich kluge Leute und wenn keiner von ihnen den Markt über längere Zeit schlagen kann, muss es ja wohl so sein, dass der Markt allem den perfekten Preis gibt.

Es gibt aber ein paar Menschen, die den Markt über längere Zeiträume schlagen, und dieses Buch soll Ihnen zeigen, wie das geht. Ihnen wird bald klar werden, wie falsch die EMT ist.

Warren Buffett hielt 1984 einen Vortrag an der Columbia Business School und belegte darin, dass mindestens 20 Investoren, von denen er vorausgesagt hatte, dass sie hohe Erträge erzielen würden, die Zielmarke von 15 Prozent über Zeiträume von mehr als 20 Jahren bequem überboten hatten. Alle diese Investoren gehörten der gleichen Investmentschule an, die Buffett als „Graham-and-Doddsville" bezeichnete, weil alle die Methode entweder von den Professoren Graham und Dodd, von Buffett oder von jemandem gelernt hatten, der Buffett kopierte – genauso wie ich von meinem Lehrer gelernt habe und Sie von mir lernen (Benjamin Graham war Buffetts Lehrer an der Columbia University und David Dodd war dort ebenfalls Professor). Die erwähnten Investoren erzielten in einem Zeitraum von 80 Jahren durchschnittliche Erträge zwischen 18 und 33 Prozent im Jahr. Buffett wollte den Studenten der Columbia Business School damit vor allem sagen, dass alle Menschen, die seines Wissens über längere Zeiträume mehr als 15 Prozent schaffen, dies auf ähnliche Weise tun. Sie fangen alle mit Regel 1 an.

Nach dem Börsendebakel der Jahre 2000 bis 2003, im Zuge dessen auch der Aktienkurs vieler guter Unternehmen um 90 Prozent abstürzte, kam Professor Malkiel in einem Interview dem Widerruf seiner Theorie so nahe, wie ein Akademiker das eben kann (siehe Kapitel 8), denn er räumte ein: „Der Markt ist im Allgemeinen effizient, […] aber von Zeit zu Zeit dreht er durch." Aha. Er ist effizient, aber manchmal doch nicht. Irgendwie komisch, ich dachte mir dabei, dass Buffett und Graham das doch schon seit 80 Jahren sagen. Buffett sagte einmal spöttisch, er hoffe bloß, dass die Business Schools weiterhin EMT-gläubige Fondsmanager hervorbringen, damit er weiterhin massenweise fehlinformierte Fondsmanager habe, denen er unterbewertete Unternehmen abkaufen und denen er Unternehmen verkaufen kann, für die sie gerne überzogene Preise zahlen.
Der Chart auf der nächsten Seite zeigt, wie es Regel-1-Investoren in den letzten Jahrzehnten im Vergleich zur Entwick-

lung des S&P 500 und des Dow Jones Industrial Average ergangen ist.

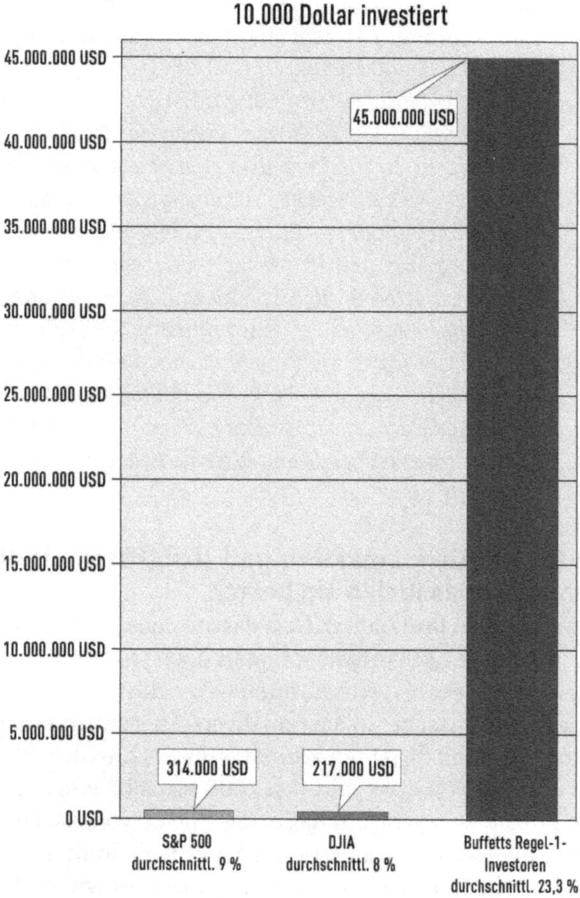

↑ *Was Regel-1-Investoren aus 10.000 Dollar im Vergleich zu den beliebtesten Marktindizes langfristig gemacht haben: Der Chart mag falsch oder übertrieben*

aussehen, ist er aber nicht. Wer nach Regel 1 investiert, schlägt den S&P 500 und den Dow Jones um Längen – und zwar regelmäßig. Der immense Unterschied zwischen dem Resultat von acht oder neun Prozent Ertrag und dem Resultat von gut 23 Prozent im Jahr erklärt sich aus der Zauberkraft der Kumulierung.

Dass der Unterschied so riesengroß ist, fällt auf den ersten Blick nicht auf. Da 23 Prozent knapp das Dreifache von acht Prozent ist, könnte man ja annehmen, dass am Ende dreimal so viele Dollars herauskommen. Aber kumuliertes Wachstum verläuft nicht linear, sondern „geometrisch". Die Ertragsrate betrifft nämlich nicht nur den anfänglich investierten Betrag, sondern auch die Erträge, die sich in der Zwischenzeit ansammeln („Zinseszins"). Da bei 23 Prozent jedes Jahr mehr Dollars anfallen und auf diese Dollars wieder 23 Prozent anfallen, explodiert das beschleunigte Wachstum nach einigen Jahren und fliegt dem achtprozentigen Ertrag wie eine Rakete davon.

Ganz nett, oder?

Mythos 3: Diversifizieren und (langfristig) Halten minimiert das Risiko am besten.

Diversifizieren und Halten. Dass das die sicherste Anlagemethode für den Aktienmarkt ist, weiß doch jeder, oder? Aber irgendwann einmal wusste auch jeder, dass die Erde eine Scheibe ist. Tatsache ist, dass ein diversifiziertes langfristiges Portfolio in den 37 Jahren von 1905 bis 1942, in den 18 Jahren von 1965 bis 1983 und von 2000 bis 2005 einen Ertrag von null Prozent gebracht hätte. Das sind 60 von 100 Jahren. Wenn man weiß, wie man richtig investiert – wenn man Regel 1 verstanden hat und weiß, wie man ein wunderbares Unternehmen zu einem verlockenden Preis findet –, dann verteilt man sein Geld eben nicht auf 50 Aktien oder auf einen Indexfonds. Man konzentriert sich vielmehr auf wenige Unternehmen, die man begreift. Man kauft, wenn die großen Jungs – die Fondsmanager, die den Markt kontrollieren – Angst haben, und man verkauft, wenn sie kauflustig sind. Schockierend, oder? (Und wenn Sie jetzt noch nicht wissen, wie ich das meine, dann werden Sie es wissen, wenn Sie das Buch gelesen haben. Versprochen.)

Heutzutage stammen 80 Prozent des Geldes, das in den Markt investiert ist, von Fondsmanagern (Pensionsfonds, Bankenfonds, Versicherungsfonds und Investmentfonds). Das ist mit dem „institutionellen Geld" gemeint, das ich in der Einführung kurz erwähnt habe. Von den angelegten 17 Billionen Dollar verwalten die großen Jungs mehr als 14 Billionen. Anders gesagt bilden die Fondsmanager eigentlich den Markt. Wenn sie Milliarden in eine Aktie investieren, steigt diese Aktie. Wenn sie ihr Geld abziehen, fällt die Aktie. Ihr Einfluss auf den Markt ist so groß, dass ein plötzlicher Verkauf einen massiven Crash auslösen kann. Folgende Tatsache ist für Regel 1 von zentraler Bedeutung: Die Fondsmanager kontrollieren die Preise fast aller Aktien auf dem Markt, aber sie können nicht einfach aussteigen, wann sie wollen. Sie und ich hingegen, wir können innerhalb von Sekunden in den Markt einsteigen oder aussteigen. In Kapitel 11 erforschen wir ausführlicher, was das für uns bedeutet.

Was passiert also langfristig, wenn das Geld der Babyboomer, das den Markt in die Höhe getrieben hat, wieder abgezogen wird, weil die Babyboomer in den Ruhestand treten? Und was passiert, wenn ein anderes Ereignis Geld vom Markt abzieht? Da der Wert der Investmentfonds dadurch sinkt, reagieren die Anleger mit schnelleren Rücknahmen und versetzen den Markt dadurch letztlich in einen freien Fall. Die Ironie liegt darin, dass die langfristige Investition in einen diversifizierten Investmentfonds das Risiko zwar theoretisch senkt, dass sie in einer solchen Marktsituation jedoch in Wirklichkeit das Risiko erhöht. An diesem Markt gibt es kein „ausgewogenes Portfolio", das einen vor dem Marktrisiko schützt, egal wie lautstark die Verkäufer der

Finanzdienstleister das behaupten mögen. Wenn der Markt abstürzt, rücken die Fondsmanager bildlich gesprochen nur noch die Liegestühle auf der sinkenden Titanic zurecht.

Wenn Sie glauben, dass ein kompletter Börsencrash in unserer modernen Wirtschaft nicht passieren kann, denken Sie lieber noch einmal darüber nach. In Japan ist das im letzten Jahrzehnt passiert. Dort hat die Börse von 1992 bis 2002 etwa 85 Prozent ihres Wertes eingebüßt und sich noch nicht wieder erholt. Die Kinder des japanischen Babybooms sind etwa zehn Jahre älter als die amerikanischen Babyboomer (aufgrund politischer und wirtschaftlicher Faktoren erlebte Japan vor dem Zweiten Weltkrieg einen Babyboom). Wenn der amerikanische Aktienmarkt um 85 Prozent einbricht, steht der Dow Jones bei 1.500 Punkten. Das ist in den 1930er-Jahren passiert und das kann wieder passieren.

Wenn man diversifiziert, verzettelt man sich und man bekommt garantiert die Marktrendite – alles, was dem Markt widerfährt, widerfährt einem selbst auch. Natürlich gibt es Hunderte von guten Unternehmen, die man kaufen könnte, aber wenn man eine Arbeit und eine Familie hat und nicht mit seinem Computer verheiratet sein will, dann kann man aus Zeitgründen nur wenige Unternehmen beobachten. Wenn man Unternehmen kauft, die man nicht beobachten kann, verletzt man unweigerlich mit einigen dieser Unternehmen Regel 1 und senkt damit seinen Gesamtertrag.

Wenn wir Unternehmen nach Regel 1 kaufen, picken wir wenige Unternehmen unserer Wahl aus verschiedenen Sektoren des Marktes heraus. Das heißt, auch wenn wir nicht so „diversifizieren" wie die Investmentfondsmanager, die Dutzende oder gar Hunderte verschiedene Unternehmen auf einmal kaufen, repräsentiert unser Portfolio doch mehrere Unternehmenskategorien. Die genaue Anzahl von Unternehmen, die Sie kaufen können, hängt davon ab, wie viel Geld Sie anlegen können. Ich werde Ihnen noch sagen, wie das richtige Verhältnis aussieht.

Diversifizierung ist etwas für Menschen, die noch 30 Jahre

Zeit haben, die überhaupt keine Lust haben, investieren zu lernen, die sich mit acht Prozent Jahresertrag und einem minimalen Lebensstandard im Ruhestand zufrieden geben. Unser Ziel ist es hingegen, wunderbare Unternehmen zu finden, sie zu wirklich interessanten Preisen zu kaufen und dann den Markt machen zu lassen – das heißt, dass der Markt sie irgendwann angemessen bewerten wird. In ein paar Wochen, Monaten oder Jahren sind wir viel reicher als jetzt. Das ist das, was wir tun wollen. Aber um das wirklich zu tun, müssen wir aufhören, unwissende Anleger zu sein, die sich von der gesamten Finanzbranche übervorteilen lassen. Wir müssen sachkundige Regel-1-Anleger werden, die keine leichte Beute sind, sondern die Raubtiere überlisten.

Mitte der 1960er-Jahre empfahl mir mein Vater, Geld in einem diversifizierten Investmentfonds anzulegen. Ich investierte 600 Dollar und vergaß sie wieder. Nach 18 Jahren war mein Investment 400 Dollar wert. Stellen Sie sich einmal vor, ich wäre Mitte der 1960er-Jahre 45 Jahre alt gewesen und hätte nicht 600, sondern 60.000 Dollar investiert. Wie hätte es mich wohl deprimiert, wenn ich 18 Jahre später im Alter von 63 Jahren festgestellt hätte, dass aus meinen 60.000 Dollar nur 40.000 anstatt der 240.000 Dollar geworden wären, die ich für meinen Ruhestand vorgesehen hatte? Es ist eines der Ziele dieses Buches, Ihnen den Blick in diesen finanziellen Abgrund zu ersparen.

Dollar Cost Averaging ist auch kein Schutz

Dollar Cost Averaging (DCA) ist zwar technisch betrachtet kein Mythos, aber ich bekomme dazu immer viele Fragen und muss den Menschen immer wieder beweisen, dass DCA nicht der Lebensretter ist, der es angeblich sein soll. DCA ist ein beliebtes Verkaufsinstrument der Fondsmanager und Broker und es besteht darin, dass man jeden Monat für den gleichen Geldbetrag Aktien oder Fondsanteile kauft, unabhängig von dem Preis der Aktie oder des Fonds. Man kauft beispielsweise jeden Monat für 100 Dollar Microsoft-Aktien, egal was die Aktie pro Stück kostet. Wenn der Kurs niedrig steht, bekommt man also mehr Aktien. Wenn er hoch steht, bekommt man für sein Geld weniger Aktien. Ziel des Dollar Cost Averaging ist es, das Anlagerisiko dadurch zu senken, dass der durchschnittliche Kaufpreis pro Aktie geringer ausfällt.

Diese Schutzmaßnahme hat zwei große Fehler: (1) Wenn der Markt längere Zeit seitwärts läuft oder fällt, ist DCA fast identisch mit der „Buy and Hold"-Strategie; (2) damit DCA funktioniert, muss man jeden Monat den gleichen Geldbetrag einsetzen, ganz egal was passiert. Das heißt, dass man zur Jahreswende 1929/1930, als Aktien im Wert von 100.000 Dollar plötzlich nur noch 10.000 Dollar wert waren, hätte bereit sein müssen, weiter zu kaufen. Als die Technologiewerte in den Jahren 2000 bis 2002 rund 85 Prozent ihres Wertes einbüßten, hätte man immer weiter bis zur Talsohle kaufen müssen. Dafür braucht man erstens eine feste Arbeitsstelle, damit man auch während einer Rezession oder Depression noch Geld für Aktien ausgeben kann, und zweitens muss man nach schweren Verlusten immer noch bereit sein, gutes Geld auszugeben. Wer nach Regel 1 investiert, vertraut nicht dem DCA, sondern erkennt den Wert eines großartigen Unternehmens und kauft es, wenn es unterbewertet ist. Wie ich bald zeigen werde, kaufen wir also einen Dollar Wert zum Preis von 50 Cent und wiederholen das immer wieder. Wir bezahlen keine zehn Dollar für einen Dollar und hoffen, dass unsere Verschwendungssucht irgendwann – vielleicht – dadurch ausgeglichen wird, dass wir die gleiche Aktie auch einmal für einen günstigen Preis bekommen.

Die drei Mythen und Regel 1	
Mythos	**Regel 1**
Es ist schwierig und dauert zu lange.	Es ist einfach und dauert höchstens 15 Minuten pro Woche.
Man kann den Markt nicht schlagen.	Man kann regelmäßige Fehlbewertungen ausnutzen und mindestens 15 Prozent Ertrag ernten.
Diversifizieren, kaufen und halten.	Kaufen Sie einen Dollar für 50 Cent und verkaufen Sie ihn später wieder für einen Dollar. Wiederholen Sie das und werden Sie reich.

✖ *Wenn man von 1905 bis 1942 DCA betrieben hätte, dann hätte man mit einem Dow-Jones-Indexfonds ein Prozent Ertrag erzielt – mit der „Buy and Hold"-Strategie wären es null Prozent gewesen. Von 1965 bis 1983 hätte man zwei Prozent statt null Prozent bekommen. Von 2000 bis 2005 hätte die Ertragsrate drei Prozent statt null Prozent betragen. Das heißt, dass man während des größten Teils der letzten 100 Jahre mit Schatzanleihen besser gefahren wäre, als wenn man mit einem Dow-Jones-Index DCA betrieben hätte.*

Da wir als Regel-1-Investoren mindestens 15 Prozent Ertrag haben wollen, müssen wir Strategien ablehnen, die dieses Minimum in keiner Marktsituation liefern. Und da DCA während mehrerer Seitwärtsbewegungen in den letzten 100 Jahren

nicht einmal die Rendite von Schatzanleihen brachte, kann das keine nützliche Regel-1-Strategie sein.
In Wahrheit kümmern sich die Finanzdienstleister nur um Ihr Geld, weil sie jederzeit Gebühren kassieren, egal, ob Sie dabei Gewinn machen oder nicht. Sie erhalten die drei Investmentmythen am Leben und preisen die Vorzüge des Dollar Cost Averaging, damit Sie und ich den Managern unser Geld anvertrauen. Dass Sie auf eigene Faust erfolgreich investieren, ist das Letzte, was sie wollen. Sie wollen, dass Sie glauben, Sie würden Ihr Geld verlieren, wenn Sie das selbst machen. Sie hoffen, dass Sie sich von Ihrer Angst vor Verlusten dazu verleiten lassen, ihnen Ihr Geld zu geben, obwohl sie mit geringerer Wahrscheinlichkeit als Sie selbst hohe Erträge für Sie ernten.

Regel 1 versus Immobilien

Okay, nehmen wir einmal an, Sie glauben nicht an die Investmentmythen, aber Sie glauben an den Mythos, dass Immobilien eine bessere Investition seien als Unternehmen. Sie können sich bestimmt schon denken, dass ich Ihnen dieses Argument kaputtmache. Wenn Sie der Meinung sind, Immobilien brächten viel höhere Erträge als Unternehmen/Aktien, weil Leverage im Spiel ist [Leverage = Hebelwirkung dank Kreditfinanzierung; Anm. d. Übers.], und deshalb seien Immobilien für Anfänger besser geeignet, dann überlegen Sie bitte lieber ein zweites Mal.
Diese verbreitete Auffassung ist nämlich völlig falsch. Ich habe schon alle möglichen Immobilien gekauft, Anteile an großen Farmen, Wohnungen, gewerbliche Immobilien und Einfamilienhäuser. Ich habe in überhitzte Immobilienmärkte wie zum Beispiel Del Mar in Kalifornien oder Jackson Hole in Wyoming investiert und in eher schwache Märkte wie Fairfield in Iowa. Wenn man die Erträge von Immobilien und Unternehmen/Aktien vergleicht, könnte man natürlich die besten Immobilienmärkte gegen die besten Regel-1-

Investoren halten, aber besser ist es wohl, wir vergleichen den durchschnittlichen Immobilienmarkt mit dem durchschnittlichen Regel-1-Investor.

Am Immobilienmarkt kann man über einen Zeitraum von 30 Jahren guten Gewissens von vier Prozent Wachstumsrate ausgehen. Ein Regel-1-Anleger kann guten Gewissens von 15 Prozent Jahresertrag ausgehen. Es stimmt, dass die Immobilienpreise in Jackson Hole und in Del Mar in den letzten 30 Jahren um durchschnittlich zehn Prozent gestiegen sind (in Form plötzlicher Ausbrüche). Es stimmt aber auch, dass erfahrene Regel-1-Investoren seit 30 Jahren Anlagerenditen (ROI, Return on Investment) von 25 Prozent verbuchen. Aber das sind Ausnahmefälle.

Die Anlagerendite (ROI) ist ganz einfach der Ertrag, den eine Investition bringt – die Dollars, die man hineinsteckt, und die Dollars, die man innerhalb eines bestimmten Zeitraums herausbekommt. Das kann Gewinn oder Verlust sein. Normalerweise drückt man die Anlage- oder Kapitalrendite als prozentualen Jahresertrag aus. Wenn man beispielsweise 100 Dollar in ein Unternehmen investiert und nach dem ersten Jahr 150 Dollar herausbekommt, beträgt das ROI 50 Prozent. Man berechnet das ROI, indem man den Gewinn durch den investierten Betrag teilt. (Extrabonbon: Das ROI unterscheidet sich leicht von dem ROIC [Return on Investment Capital, Kapitalrendite]. Die Berechnung des ROIC ist etwas komplexer im Hinblick auf die Dollars, die berücksichtigt werden. Sie werden das ROIC sehr bald kennenlernen, denn es ist ein hervorragender Indikator für die finanzielle Gesundheit eines Unternehmens.)

Vergleichen wir einmal, was passieren würde, wenn man jetzt 50.000 Dollar in Immobilien investieren würde, und was passieren würde, wenn man jetzt 50.000 Dollar in Regel 1 investieren würde. Dieser Vergleich ist besonders interessant, weil es denkbar ist, dass der Immobilienmarkt und der Aktienmarkt in den nächsten 15 Jahren überhaupt nicht steigen. Wenn das passiert, kann das nun folgende Immobilienbeispiel als extrem optimistisch gelten.

Hier nun die Zahlen: Wir kaufen ein Haus für 250.000 Dollar, leisten eine Anzahlung von 50.000 Dollar und finanzieren den Rest mit 30 Jahren Zinsbindung zu sechs Prozent. Wir zahlen monatlich 1.200 Dollar ab, aber wir vermieten das Haus für 1.200 Dollar und decken damit die Raten. Wir müssen dann allerdings noch für Versicherungen, Unterhaltung, Anzeigen und Steuern aufkommen.

Nehmen wir weiter an, dass keine einzige Monatsmiete ausfällt und dass wir die Miete um vier Prozent pro Jahr erhöhen können. Im neunten Jahr ist die Miete so hoch, dass sie alle Kosten deckt. Von da an bis zum 30. Jahr kassieren wir nur noch. Dann verkaufen wir das Haus. Es ist inzwischen 811.000 Dollar wert und es ist bezahlt. Außerdem haben wir die Mieteinnahmen gut angelegt und damit den gleichen Ertrag erzielt wie mit dem Haus an sich – etwa zehn Prozent pro Jahr, macht zusätzlich 230.000 Dollar. Der Gesamtertrag beläuft sich also auf 1.041.000 Dollar, was einem kumulierten ROI auf 30 Jahre von 10,6 Prozent entspricht. Das ist wirklich nicht schlecht, allerdings habe ich keine Kosten für Unterhaltung und Reparaturen abgezogen, weil ich davon ausgehe, dass wir das selbst machen. Das ist keine Kleinigkeit und es ist nicht ganz einfach, aus einem solchen Projekt Gewinn zu ziehen. Der Ertrag von knapp elf Prozent hat uns viel Arbeit (und Hoffnung) gekostet. Vergleichen wir das trotzdem mit dem 15-prozentigen Mindestertrag von Regel 1.

Zunächst einmal übernehmen wir als Regel-1-Investoren keinerlei Verwaltungsverpflichtungen – ein erheblicher Vorteil. Wir brauchen nur 15 Minuten pro Woche aufzubringen und das war's. Natürlich müssen wir wissen, wie man nach Regel 1 investiert, aber das ist leichter zu lernen als Immobilien-Investing, wenn man die Vorteile erst einmal erkannt hat. Wir kaufen von unseren 50.000 Dollar ein wundervolles Unternehmen (eigentlich einen Teil eines Unternehmens in Form von Aktien) zu einem günstigen Preis. Wenn das Unternehmen uninteressant wird, verkaufen wir es und kaufen ein anderes. Das machen wir 30 Jahre lang und verdienen daran im Durchschnitt 15 Prozent pro Jahr (und genauso wie bei dem Immobilienbeispiel bezahlen wir auf unsere Gewinne keine Steuern, wir benutzen dafür nämlich einen steuerbegünstigten IRA – dazu später mehr). Nach 30 Jahren ist unsere Investition 3,3 Millionen Dollar wert. Das ROI über 30 Jahre beträgt 15 Prozent. Das sind zwar nur gut vier Prozent mehr als bei der Immobilientransaktion, aber wir haben zwei Millionen mehr auf der Bank.

Und es kommt noch besser: Vergleichen wir jetzt die beiden Investments, wenn Sie 60 Jahre alt sind und in den Ruhestand gehen. Wenn Sie in Immobilien investiert hatten, nehmen Sie jetzt Ihre 1,2 Millionen Dollar und legen Sie in fünfprozentigen Anleihen an, die Ihnen hübsche 5.000 Dollar im Monat bringen. Nach Steuern bleiben Ihnen also 4.000 Dollar im Monat. In heutigem Geld gerechnet sind das satte 1.650 Dollar. Sie sollten also hoffen, dass bis dahin das soziale Netz noch funktioniert. Oder Sie arbeiten weiter an Ihren Immobilien, schlagen sich mit Mietern herum, reparieren Toiletten und leben von den Mieteinnahmen, rund 3.800 Dollar im Monat. Die einzige andere Möglichkeit, die Sie noch haben, besteht darin, erneut Schulden aufzunehmen und weitere Immobilien zu kaufen – aber mit Ruhestand hat das nicht viel zu tun, oder?

Wenn Sie dagegen nach Regel 1 investieren, sind die 15 Minuten wöchentlich ja kein großer Aufwand. Deshalb investieren Sie Ihre 3,3 Millionen weiterhin zu 15 Prozent und leben von der jährlichen Zunahme um 15 Prozent. Im Klartext: Sie verdienen rund 40.000 Dollar im Monat. Das ist kein Druckfehler! Darauf müssen Sie natürlich Steuern zahlen, sodass

➡ Jetzt kennen Sie die Wahrheit: Immobilien sind ganz nett und ich habe auch viel Geld in Immobilien gesteckt, aber mit den 15 Prozent Ertrag von Regel 1 können sie nicht annähernd mithalten. Mein Rat: Finden Sie ein wundervolles Unternehmen zu einem günstigen Preis und verleben Sie Ihren Ruhestand wie ein König.

am Ende etwa 30.000 Dollar übrig bleiben. In heutigem Geld sind das allerdings nur 12.000 Dollar. Glauben Sie, dass Sie mit 12.000 Dollar im Monat besser zu Rande kommen als mit 1.650? Ich sehe die Sache so: Sie können Regel 1 ignorieren, sich ausschließlich für Immobilien entscheiden und versuchen, Ihr restliches Leben davon zu bestreiten – oder Sie werden Regel-1-Investor.

Warum sich die Mühe machen, Regel 1 zu lernen?

Ich kann es gar nicht oft genug betonen: Der Hauptgrund, weshalb Sie sich diese Mühe machen sollten, besteht darin, dass Sie dann bei sehr geringem Risiko 15 Prozent im Jahr oder mehr verdienen können und dass dies Ihr Leben und das Leben Ihrer Familie für immer verändern wird. Mit Im-

Anfangsbetrag*	Monatlicher Sparbetrag	Betrag nach 20 Jahren	Jahreseinkommen nach 20 Jahren
1.000	300	470.000	70.000
10.000	300	650.000	97.000
50.000	300	1.450.000	215.000

*Alle Beträge in US-Dollar

mobilien, mit Investmentfonds oder mit zufällig ausgewählten Aktien ist das nicht möglich. Der zweite Grund: Wenn Sie nach Regel 1 investieren, ist es so gut wie egal, mit welchem Geldbetrag Sie anfangen. Nach 20 Jahren können Sie sich auf jeden Fall bequem zur Ruhe setzen. Sehen Sie sich einmal die Tabelle auf Seite 38 an.

Ich stelle Ihnen fast die gleiche Frage wie bei dem Vergleich zwischen den Regel-1-Erträgen und den Immobilienerträgen: Wenn Sie sich in 20 Jahren mit einem festen Jahreseinkommen von 70.000 Dollar zu Ruhe setzen könnten, wenn Sie heute mit 1.000 Dollar anfangen würden – würden Sie das lernen wollen? Wie wir gesehen haben, ist das möglich, wenn Sie 20 Jahre lang Geld anhäufen und danach nur den Gewinn verbrauchen und das Grundkapital unangetastet lassen. Wenn Sie mit 1.000 Dollar anfangen, haben Sie in 20 Jahren fast 500.000 Dollar, und wenn Sie dann weiterhin 15 Prozent pro Jahr verdienen, haben Sie 70.000 Dollar im Jahr zum Leben – die halbe Million bleibt völlig unangetastet. Wenn Sie heute mit 50.000 Dollar anfangen, haben Sie in 20 Jahren ein Grundkapital von 1,45 Millionen und Sie können von 215.000 Dollar (15 Prozent) Gewinn im Jahr leben. Meinen Sie, dass Sie mit so einer Rente leben könnten? Der Trick besteht darin, dass Sie 15 Prozent oder mehr auf alles kassieren, was Sie in den ersten 20 Jahren (und danach) angesammelt haben und dass der Gewinn immer größer wird. Falls Sie der Meinung sind, dass Sie bis zu Ihrem angestrebten Ruhestand keine 20 Jahre mehr haben, können Sie mit Regel 1 trotzdem eine schöne Summe ansparen und dieses Geld während des Ruhestands weiter für sich arbeiten lassen.

Darf ich vorstellen: Doug und Susan Connelly

Werfen wir einmal einen groben Blick darauf, wie Regel-1-Investing im richtigen Leben aussieht.

Wir schreiben das Jahr 2003. Doug und Susan Connelly sind ein Ehepaar Ende 40 und ihre zwei Kinder gehen auf die Highschool. Zusammen haben sie ein Jahreseinkommen von 60.000 Dollar. Doug arbeitet in einer kleinen Firma als Verkäufer und Susan ist Lehrerin an einer Privatschule. Sie haben mir bei einem Motivationsseminar zugehört und haben beschlossen, Regel 1 zu lernen.

Auf die Idee, dass sie auf eigene Faust investieren könnten, sind sie durch die einfache Tatsache gekommen, dass ihnen gar nichts anderes übrig bleibt, wenn sie einen angenehmen Ruhestand haben wollen. Momentan haben sie zwar nur 20.000 Dollar in ihrem IRA, aber wenn sie in das Rentenalter kommen, ist ihr Haus im Wert von 200.000 Dollar bezahlt. Sie glauben, dass sie pro Jahr rund 5.000 Dollar brutto in ihren IRA einzahlen können. Hier nun das Problem: Wenn sie die 20.000 plus die jährlichen 5.000 Dollar in vierprozentige Anleihen investieren, haben sie in 20 Jahren, wenn sie sich zur Ruhe setzen wollen, nur 190.000 Dollar. Zu vier Prozent liefern ihnen die 190.000 Dollar im IRA nur 650 Dollar brutto im Monat. Unter Berücksichtigung der Sozialversicherung und des bezahlten Hauses sind sie zwar der Meinung, dass sie damit irgendwie über die Runden kommen würden, aber das ist nicht unbedingt das Leben, das sie sich vorstellen. Sie wollen reisen, sie wollen essen gehen, wenn sie Lust dazu haben, und sie wollen ein Auto fahren, das nicht dauernd kaputt ist. Doug spielt gern Golf und das wird ja nicht billiger. Susan möchte ab und zu nach New York fahren und am Broadway ins Theater gehen, aber da der Eintritt 100 Dollar pro Person, das Abendessen 100 Dollar pro Person und das Hotelzimmer 250 Dollar kosten, weiß sie, dass diese Art des Ausgehens wahrscheinlich zu teuer für sie sein wird.

Noch wichtiger ist den beiden, dass sie ihre Arztrechnungen und so weiter bezahlen können. Sie wissen, dass die Gesundheitskosten steigen und dass die Versicherung nicht alles bezahlt. In *Newsweek* haben Doug und Susan einen Artikel gelesen, in dem Rentner erzählten, dass sie jeden Monat aus eigener Tasche 600 Dollar für Medikamente bezahlen müssen, die von der Krankenversicherung und von Medicare nicht erstattet werden. Die Connellys wollen weder ihren Kindern zur Last fallen noch wollen sie alles verlieren, was sie haben, und ihren Lebensabend wegen unerwarteter gesundheitlicher Probleme in einem staatlichen Heim verbringen. Ihnen ist klar, dass sie mehr Geld brauchen.

Von Regel 1 sind sie aus rechnerischen Gründen begeistert: Wenn ihnen Regel 1 in ihrem steuerfreien IRA 15 Prozent Jahresertrag bietet, haben sie in 20 Jahren keine 190.000 Dollar, sondern 840.000 Dollar. Zweitens können sie im Ruhestand weiterhin investieren und die 840.000 weiter mit 15 Prozent verzinsen. Somit haben sie monatlich vor Steuern 10.500 Dollar zuzüglich der Sozialversicherung, und zwar ohne die 840.000 Dollar anzurühren. Das ist erheblich besser als die

Strategie der Altersvorsorge	Ruhestandskapital im Jahr 2005	Ruhestandskapital im Jahr 2025	Jahreseinkommen 2025 zusätzlich zur Sozialversicherung
„Sichere" Strategie	mehr als 20.000/5.000 im Jahr	190.000	7.700
Regel 1	mehr als 20.000/5.000 im Jahr	840.000	126.000
50.000	300	1.450.000	215.000

*Alle Beträge in US-Dollar

650 Dollar, die sie von einer Anleihe zu erwarten hätten. Sie beschließen, dass es sich lohnt, die Regel zu lernen und sich ein besseres Leben zu sichern.

Wenn Geld für Geld arbeitet

Doug und Susan können viel früher oder viel wohlhabender in den Ruhestand gehen, als sie dachten, denn die Macht des kumulierten Wachstums beruht darauf, dass nicht nur das vorhandene Geld einen Anlageertrag (ROI) abwirft, sondern dass auch das ROI ein ROI abwirft (erinnern Sie sich an den Vergleich zwischen acht oder neun und 23 Prozent Jahresertrag). Auf diese Weise erarbeitet das Geld im Laufe der Zeit immer mehr Geld. Ein Beispiel: Sie legen 1.000 Dollar an und bekommen ein ROI von zehn Prozent jährlich. Nach dem ersten Jahr ist Ihre Anlage 1.100 Dollar wert. Im zweiten Jahr bekommen Sie zehn Prozent ROI auf die ursprünglichen 1.000 Dollar und auf die gewonnenen 100 Dollar. Also haben Sie nach dem zweiten Jahr 1.210 Dollar und so geht es weiter. Wenn sich Ihre Anlage zu zehn Prozent kumuliert, werden aus 1.000 Dollar in 50 Jahren 117.391 Dollar ... und Sie sind vermutlich tot. Deshalb sollte es schon noch ein bisschen schneller gehen. Deshalb brauchen wir ein besseres ROI.

Der Grund, weshalb wir Regel 1 zum Fundament unserer Anlagephilosophie gemacht haben, besteht darin, dass die Macht des Zinseszinses darauf angewiesen ist, dass man nichts verliert – niemals. Wenn der Preis um 50 Prozent fällt, muss er um 100 Prozent steigen, damit er wieder am Ausgangspunkt steht. Wenn eine Aktie um 80 Prozent fällt, muss sie um 400 Prozent steigen, um auf den alten Stand zurückzukehren. Im Jahr 2000 kostete eine Aktie von Oracle 40 Dollar und fiel dann auf zehn Dollar. Um wieder „auf null" zu kommen, muss sie sich auf 20 Dollar verdoppeln und dann noch einmal von 20 auf 40 Dollar verdoppeln. Sie muss sich vervierfachen! Überlegen Sie sich das einmal. Wenn der

Aktienmarkt sich vervierfachen sollte, müsste zum Beispiel der Dow Jones auf 40.000 Punkte steigen. Das kann gut und gerne 30 Jahre dauern! In der Zwischenzeit ist Ihr Portfolio eine einzige Katastrophe und 15 Prozent pro Jahr sind unerreichbar.

Kommen wir noch einmal kurz auf Doug und Susan Connelly zurück, aber nehmen wir diesmal an, Susan hätte Regel 1 gelernt, aber die beiden würden getrennte Portfolios führen (jeder der beiden Dickköpfe praktiziert seine eigene Anlagemethode). Nehmen wir weiterhin an, jeder hätte jetzt 20.000 Dollar Anlagevermögen und wie im obigen Beispiel kämen jedes Jahr 5.000 Dollar hinzu. Nach zehn Jahren und einem Jahresertrag von 15 Prozent verliert Doug bei einem Börsencrash die Hälfte seines Geldes, Susan hingegen nicht, weil sie Regel 1 befolgt. Dann bringt sie Doug Regel 1 bei und vom zehnten Jahr an erzielen beide einen Jahresertrag von 15 Prozent. In 20 Jahren von jetzt an gerechnet hat Doug 420.000 Dollar und Susan hat 840.000 Dollar. Das heißt, dass Doug ein Jahreseinkommen von 63.000 Dollar hat und Susan mit 126.000 Dollar im Jahr ein komfortables Auskommen hat. Die ewige Differenz von 63.000 Dollar, die nach 20 Jahren besteht, beruht darauf, dass Doug nur ein einziges Mal gegen Regel 1 verstoßen hat.

Verglichen mit dem, was Tausenden meiner „Schüler“ passiert ist, die mir ihre Horrorgeschichten erzählen, ist das aber noch harmlos. Bei einem Vortrag in Texas lernte ich Robert kennen. Auf Anraten seiner Vorgesetzten, denen er vertraute, hatte er sein gesamtes Rentenvermögen in Enron-Aktien investiert. Als ich den Hörern Belege dafür gab, dass die Topmanager von Enron ihre Anteile verkauften und gleichzeitig den Beschäftigten empfahlen, ihre Aktien zu behalten, wurde Robert so wütend, dass er hinaus auf den Flur gehen musste, um sich zu beruhigen. Diese Wut ist echt, sie ist die äußere Manifestation der emotionalen Probleme, die in uns gären, wenn wir mit viel Mühe ein Vermögen aufbauen und wenn es dann aus Ignoranz vernichtet wird. Unter den Anwesenden war keiner, der sich in Roberts Wut und Schmerz nicht ein Stück weit wiedererkannt hätte.

Ein anderer Mann, den ich hier Chris nenne, erzählte mir, dass er im Jahr 1990 mit 50.000 Dollar angefangen hatte und bis zum Jahr 2000 mehr als eine Million angesammelt hatte. Und dann verlor er alles wieder, nur weil er sich nicht vorstellen konnte, dass der Markt nicht wieder steigen würde und weil ihm sein Broker empfahl „nachzulegen" – er investierte immer mehr Geld in die fallenden Aktien, damit er ein größeres Vermögen verdienen würde, wenn sie wieder zurückkämen. Aber sie stiegen nicht mehr und er war ruiniert. Mit 1.000 Dollar und mit der Erkenntnis, dass der Markt vielleicht wirklich auf lange Sicht immer steigt, dass aber die lange Sicht so lang sein kann, dass man sie nicht überlebt, fing er noch einmal ganz von vorn an.

Solche Menschen sind bewundernswert. Sie werden zu Boden geschlagen und stehen wieder auf. Aber auch wenn wir ihren Mut und ihre Hartnäckigkeit bewundern – wenn wir es vermeiden können, wollen wir nicht die gleichen Erfahrungen machen. Ich finde, am besten lernt man Regel 1 und vermeidet diesen Fehler von Anfang an.

„Lass dich siebenmal zu Boden schlagen. Steh achtmal wieder auf."

– Japanisches Sprichwort

Der Kumulationseffekt des Ertrages kann für Sie oder gegen Sie arbeiten. In welcher Richtung er wirkt, hängt davon ab, dass Sie sicher in Unternehmen investieren können, die Ihnen keinen Verlust bringen. Nur dann wird die kumulierte Ertragsrate auf jeden Fall positiv und groß genug, damit sie Ihr Leben verändert. Letztendlich macht einen jeder positive kumulierte Ertrag reich, die Frage ist nur, wann? Es ist ganz klar, je größer die positive Ertragsrate ist, desto schneller wird man reich – wenn man nicht gegen Regel 1 verstößt.

➡ Wenn Sie noch nie eine Aktie gekauft haben, wenn Sie nicht wissen, was ein Depot oder ein IRA ist, machen Sie sich keine Sorgen. Ich werde Ihnen die Prozedur in Kapitel 15 erklären. Ich möchte, dass Sie zuerst mit der Regel-1-Methode vertraut werden; erst dann machen wir uns an solche Kleinigkeiten und schauen, dass Sie mit dem richtigen Fuß loslaufen.

Stellen Sie sich das vor wie ein Brettspiel, bei dem Sie auf das falsche Feld geraten und deshalb wieder von vorn anfangen müssen. Genau das wird den meisten institutionellen Portfolios (Investmentfonds) zum Verhängnis. Irgendwann landen alle großen Jungs – alle Portfoliomanager – auf dem bewussten Feld. Sie als Kleinanleger müssen lernen, dieses Feld zu umgehen. Wenn Sie nicht auf „Los" zurückgeschickt werden, wird es Ihnen finanziell sehr gut gehen. Stellen Sie sich selbst einmal folgende Frage: Wenn Sie glauben würden, dass Sie sich in 10 bis 20 Jahren zur Ruhe setzen können, indem Sie 15 Minuten pro Woche aufbringen und dabei weniger Risiko eingehen als momentan mit Ihren Investmentfonds – würden Sie dann gerne lernen, wie das geht? Ich nehme an, dass Sie das begeistert bejahen. Hören Sie deshalb genau zu, wenn wir jetzt konkret besprechen, wie Regel 1 funktioniert.

Kapitel 2 –
Regel 1 und die vier Ms

„Man kann auf viele Arten scheitern […],
gelingen kann es nur auf eine Art."

– Aristoteles (384–322 v. Chr.), Nikomachische Ethik
(Nikomachos war ein früher Regel-1-Investor.)

Manches ändert sich nie. Zu diesen Dingen gehört auch Regel 1. Sie ist seit 100 Jahren die Grundlage hervorragender Geldanlagen und wird auch in 100 Jahren noch die Grundlage hervorragender Geldanlagen sein. Der Regel-1-Anleger betrachtet Aktien als Unternehmen mit feststellbarem Wert und wartet geduldig ab, bis die Fluktuationen des Marktes dem Unternehmen einen günstigen Preis geben. Hier nun die wichtigsten Einzelteile der Regel:

Regel 1 kurz und knapp

Als Erstes müssen Sie begreifen, dass Regel 1 wörtlich zwar besagt: „Kein Geld verlieren", dass das aber in der Praxis bedeutet, dass man mit Gewissheit investiert. Gewissheit bekommt man, indem man Folgendes tut: ein wunderbares Unternehmen zu einem attraktiven Preis kaufen. Prägen Sie sich diesen Satz ein:

> ✖ *Man weiß, dass man Geld verdient, wenn man ein wunderbares Unternehmen zu einem attraktiven Preis kauft.*

Das Wort „wunderbar" beinhaltet drei Elemente, die wir in den nächsten Kapiteln ausführlicher behandeln werden. Erstens bedeutet „wunderbar", dass das Unternehmen für Sie eine Bedeutung hat – dass Sie es so weit durchschauen und begreifen, dass Sie gerne das ganze Unternehmen besitzen würden, wenn Sie es könnten, dass Sie auf diesen Besitz stolz wären und dass das Unternehmen Ihre Werte verkörpert. Auf der zweiten Ebene bedeutet „wunderbar", dass das Unternehmen in puncto Finanzkraft und Berechenbarkeit bestimmte Kriterien erfüllt; insbesondere braucht es den sogenannten „Burggraben". Drittens braucht es ein gutes Management. Wenn Sie nicht wissen, was ich mit „Burggraben" und gutem Management meine, machen Sie sich nichts draus. Ich werde Ihnen ganz genau erklären, was ein Burggraben ist, woran man ihn erkennt und woran man gutes Management erkennt. Ich werde Ihnen alle Kriterien darlegen, die Sie brauchen, damit Sie ein Unternehmen vertrauensvoll mit dem Etikett „wunderbar" versehen können.

Dass ein Unternehmen wunderbar ist, reicht aber noch nicht. Wir müssen das Unternehmen nämlich zu einem attraktiven Preis bekommen. Mit „attraktiv" meine ich, dass wir das Unternehmen mit einem sehr dicken Sicherheitspolster (Margin of Safety, MOS) bekommen. In meinen Augen ist die MOS gut, wenn man für 50 Cent den Gegenwert von einem Dollar bekommt. Wenn ich weiß, was ein Unternehmen wert ist, will ich es für den halben Preis kaufen. Natürlich macht mich das irgendwann sehr reich.

Den Wert eines Unternehmens zu berechnen ist entweder ganz leicht oder unmöglich. Wenn ein Unternehmen „wunderbar" ist, dann ist es per definitionem vorhersagbar beziehungsweise berechenbar. Wenn es berechenbar ist, können wir seinen Wert bestimmen. Wenn es kein vorhersehbares Geschäft ist, kann man unmöglich wissen, wie viel es wert ist. Ich werde Ihnen noch präzise sagen, wie man vorhersagbare Unternehmen findet, die bewertet werden können, und wie man ihren Wert schnell berechnen kann. Regel-1-Investing besteht aus vier klaren, eindeutigen Schritten:

1. Ein wunderbares Unternehmen finden.
2. Feststellen, was es als Unternehmen wert ist.
3. Es 50 Prozent billiger kaufen.
4. Wiederholen, bis man sehr reich ist.

Das klingt ja ganz einfach. Und warum machen das dann nicht alle? Buffett beantwortet diese Frage so: „Ich finde es auffallend, dass der Gedanke, einen Dollar für 50 Cent zu kaufen, bei einem Menschen entweder sofort einschlägt oder gar nicht. Das ist wie bei einer Schutzimpfung. Wenn sie bei einem Menschen nicht sofort anschlägt, kann man meiner Erfahrung nach jahrelang mit ihm reden und ihm Zahlen vorlegen, ohne dass das etwas bewirkt. Anscheinend können sie das Konzept trotz seiner Einfachheit nicht erfassen."
Als mir Regel 1 beigebracht wurde, lernte ich als Erstes folgende Wahrheit:

Der Preis einer Sache entspricht nicht immer ihrem Wert.

Wenn ich ein neues Auto kaufen will, habe ich beispielsweise eine ziemlich genaue Vorstellung von seinem Wert, bevor ich zum Händler gehe. Ich kenne die unverbindliche Preisempfehlung und weiß, dass das Auto zu verschiedenen Preisen verkauft wird, die meistens unter der unverbindlichen Preisempfehlung liegen. Ich will nicht unbedingt den Preis bezahlen, den der Händler verlangt. Stellen Sie sich einmal vor, ich wüsste nicht, was das Auto wert ist: Dann kann mir der Händler das Auto weit über Wert verkaufen – über der unverbindlichen Preisempfehlung. Wenn ich für einen Mercedes Benz, der offiziell 100.000 Dollar kostet, 200.000 Dollar bezahle, dann mache ich Verlust, wenn ich ihn wieder verkaufe. Aber wenn ich ihn für 50.000 Dollar kaufen könnte, würde ich an dem Verkauf Geld verdienen. Mit dem Kauf von Aktien als Unternehmensanteilen ist es genauso, nur dass kein Preisschild in der Windschutzscheibe hängt. Wir müssen den offiziellen Preis selbst herausfinden und dann weniger bezahlen.

> ✖ *Im Prinzip wird man durch Regel 1 einfach zum guten Einkäufer.*

Wenn Sie zu den Menschen gehören, die abwarten, bis ein Artikel ein rotes Preisschild bekommt und deutlich heruntergesetzt wird (Sie wissen, dass der Flachbildfernseher 5.000 Dollar wert ist und dass Sie ihn trotzdem für 2.500 Dollar bekommen können), dann sind Sie schon auf dem besten Weg zum Regel-1-Investor. Dann müssen Sie nur noch lernen, wie man den Wert wunderbarer Unternehmen bestimmt und wie man darauf wartet, dass der Markt diese Unternehmen preiswert verkauft.
Wenn wir nicht davon ausgehen, dass der Preis eines Autos immer angemessen ist, weshalb sollten wir dann davon ausgehen, dass der Preis eines Unternehmens immer angemessen ist?
In einer wichtigen Hinsicht unterscheiden sich Unternehmen von Autos und anderen verkäuflichen Gütern: Der empfohlene Preis eines Unternehmens wird von dem Geld bestimmt, dass es seinen Besitzern in der Zukunft zusätzlich bringt. Wenn sich ein Regel-1-Investor ein Unternehmen ansieht, kann er schnell feststellen, wie viel Geld es in Zukunft abwirft, und leitet daraus die unverbindliche Preisempfehlung für das Unternehmen ab. Und das ist genau das, was ich Ihnen erklären will.
Wenn Sie einmal wissen, wie man den Empfehlungspreis eines Unternehmens berechnet – also seinen Wert unabhängig vom aktuellen Verkaufspreis –, sind Sie auf dem Weg, mit Gewissheit zu investieren und sich an Regel 1 zu halten.

Die vier Ms

Bei Ihrem Vorhaben, die Methode zu lernen, wie man wunderbare Unternehmen zu günstigen Preisen findet, sollten

Sie sich an das halten, was ich soeben knapp skizziert habe und was ich als „die vier Ms“ bezeichne: Meaning, Moat, Management und Margin of Safety [Bedeutung, Burggraben, Management und Sicherheitspolster; Anm. d. Übers.]. Vielleicht sagen Ihnen diese vier Wörter jetzt noch nicht sehr viel, aber wir werden jedes einzelne ausführlich behandeln. Sie sollen Ihnen als Wegweiser auf der Reise zur perfekten Geldanlage dienen. Sie helfen Ihnen, sich die Schritte von Anfang (wenn Sie erst darüber nachdenken, ob Sie in ein bestimmtes Unternehmen investieren) bis zum Ende (wenn Sie bereit sind, das Unternehmen mit Ihrem schwer verdienten Geld zu kaufen) zu merken.

Es gibt einen Trick, wie man das Wesen der vier Ms am besten begreift, nämlich indem man sie in Fragen umformt, die man bei der Bewertung eines Unternehmens und bei der Entscheidung, ob es eine gute Investition ist, beantworten muss (wie man diese Fragen methodisch Schritt für Schritt beantwortet, ist Gegenstand der nächsten Kapitel):

1. *Hat das Unternehmen für Sie eine Bedeutung?*
2. *Hat das Unternehmen einen breiten, schützenden Burggraben?*
3. *Hat das Unternehmen ein sehr gutes Management?*
4. *Hat das Unternehmen ein großes Sicherheitspolster?*

Wenn Sie alle vier Fragen mit einem großen, uneingeschränkten Ja beantworten können, wissen Sie, dass Sie genau dieses Unternehmen kaufen wollen. Aus diesen Fragen resultieren bestimmte Anforderungen:

Die erste Frage, „Hat das Unternehmen für Sie eine Bedeutung?“, verlangt, dass man das Unternehmen nur dann kauft, wenn man bereit wäre, es für die nächsten 100 Jahre zur einzigen finanziellen Absicherung der eigenen Familie zu machen. Das bedeutet, dass man genau darauf achten sollte, was man da kauft, denn wenn der Preis fällt, muss die Familie hungern. Außerdem verlangt dies, dass man sich so verhält, als wäre man der einzige Besitzer des Unternehmens. Anders gesagt sollte man wissen, was ein Unternehmen macht und ob es sich an Wertvorstellungen orientiert, mit denen man sich wohlfühlt.

Die zweite Frage, „Hat das Unternehmen einen breiten Burggraben?“, verlangt, dass sich das Unternehmen gegen Angriffe der Konkurrenz wehren kann, so als würden feindliche Truppen versuchen, die Burg zu schleifen. Mit anderen Worten sollte man in der Lage sein, die langfristige Zukunft des betreffenden Unternehmens präzise vorauszusehen.

Die dritte Frage, „Hat das Unternehmen ein sehr gutes Management?“, verlangt den Glauben, dass die Menschen, die das Unternehmen leiten, dies so tun, als wäre es für die nächsten 100 Jahre die einzige finanzielle Absicherung ihrer Familie. Man sollte anders gesagt davon überzeugt sein, dass sie einen nicht um kurzfristiger Profite willen über den Tisch ziehen.

Die vierte Frage, „Hat das Unternehmen ein dickes Sicherheitspolster?“, verlangt, dass man den Wert des Unternehmens kennt und es zum Sonderangebotspreis kaufen kann. Man sollte also in der Lage sein, das Unternehmen so preiswert zu kaufen, dass man es später ohne Verlust wieder verkaufen kann – auch wenn die Kaufentscheidung grundsätzlich falsch war.

Es gibt Möglichkeiten, wunderbare Unternehmen zu attraktiven Preisen zu kaufen – sie existieren wirklich –, wenn Sie gewillt sind, Ihre Hausaufgaben zu machen und sich von Investmentfonds zu verabschieden.

Wenn man mit der Geldanlage erst anfängt, können einen diese vier Fragen einschüchtern und ängstigen. Man denkt reflexartig: „Das kann ich nicht“, und aus ist es mit dem eigenständigen Investing. Aber ich habe gute Nachrichten für Sie: Erstens hat man zwar früher viel Zeit gebraucht, um solche

Dinge herauszufinden, aber mit den richtigen Werkzeugen dauert das heutzutage nicht mehr lange. Zweitens brauchen Sie nur wenige Unternehmen zu finden, zu denen Sie Ja sagen können, dann haben Sie eine ganze Weile Ruhe. Ab diesem Punkt beobachten Sie Ihre Unternehmen nur noch und lassen das Geld hereinfließen. Wenn ich Ihnen erst einmal gezeigt habe, wie man an die richtigen Werkzeuge kommt und wie man sie benutzt, können Sie die Unternehmen sehr genau überwachen und können Verluste vermeiden - selbst wenn Sie unterwegs ein paar Fehler machen oder wenn sich der Markt wild und unberechenbar benimmt.

Wenn das ein bisschen viel auf einmal für Sie ist, atmen Sie einfach einmal tief durch. In diesem Buch geht es vor allem darum, Ihnen beizubringen, wie man die vier Fragen im Hinblick auf jedes beliebige Unternehmen beantwortet, damit Sie zum vertrauensvollen, zuversichtlichen Privatanleger werden können. Haben Sie etwas Geduld. Vielleicht können Sie sich das jetzt überhaupt noch nicht vorstellen, aber irgendwann denken Sie ohne bewusste Anstrengung in den Kategorien der vier Ms. Sie werden die Welt des Investments durch die Brille von Regel 1 betrachten.

„Was wir beständig tun, fällt uns immer leichter, nicht weil die Aufgabe selbst leichter wäre, sondern weil wir sie besser bewältigen können.“

– Ralph Waldo Emerson

Und jetzt befassen wir uns ausführlich mit den vier Ms.

Kapitel 3 – Kaufen Sie ein Unternehmen und keine Aktie!

„Angreifende Armeen kann man abwehren, nicht aber eine Idee, deren Zeit gekommen ist.“

– Victor Hugo (1802–1885), Geschichte eines Verbrechens, 1852

Die erste M-Frage, „Hat das Unternehmen für Sie eine Bedeutung?“, beinhaltet zwei weitere Fragen: (1) „Wollen Sie das ganze Unternehmen besitzen?“ und (2) „Verstehen Sie es so weit, dass Sie es ganz besitzen könnten?“
Wenn ich einkaufen gehe und ein tolles Unternehmen suche, sage ich zu mir: „Phil, wenn du das kaufst, dann gehört dir die ganze Firma und alles, was daran hängt.“ Ich sage mir das sogar, wenn ich nur einen ganz kleinen Teil in Form weniger Aktien kaufe. Es gibt einen sehr guten Grund, weshalb ich mir dieses Mantra vorsage. Es führt dazu, dass ich wie ein Unternehmer denke und nicht wie ein Anleger, und das ist entscheidend für den Erfolg als Regel-1-Anleger.

Seien Sie stolz auf Ihren Besitz!

Wenn wir das Unternehmen als Unternehmen und nicht als Aktienspekulation kaufen, bekommt es einen persönlichen Charakter. Ich will, dass es persönlich ist. Ich will stolz auf meinen Besitz sein. Das ist ein wichtiger Ausgangspunkt für die Entscheidung, wo ich mein Geld anlege. Das Unternehmen, in das wir investieren, bekommt dadurch von uns sozusagen die Zustimmung, seine Geschäfte fortzusetzen, egal worum es sich handelt. Wenn wir zum Beispiel Coca-Cola kaufen, befürworten wir damit stillschweigend das Unternehmen. Im Endeffekt sagen wir damit, wir wollen, dass Coca-Cola seine Produkte und seine Art, das Unternehmen zu führen, beibehält. Wenn wir ein Unternehmen kaufen, das in einer Fabrik in der Dritten Welt Kinder ausbeutet, unterstützen wir damit die Kinderarbeit. Das mag für Sie vielleicht sogar in Ordnung sein, aber mir geht es darum, dass Sie sagen können, dass Sie stolz auf das sind, was Sie besitzen. An der Wahlurne mag unsere Stimme kein großes Gewicht haben, aber für uns als Unternehmenseigentümer zählt sie viel. Wenn unsere Entscheidung, ein bestimmtes Unternehmen zu besitzen, eine Stimme im Getriebe der Welt ist, dann sollten wir meiner Meinung nach bedenken, was wir damit sagen.

Wenn Sie sich beim Regel-1-Investing bewusst machen, was in Ihren Augen gut und schlecht für die Welt ist, trägt das dazu bei, dass Sie Anlageentscheidungen treffen, die für Sie gut sind. Das heißt nicht, dass ich Sie vor dem Kauf von Unternehmen bewahre, die irgendwann pleite machen, oder dass die Vereinbarkeit Ihrer Werte mit dem Unternehmen den maximalen finanziellen Erfolg garantieren würde. Es heißt nur, dass es auf der Welt schon genug Heuchler gibt und dass Sie da nicht auch noch mitmachen müssen. Wenn Sie meinen, etwas wäre schlecht für die Welt, dann kaufen Sie das Unternehmen, das dahinter steckt, nicht. Vertreten Sie mit Ihrem Geld das, was Sie wollen, und begreifen Sie, dass das Ihre persönliche Entscheidung ist.

> ✖ *Geldanlage ist eine der wichtigsten und moralisch am stärksten belasteten Aktivitäten. Wenn wir zu den wenigen Privilegierten gehören, die mehr Geld haben, als zum Leben nötig ist, müssen wir unser überschüssiges Kapital sorgfältig platzieren. Letzten Endes könnte das darüber entscheiden, wie die Welt unserer Kinder aussieht.*

Ich hoffe, Ihnen ist klar, dass ich Ihnen in diesem Buch nicht sagen will, wo Sie Ihr Geld anlegen sollen. Ich will Ihnen in diesem Buch beibringen, wie man großartige Investments findet, aber ich überlasse es Ihnen, die fünf bis zehn Unternehmen auszuwählen, die Ihnen am besten gefallen. Stellen Sie sich die Investition so vor, als würden Sie Samenkörner in die Erde legen. Stellen Sie sich vor, dass Sie ernten werden, was Sie gesät haben. Handeln Sie so, als wäre das wirklich der Fall. Und denken Sie bei jedem Kauf an die 10-10-Regel.

Die 10-10-Regel

10-10-Regel: Ich will dieses Unternehmen keine zehn Minuten lang haben, wenn ich es nicht für zehn Jahre haben will.

Bei der 10-10-Regel geht es nur um die Einstellung zur Geldanlage. Es kann durchaus sein, dass wir ein Unternehmen heute kaufen, es in einem Monat wieder verkaufen, es in drei Monaten noch einmal kaufen und ein paar Wochen danach erneut verkaufen. Dass wir uns so verhalten, als wollten wir es für zehn Jahre behalten, hindert uns nicht daran, es immer wieder zu kaufen und zu verkaufen.

Die Bedeutung der 10-10-Regel liegt darin, dass sie uns zu disziplinierten Investoren macht.

Die meisten Anleger gehen davon aus, dass sie mit manchen Investments Verlust machen, weil der Markt für ihre Aktien steigt und fällt. Aufgrund dieser Erwartung diversifizieren sie, um das Verlustrisiko insgesamt zu senken. Aber kein Unternehmer würde so locker mit Verlusten in mehreren Geschäftsbereichen umgehen und so tun, als wäre das der Lauf der Welt. Können Sie sich etwa vorstellen, dass ein Unternehmer fünf Unternehmen hinzukauft, um das Risiko zu senken? Ziemlich verrückt, oder? Wenn sein eines Geschäft schon zu riskant ist, wieso sollte die Diversifizierung auf insgesamt sechs Firmen die erste Firma weniger riskant machen? Wenn das erste Unternehmen zu riskant ist, sollte er es verkaufen und auf ein Unternehmen umsteigen, das er besser durchschaut. Dank der 10-10-Regel denken wir immer daran, wie

lange wir „bereit“ sind, ein Unternehmen zu besitzen; dadurch denken wir immer in langfristigen Kategorien.
Als Regel-1-Investoren kaufen wir nur eine kleine Anzahl Unternehmen. Aus diesem Grund müssen wir uns vorbereiten und sicher sein, dass wir die richtigen Unternehmen besitzen – Unternehmen, die uns keinen Verlust bescheren.
Wir können uns den Luxus leisten, geduldig abzuwarten, bis wir wunderbare Unternehmen zu günstigen Preisen finden, und wir gewöhnen uns an, erst dann Geld einzusetzen, wenn wir sicher sein können, dass wir nichts davon verlieren. Wenn das Unternehmen wirklich wunderbar ist und der Preis wirklich günstig ist, wissen wir, dass wir Geld verdienen werden.
Aber welche Art von Unternehmen sollten wir kaufen? Sollten Sie und ich die gleichen Unternehmen kaufen? Sind Sie und ich der gleiche Typ Mensch? Lieben und verstehen wir die gleichen Dinge?
Ganz offensichtlich ist jeder von uns einmalig und hat seine ganz eigenen Begabungen. Dass wir verschieden sind, hat einen Sinn. In Einklang mit seinem Selbst zu handeln bedeutet auch, im Einklang mit sich selbst zu investieren. Welche Art von Unternehmen sollten Sie also kaufen? Unternehmen, die Sie verstehen. Solche Unternehmen haben am ehesten etwas mit Ihrer Persönlichkeit zu tun.

Begreifen Sie Ihre Firma!

Ich bläue Ihnen immer wieder ein, dass das Ziel von Regel 1 darin besteht, mit Gewissheit zu investieren, damit man kein Geld verliert. Wenn wir nicht begreifen, was wir da kaufen, können wir nur eines mit Gewissheit wissen: Wir haben keine Ahnung, was mit dem Unternehmen in Zukunft passiert. Und wenn wir keine Ahnung haben, was in Zukunft passiert, wie sollen wir da herausfinden, was dieses Ding heute wert ist? Wir müssen das Unternehmen verstehen, damit wir die Zukunft mit einem gewissen Grad an Sicherheit voraussehen und daraus einen aktuellen Wert ableiten können. Genauso klar ist es, dass wir Unternehmen, über die wir schon Vieles wissen, viel leichter begreifen können, als Unternehmen, von denen wir noch nie etwas gehört haben. Deshalb fangen wir mit der Suche nach wunderbaren Unternehmen an, indem wir Unternehmen entdecken, die wir schon kennen. Vielleicht fragen Sie sich, bis zu welchem Grad man ein Unternehmen wirklich verstehen muss. Wenn Sie zum Beispiel gerne Frühstücksflocken essen und Ihre Lieblingsmarke Cheerios ist, wissen Sie wohl, dass diese Marke von General Mills hergestellt wird und dass Ihnen General Mills noch nie irgendein Leid zugefügt hat; aber kann man dann wirklich sagen, dass Sie General Mills verstehen? Oder sollten Sie dafür detailliert wissen, wie der Herstellungs- und Vertriebsprozess von Cheerios funktioniert? Müssen Sie die Zuliefererkette kennen, das Verpackungsverfahren, die Lohnkosten, Marketing und Werbung, den Kampf um gute Plätze in den Regalen? Das sind alles interessante Fragen, aber sie gehen weit über das hinaus, was ich mit „das Unternehmen begreifen“ meine. Bedeutung ist nur ein erster Schritt. Das heißt, wenn Sie Cheerios mögen und sich mit dem Hersteller General Mills wohlfühlen, haben Sie das erste M schon hinter sich gebracht. Wenn Sie die restlichen drei Ms hinter sich haben, wissen Sie auf jeden Fall genug über das Unternehmen, damit Sie eine gute Regel-1-Entscheidung treffen können.

Wie viel müssen Sie wissen, damit Sie das erste M abhaken können? Eigentlich nicht viel. Nur so viel, dass Sie sich wohlfühlen. Dafür brauchen Sie kein großes Brimborium. Sie brauchen nicht im Einzelnen über Marketing, künftige Vertriebskanäle oder sonstige Dinge informiert zu sein. Es reicht, dass Ihnen die Produkte oder Dienstleistungen zusagen und dass leicht zu erkennen ist, dass das Unternehmen sie besser herstellen oder bereitstellen kann als alle anderen. Wenn Sie die 4-M-Prozedur hinter sich haben, wissen Sie genug, damit Sie Ihr Geld zuversichtlich investieren können. Und wie Sie noch sehen werden, haben wir Werkzeuge, mit deren Hilfe wir heil davonkommen, wenn wir daneben gegriffen haben. Bedeutung im Sinne von Regel 1 meint nur, dass wir verstehen, was ein Unternehmen macht und wie es das macht – eben so, dass Sie mit Freuden Ihren Namen auf die Firma schreiben und ihn dort so um die 100 Jahre stehen lassen würden. Warren Buffett zitiert zu diesem Thema Matthäus 6:21: „Denn wo euer Schatz ist, da ist auch euer Herz."

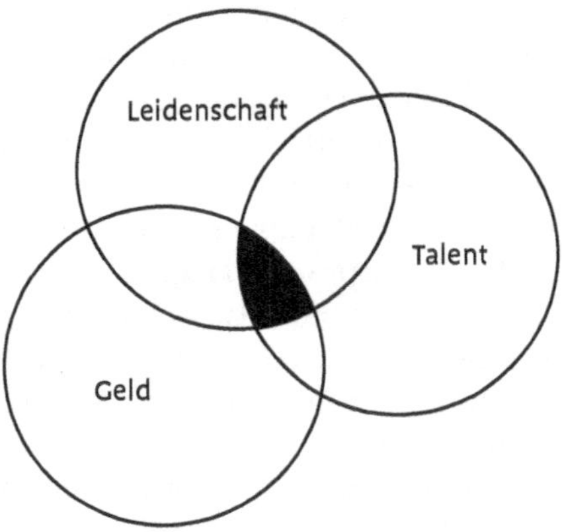

Als ich anfing zu investieren, hatte ich nur eine Gewissheit, nämlich dass ich ein wunderbares Unternehmen nicht von einem fürchterlichen Unternehmen würde unterscheiden können. Aber als Erstes lernte ich, dass ich viel mehr über Unternehmen wusste, als ich zunächst dachte.

Machen wir dazu eine kleine Übung: Zeichnen Sie drei Kreise, die sich in der Mitte überschneiden. Beschriften Sie den ersten mit „Leidenschaft", den zweiten mit „Talent" und den dritten mit „Geld". (Ich verdanke diese Idee dem Autor und Unternehmensresearcher Jim Collins; er benutzt sie für die Bewertung von Unternehmen, vor allem wenn sie „gut" bis „großartig" sind.)

Schreiben Sie in den ersten Kreis alles, wofür Sie wirklich eine Leidenschaft haben – Dinge, die Sie lieben oder die Sie gerne tun würden, wenn Sie die Zeit oder das Geld dafür hätten. Schreiben Sie in den zweiten Kreis alles, wofür Sie ein Talent haben – alles, was Sie wirklich gut können, ob im Beruf oder zum Vergnügen. Und in den dritten Kreis schreiben Sie alles, was Ihnen Geld bringt und was Sie Geld kostet.

Stellen Sie sich drei Fragen:

1. Was tun Sie gerne, beruflich oder zum Vergnügen?
2. Worin sind Sie wirklich gut?
3. Was tun Sie, um Geld zu verdienen, und wofür geben Sie Ihr Geld aus?
Ihre Antworten – vor allem diejenigen, die auf alle drei Fragen kommen – helfen Ihnen dabei, Ihre ersten wunderbaren Unternehmen zu finden.

Wenn ich diese Übung gemacht hätte, als ich mit Investing anfing, hätte ich geschrieben, dass ich gerne Bootstouren mache, dass ich gut Bootstouren führen kann und dass ich mit Bootstouren mein Geld verdiene. Ganz einfach. Und wenn ich gesehen hätte, dass in allen drei Kreisen „Bootstouren" stand, wäre es wohl sofort kristallklar gewesen, dass ich ein Unternehmen, das Bootstouren auf Flüssen organisiert, mit Leichtigkeit verstanden hätte. Es hätte nicht lange gedauert, dann hätte ich festgestellt, dass ein Unternehmen, das Flussfahrten veranstaltet, Ähnlichkeiten mit anderen Unternehmen hat – mit einem Safari-Unternehmen in Afrika oder gar mit einer Kreuzfahrtgesellschaft. Und das geht noch weiter, denn vielleicht bestehen auch Zusammenhänge mit Disneyland oder anderen beliebten Themenparks wie Magic Mountain.
Sie suchen in den drei Kreisen etwas, das in mehr als einem Kreis auftaucht – ein Wort, das auf ein Produkt, eine Branche

oder ein bestimmtes Unternehmen hindeutet. Alles, was in zwei oder drei Kreisen auftaucht, verstehen Sie wahrscheinlich besser als die meisten anderen Menschen. Wahrscheinlich hat das dann eine gewisse Bedeutung für Sie und wird dadurch automatisch zu einer Branche, deren Erkundung sich lohnt.

Gehen Sie online, gehen Sie zu Yahoo, klicken Sie auf „Finance“, dann auf „Industries“ und dann auf „Industry Index“. Wie Sie sehen, fällt so ziemlich jedes Unternehmen, das es auf der Welt gibt, in eine der angezeigten zwölf Kategorien oder Sektoren. (Das soll Sie dazu bringen, dass Sie sich Gedanken darüber machen, was Sie kaufen wollen – noch bevor Sie die Technischen Analysen gelernt haben, die wir in Kürze behandeln. Wenn Sie erst einmal alle Kniffe von Regel 1 gelernt haben, verbringen Sie zunächst einmal viel Zeit damit, auf solchen Seiten herumzuschnüffeln und nach Unternehmen zu suchen, die Sie dem vollständigen Regel-1-Test unterziehen wollen.)

Die hier abgedruckte Sektorenliste von Yahoo ist nicht die einzig wahre Liste. Eine allgemeingültige Sektorenliste gibt es nicht. Verschiedene Datenanbieter haben unterschiedlich viele Sektoren, weil sie manche aufteilen und andere zusammenfassen. Zwar teilt jeder Informationsanbieter die Unternehmen auf seine eigene Weise in Sektoren ein, aber die Kategorien sind sich ziemlich ähnlich. In Kapitel 13 begleite ich Sie auf einer ausführlicheren Sektorenjagd. Jeder Sektor besteht aus Branchen, die einander ähneln. Die Branche

„Abenteuerreisen“ ist natürlich in irgendeinem Sektor zu finden, aber in welchem? Haben Sie keine Angst, klicken Sie einfach herum und suchen Sie selbst. Da Abenteuer-reisen etwas mit Dienstleistung zu tun haben könnten, probieren Sie das einmal aus. Klicken Sie einfach auf „Services“ und die Website zeigt eine Reihe von Branchen an, die etwas mit Dienstleistung zu tun haben (siehe Liste).

Von da ab hilft der gesunde Menschenverstand weiter. Gehen Sie die Liste durch und schauen Sie, ob dort irgendwo Anbieter von Abenteuerreisen untergebracht sein könnten. Wie wär’s mit „Freizeitaktivitäten“? Klicken Sie auf „Recreational Activities“ und Sie bekommen die Liste auf Seite 66 angezeigt:

Hmmm. Sieht irgendeines der angezeigten Unternehmen nach Abenteuerreisen aus? Ja! American Classic Voyages, Carnival Corporation, Royal Caribbean und Vail Resorts

Sectors > Services

Click on column heading to sort

Description

Sector: Services

- Advertising
- Broadcasting & Cable TV
- Business Services
- Casinos & Gaming
- Communications Services
- Hotels & Motels
- Motion Pictures
- Personal Services
- Printing & Publishing
- Printing Services
- Real Estate Operations
- Recreational Activities
- Rental & Leasing
- Restaurants
- Retail (Apparel)
- Retail (Catalog & Mail Order)
- Retail (Department & Discount)
- Retail (Drugs)
- Retail (Grocery)
- Retail (Home Improvement)
- Retail (Specialty)
- Retail (Technology)
- Schools
- Security Systems & Services
- Waste Management Services

Sectors > Services

Click on column heading to sort.

Description

Sector: Services

Industry: Recreational Activities (More Info)

All-American SportPark, I (AASP.OB)
American Classic Voyages (AMCVQ.PK)
American Skiing Company (AESK.OB)
AMF Bowling, Inc. (AMBWQ.PK)
Bally Total Fitness Holdi (BFT)
Blockbuster Inc. (BBI)
Bowl America Incorporated (BWLA)
Bull Run Corporation (BULL.PK)
Call Now, Inc. (CLNWE.OB)
Canterbury Park Holding C (ECP)
Carnival Corporation (CCL)
Carnival plc (ADR) (CUK)
Cedar Fair, L.P. (FUN)
Championship Auto Racing (CPNT.PK)
Commodore Holdings Ltd. (CCLNQ.PK)
Dale Jarrett Racing Adven (DJRT.OB)
Diamondhead Casino (DHCC.OB)
Diversicon Holdings Corp. (DVSH.PK)
Dover Motorsports, Inc. (DVD)
eCom eCom.com, Inc. (ECEC.PK)
Entertainment Technologie (ETPI.PK)
Equus Gaming Company L.P. (EQUUS.PK)
Family Golf Centers, Inc. (FGCIQ.PK)
First National Entertain. (FNAT.PK)
Football Equities, Inc. (FBLQ.PK)
Fortune Diversified Indus (FDVI.OB)
GameTech International (GMTC)
GWIN, Inc. (GWNI.OB)
Int'l Thoroughbred Breede (ITGB.PK)
International Speedway (ISCA)
Intra-Asia Entertainment (IRAE.OB)
Life Time Fitness, Inc. (LTM)
Littlefield Corporation (LTFD.OB)
Magnum Sports & Entertain (MAGZ.PK)
Malibu Enter. Worldwide (MBEW.PK)
Millennium Sports Mgmt. (MSPT.PK)
Movie Gallery, Inc. (MOVI)
Netflix, Inc. (NFLX)
Pacific Systems Control T (PFSY.PK)
Physical Spa & Fitness (PFIT.OB)
Renaissance Entertainment (FAIR.PK)
Royal Caribbean Cruises L (RCL)
Royal Olympic Cruise Line (ROCLF.PK)
Six Flags, Inc. (PKS)
Skyline Multimedia Entert (SKYL.PK)
Speedway Motorsports, Inc (TRK)
Sports Club Company (SCY)
Tix Corp. (TIXC.OB)
Vail Resorts, Inc. (MTN)
VCG Holding Corp. (PTT)
Video City, Inc. (VDCY.PK)
Warner Music Group Corp. (WMG)
West Coast Entertainment (WCEC.PK)
World Wrestling Entertain (WWE)

könnten in die richtige Richtung gehen. Aber die Liste enthält noch mehr interessante Unternehmen. Bei Blockbuster bekomme ich Videos, bei Netflix bekomme ich DVDs und bei Six Flags war ich auch schon oft. Und schon stehe ich, der ehemalige River Guide, vor einem ganzen Feld von Unternehmen, über die ich etwas wissen könnte! Drunten im Canyon, wenn die Gäste alle schliefen, saßen wir Führer manchmal im Dunkeln zusammen und sprachen darüber, wie schön es doch wäre, wenn man selbst auf eine Reise gehen könnte, auf der jemand anderes das Boot rudert, das Gepäck ablädt, das Essen kocht und den Müll eintütet. Flussfahrten und Kreuzfahrten haben vieles gemeinsam.

Aus meiner Zeit auf dem Fluss:	
ZQK	Quicksilver
COLM	Columbia
HDI	Harley-Davidson
HED	Head
BUD	Anheuser-Busch
IDR	Intrawest
MTN	Vail Resorts
BKS	Barnes & Noble
BGFVE	Big Five Sporting Goods
CAB	Cabelas

Wo ich ständig einkaufe:	
WFMI	Whole Foods Market, Inc.
WMT	Wal-Mart
WAG	Walgreens
SBUX	Starbucks
OSI	Outback Steakhouse

Aus meiner Zeit bei den Spezialeinheiten:	
SWB	Smith & Wesson
RGR	Ruger

Wonach kann ich auf meiner Einkaufstour noch suchen? Fast alles, was ich gerne tue oder gerne kaufe, ist durch ein Unternehmen in irgendeiner Branche innerhalb irgendeines Sektors vertreten.

Wenn ich meine, ich wüsste etwas über Outdoor-Ausrüstung, finde ich entsprechende Unternehmen ebenfalls in der Freizeitindustrie. Es gibt rund 100 Unternehmen, die Motorschlitten,

Motorräder, Golfschläger, Motorboote und Skier herstellen. Auch im Textilbereich springen mir Firmen ins Auge. Ich kaufe Outdoor-Bekleidung bei Columbia Sportswear und bei Quicksilver – dort gibt es gute Outdoor-Shorts und Snowboard-Bindungen. Das heißt, dass ich einfach so, nur aufgrund meiner Erfahrungen in der Armee, als River Guide, Snowboarder, Motorradfahrer und Verbraucher 17 Unternehmen finde, die mich interessieren könnten. Ich trage die entsprechenden Symbole in eine Tabellenkalkulation ein (siehe Seite 67).

Als ich in den 1980er-Jahren nach Unternehmen suchte, war das noch mühsamer und ging langsamer. Ich blätterte in einer öffentlichen Bibliothek dicke Bücher durch. Aber irgendwann kam ich an den gleichen Punkt – eine Liste von Unternehmen, die ich mit ein bisschen Aufwand wahrscheinlich problemlos verstehen würde. Das ist ganz leicht. Beantworten Sie die drei Fragen, wofür Sie begabt sind, was sie lieben und wie Sie Ihr Geld verdienen beziehungsweise ausgeben, dann haben Sie in kurzer Zeit eine Liste von mehreren Dutzend Unternehmen, die Sie ziemlich gut begreifen. Jetzt können Sie mit dieser Liste bewaffnet einkaufen gehen. Wenn Sie eine gewisse Lebenserfahrung haben, Produkte und Dienstleistungen konsumiert haben und schon ein oder zwei Arbeitsstellen hatten, dann wissen Sie schon eine Menge über Unternehmen. Man braucht wirklich keine hochgestochene Wissenschaft, um etwas zu finden, das einem etwas sagt.

Sehen Sie sich einmal an, was für Unternehmen Warren Buffett gekauft hat: Softdrinks, Fastfood, Süßigkeiten, Rasierer, Vergnügungsparks, TV, Zeitungen, Banken, Mobile Homes, Möbelhäuser, Juweliere … Es gibt tonnenweise Unternehmen, die man locker versteht. Tatsächlich gibt es so viele davon, dass Sie Ihre Liste durch sorgfältige Analysen und Regel-1-Bewertungen eingrenzen müssen.

Regel-1-Anleger tun nichts, dessen Sie nicht sicher sind. Keine Grauzonen. Entweder es ist klar und deutlich, dass sie das Unternehmen verstehen, oder eben nicht. Ich werde Sie im Laufe dieses Buches noch viele Male warnen, dass Sie sicher sein müssen, ob Sie das Unternehmen begreifen. Da Sie als Regel-1-Investor Besitzer des ganzen Unternehmens sind, kann Sie nichts so sehr aufregen wie die Ungewissheit, was das Unternehmen überhaupt macht, das Sie kaufen.

Ein Beispiel: Die Kreise der Seminarteilnehmerin Kathy

Ich fordere alle Seminarteilnehmer auf, ihre eigenen drei Kreise zu zeichnen und zu schauen, was das Papier hergibt. Eine der Teilnehmerinnen war nach der Übung überrascht, wie viele Unternehmen sich aus den drei Kreisen ergaben. Hier ihre Ergebnisse:

Kathy sah sofort, dass Lehren und Kinder in allen drei Kreisen vorkamen und dass Unterrichten, Computer und Theater in zwei Kreisen vorkamen. Diese fünf Interessengebiete brachten sie auf acht Branchen:

Interessen	Branche
Lehren und Ausbilden	Erziehung und Ausbildung, Verlagswesen
Kinder	Bekleidungsindustrie, Kataloge, Spielzeugindustrie
Computer	Computerindustrie, Anwendersoftware
Theater	Filmproduktion – Theater

In diesen acht Branchen gibt es mehr als 300 Unternehmen, die Kathy ziemlich gelassen betrachten kann, weil sie dank ihrer Erfahrungen als Mutter und Lehrerin mit Unternehmen aus diesen Bereichen gut vertraut ist.

Wenn Sie anfangen, Regel 1 wirklich zu praktizieren, merken Sie, welche Teile des Marktes Sie verstehen und welche Sie lieber meiden sollten. (Sie werden auch Bereiche entdecken, die Sie erkunden und begreifen wollen und dann die nötigen Schritte unternehmen.) Zum Teil beruht das Verstehen vermutlich ganz einfach auf Versuch und Irrtum. Bestimmt wird es Ihnen mindestens einmal passieren, dass Sie meinen, Sie würden ein Unternehmen und eine Branche gut kennen, dass es jedoch scheitert, nachdem Sie investiert haben. Sie empfinden das als Schlag ins Gesicht. Habe ich jemals ein Unternehmen missverstanden und mir die Finger verbrannt? Natürlich, und das gehört zu meinem Lernprozess.

Mir ist das passiert, als ich in ein Computerunternehmen investierte, das viel Intelligenz, Geld und einen Führer von historischem Format (Steve Jobs) besaß. Das war im Jahr 1985 und Steve Jobs hatte Apple verlassen, um ein besseres Betriebssystem als Windows und Mac OS aufzubauen. Er nannte es NeXT. Er ermunterte Anleger wie mich, entweder in NeXT oder in Unternehmen zu investieren, die Software für NeXT-Computer entwickelten. Da ich darüber nachdachte, in eine Softwarefirma zu investieren, hatte ich Kontakt mit Programmierern und Computerfreaks aufgenommen. Ich dachte, ich würde die Computerszene kennen und alle Programmierer sagten mir, der NeXT-Computer sei die beste Entwicklerplattform, das beste Betriebssystem, die schönste Kiste, das heißeste Ding. Alles war perfekt, nur dass er nicht mit Microsoft Windows kompatibel war. Und Microsoft herrschte unangefochten. Microsoft war in jeder Hinsicht unangreifbar.

Wenn Sie zwischen 1988 und 1991 Desktop-Publishing-Vorführungen gesehen haben, dann sind Ihnen wahrscheinlich die charakteristischen NeXT-Graustufenmonitore aufgefallen; bis 1993 waren sie aber so gut wie verschwunden. Ich habe damit fünf Millionen Dollar verloren, aber das verblasst im Vergleich zu dem, was viele andere Investoren verloren haben, einschließlich Ross Perot, der Universitäten Carnegie-Mellon und Stanford sowie Compaq Computer. Ich gebe zu, dass das von Anfang an nicht gerade eine Anlage nach Regel 1 war, denn weder NeXT noch das Softwareunternehmen hatten eine Vorgeschichte, die dem vollständigen 4-M-Test standgehalten hätte. Doch damals wollte ich unbedingt auf den Zug aufspringen, und wenn schon jemand wie Steve Jobs um Hilfe bittet …

Aus dieser Erfahrung habe ich zwei wichtige Dinge gelernt: (1) Unternehmen, denen die Vorgeschichte für Voraussagen fehlt, sind grundsätzlich riskant und (2) lass die Finger von Unternehmen, die du nicht verstehst. Wenn Warren Buffett gesteht, dass er nicht in Microsoft investiert, weil er keine Ahnung von Computertechnik hat, wieso investierte ich dann in Software für einen vollkommen neuen Computer? Ich war jung und dumm und dachte, ich könnte die Regel 1 ungestraft brechen. Heute bin ich älter und weiser ... nun ja, auf jeden Fall älter. Auf jeden Fall will ich Ihnen helfen, die Fehler zu vermeiden, die ich gemacht habe.

Fangen Sie also damit an, dass Sie Unternehmen suchen, von denen Sie glauben, dass Sie sie verstehen. Dann unterziehen Sie die Zahlen einer Überprüfung. Geben Sie Ihr Bestes, nicht auf irgendwelche arroganten und emotionalen Stimmen in Ihrem Inneren zu hören, die Sie in die falsche Richtung lenken könnten. Regel 1 ist so einfach und klar, dass man leicht denken könnte, man könne sie noch verbessern. Sollten Sie das versuchen, verlieren Sie Geld.

Wenn Sie irgendwann eine Aufstellung wunderbarer Unternehmen haben, die allen Kriterien von Regel 1 genügen – was das alles umfasst, lernen Sie Schritt für Schritt im Laufe dieses Buches – wird diese Aufstellung zu Ihrer Watchlist. Sie enthält die Unternehmen, für deren Beobachtung Sie nur 15 Minuten pro Woche brauchen.

Sie brauchen für die erste Suche nicht unbedingt das Internet zu benutzen. Sie können mit der Suche nach Unternehmen, die Sie verstehen, auch von Unternehmen ausgehen, bei denen Sie regelmäßig einkaufen und bei Produkten, die Sie regelmäßig kaufen. Vielleicht durchschauen Sie die Schuhindustrie nicht in ihrer gesamten Komplexität, aber wenn Sie immer Nike-Schuhe tragen und regelmäßig Kleidung von Nike kaufen (und wenn Ihnen alles zusagt, was Sie von Nike so hören und sehen), dann ist das schon ein guter Anfang. Sehen Sie in Ihren Kreditkartenauszügen und in Ihrem Scheckbuch nach, wohin Ihr Geld geht. Und dann fragen Sie sich: „Auf welches Unternehmen wäre ich stolz, wenn es mir gehören würde?“ Ich tippe, dass Sie allein durch Ihr Leben und Arbeiten schon auf 15 Unternehmen oder mehr kommen.

Und dann fangen die richtigen Hausaufgaben an. Sie müssen wissen, ob irgendeines dieser Unternehmen einen Burggraben hat.

Kapitel 4 – Finden Sie einen Burggraben!

„Lernen ist kein Zwang … Überleben auch nicht."

– W. Edwards Deming (1900–1993)

Frage zwei: „Hat das Unternehmen einen breiten Burggraben (Moat)?"

Wenn man die Absicht hat, ein Unternehmen zu kaufen (mit der Einstellung, „den ganzen Laden kaufen", weil man ihn versteht und stolz auf ihn ist), will man als Erstes wissen, ob dessen Zukunft vorhersehbar ist. Natürlich wollen Sie ein Gewinner-Unternehmen – eins, das noch Jahrzehnte lang wachsen wird. Wenn Sie nicht mit einem hohen Maß an Gewissheit vorhersagen können, dass es ein Gewinner sein wird, ist seine Zukunft nicht vorhersehbar – und als Regel-1-Investor kaufen Sie kein Unternehmen mit ungewisser Zukunft.

Mit diesem Kapitel beginnt ein Lernprozess, der Sie in die Lage versetzt zu wissen, ob ein Unternehmen erfolgreich sein wird und ob es auch in den nächsten 20 Jahren Leistung bringt. Damit ein Unternehmen dieses Maß an Vorhersehbarkeit aufweist, muss es irgendeinen dauerhaften Wettbewerbsvorteil haben, oder, wie Warren Buffett das ausdrückt, „einen haltbaren Wettbewerbsvorteil, der es genauso vor Angriffen schützt wie der Graben eine Burg schützt." Anders ausgedrückt suchen wir ein Unternehmen, das einen tiefen, breiten Burggraben hat, den Angreifer nur schwer durchqueren können. Wir wollen massiven Schutz vor angreifenden Mitbewerbern, die ein Stück vom Kuchen haben wollen.

Wenn man ein erfolgreiches Unternehmen finden will, das den Kauf lohnt, ist ein breiter Burggraben entscheidend, denn Unternehmen mit breitem Burggraben sind für die nächsten 20 Jahre berechenbarer als Unternehmen ohne Burggraben.

Einige von Ihnen kennen das Burggraben-Konzept vielleicht schon. Trotzdem empfehle ich Ihnen, das Folgende zu lesen, weil es Ihnen noch einmal ins Gedächtnis ruft, wie entscheidend das sein kann. Nach einer kurzen Vorstellung der Eigenschaften von Burggräben zeige ich Ihnen dann, welche Zahlen Sie brauchen, damit Sie einen breiten Burggraben „sehen" können.

Was ist ein Burggraben?

Die Burggraben-Idee ist ganz einfach. Wenn eine Branche danach aussieht, dass man leicht hineinkommt, dann gibt es wahrscheinlich keinen Burggraben. Wenn es aber so aussieht, als wäre es wirklich schwer hineinzukommen und Erfolg zu haben, findet man dort wahrscheinlich ein Unternehmen mit breitem Burggraben.

Als ich ein Kind war, hatte meine Familie eine kleine Farm in Oregon, auf der es einen Kirschbaum gab. Um in das Kirschengeschäft einzusteigen, brauchte ich nur auf den Baum zu steigen, Kirschen zu pflücken, meinen Großvater dazu zu bringen, dass er mich mit zur Sammelstelle nahm, dort meine Ernte zu wiegen, eine Stichprobe zu nehmen und mich bezahlen zu lassen. Das war alles. Nichts hinderte mich daran, Kirschen zu verkaufen. Der Grund, weshalb es keine Barriere gab, bestand darin, dass sich im Lebensmittelladen niemand besonders dafür interessierte, von welcher Farm die Kirschen kamen. Kirschen sind Massenware und das bedeutet, dass man eine Kirsche von einer bestimmten Farm wohl kaum von der Kirsche von einer anderen Farm unterscheiden kann. Unternehmen, die Massenware verkaufen, haben keinen Burggraben. Wenn man mit Massenware handelt, besteht keinerlei Schutz vor Mitbewerbern. Wenn sie Ihre Burg erobern wollen, kann sie so gut wie nichts aufhalten. Wenn sie die

Kirschen billiger erzeugen und verkaufen können als Sie, machen Sie vielleicht bankrott. Wir wollen keine Unternehmen ohne Burggraben, denn es ist wirklich schwierig, damit Geld zu verdienen. Fragen Sie jemanden, der eine Farm, eine Apotheke, einen Imbiss, eine Tankstelle oder einen T-Shirt-Handel besitzt. Mit solchen Firmen Geld zu verdienen ist schwer, weil sie alle im Grunde Massenware verkaufen.

Wie wäre es denn, wenn ich nicht im Kirschengeschäft mitmischen, sondern mich mit Coca-Cola und Pepsi messen wollte? Die verdienen ja offenbar nicht schlecht. Sie meinen, das wäre nicht schwer? Nehmen wir sogar an, ich hätte einen Baum, auf dem wie von Zauberhand Dosen wachsen, die ein Colagetränk enthalten, das genauso schmeckt wie „the Real Thing". Könnte ich dann die Dosen pflücken, in einen Laden gehen, sie billig verkaufen und so mit Coca-Cola konkurrieren? Nein. Der Ladenbesitzer hat nur begrenzt Platz in der Kühltheke. Coca-Cola und Pepsi haben schon jeden Quadratzentimeter besetzt, weil die Kunden in das Geschäft kommen, um eben Coca-Cola und Pepsi zu kaufen. Die Kunden kommen in den Laden, um genau diese Marken zu kaufen, weil dafür im Fernsehen den ganzen Tag Werbung läuft. Den Ladenbesitzer kostet diese Werbung keinen Cent (manche Händler bekommen sogar kräftige Anreize, Coca-Cola beziehungsweise Pepsi-Cola exklusiv zu vertreiben oder auffällig zu präsentieren). Warum in aller Welt sollte ein Ladenbesitzer meiner unbekannten Cola auch nur einen Quadratzentimeter von dem Platz geben, den schon Coca-Cola und Pepsi belegen? Die Antwort: Er tut es nicht. Keinen Quadratzentimeter. Und wie soll ich meine Cola dann verkaufen? Wenn ich diese Frage nicht ohne Weiteres beantworten kann, ist das ein ziemlich guter Beweis dafür, dass Coca-Cola und Pepsi einen breiten Burggraben haben, der Mitbewerber wie mich daran hindert, ihre Burgen einzunehmen. Sogar wenn ich kostenlos Cola erzeugen könnte, bekäme ich wahrscheinlich keinen Platz im Regal eines Geschäfts.

Für einen Unternehmensbesitzer bedeutet der Burggraben, dass man nur sehr schwer mit ihm konkurrieren kann. Coca-Cola ist viel teurer als selbst gemachte Cola, aber wer Coca-Cola will, dem ist das egal. Man kann auch durch Preissenkungen nicht mit Coca-Cola konkurrieren und das ist ebenfalls ein Anzeichen für einen breiten Graben. Man kann kaum mit Ebay konkurrieren, weil es der größte Online-Auktionsmarkt der Welt ist. Man kann nur schwer mit Gillette konkurrieren, weil es so viele treue Gillette-Fans gibt. Genauso ist es mit Disney, Wrigley und Apple.

Was an Unternehmen mit breitem Graben noch spektakulärer ist – sie können mit der Inflation gehen. Wenn ihre Kosten steigen, können sie ihre Preise erhöhen. Die Menschen kaufen immer noch Coca-Cola, Rasierer von Gillette oder einen großen Latte Macchiato bei Starbucks, auch wenn das heute mehr kostet als gestern.

Burggräben beruhen aber nicht nur auf der Liebe zum Produkt. Viele Menschen hassen Microsoft, benutzen aber trotzdem Windows, weil es dafür so immens viel Software gibt und sie quasi dazu gezwungen sind (erinnern Sie sich noch an meine NeXT-Geschichte? Meine Investorkollegen und ich schafften es nicht, den Graben zu durchqueren und die Burg anzugreifen). Der Mitbewerber Linux kann sein Betriebssystem herschenken und kann trotzdem nur unwesentlich auf Microsofts Markt vordringen. Der Wechsel des Betriebssystems kann so schmerzhaft sein, dass man es lieber lässt. Und es mag sein, dass es die Bewohner einer Kleinstadt schlimm finden, was Wal-Mart dem Eisenwarenhandel ihres Nachbarn angetan hat – sie kaufen ihren Hammer trotzdem bei Wal-Mart, denn er ist so billig, dass sie einfach nicht anders können. Wal-Marts Burggraben beruht auf dem Preis.

Ein Regel-1-Unternehmen ist immer ein Unternehmen, das auf der Welle der Inflation schwimmt. Das ist der Zweck des Grabens um die Burg: Schutz vor

Inflation und Konkurrenz. Die Inflation kann Burggraben-Unternehmen nichts anhaben, weil sie ihre Preise anheben können, wenn die Geschäftskosten steigen. Unternehmen mit einem breiten Graben – Regel-1-Unternehmen – können das machen, weil sie eine Art Monopolstellung haben. Das Wesen eines Monopols besteht darin, dass man die Preise beliebig anheben kann.

Gräben können auch in Betriebsgeheimnissen bestehen, die andere Unternehmen an der Nachahmung hindern. Der Graben um Coca-Cola besteht nicht nur in der Marke, sondern auch in einem geheimen Rezept, das so beliebt ist, dass das Unternehmen nicht einmal mit sich selbst konkurrieren konnte. Es probierte ein neues Rezept aus – New Coke – und riss damit ein Loch in den Umsatz. Die Menschen genießen Coca-Cola seit fast 100 Jahren so, wie es ist. Wenn andere Unternehmen es kopieren könnten, würden sie es tun. Aber sie treffen den Geschmack nicht genau. Wenn man Coca-Cola will, muss man eben Coca-Cola kaufen. Und selbst wenn man es perfekt nachahmen könnte, müsste man noch gegen den Markennamen und das weltweite Vertriebsnetz ankommen. Ein netter Graben.

Der Graben um den Pharma-Giganten Pfizer besteht aus Patenten auf Arzneimittel. Das ist ein gesetzlich geschützter Graben. Intels Graben beruht auf der langjährigen Erfahrung in der Chipherstellung. Man müsste schon die Mitarbeiter von Intel abwerben, wenn man wissen wollte, was sie wissen.

Ein Versorgungsunternehmen wie PG&E ist durch die Gesetzgebung geschützt. Es ist das einzige Unternehmen, das in der betreffenden Region Strom vertreiben darf, und somit hat es ein Monopol. Wenn man in Kalifornien Strom haben will, muss man ihn bei PG&E kaufen oder sich ein eigenes Kraftwerk bauen. Versorger sind wie Mautbrücken. Wenn man das Gewässer überqueren will, muss man den Brückenzoll bezahlen oder ein Boot benutzen.

Mautgesellschaften sind häufig staatliche Monopolgesellschaften, aber nicht immer. Die meisten Werbe- und Mediengesellschaften sind Brückenzoll-Unternehmen. Wenn man in Washington, D.C., eine Zeitungsanzeige schalten will, tut man das am ehesten in der *Washington Post*. Man muss der Post Zoll entrichten. Time Warner ist ein Zoll-Unternehmen. Und Google auch.

Die fünf Burggräben		
Typ	**Definition**	**Beispiel**
Marke	Ein Produkt, für das man mehr zu zahlen bereit ist, weil man ihm vertraut.	Coca-Cola, Gillette, Disney, McDonald's, Pepsi, Nike, Budweiser, Harley-Davidson
Betriebsgeheimnis	Ein Patent oder ein Geschäftsgeheimnis macht unmittelbare Konkurrenz schwierig oder unmöglich.	Pfizer, 3M, Intel
Gebühr	Ein Unternehmen hat die ausschließliche Kontrolle über einen Markt und kann daher von jedem, der die entsprechende Dienstleistung oder das Produkt benötigt, eine „Gebühr" kassieren.	Mediengesellschaftewn, Versorgungsunternehmen und Werbeagenturen
Umstieg	Ein Unternehmen ist so sehr in das tägliche Leben integriert, dass Umsteigen zu aufwendig erscheint.	ADP, Paychex, H&R Block, Microsoft
Preis	Ein Unternehmen kann seine Produkte konkurrenzlos billig anbieten.	Wal-Mart, Costco, Bed Bath & Beyond, Home Depot, Target

Ein Unternehmen mit einem Burggraben ist im Endeffekt ein Unternehmen, das dank eines dauerhaften Vorsprungs vor Konkurrenten geschützt ist. Das muss kein Monopol im klassischen Sinne sein (dass es eine Region oder einen Markt exklusiv kontrolliert), aber es sollte ein Unternehmen sein, dass bekanntermaßen die Nummer 1 oder Nummer 2 in seiner Branche ist. Regel-1-Anleger mögen Burggräben deshalb so gern, weil man über Graben-Unternehmen relativ exakte Zukunftsprognosen treffen kann. Unternehmen, die über einen oder mehrere der fünf Gräben verfügen, können leichter überleben und wachsen als Unternehmen, die sich mit Billigprodukten gegen die Konkurrenz durchsetzen müssen. Da wir als Regel-1-Investoren so tun, als wäre das Unternehmen, das wir kaufen, in den nächsten 100 Jahren die einzige Einnahmequelle unserer Familie, wollen wir sicher sein, dass der Graben hält.

Haltbare Gräben

Wenn Sie Ihr Unternehmen vor potenziellen Angreifern beschützen wollen, muss Ihr Burggraben haltbar sein. Denken Sie daran, dass wir damit rechnen, etwa 20 Jahre in dem Geschäft zu bleiben; deshalb ist die Haltbarkeit des Produkts und der Branche unabdingbar. Es reicht nicht, dass das Unternehmen ein gutes Produkt anbietet. Coca-Cola besitzt seinen Geschäftsvorteil seit rund 100 Jahren. Das Unternehmen erhält diesen Vorteil, indem es das Geheimnis seines Siruprezepts so bewahrt, als wäre es das lebensnotwendige Blut des Unternehmens - und das ist es ja auch. Aber zusätzlich beschützt Coca-Cola sein Vertriebssystem und kämpft mit Pepsi um jeden Einzelhändler. Dank dieser Kombination wird der Graben des Unternehmens sicher, aber wenn das Unternehmen die Wachsamkeit aufgibt und seinen Graben nicht verteidigt, können ihn die Pepsi-Scharen am Ende doch noch überqueren und die Burg angreifen.

Microsoft sichert seinen Graben ständig, indem es technische Verbesserungen vornimmt und sich an den Bedürfnissen der

Verbraucher und Unternehmen orientiert. Die Firma glaubt nicht, dass sie unangreifbar bleibt, wenn sie veraltete oder nutzlose Technologien verkauft. Während ich dies schreibe, bereitet Google Bill Gates große Sorgen, weil es mit seiner Suchmaschine den Burggraben von Microsoft untergräbt. Seine Sorgen könnten berechtigt sein, denn Google hat herausgefunden, wie man viel Geld verdienen kann, ohne dass jemand für die Website bezahlen muss und ohne dass man jemanden dazu bringen muss, ein anderes Betriebssystem als bisher zu benutzen. Google ist auf Linux aufgebaut und braucht daher selbst keinerlei Microsoft-Produkte zu verwenden. Googles Graben, den Gates gerne überqueren würde, damit er den Konkurrenten vernichten kann, besteht in seinem großen Vorsprung, was die intelligente Internetsuche betrifft. Er ist ein Geheimnisgraben und inzwischen auch ein Markengraben. Kann Google seine Kundenkontakte so effizient nutzen, dass niemand mehr unbedingt Windows braucht? In gewissen Hightech-Kreisen ist das die große Frage. Die Schlacht wogt. Wird Microsofts Graben halten? Wird Googles Graben halten?

Damit ein Unternehmen als gute Anlage gelten kann, braucht es nicht unbedingt mehrere Gräben, aber je breiter der Graben, desto höher die Wahrscheinlichkeit, dass er aus einer Kombination verschiedener Grabentypen besteht. Coca-Cola und Microsoft haben sich beispielsweise bekannte Markenidentitäten geschaffen, verfügen aber noch über andere Gräben. Verzetteln Sie sich nicht mit der Zählung der Gräben um ein Unternehmen, versuchen Sie lieber, denjenigen Graben zu finden, der vermutlich am schwersten zu durchqueren ist. Und finden Sie heraus, ob Sie zuversichtlich davon ausgehen können, dass das Unternehmen diesen Graben lange Zeit halten und erhalten kann.

Wenn man eine „anständige“ Maschine haben will, die von echten Bikern anerkannt wird, gibt es nur eins – eine Harley.

Mit allem anderen würde man bei den großen alljährlichen Motorradtreffen in Sturgis und Daytona Prügel riskieren. Die Optik, der Sound, das Feeling und der Charakter des Motorrads – das ist es, was man mit einer Harley kauft. Es gibt keine Alternative. Harleys gibt es seit Jahrzehnten und es wird sie noch Jahrzehnte geben. In den 1970er-Jahren hatte das Unternehmen allerdings schwer mit der Konkurrenz aus Japan zu kämpfen. Honda gab Millionen aus, um mit Harley zu konkurrieren. Vom technischen Standpunkt her stellt Honda ein besseres Motorrad her, das auch noch preiswerter ist. Aber dieses Motorrad klingt nicht wie eine Harley, es fährt sich nicht so hart wie eine Harley und es verschafft einem nicht den gleichen Respekt wie eine Harley. Es überrascht wohl nicht, dass es Honda nicht gelungen ist, die Motorradfahrer davon zu überzeugen, dass sein Motorrad eine Harley ist, auch wenn es fast exakt wie eine Harley aussieht. Heutzutage importiert Japan Harleys, weil diese Bikes so ganz anders sind als die Motorräder, die im eigenen Land hergestellt werden. Wenn man eine Harley will, muss man sich eben eine Harley kaufen. Dieser Burggraben kam dadurch zustande, dass Harley-Davidson feststellte, was die Einzigartigkeit einer Harley ausmacht und dass es dann sein Revier mithilfe von Patenten, Anwälten und Werbung verteidigte. Harley hat seinen dauerhaften Markengraben gefunden – Optik, Sound und Feeling einer echten Harley. Können wir voraussagen, dass das Unternehmen auch in 20 Jahren noch im Geschäft sein wird?

Bei einem Unternehmen mit einem dauerhaften Burggraben ist ein Bankrott viel weniger wahrscheinlich als bei einem Unternehmen ohne Burggraben. Außerdem sind die Gewinne langfristig besser vorhersehbar. Deshalb sind Unternehmen mit haltbaren Gräben berechenbarere Investments.

✖ *Viele Anleger glauben fälschlicherweise, der Aktienkurs und seine Bewegungen nach oben und unten hätten etwas damit zu tun, wie gut das Unternehmen mit*

Konkurrenten zurechtkommt – oder wie ich mich ausdrücken würde, damit, wie breit der Burggraben ist. Zum Beispiel hat sich die Pepsi-Aktie in den vergangenen sieben Jahren massiv besser entwickelt als die Aktie von Coca-Cola. Aber vergessen Sie nicht, dass wir keine Aktien kaufen, sondern Unternehmen. Als Unternehmenskäufer müssen wir wissen, dass es viele Kräfte gibt, die sich auf die Kurse von Aktien auswirken – Kräfte, die häufig nichts mit der Qualität des Unternehmens oder mit der Breite seines Burggrabens zu tun haben.

Hier habe ich ein großartiges Beispiel dafür (siehe auch Charts auf Seite 86): Im Jahr 1998 war die Pepsi-Aktie 44 Dollar und die Coca-Cola-Aktie 42 Dollar wert (wie genau man Werte – unverbindliche Preisempfehlungen – errechnet, erfahren Sie in Kapitel 9). Auf dem Aktienmarkt wurde Pepsi für 30 Dollar gehandelt, also rund 30 Prozent unter Wert. Coca-Cola hingegen kostete 90 Dollar pro Aktie, also rund 200 Prozent seines Wertes. Seit dieser Zeit ist der Marktwert von Coca-Cola gesunken und der von Pepsi gestiegen. Welch eine Überraschung!

Sie müssen wissen, dass uns der Burggraben zwar sagt, ob es ein Unternehmen auch in 20 Jahren noch gibt, nicht aber, welchen Preis wir jetzt dafür bezahlen sollten. Unternehmen mit breiten Gräben sind oft massiv überteuert und daher kann ihr Preis fallen, als wäre morgen alles vorbei. Aber wenn ein Unternehmen tatsächlich von einem breiten Graben umgeben ist, garantiert uns dieser Graben mehr oder weniger, dass das Morgen heller als das Heute sein wird. Natürlich zählen wir als Regel-1-Investoren gerade auf das Morgen: auf den Lohn, den die Aktie bringt, wenn alle Welt sie unterbewertet. Da Unternehmen mit offensichtlichem Burggraben meistens mehr kosten, als sie wert sind, meinen Menschen, die Regel 1 gerade erlernen, solche Unternehmen müssten immer deutlich überbewertet sein. Stimmt aber nicht. Stimmt überhaupt nicht. Wenn dem so wäre, müssten Sie und ich – wenn wir ein dickes Sicher-

heitspolster haben wollen – Unternehmen mit breiten Gräben finden, bevor irgendjemand anderes sie findet. Ich weiß nicht, wie es mit Ihnen ist, aber ich bin jedenfalls nicht so schlau, dass mir das regelmäßig gelingt. Ich mache einfach das, was funktioniert: Ich finde Unternehmen, die offensichtlich von einem breiten Burggraben geschützt sind, und kaufe sie deutlich unter Wert, wann immer ich kann.

Wenn Sie im Jahr 1980 Coca-Cola gekauft hätten, dann hätten Sie bis zum Jahr 2005 – also nach 25 Jahren – eine Rendite von zwölf Prozent erzielt. Wenn Sie zum gleichen Zeitpunkt Pepsi gekauft hätten, dann hätten Sie ebenfalls eine Ertragsrate von zwölf Prozent bekommen. Wir haben hier zwei Unternehmen mit fast identischen Produkten, Markengräben und langfristigen kumulierten Markterträgen. Ein Blick auf die Kurscharts verrät allerdings einen Unterschied: Obwohl die Erträge gleich sind, sieht es so aus, als hätte sich Pepsi besser entwickelt. In Wirklichkeit ist Folgendes passiert: Coca-Cola wurde Ende der 1990er-Jahre massiv überbewertet und seither hat sich der Marktpreis wieder eingependelt.

Unsere Aufgabe besteht darin, Unternehmen mit breiten Gräben zu finden, sie zu einem Zeitpunkt zu kaufen, zu dem der Markt sie fälschlicherweise zu niedrig bewertet, und sie wieder zu verkaufen, wenn sie der Markt zu hoch bewertet. Das umgekehrte Vorgehen – nämlich Coca-Cola für 90 Dollar zu kaufen, obwohl es nur 40 Dollar wert ist – ist keine gute Idee. Wir wollen bei 90 Dollar verkaufen. Überbewertete Unternehmen mit breiten Burggräben haben die Angewohnheit, irgendwann einzubrechen; das gibt uns die Chance, sie erneut zu hervorragenden Preisen zu kaufen und sie wieder 10 oder 20 Jahre zu behalten, eben bis sie wieder überbewertet sind. Dafür müssen wir allerdings auf den Graben vertrauen.

Wenn man sich nur auf sein Gefühl verlässt, findet man nur schwer heraus, ob ein Unternehmen einen Graben hat oder nicht. Regel-1-Anleger raten nicht, sondern betrachten vor allem fünf Zahlen. Diese fünf Zahlen wirken wie ein Vergrößerungsglas, das uns zeigt, was in einem Unternehmen wirklich vorgeht und ob das Unternehmen auf unserer Liste wunderbarer Unternehmen bleiben darf.

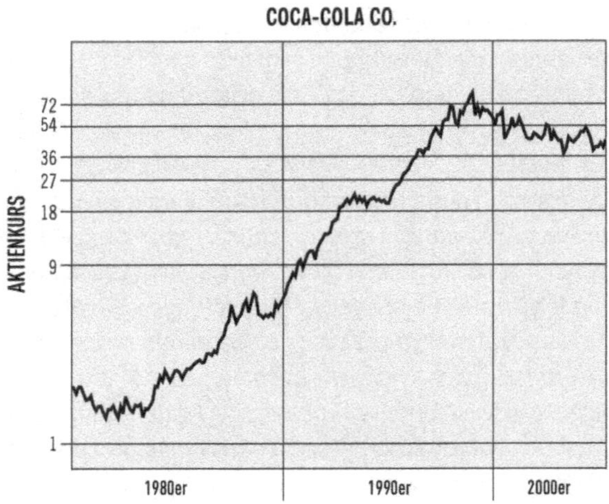

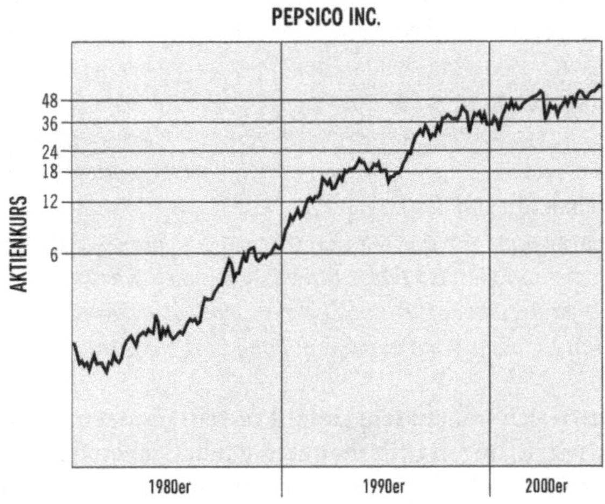

Die großen Fünf

Wenn ein Unternehmen über einen der fünf Graben verfügt, zeigt sich das in den fünf Zahlen, die wir die „großen Fünf" nennen. Diese Zahlen belegen, dass ein Graben existiert. Bei Unternehmen ohne Burggraben sehen die großen Fünf nicht gut aus. Wenn Sie bei einem Unternehmen keine guten fünf Zahlen sehen, kann ich Ihnen versprechen, dass Sie sich mit Vorhersagen über die Zukunft des Unternehmens auf dem dünnen Eis der Hoffnung bewegen. Dann hat das Unternehmen vielleicht gar nicht den Graben – oder die Zukunft –, den Sie vermuten. Die großen Fünf sind derart wichtig, dass ich niemals ein Unternehmen kaufe, wenn sie schlecht sind. Hier nun die großen Fünf:

1. *Kapitalrendite (ROIC, Return on Investment Capital)*
2. *Umsatzwachstum*
3. *Wachstum des Gewinns pro Aktie (Gewinn pro Aktie = EPS, Earnings per Share)*
4. *Wachstum des Eigenkapitals oder des Buchwerts pro Aktie (BVPS, Book Value per Share)*
5. *Wachstum des freien Cashflows (FCF, Free Cash Flow)*

Alle großen Fünf sollten in den letzten zehn Jahren über zehn Prozent gelegen haben.

Kapitalrendite (ROIC oder ROC oder ROI)	≥ 10% pro Jahr über 10 Jahre
Umsatzwachstum	≥ 10% pro Jahr über 10 Jahre
Wachstum des Gewinns pro Aktie (EPS)	≥ 10% pro Jahr über 10 Jahre
Wachstum des Eigenkapitals (oder des Buchwerts, BVPS)	≥ 10% pro Jahr über 10 Jahre
Wachstum des freien Cashflows (FCF)	≥ 10% pro Jahr über 10 Jahre

➡ Unter www.ruleoneinvestor.com finden Sie nützliche Informationen und zuverlässige Links zu Finanzseiten, die Ihnen beim Zusammentragen der Rohinformationen helfen, die Sie für die erfolgreiche Bewertung von Unternehmen brauchen.

Auf Internet-Finanzseiten wie Yahoo Finance oder MSN Money findet man zwar Zahlen zu Hunderten von Unternehmen, aber diese fünf Zahlen gibt es nicht immer kostenlos. Da sich Regel-1-Investoren an diese fünf Zahlen halten, werde ich Ihnen jetzt Schritt für Schritt zeigen wie man jede einzelne Wachstumszahl aus Informationen berechnet, die es eben doch kostenlos gibt. Das ist das Hauptthema von Kapitel 6. Aber bevor wir dazu kommen, sage ich Ihnen noch, was uns die einzelnen Zahlen sagen und wie sie uns beim Erkennen von Unternehmen mit breitem Graben helfen. Es dauert eine Weile, bis man sich an diese Zahlen gewöhnt, also haben Sie Geduld. Erinnern Sie sich noch, wie anstrengend es in der ersten Klasse war zu lernen, dass 2 + 2 = 4 ist? Okay, vielleicht war es für Sie ja gar nicht anstrengend, aber auf jeden Fall mussten Sie es ganz am Anfang an Ihren Fingern abzählen. Jetzt haben Sie es leichter, denn wir haben Computer und Taschenrechner, die uns helfen können.

Kapitel 5 – Die großen Fünf

„Die Menschheit hat eine große Abneigung gegen geistige Arbeit; doch selbst wenn man annehmen könnte, Wissen sei leicht zu erlangen, würden sich viele Menschen lieber mit Unwissenheit zufrieden geben, als auch nur kleine Mühen auf sich nehmen, es zu erwerben."

– Samuel Johnson (1709–1784), zitiert in Boswells „Dr. Samuel Johnson. Leben und Meinungen"

Selbst wenn wir glauben, wir könnten den Graben um ein Unternehmen ohne große Mühe erkennen, dürfen wir es nicht dabei belassen und gleich zum Management (dem dritten M) übergehen. Zuerst muss sich die Stärke des Unternehmens durch den Blick auf die großen Fünf bestätigen. Diese fünf Zahlen helfen mir herauszufinden, ob ein Unternehmen mindestens 15 Prozent Jahresertrag bringen kann. Diese Zahlen sind also ein sehr guter Anhaltspunkt dafür, ob ein Unternehmen vorhersehbar ist und ob man darauf vertrauen kann, dass es in Zukunft die erwarteten Ertragsraten liefert. Außerdem werfen wir vorsichtshalber einen Blick auf die Schulden. Die Verschuldung eines Unternehmens zählt für mich zwar nicht zu den großen Fünf, aber wir müssen auch auf diese Zahl einen Blick werfen, nachdem wir den Gesundheitszustand des Unternehmens anhand der großen Fünf überprüft haben (wenn die großen Fünf gut sind, ist meistens auch die Verschuldung in Ordnung).

Denken Sie daran: Alle fünf Zahlen sollen über die vergange-nen Jahre zehn oder mehr betragen haben. Außerdem müssen wir die 5-Jahres-Zahlen und die 1-Jahres-Zahlen mit den 10-Jahres-Zahlen vergleichen, um sicherzugehen, dass das Unternehmen nicht nachlässt. Wenn Sie sich in der Gewöhnungsphase auf möglichst wenige Zahlen konzentrieren wollen, können Sie einfach den 10-Jahres-Durchschnitt nehmen und zum nächsten Schritt gehen, wenn der Wert über zehn liegt.

Kümmern wir uns zunächst darum, was die einzelnen Zahlen der großen Fünf bedeuten. Dabei ist es vorläufig egal, wo die Zahlen herkommen. Konzentrieren wir uns zuerst auf ihre Bedeutung und dann lernen wir, wie man auf die Zahlen kommt.

ROIC

„Return on Investment Capital" - oder Kapitalrendite - ist der Ertrag, den das Unternehmen aus dem Geld zieht, das es jährlich in sich selbst investiert. Nehmen wir als Beispiel einmal an, dass Ihre Kinder 200 Dollar aufbringen, um einen Limonadenstand einzurichten und den Betrieb aufzunehmen. Diese 200 Dollar sind das „Investmentkapital". Nach einer Woche kommen die Kinder mit 300 Dollar nach Hause. Nach Abzug der 200 Dollar, die sie für den Getränkebestand, für Löhne und Flugblätter ausgegeben haben, beträgt ihr Gewinn 100 Dollar. Das ROIC ist der Gewinn geteilt durch das investierte Kapital. In diesem Fall ist es sehr hoch: 100 Dollar geteilt durch 200 Dollar ergibt 50 Prozent. Für eine Woche ist das eine erstaunliche Rentabilität. Wenn die Kinder die 200 Dollar auf die Bank gebracht und darauf zwei Prozent Jahreszins kassiert hätten, wäre ihre Investition in der gleichen Zeit nicht einmal um zehn Cent gewachsen. Was ist wohl besser, 100 Dollar oder 10 Cent? Kinder, daraus könnt Ihr noch was lernen.

Das ROIC ist der prozentuale Gewinn, den man von dem Geld bekommt, das man in sein Geschäft gesteckt hat. Es ist ein Maß dafür, wie effizient ein Unternehmen das (eigene oder geliehene) Geld verwendet, das es in seinen Betrieb investiert. Demnach ist es auch ein Hinweis darauf, wie effizient das Management das Geld im Unternehmen einsetzt. Ein gutes, solides ROIC ist eines der hauptsächlichen Indizien dafür, dass die Manager eines Unternehmens auf der Seite der Unternehmensbesitzer stehen - das wird im weiteren Verlauf unseres Researchs noch sehr wichtig.

Wenn Sie mich fragen würden, welche Zahl unter den großen Fünf am wichtigsten ist, würde ich Ihnen antworten, dass man sich als Erstes das ROIC ansehen sollte. Wenn ein Unternehmen kein gesundes ROIC hat – durchschnittlich mindestens zehn Prozent über zehn Jahre –, gehen Sie zum nächsten Unternehmen über. Ein Unternehmen mit gutem Burggraben hat fast immer ein attraktives ROIC, denn der Graben schützt es vor dem ständigen Preisdruck durch Konkurrenten. Tatsächlich zwingt ein solches grabenbewehrtes Unternehmen seinerseits die anderen, über den Preis zu konkurrieren – und das ist ein hartes Brot.

Wir wollen eine lange gute Vorgeschichte – durchschnittlich zehn Prozent über zehn Jahre. Und wir wollen nicht, dass das ROIC rückläufig ist, sondern dass es steigt oder stabil ist. Es ist zwar akzeptabel, nur den 10-Jahres-Schnitt zu betrachten, aber am besten nimmt man drei ROIC-Zahlen: (1) den 10-Jahres-Durchschnitt, (2) den 5-Jahres-Durchschnitt und (3) den Durchschnitt des vergangenen Jahres. Die drei Zahlen zusammen geben die Entwicklung des Unternehmens besser wieder.

Nehmen wir einmal die ROICs einiger Unternehmen im Jahr 2005 und sehen wir uns an, was uns das sagt (siehe Tabelle Seite 92). Dabei handelt es sich um lauter Paare von konkurrierenden Unternehmen. Apollo konkurriert mit ITT Educational, Oracle konkurriert mit Sybase, General Motors konkurriert (in gewisser Weise) mit Harley-Davidson, Whole Foods mit Albertsons und Dell mit Gateway. Lesen Sie diese Tabelle von links nach rechts: Sehen Sie sich zuerst das 10-Jahres-ROIC an, dann das 5-Jahres-ROIC und schließlich das ROIC für das vergangene Jahr. Wir wollen in allen Kategorien zehn Prozent sehen und es wäre schön, wenn auch noch eine Zunahme erkennbar wäre – vom 10-Jahres- über den 5-Jahres- zum 1-Jahres-Durchschnitt.

Wenn Sie ausschließlich die hier gezeigten ROIC-Zahlen betrachten, in welche Unternehmen würden Sie investieren?

Wenn wir den zeitlichen Verlauf des ROIC betrachten, sehen wir, dass es bei Apollo, Harley-Davidson, Whole Foods und

Unternehmen	ROIC 10 Jahre	ROIC 5 Jahre	ROIC 1 Jahr
Apollo Group[1]	32 %	30 %	36 %
ITT Educational[2]	171 %	313 %	46 %
Oracle[3]	110 %	182 %	54 %
Sybase[4]	-21 %	-24 %	12 %
GM[5]	3 %	1 %	1 %
Harley-Davidson[6]	16 %	18 %	18 %
Whole Foods[7]	7 %	10 %	12 %
Albertsons[8]	9 %	6 %	6 %
Dell[9]	43 %	43 %	42 %
Gateway[10]	-10 %	-50 %	-112 %

Anmerkungen:

1. Apollo Group (APOL): Das Unternehmen bietet Fortbildungsprogramme für berufstätige Erwachsene an und betreibt Einrichtungen in den Vereinigten Staaten, in Puerto Rico und in British Columbia.
2. ITT Educational Services (ETI): Bietet ebenfalls Fortbildungsprogramme in den gesamten Vereinigten Staaten an, teilweise mit offiziellen Abschlüssen.
3. Oracle (ORCL): Entwickler, Hersteller und Vertreiber von Computersoftware für Unternehmen.
4. Sybase (SY): Ebenfalls Hersteller von Branchensoftware.
5. General Motors (GM): Einer der großen, alten amerikanischen Autohersteller.
6. Harley-Davidson (HDI): Hersteller der schweren Motorräder gleichen Namens.
7. Whole Foods (WFMI): Naturkost- und Nahrungsergänzungsmittel-Ladenkette.
8. Albertsons (ABS): Supermarktkette, die auch Drogeriewaren führt.
9. Dell (DELL): Hersteller von Markencomputern – Desktops, Notebooks, Unternehmenssysteme.
10. Gateway (GTW): Ein Computerhersteller mit einer breiten Palette von Desktop- und transportablen Geräten und sonstigen computertechnischen Produkten.

Dell steigt beziehungsweise stabil ist. Bei Oracle und ITT springt es hin und her, aber es liegt immer weit über unserer Mindestgrenze von zehn Prozent. Sybase hat sich in letzter Zeit etwas erholt, GM und Albertsons halten sich so langsam, aber sie kommen nicht in Betracht, weil sie zu niedrig liegen. Das ROIC von Gateway sinkt wie eine Bleiente.

Vergessen Sie nicht: Wir wollen ein stetiges oder steigendes ROIC. Apollo und ITT sind in der Bildungsbranche aktiv. Beide haben gute Zahlen, wobei Apollo etwas beständiger ist. Whole Foods konkurriert mit Albertsons. Zunächst einmal hat die Lebensmittelindustrie grundsätzlich niedrige Ertragsmargen, deshalb sollten wir etwas Nachsicht üben; aber sehen Sie sich einmal den ROIC-Unterschied zwischen den beiden Unternehmen an. Das ROIC von Whole Foods wächst, das von Albertsons schrumpft. Wer hat wohl einen Graben?

General Motors und Harley gehören zu ähnlichen Branchen. Das ROIC von GM geht zurück und ist bald verschwunden. So sieht ein Unternehmen am Rande des Untergangs aus. Harley indes sieht sehr gesund aus.

Und wie sieht es mit Dell und Gateway aus? Wer hat den Graben? Das ist ja wohl nicht schwer. Dell hat einen riesigen Wassergraben ausgehoben und Gateway hat versucht, ihn zu durchqueren. Es sieht so aus, als wäre Gateway im Dell-Graben ertrunken. Wollen Sie Ihr Geld in Gateway investieren und hoffen, dass das Geld dort künftig besser verwendet wird als bisher? Oder wollen Sie ein bisschen mehr Berechenbarkeit, so wie bei Dell? Ich würde Dell nehmen – wenn der Preis stimmt.

Leider hat Gateway für den Regel-1-Investor keinen „passenden Preis". Gateway genügt dem Grabenkriterium nicht, somit auch nicht dem Kriterium der Vorhersehbarkeit und deshalb können wir über die Zukunft des Unternehmens nichts sagen. Wenn wir dazu nichts sagen können, können wir auch keinen Wert angeben. Ohne Wert wissen wir nicht, was das Unternehmen zum jetzigen Zeitpunkt wert ist. Wenn wir

Gateway kaufen, ohne zu wissen, was es momentan wert ist – dann raten wir nur, dass es wohl preiswert ist und deshalb eigentlich steigen müsste. Wir können aber nicht wissen, ob es wirklich preiswert ist, denn wir können keinen Wert angeben. Deshalb wäre das Glücksspiel, Wunschdenken oder Hoffnung. Wie immer man das auch nennen mag, Investing ist das nicht. Sehen Sie, dass schon ein paar wenige Zahlen zu einer sehr starken Schlussfolgerung führen?

Das ROIC ist natürlich nicht die einzige Zahl, die belegen kann, dass ein Unternehmen einen sehr breiten Graben hat. Wir müssen nämlich noch wissen, ob das Unternehmen in unserem Interesse – im Interesse seiner Besitzer – wächst. Um das herauszufinden, müssen wir vier Wachstumraten betrachten: (1) das Wachstum des Umsatzes, (2) das Wachstum des Gewinns pro Aktie, (3) das Wachstum des Eigenkapitals und (4) das Wachstum des freien Cashflows.

✖ *Auf einigen Profiseiten hat man die großen Fünf schon für uns ausgerechnet, aber diese Seiten kosten Geld. Auf kostenlosen Seiten wie MSN Money oder Yahoo Finance findet man manche Zahlen fertig vor, aber den Rest müssen wir aus den vorhandenen Zahlen selbst berechnen. Zur Erleichterung dieser Aufgabe gibt es auf meiner Website www.ruleoneinvestor.com Rechner für jede einzelne Zahl der großen Fünf. Aber nur um zu beweisen, dass Sie die Wachstumsraten auch mit Leichtigkeit selbst ableiten könnten, zeige ich Ihnen im nächsten Kapitel einen netten Trick, wie man sie sogar im Kopf ausrechnen kann. Dazu brauchen Sie nur die Zahlen der letzten zehn Jahre. Sie finden diese Zahlen auf Seiten wie MSN Money oder auf der Internetseite Ihres Brokers, falls er Research-Tools anbietet. Zu Lernzwecken sollten Sie sich zuerst am besten mit einer bestimmten Seite vertraut machen; danach können Sie andere Seiten ausprobieren und herausfinden, mit welcher Sie am besten zurechtkommen. Im vorliegenden Buch werden größtenteils Zahlen aus Yahoo Finance und MSN Money verwendet, aber das heißt nicht, dass Sie die gleichen Informationen nicht auch an anderer Stelle bekommen könnten. Auf meiner Internetseite finden Sie Links zu anderen Finanzseiten.*

Die vier Wachstumsraten

Wir brauchen die Wachstumsraten für den Umsatz, das EPS (Gewinn pro Aktie, „Earnings per Share"), das Eigenkapital und den Cashflow. Diese Zahlen sagen uns, wie sehr das Unternehmen in der Vergangenheit Jahr für Jahr gewachsen ist. Wenn sie konsistent sind, geben sie einen sehr guten Hinweis auf das Wachstum, das in Zukunft zu erwarten ist. Und das ist für die Bestimmung des heutigen Wertes entscheidend.

Der Umsatz ist das gesamte Geld, das das Unternehmen durch den Verkauf aller möglichen und unmöglichen Dinge erlöst. Der Limonadenstand Ihrer Kinder hat für 300 Dollar Limonade verkauft. Das ist die Umsatzzahl. Ganz einfach. Manchmal bezeichnet man den Umsatz als „Top Line" [oberste Zeile; Anm. d. Übers.], weil er in Finanzberichten über das Unternehmen ganz oben steht (insbesondere in der Gewinn-Verlust-Rechnung). Das Unternehmen gibt jedes Jahr seinen Umsatz (und die anderen Zahlen) bekannt, sodass wir feststellen können, ob er im Vergleich zum Vorjahr gewachsen ist. Am besten sehen wir uns die Umsatzzahlen der letzten zehn Jahre an, damit wir beurteilen können, ob der Umsatz beständig wächst. Tut er das, können wir die Zunahme gegenüber dem Vorjahr berechnen.

Wenn Ihre Kinder in diesem Jahr 300 Dollar Umsatz und im nächsten Jahr 1.000 Dollar Umsatz erzielen, ist ihr Umsatz um 700 Dollar gewachsen. Das ist zwar schön, aber wirklich interessant ist die Wachstumsrate. Wir lassen den Computer 1.000 durch 300 teilen und erhalten das Ergebnis 3,33. Das bedeutet, dass zu dem Umsatz des Vorjahres das 2,33-Fache – also 233 Prozent – hinzugekommen ist. Das Umsatzwachstum beträgt in diesem bestimmten Jahr also 233 Prozent. Die Berechnung der Wachstumsrate über mehrere Jahre ist auch ganz leicht. Springen wir einmal in die Zukunft und tun wir so, als würden die Kinder ihren Limostand fünf Jahre lang betreiben. Im fünften Jahr überprüfen wir die Entwicklung des Geschäfts, indem wir das durchschnittliche Wachstum über die fünf Jahre berechnen. Das Geschäft blüht und im letzten Jahr beläuft sich der Umsatz auf 3.000 Dollar. Fünf Jahre zuvor waren es nur 1.000 Dollar.

Für diese Berechnung benutzt man am besten meinen „Wachstumsraten-Rechner", der uns sagt, dass die durchschnittliche Wachstumsrate der letzten fünf Jahre 25 Prozent beträgt (mit den Rechnern auf meiner Website ist das alles ein Kinderspiel. Im nächsten Kapitel erkläre ich Schritt für Schritt, wie man diese Berechnungen auch im Kopf oder schriftlich vornehmen kann). Wenn wir die gleiche Berechnung für zehn Jahre, für fünf Jahre und für ein Jahr (das letzte Jahr) durchführen, sehen wir, ob die Wachstumsrate selbst wächst oder zurückgeht. Das exerzieren wir dann mit allen vier Wachstumsraten durch – Umsatz, Gewinn pro Aktie (EPS), Eigenkapital und Cash. Wenn man das ein paarmal gemacht hat, ist gar nichts dabei.

Die nächste Zahl ist das EPS (Gewinn pro Aktie). Dieser Wert sagt uns, wie viel Gewinn das Unternehmen pro Aktie macht. Ein Beispiel: Da der Limonadenstand Ihrer Kinder so richtig eingeschlagen hat, müssen sie einen sehr viel größeren Bestand kaufen, damit sie die Nachfrage befriedigen können. Dafür brauchen die Kinder zusätzliches Geld. Um das zu bekommen, können sie Eigentumsanteile verkaufen. Nehmen wir an, im siebten Jahr verkaufen sie die Hälfte an Sie – Mama oder Papa. Zuerst machen sie aus dem Limonadengeschäft eine Aktiengesellschaft und teilen es somit in viele kleine Anteile auf. Diese Besitzanteile bezeichnet man als Aktien. Und dann können sie Ihnen die Aktien verkaufen. Die Anzahl der Aktien ist beliebig, das können 10.000 Stück oder eine Million sein. Die Größe des Kuchens bleibt dabei gleich, es gibt nur mehrere (kleinere) Stücke.

Als nächstes müssen sich die Kinder überlegen, was das Unternehmen wert ist, damit sie auch wissen, wie viel sie für einen Anteil daran verlangen sollen. Der Gewinn des Unternehmens ist fünf Jahre lang schnell gestiegen – rund 25 Prozent im Jahr. Im letzten Jahr lag er bei 2.000 Dollar. Sie sagen Ihren Kindern, wenn eine große börsennotierte Gesellschaft solche Ergebnisse vorweisen könnte, würden viele Fondsmanager mit Freuden das Doppelte der Wachstumsrate oder das 50-Fache des letztjährigen Umsatzes dafür bezahlen, um ein Stück des Unternehmens zu bekommen. Wenn das Unternehmen groß wäre und an der Börse gehandelt würde, wäre es demnach vielleicht 100.000 Dollar wert. Dann weisen Sie darauf hin, dass das Unternehmen weder groß ist noch an der Börse notiert, sodass es für einen Privatanleger nicht so viel wert ist. Zu viele Risiken. Ein Risiko heißt zum Beispiel: An wen verkaufe ich meinen Anteil, wenn ich aussteigen will? Oder: Das Unternehmen ist erst fünf Jahre alt und wirklich sehr klein, kann es im gleichen Tempo weiterwachsen, wenn es größer ist? Und wo kommt das zusätzliche Geld her, das benötigt wird, um es weiter so schnell wachsen zu lassen? Was passiert, wenn das Management aussteigen und auf die Highschool gehen will?

Die Kinder und Sie stimmen also überein, dass das Unternehmen keine 100.000 Dollar wert ist. Vielleicht ist es ein Viertel davon wert. Sagen wir also 25.000 Dollar. Wenn das Unternehmen 25.000 Dollar wert ist, kostet die Hälfte davon 12.500 Dollar. Daher verkaufen Ihnen die Kinder das Unternehmen für 12.500 Dollar. Für Ihre 12.500 Dollar bekommen Sie die Hälfte der ausgegebenen Anteile: 1.000 Aktien. Da Sie für die 12.500 Dollar 1.000 Aktien bekommen haben, haben Sie 12,50 Dollar pro Aktie bezahlt. Die Kinder haben auch für die andere Hälfte des Unternehmens Aktien ausgegeben, die ihren eigenen Anteil darstellen; also haben sie auch 1.000

Aktien. Sie haben für ihre Aktien allerdings nichts bezahlt. Sie haben das Unternehmen gegründet und es ist üblich, dass Unternehmensgründer kostenlose Aktien für die Mühe bekommen, das Unternehmen zum Erfolg zu führen.

Gerüstet mit den 12.500 Dollar Investmentkapital, das Sie in das Unternehmen gesteckt haben, und mit dem Bargeldüberschuss aus den 2.000 Dollar Jahresgewinn vergrößern Ihre Kinder das Geschäft in den nächsten Jahren so weit, dass es 6.000 Dollar Gewinn pro Jahr bringt. Da die Unternehmenseigner (Ihre Kinder und Sie) 2.000 Aktien besitzen, teilen sich die 6.000 Dollar Unternehmensgewinn in 2.000 Stücke zu drei Dollar auf. Das ist der Gewinn pro Aktie oder das EPS. In diesem Fall beträgt das EPS drei Dollar. Das EPS wird häufig als „Bottom Line“ [unterste Zeile; Anm. d. Übers.] bezeichnet, weil es in Finanzberichten (insbesondere in der Gewinn-Verlust-Rechnung) ganz unten steht – auf Deutsch gesagt „unter dem Strich“.

Ebenso wie beim Umsatz geht es uns hier vor allem darum, wie schnell das EPS wächst. Und ebenso wie beim Umsatz ist das EPS-Wachstum der Betrag der Zunahme gegenüber dem Vorjahr in Prozent ausgedrückt. Wenn das EPS vor zehn Jahren zehn Cent betragen hat (100 Dollar geteilt durch 1.000 Aktien, denn Mama und Papa hatten sich damals noch nicht eingekauft) und heute drei Dollar beträgt, ergibt die Berechnung des EPS-Wachstums, dass der Gewinn pro Aktie in den zehn Jahren um durchschnittlich 41 Prozent im Jahr gewachsen ist.

Das ist eine großartige Zahl. Aber jetzt wollen wir noch wissen, ob die Besitzer dieses Geld einfach einstecken oder ob sie es für eine Menge Ausrüstung ausgeben, die im nächsten Jahr wieder für spektakuläres Wachstum sorgt. Um das herauszufinden, sehen wir uns das Eigenkapitalwachstum an. Das Eigenkapital ist das, was übrig bleiben würde, wenn die Kinder alles verkauften und alle Schulden begleichen würden. Wenn die Kinder beschließen würden, das Geschäft aufzugeben, würden sie es natürlich verkaufen wollen. Aber wenn niemand das Unternehmen kaufen wollte, könnten sie auch ihren Bestand an Zucker und Zitronen verkaufen und etwaige Schulden bezahlen. Nehmen wir einmal an, sie haben Zitronen, Zucker, Eiswürfelbereiter, Gläser und Tische im Wert von 8.000 Dollar, dazu noch 10.000 Dollar in bar und ein paar Wagen im Wert von 10.000 Dollar (das ist von den 12.500 investierten Dollar und von den Gewinnen übrig geblieben, nachdem sie noch weitere Vorräte und Ausrüstung angeschafft haben). Da die Kinder niemandem etwas schuldig sind, beläuft sich ihr Eigenkapital auf 28.000 Dollar (8.000 aus dem Verkauf der Vorräte, 10.000 aus dem Verkauf der Wagen und 10.000 Dollar Cash). Die Kinder und Sie würden alles entsprechend der Anzahl der Aktien aufteilen. Da 2.000 Aktien im Umlauf sind und 28.000 Dollar aufzuteilen sind, entfallen auf jede Aktie 14 Dollar. Diese 14 Dollar sind der Buchwert pro Aktie (BVPS, Book Value per Share), die 28.000 Dollar bezeichnet man als Eigenkapital oder Buchwert (manche Menschen bezeichnen das auch als Liquidationswert - was das Unternehmen wert ist, wenn es kein Unternehmen mehr ist).

Diese nackte Zahl ist allerdings für die Bestimmung des Wertes gar nicht so wichtig, denn Unternehmen, die viele Immobilien und Geräte benötigen - beispielsweise McDonald's -, können im Verhältnis zu ihrem Wert enorm viel Eigenkapital besitzen, wohingegen Unternehmen wie Google, die auf geistigem Eigentum basieren, im Verhältnis zu ihrem Wert geringes Eigenkapital haben können. Das heißt, wenn man ein Fabrikunternehmen mit einem Unternehmen vergleicht, das auf Wissen oder Intelligenz basiert, ist das Eigenkapital extrem unterschiedlich. Aber die Wachstumsrate des Eigenkapitals kann ja trotzdem gleich sein, und die ist sehr, sehr wichtig. Sie sagt uns, ob das Unternehmen Überschüsse akkumulieren kann, was außerordentlich gut ist. Das Eigenkapital an sich ist daher nicht annähernd so aufschlussreich wie das Eigenkapitalwachstum.

Deshalb konzentrieren wir uns auf die Wachstumsrate und nicht auf die Zahlen, von denen sie abgeleitet ist.

Warum ist das Kapitalwachstum so wichtig? Diese Frage wurde mir schon von einigen Schülern gestellt. Sie fragen sich, wieso das Eigenkapitalwachstum ein guter Indikator für die Stärke des Unternehmens sein kann, wo das Eigenkapital doch nur ein Überschuss ist, ein „zusätzlicher" Wert. Nun, wenn das Eigenkapital (der Überschuss) eines Unternehmens nicht wächst, hat es keine Mittel, die es für die Erschließung neuer Märkte oder für die Entwicklung neuer Produkte ausgeben kann. Es kann ja sein, dass der Gewinn nur in das laufende Geschäft zurückfließt – zum Beispiel in den Bau neuer Produktionsstätten (die in fünf Jahren wertlos sein können). Oder das Gegenteil ist der Fall und die Strategie heißt „Wachstum um jeden Preis". Zielloses Wachstum erkennt man normalerweise daran, dass das ROIC relativ niedrig ist; und das bedeutet, dass die Besitzer – wir als Regel-1-Investoren – übervorteilt werden.

Benjamin Graham schrieb in „Geheimnisse der Wertpapieranalyse" in der Auflage von 1934, dass es die meisten Unternehmen nicht schaffen, zusätzliches Kapital anzuhäufen, weil sie alles für die Erhaltung des Status Quo ausgeben. Sie ersetzen oder warten damit alles, was sie für den Geschäftsbetrieb benötigen (Ausrüstung, Forschung und Entwicklung und so weiter). Warren Buffett machte sich auf die Suche nach der Ausnahme: nach einem Unternehmen, das Jahr für Jahr mehr Kapital anhäuft. Diese Ausnahme ist der Schlüssel zum Regel-1-Investment: Unternehmen, die Überschüsse akkumulieren. Aus diesem Grund achten wir auf das Eigenkapitalwachstum, denn es ist ein Anzeichen dafür, dass das Unternehmen ein Ausnahmeunternehmen ist.

Das Eigenkapital respektive der Buchwert ist außerdem ein guter Indikator für das Wachstum dessen, was Buffett als inneren Wert bezeichnet und was ich unverbindliche Preisempfehlung oder Empfehlungspreis nenne – den rationalen Wert eines Unternehmens. Buffett schreibt im Brief des Vorsitzenden an die Aktionäre im Jahr 2005: „Trotz ihrer Schwächen sind die alljährlichen Berechnungen des Buchwertes für Berkshire von Nutzen, denn sie bieten einen leicht untertriebenen Anhaltspunkt für das Wachstum unseres inneren Wertes." Deshalb spielt die Wachstumsrate des Eigenkapitals bei unserer Bestimmung der langfristigen Wachstumsrate eines Unternehmens und folglich seines Empfehlungspreises eine ernst zu nehmende Rolle.

Wir berechnen das Eigenkapitalwachstum genauso wie die Wachstumsrate des Umsatzes und des EPS. Als Ihnen die Kinder Aktien ihres Unternehmens verkauften und Sie ihnen 12.500 Dollar dafür gaben, bestand das Eigenkapital des Unternehmens vor allem aus Bargeld – 14.500 Dollar. Wenn das Geschäft vor fünf Jahren liquidiert worden wäre, wäre jede Aktie 7,25 Dollar wert gewesen. Wenn sich die Kinder heute, also fünf Jahre später, zu einer Liquidierung entschließen würden, betrüge das Eigenkapital 28.000 Dollar und der Wert einer Aktie 14 Dollar. Wir geben diese beiden Zahlen – 14.500 Dollar Eigenkapital vor fünf Jahren und 28.000 Dollar heute – in unseren Rechner ein und er sagt uns dann, dass das Eigenkapital beziehungsweise der Buchwert in den vergangenen fünf Jahren um durchschnittlich 14 Prozent pro Jahr gewachsen ist (auch diese Berechnung erkläre ich im nächsten Kapitel genauer; an dieser Stelle will ich nur vermitteln, was die Zahlen bedeuten. Der Begriff „Rechner" ist eher locker zu sehen, denn Sie werden bald merken, ob Sie die Berechnungen lieber grob im Kopf oder präzise mit einem echten Rechner durchführen).

Das Eigenkapital ist mehr oder weniger der Betrag, den man bekommt, wenn man ein Unternehmen nicht komplett und funktionsfähig verkauft, sondern wenn man die Maschinen, die Bestände und die Immobilien verkauft, den Erlös und das Geld auf der Bank zur Begleichung verbleibender Schulden verwendet und den Restbetrag unter den Besitzern des Unternehmens aufteilt. Der Wert des Unternehmens als laufend gewinnbringender Betrieb, der ein wichtiger Teil des realen Wertes jedes Unternehmens ist und der auch für uns als Besitzer sehr wichtig ist, wird beim Eigenkapital zwar nicht berücksichtigt, aber das Wachstum des Eigenkapitals vermittelt einen guten Eindruck davon, wie der tatsächliche Wert des Unternehmens wächst. Anhand dieser Zahl können wir ausrechnen, wie viel das Unternehmen in zehn Jahren wert ist (Näheres über das Eigenkapital im Glossar).

Zum Schluss wollen wir dann noch wissen, ob der Geldbestand des Unternehmens seinen Gewinnen entspricht. Insbesondere das Wachstum des Geldbestands, der Cashflow, sagt uns, ob die Gewinne mehr Geld bringen oder ob sie nur auf dem Papier stehen. Wir wollen echten Cashflow.

Das Limonadengeschäft der Kinder bringt richtig viel Geld. Man braucht ein paar Geräte, um die Zitronen auszupressen, das Eis zu crushen und das Getränk zu servieren, dazu noch ein paar Wagen, aber das war's dann auch schon. Das heißt, der Gewinn des Unternehmens braucht nicht in teuere Ausrüstung reinvestiert zu werden, die irgendwann wertlos ist und immer wieder ersetzt werden muss. Wenn dieses Unternehmen Gewinn macht, kommt er fast zu 100 Prozent als Geld auf die Bank. Dieses Geld kann für geschäftliche Zwecke verwendet werden oder es kann als sogenannte Dividende an die Besitzer ausgeschüttet werden. Eine Dividende ist einfach die Auszahlung überschüssigen Geldes, das ein Unternehmen nicht sinnvoll für Wachstum ausgeben kann. Da ich mehr oder weniger faul bin und lieber angeln gehe als Jahresberichte zu studieren, sind mir Unternehmen, die ihr Geld für mich investieren können, lieber als Unternehmen, die mir das Geld geben, damit ich es selbst reinvestiere. Deshalb mag ich schnell wachsende Unternehmen (die keine Dividenden ausschütten; trotzdem erkläre ich am Schluss des Kapitels noch genauer, was es mit Dividenden auf sich hat). Vor fünf Jahren hatte das Limonadegeschäft Ihrer Kinder 1.000 Dollar. Jetzt hat es 10.000 Dollar. Wir geben diese Zahlen in den Rechner ein und erhalten eine durchschnittliche jährliche Cash-Wachstumsrate von 58 Prozent.

Unternehmen zählen am Ende jedes Quartals ihr Geld. Im nächsten Quartal geben sie meist das Geld vom vorangegangenen Quartal für die Ersetzung von Kapitalgütern aus, zum Beispiel für Maschinen, die für die Herstellung benötigt werden. Was dann übrig bleibt, nennt sich „free cash" und wird entweder für Dividenden oder als Arbeitskapital verwendet – also für das Wachstum des Unternehmens eingesetzt.

Beständigkeit

Wir wollen, dass die Zahlen beständig sind. Das Limonadegeschäft der Kinder hat uns nicht genug Zahlen geliefert, anhand derer wir feststellen könnten, ob es beständig wächst (wir hätten uns wohl alle verfügbaren Zahlen beschaffen können, aber das Unternehmen hat noch keine zehn Jahre Geschäftstätigkeit hinter sich). Mir gefällt es, wenn es viele Zahlen gibt, vor allem wenn sie Jahr für Jahr größer werden. Als Beispiel hier die großen Fünf der letzten zehn Jahre von Apollo Group:

	ROIC
Letzte zehn Jahre (1995-2004)	32 %
Letzte fünf Jahre (1999-2004)	30 %
Letztes Jahr (2003-2004)	36 %

Jahr	1995	1996	1997	1998	1999	2000	2001	2002	2003	2004
Umsatz	163	214	283	391	498	610	769	1009	1310	1798
EPS	0,08	0,12	0,19	0,26	0,33	0,41	0,6	0,87	1,3	0,77
Eigenkapital	55	88	124	200	231	261	481	700	1027	957
Cash	12	15	36	26	31	83	120	224	287	400

Alle Werte außer EPS in Millionen Dollar (EPS in Dollar)

Das ROIC wird immer in Prozent angegeben, während Umsatz, Kapital und Cash üblicherweise in Millionen Dollar angegeben werden. Das EPS wird immer in Dollar angegeben. Wir müssen aus diesen Rohdaten Prozentzahlen errechnen, die ihre jährlichen Wachstumsraten darstellen. Nur so können wir herausfinden, ob sie unserer Mindestanforderung – zehn Prozent durchschnittliches Jahreswachstum – genügen.
Nun zu unserem Beispiel. Das ROIC von Apollo ist stabil, Umsatz, EPS, Eigenkapital und Cash steigen bis zum Jahr 2004 fast jedes Jahr. Offensichtlich ist das ein beständiges Unternehmen. Wie die vier Zahlen aussehen, wenn man sie grafisch darstellt (den Gewinn pro Aktie habe ich aus Gründen der Vergleichbarkeit umgerechnet), sehen Sie im nebenstehenden Chart.

Die vier Wachstumszahlen

Wie schon gesagt sind die Wachstumsraten etwas anderes als die Rohdaten. Der Chart auf Seite 105 zeigt, dass die Wachstumsraten aller Zahlen – Umsatz, EPS, Eigenkapital und Cash – die Breite des Grabens und den künftigen Wert des Unternehmens bestimmen und deshalb sehr wichtig sind. Wie Sie sich wohl schon gedacht haben, sind die Werte nicht in Millionen Dollar, sondern in Prozent angegeben. In Kapitel 6 zeige ich Ihnen, wie man die Wachstumsraten in allen vier Kategorien – Umsatz, EPS, Kapital und Cash – berechnet, aber erst sollten Sie sich mit dem Lesen von Wachstumsraten vertraut machen und auf dieser Grundlage auf die künf-

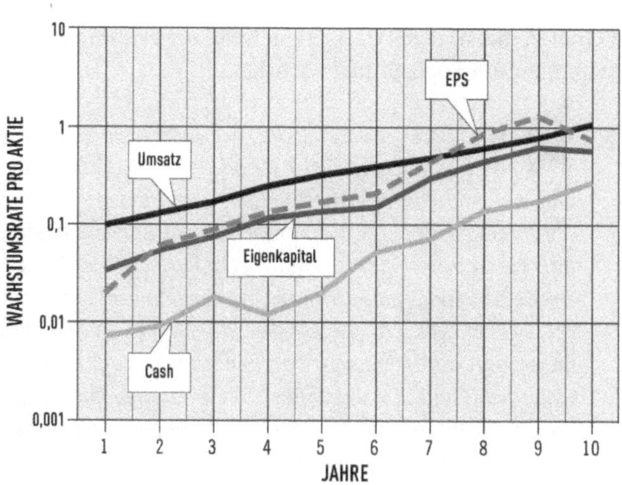

tige Wachstumsrate des Unternehmens schließen können. Das ist letztlich das Wichtigste an den Wachstumsraten: Sie sagen etwas über die Zukunft des Unternehmens aus – und damit auch etwas über ihren heutigen Wert.

Ein Unternehmen, das seinen Gewinn jedes Jahr um 15 Prozent steigern kann, ist pro gewonnenem Dollar mit Sicherheit mehr wert als ein Unternehmen, dessen Gewinn nur um fünf Prozent jährlich wächst. Dazu kommt, dass ein Unternehmen, dessen Gewinn um 15 Prozent jährlich wächst, vermutlich einen breiten Burggraben hat, sodass seine Gewinne wahrscheinlicher als die Gewinne des Unternehmens mit fünf Prozent Gewinnwachstum und ohne Graben sind. Es wäre schön, wenn man ein Unternehmen mit breitem Graben und schnell wachsenden Gewinnen für den gleichen Preis bekommen würde wie ein Unternehmen, das vor sich hindümpelt, aber normalerweise ist niemand so dumm, dafür den gleichen Preis festzulegen. Deshalb sind Wachstumsraten so entscheidend. Wir bezahlen heute für die künftige Wachstumsrate.

Eine höhere Wachstumsrate weist auf einen Graben hin und der Graben macht die Erwartung sicherer. Das wird in einem späteren Kapitel noch einmal wichtig.

Auf kostenlosen Websites wie MSN Money sind einige Wachstumsraten schon berechnet, aber nicht alle. Auf anderen Websites werden alle Wachstumsraten über verschiedene Zeiträume berechnet und angezeigt, aber für diese Dienste muss man bezahlen (die Preise für solche Seiten sind unterschiedlich und deshalb sollte man genau wissen, was man für sein Geld bekommt und was man damit anfängt). Vielleicht abonnieren Sie ja irgendwann eine solche Seite, um Ihre Informationen zu bekommen (die meisten Profis machen das auch so), aber es ist immer gut, wenn man die Zahlen zu Kontrollzwecken selbst berechnen kann. Das kann man ungefähr damit vergleichen: Für den Fall, dass ich das irgendwann gebrauchen kann, weiß ich zwar, wie man Mais anbaut, aber ich bezahle lieber andere für diese Arbeit und kaufe meinen Mais im Geschäft.

Denken Sie daran, wir wollen, dass Umsatz, Gewinn pro Aktie und der Geldbestand in den vergangenen zehn Jahren durchschnittlich mindestens um zehn Prozent pro Jahr gewachsen sind. Damit wir davon ausgehen können, dass die Wachstumsrate nicht zurückgeht, sehen wir uns zusätzlich noch die Zahlen für die letzten fünf Jahre und für das vergangene Jahr an. Die folgende Tabelle zeigt die vier Wachstumsraten von Apollo Group aus dem Jahr 2005 für zehn Jahre, fünf Jahre und ein Jahr:

Umsatz			EPS			Eigenkapital			Cash		
10	5	1	10	5	1	10	5	1	10	5	1
27 %	29 %	34 %	29 %	24 %	-41 %	53 %	46 %	2 %	51 %	68 %	39 %

Lesen Sie die Tabelle von links nach rechts. Sehen Sie sich zuerst das Wachstum über zehn Jahre an, dann für fünf Jahre und dann für ein Jahr – für das letzte Jahr. Zuerst versichern wir uns, dass alle Zahlen mindestens zehn Prozent betragen, dann gehen wir vom 10-Jahres-Schnitt zum letzten Jahr über, um zu sehen, ob die Zahlen steigen oder sinken.

In dieser Tabelle wird die Umsatz-Wachstumsrate immer größer, aber das EPS-Wachstum ist ebenso wie die Zunahme des Eigenkapitals und des Geldbestands abgesackt. Wenn wir nur die Ergebnisse sehen, sieht Apollo nicht schlecht aus. Aber wenn wir die Wachstumsraten der Ergebnisse berechnen, scheint Apollo neuerdings ein Problem zu haben.

Wenn Sie Apollo kaufen wollen, müssen Sie herausfinden, ob das Problem, das die Wachstumsrate so abrupt gebremst hat, eine einmalige Sache ist, die Apollo beheben kann, oder ob das der Beginn eines dauerhaften Schlamassels ist, mit dem Sie nichts zu tun haben wollen. Aus diesem Grund ist es so wichtig, dass man das Unternehmen versteht. Wenn Sie nicht sicher sind, dass Sie das Unternehmen verstehen, sind Sie in der falschen Branche, denn dann können Ihnen die Zahlen einen Burggraben vorspiegeln, der immer wieder und endgültig überbrückt wurde. Nicht schlecht, der Unterschied zwischen den Ergebnissen und den daraus abgeleiteten Wachstumsraten, oder? Die Berechnung des Wachstums ist ziemlich einfach und ich werde Ihnen das im nächsten Kapitel beibringen. Wenn Sie die Wachstumsraten von zwei Unternehmen berechnen, sehen Sie, was wirklich passiert und wer in der Branche die Oberhand (den Graben) hat.

In der nächsten Tabelle vergleiche ich Apollo Group mit ITT Educational (vergessen Sie nicht: Diese Zahlen geben den Stand 2005 wieder, während ich dieses Buch schreibe):

Unternehmen	ROIC*			Umsatz*			EPS*			Eigenkapital*			Cash*		
	10	**5**	**1**	**10**	**5**	**1**	**10**	**5**	**1**	**10**	**5**	**1**	**10**	**5**	**1**
Apollo Group	32	30	36	27	29	34	29	24	**-41**	53	46	2	51	68	39
ITT Educational	171	313	46	12	14	18	25	27	26	19	29	23	29	11	**-1**

Anmerkung: Alle Zahlen sind Jahresdurchschnitte. *in Prozent

Sehen Sie sich die prozentualen Wachstumszahlen aller großen Fünf an. Beide Unternehmen haben sehr gute ROIC- und Umsatz-Zahlen (über zehn Prozent), aber was auch immer dem Gewinn von Apollo einen Schlag versetzt hat – auf ITT hatte es keine wahrnehmbaren Auswirkungen. Das Gewinnwachstum von Apollo betrug im vergangenen Jahr minus 41 Prozent, während der Gewinn von ITT um 26 Prozent gewachsen ist. Das Gleiche gilt für das Eigenkapital; bei Apollo ist es um zwei Prozent eingebrochen, während sich ITT bei 23 Prozent gehalten hat. Dafür hat die Zunahme des Geldbestandes von ITT einen Schlag von minus einem Prozent erhalten. Bevor ich eines dieser Unternehmen guten Gewissens kaufen könnte, müsste ich wissen, was da los ist.
Hier nun Oracle und Sybase im Vergleich:

Unternehmen	ROIC*			Umsatz*			EPS*			Eigenkapital*			Cash*		
	10	**5**	**1**	**10**	**5**	**1**	**10**	**5**	**1**	**10**	**5**	**1**	**10**	**5**	**1**
Oracle	110	182	54	12	12	15	26	18	16	31	19	29	35	16	11
Sybase	**-21**	**-24**	12	**-2**	**-2**	1	**-11**	**-49**	**-21**	4	12	**-1**	32	**-3**	**-3**

Anmerkung: Alle Zahlen sind Jahresdurchschnitte. *in Prozent

Oracle und Sybase sind beide im Datenbankgeschäft und die großen Fünf sind bei beiden eher mittelmäßig. Sehen Sie die negativen Werte bei Sybase? Das Wachstum geht in die falsche Richtung und das ist kein gutes Zeichen. Und dann sehen Sie sich Oracle an. Das EPS-Wachstum fällt von 26 auf 18 und dann auf 16 Prozent. Das Geldwachstum schrumpft von 35 auf 16 und dann auf elf Prozent. Auch Umsatz und Kapital sind abgerutscht, dann allerdings wieder nach oben gegangen. Oracle ist also durchwachsen. Es ist nicht ganz klar, was da vor sich geht, oder? Das ist nicht das, was wir wollen. Wir wollen Klarheit. Vielleicht ist nur das Geschäft ein bisschen zurückgegangen. Vielleicht gibt es eine neue Technologie, die beide Unternehmen bedroht. Aber wer weiß? Sie und ich brauchen es nicht zu wissen. Wir müssen nur wissen, dass es Probleme gibt und dass wir keine Unternehmen mit Problemen haben wollen, die wir nicht verstehen. Diese beiden können Sie streichen.

Und hier General Motors und Harley-Davidson im Vergleich. Das Gewinnwachstum von General Motors ist gewaltig, aber

Unternehmen	ROIC*			Umsatz*			EPS*			Eigenkapital*			Cash*		
	10	**5**	**1**	**10**	**5**	**1**	**10**	**5**	**1**	**10**	**5**	**1**	**10**	**5**	**1**
GM	3	1	1	2	2	4	13	14	27	11	15	9	**-4**	**-23**	23
Harley-Davidson	16	18	13	17	15	8	23	28	20	20	17	27	33	23	74

Anmerkung: Alle Zahlen sind Jahresdurchschnitte. *in Prozent

das Umsatzwachstum liegt unter den von uns verlangten zehn Prozent. Das Kapitalwachstum ändert sich gerade dann in die falsche Richtung, als der Geldbestand wieder hochschnellt. Das sind wieder gemischte Signale und es ist nicht klar, was los ist. Wissen Sie, wo das Unternehmen in 20 Jahren stehen wird? Ich auch nicht. Das wissen auch die Menschen nicht, die das Unternehmen leiten. Auch bei Harley-Davidson sind die Signale durchwachsen. Beachten Sie, dass das Umsatzwachstum in jüngster Zeit unter unser Minimum fällt und dass auch der Gewinn pro Aktie zurückgeht. Vorsicht. Könnte es vielleicht sein, dass die Babyboom-Generation keine Motorräder mehr kauft und dass die nächste Generation mit Papas Harley nichts am Hut hat? Positiv ist zu vermerken, dass die Wachstumsrate des Eigenkapitals und des Cashbestands steigt. Also ist die Sache bei Harley auch nicht ganz so einfach, oder?

Dann die Gegenüberstellung von Whole Foods und Albertsons:

Unternehmen	ROIC*			Umsatz*			EPS*			Eigenkapital*			Cash*		
	10	**5**	**1**	**10**	**5**	**1**	**10**	**5**	**1**	**10**	**5**	**1**	**10**	**5**	**1**
Whole Foods	7	10	12	20	23	26	42	28	26	18	21	24	32	64	**-10**
Albertsons	9	6	6	14	2	11	6	9	**-30**	9	5	0	53	5	2

Anmerkung: Alle Zahlen sind Jahresdurchschnitte. *in Prozent

Umsatz, Gewinn und Kapital von Whole Foods wachsen atemberaubend. Das Wachstum des Gewinns pro Aktie hat sich zwar in den mittleren 20er-Bereich verlangsamt, aber das ist immer noch ein großartiger Wert (das Doppelte unserer Mindestanforderung von zehn Prozent). So etwas sehen wir gern. Aber die Zunahme des Geldbestands geht zurück. Wir müssen wissen, wodurch das Geld aufgezehrt wird.

Albertsons dagegen bezieht an allen Fronten Prügel. Wenn Unternehmen Burgen wären, dann würden Albertsons Mauern niedergerissen werden. Außer dem Umsatzwachstum (in letzter Zeit) tendieren alle Zahlen nach unten. Keine liegt über unserem Minimum. Es ist keine Frage, welches Unternehmen besser ist.

Und nun Dell und Gateway im Vergleich:

Unternehmen	ROIC*			Umsatz*			EPS*			Eigenkapital*			Cash*		
	10	**5**	**1**	**10**	**5**	**1**	**10**	**5**	**1**	**10**	**5**	**1**	**10**	**5**	**1**
Dell	43	43	42	29	14	20	38	21	17	29	23	30	53	6	6
Gateway	**-10**	**-50**	**-113**	0	**-17**	6	**-35**	**-115**	**-17**	**-6**	**-37**	**-15**	**-23**	**-28**	**-53**

Anmerkung: Alle Zahlen sind Jahresdurchschnitte. ***in Prozent**

Es ist nicht schwer herauszufinden, was die freien Bargeldreserven eines Unternehmens aufzehrt. Ich habe mich einfach auf der Website von Whole Foods eingeloggt und mir den Quartalsbericht des Unternehmens angehört. Die Unternehmensleitung teilt darin den Investoren mit, dass sie viel Geld für den Bau neuer Geschäfte aufgewendet hat. Das geht in Ordnung. Die Zukunft wird zeigen, was das bringt. In einem späteren Kapitel gehe ich noch näher auf die Klärung solcher Fragen ein.

Umsatz- und Kapitalwachstum von Dell erholen sich, der Gewinn pro Aktie wächst immer langsamer und das Wachstum des Geldbestandes stagniert auf niedrigem Niveau – bei sechs

Prozent. Die Werte von Dell sind sehr hoch und deuten auf einen breiten Graben hin, auch wenn es in letzter Zeit ein bisschen langsamer vorangeht. Wenn man Dell und Gateway nebeneinander betrachtet, ist nicht schwer zu erkennen, wer der Stärkere ist, oder? (Antwort: Dell. Wenn Sie nicht ganz sicher sind, lesen Sie dieses Kapitel noch einmal ganz langsam von Anfang an.)

Wenn Sie sich genauer über Dell informieren würden, weil Sie es irgendwann vielleicht doch kaufen möchten, würden Sie herausfinden, dass Dell die Hälfte seines Geldbestandes für den Rückkauf seiner eigenen Aktien verwendet hat. Die Investoren haben dafür zwölf Milliarden aus dem Kapital- und Geldbestand von Dell bekommen.

Das ist eigentlich keine schlechte Sache. Wenn ich Dell besitzen würde und der Meinung wäre, dass der Aktienkurs deutlich unter der Preisempfehlung (dem angemessenen Wert) liegt, dann würde ich auch mein überschüssiges Geld nehmen und die Aktie kaufen. Wieso? Weil ich dadurch für 50 Cent den Gegenwert von einem Dollar bekomme. Und wenn die anderen Besitzer ihre Aktien billig hergeben, kommt mir das zugute. Ich bekomme einen größeren Teil des Kuchens zum halben Preis. Ein gutes Geschäft. Übrigens hat das Management von Oracle das auch gemacht und dafür fast den gesamten freien Cashflow eingesetzt. Vielleicht hält die Unternehmensleitung die Aktie für ein Schnäppchen. Wenn das stimmt, kommt der Rückkauf den anderen Aktionären kräftig zugute. Buffett liebt Unternehmen, die ihre Aktien zurückkaufen, wenn sie günstig zu haben sind. Wenn die Aktien allerdings in Wirklichkeit teuer sind, arbeitet das Rückkaufmanöver gegen die Aktionäre. Das heißt, wir müssen wissen, wann eine Aktie preiswert und wann sie teuer ist; dann wissen wir, ob das Unternehmen gut gemanagt wird. Damit befassen wir uns in einem späteren Kapitel.

Bedenken Sie Folgendes: Wenn ein Unternehmen seine eigenen Aktien zurückkauft, wenn sie günstig sind, ist das für uns als Besitzer gut. Aber wenn ein Unternehmen seine eigenen Aktien zu einem hohen Preis zurückkauft, ist das weniger gut. Dann investiert es zwar in sich selbst, aber auf verschwenderische Art.

Wo man die großen Fünf bekommt

Zum Glück braucht man sich heutzutage nicht mehr durch gewundene und verwirrende Jahresberichte zu kämpfen, um die benötigten Informationen zu bekommen (das habe ich früher gemacht!). Auf den kostenlosen Seiten von MSN Money und Yahoo Finance finden wir netterweise die Zahlen, aus denen wir unsere eigenen Zahlen berechnen können. Bei MSN gibt es die 10-Jahres-Zahlen für Umsatz, EPS und Buchwert pro Aktie (also das Kapital pro Aktie), aber den Geldbestand gibt MSN nur für fünf Jahre an. Außerdem findet man dort das ROC (Return on Capital, entspricht dem ROIC, Return on Invested Capital) für die letzten fünf Jahre. Auf Profiseiten findet man natürlich mehr Zahlen, aber sie verlangen dafür Geld, weil die fertig berechneten Zahlen Zeit sparen und Zeit für einen Profi natürlich Geld ist. Vielleicht kopieren Sie sich für den Anfang die Zahlen aus MSN und erstellen daraus Tabellen wie die Apollo-Tabelle in diesem Kapitel, die alle Rohdaten für die Jahre 1995 bis 2004 enthält. Dann haben Sie die großen Fünf auf einen Blick und können schnell und einfach die Wachstumsraten berechnen. Und irgendwann, wenn Sie mehr Erfahrung haben, brauchen Sie nur noch einen Blick auf die großen Fünf zu werfen und die wunderbaren Unternehmen springen Ihnen förmlich ins Auge.

Bei dieser Gelegenheit ein Wort zu Finanzberichten und Zahlen: Niemand macht so etwas mit großer Begeisterung (ich jedenfalls nicht) und deshalb konzentriert man sich am besten auf die wichtigsten Zahlen und übergeht den Rest. Man findet diese Zahlen überall im gleichen allgemeinen Format – egal ob bei MSN Money, bei Yahoo Finance oder woanders.

Suchen Sie die Gewinn-und-Verlust-Rechnung (manchmal auch Ertragsrechnung) des Unternehmens, die Bilanz und die Kapitalflussrechnung (manchmal auch „Cashflow"). In der Gewinn-und-Verlust-Rechnung steht, was ein Unternehmen eingenommen hat, welche Kosten es hatte und was übrig geblieben ist (also Umsätze und Gewinn). Die Bilanz zeigt, was das Unternehmen besitzt, was es für Schulden hat und was folglich für die Besitzer übrig bleibt (eben das Eigenkapital). Die Kapitalflussrechnung zeigt, wie viel Geld hereingeflossen ist, wie viel hinausgeflossen ist und wie viel somit übrig ist (der sogenannte „freie Cashflow"). Durch diese drei Ansichten eines Unternehmens bekommen wir die großen Fünf und können sie benutzen, um unsere potenziellen Regel-1-Unternehmen zu bewerten.

Sie stoßen dabei vielleicht auf Internetseiten, auf denen andere Begriffe und Wörter verwendet werden, die es eventuell erschweren, nur das herauszuziehen, was Sie brauchen. So kann zum Beispiel der Gewinn pro Aktie als „Diluted Normalized EPS" oder einfach als „Diluted EPS" [verwässerter Gewinn pro Aktie; Anm. d. Übers.] angegeben sein. Aber wenn Sie den Beispielen folgen, die ich in diesem Buch vorführe, wenn Sie also lernen, wie man MSN Money und Yahoo Finance benutzt, haben Sie genügend Erfahrung, dass Sie auf den meisten Seiten zurechtkommen (und Abschlüsse lesen können). Mit ein bisschen Übung finden Sie auf allen Seiten die richtigen Zahlen und können perfekt damit jonglieren, egal welche ungewöhnlichen Begriffe dort verwendet werden (wenn Sie auf irgendeiner Seite mit der Anordnung und Benennung der Wertbegriffe absolut nicht zurechtkommen, schicken Sie mir eine E-Mail).

Tatsächlich übertreiben es die meisten Investmentprofis mit der Analyse. Für uns ist es so, dass uns das Unternehmen entweder als gutes Geschäft regelrecht anspringt oder eben nicht. Wenn nicht, lassen wir es einfach. Wenn doch, kommen wir zum nächsten Schritt.

Unternehmensabschlüsse

Ergebnisberichte sind online leicht zu finden. Man braucht eine gewisse Eingewöhnungszeit, bis man sie lesen und schnell die nötigen Zahlen herausziehen (und den Rest vergessen) kann, aber da alle grundsätzlich dem gleichen Schema folgen, dauert das nicht sehr lange. Ein Abschluss besteht aus folgenden Berichten:

Bilanz: Sie ist eine Zusammenfassung der Vermögenswerte beziehungsweise Aktiva (was das Unternehmen besitzt), der Verbindlichkeiten beziehungsweise Passiva (was das Unternehmen schuldet) und des Eigenkapitals (was übrig bleibt, wenn man die Passiva von den Aktiva abzieht, auch Reinvermögen genannt) zu einem bestimmten Zeitpunkt. Dort finden Sie die Zahlen für Kapital und Verschuldung.

Gewinn-und-Verlust-Rechnung: Sie enthält den Erlös (Umsatz), die Ausgaben und Gewinne. Hier finden Sie die Zahlen für Umsatz und EPS.

Kapitalflussrechnung (Cashflow-Statement): Sie zeigt die Geldbewegungen aufgrund des Betriebs, von Investitionen und Finanzierungen. Hier finden Sie den verfügbaren Geldbestand und die Dividenden.

MSN Money

Wenn Sie den Abschluss eines Unternehmens einsehen wollen, müssen Sie zuerst das Aktiensymbol eingeben. Bei MSN Money steht an dem Eingabefeld rechts oben „Symbols“. Dort müssen Sie beispielsweise „NKE“ für „Nike“ eingeben. Wenn Sie ein falsches Symbol eingeben, findet das Programm entweder automatisch das richtige Symbol oder es fragt nach weiteren Informationen, die zu dem richtigen Symbol führen. Auf dem Bildschirm mit den Zahlen zu Nike sehen Sie am linken Rand eine Spalte mit Informationskategorien. Gehen Sie unter „Research“ zu „Financial Results“. Dort finden Sie dann einen Link zu „Statements“ [Abschlüsse; Anm. d. Übers.]. Das ROIC finden Sie unter „Key Ratios“ [wichtige Kennzahlen; Anm. d. Übers.] und dann „Investment Returns“ [Investitionserlöse; Anm. d. Übers.]. Das ROIC ist hier als „Return on Capital“ (als ROC) angegeben. Ebenfalls unter „Key Ratios“ finden Sie das Eigenkapital als „Book Value per Share“ [Buchwert pro Aktie; Anm. d. Übers.]; klicken Sie dort auf „10-Year Summary“ [10-Jahres-Übersicht; Anm. d. Übers.]. Gewinne und Umsätze finden Sie unter „Financial Results“, dann „Statements“ und dann in dem Klappmenü unter „10-Year Summary“. Den Cashflow finden Sie unter „Statements“, „Cashflow“ - dort steht in der untersten Zeile „Free Cash Flow“.

Yahoo Finance

Bei Yahoo finden Sie viele Brancheninformationen, aber die Finanzdaten erstrecken sich nur drei Jahre in die Vergangenheit, was für die vier Ms nicht so günstig ist. Wenn Sie Informationen suchen, gehen Sie zu www.yahoo.com und klicken Sie links oben auf „Finance“. Dann scrollen Sie abwärts und klicken Sie am linken Rand auf „Industries“, dann erscheint die Seite „Industry Center“.

Eine vollständige Liste der Branchen bekommen Sie, wenn Sie auf „Complete Industry List“ klicken. Dort sind die Sektoren aufgelistet. Wenn Sie auf einen Sektor klicken, bekommen Sie eine knappe Zusammenfassung. Wenn Sie alle Unternehmen einer Branche sehen wollen, klicken Sie auf „Industry Browser“. Wenn Sie die besten und die schlechtesten Unternehmen eines Industriezweigs sehen wollen, klicken Sie zuerst auf „Leaders and Laggards“ [Marktführer und Nachzügler; Anm. d. Übers.] und wählen Sie dann in dem Klappmenü, das erscheint, ein Kriterium aus.

Professionelle Seiten

Auf kostenpflichtigen Profiseiten finden Sie noch ausführlichere Zahlen. Auf meiner Homepage (www.ruleoneinvestor.

com) finden Sie Links auf solche Seiten. Hier ein paar Beispiele:

- Investor's Business Daily: www.investors.com
- Zacks: www.zacks.com
- Morningstar: www.morningstar.com
- Success: www.success.investools.com

Grundsätzlich kann man sagen, dass eine Website umso teurer ist, je aufwendiger sie gestaltet ist und je mehr Informationen hineingepackt werden. Einen Großteil – wenn nicht gar 99 Prozent – dessen, was Sie für Regel-1-Investing brauchen, finden Sie auch auf kostenlosen Seiten, aber wenn Sie sich an die Bewertungen gewöhnt haben, sind Sie vielleicht eher bereit, für bessere (besser organisierte) Zahlen Geld zu bezahlen.

Und die Schulden?

Ich habe am Anfang dieses Kapitels schon gesagt, dass die Verschuldung im Vergleich zu den großen Fünf eher Nebensache ist. Wenn ich über diese Zahlen spreche, fragen mich die Menschen immer nach den Schulden und wundern sich, warum ich sie nicht zu den großen Fünf zähle. Dazu ist Folgendes zu sagen:

Unternehmen verhalten sich wie Familien – wenn Sie etwas sofort haben wollen, warten sie nicht, sondern leihen sich das nötige Geld. Die meisten von uns nehmen Kredite für die Finanzierung eines Autos oder eines Hauses auf, denn wenn wir warten würden, bis wir das Gewünschte bar bezahlen könnten, würden wir vielleicht nie an den Punkt kommen, dass wir es wirklich kaufen. Wenn ein Unternehmen wie Whole Foods ein neues Geschäft bauen will, nimmt es möglicherweise ebenfalls ein Darlehen dafür auf. Einen Kredit zu bekommen ist kein Problem. Jeder Mensch und jedes Unternehmen tut das. Schwierig wird es allerdings, wenn man sich so viel Geld leiht, dass das monatliche Einkommen unbedingt gleich bleiben oder gar steigen muss, damit man seine Raten bezahlen kann. Wenn man zahlungsunfähig wird, muss man das Haus (oder das Auto oder wofür auch immer man sich das Geld geliehen hat) verkaufen, damit man den Kredit bezahlen kann. Manche Menschen borgen sich viel Geld, weil sie damit rechnen, dass sie eine bessere Arbeit bekommen (sie nehmen also Kredit auf künftige Einnahmen auf) und dann verlieren sie ihre Stelle. Dann können sie das Haus nicht schnell genug verkaufen oder sie nehmen zu Kreditkarten Zuflucht und müssen Insolvenz beantragen, um sich die Gläubiger vom Leib zu halten. Genauso wie sich eine Familie durch zu viele Kredite überschulden kann, so kann sich auch ein Unternehmen zu hoch verschulden.

Wenn ein Unternehmen mehr aufnimmt als es mit seinen Einnahmen bewältigen kann, versuchen die Manager, genauso aus den Krediten herauszukommen wie unsereins: Sie versuchen, von einem anderen Kreditgeber noch mehr Geld zu bekommen, oder sie verkaufen Vermögenswerte, damit sie die Kredite bezahlen können. Dabei geht es ihnen wie Ihnen und mir – gerade dann, wenn sie das Geld am dringendsten brauchen, gibt ihnen die Bank nichts mehr und sie können auch nichts verkaufen. Dieses Problem gibt es bei Unternehmen auch. Die Manager leihen sich einen Haufen Geld, damit sie mehr Geschäfte bauen können; dann erlahmt die Konjunktur, die Kunden achten auf ihr Geld und geben in den Geschäften weniger aus – und plötzlich gerät das Unternehmen in akute Geldnot, es kann seine Monatsraten nicht bezahlen. Es kann seine Läden nicht verkaufen und da es in Schwierigkeiten steckt, will auch niemand Anteile an dem Unternehmen an sich kaufen. Auweia! Dann tut ein Unternehmen, was es tun muss, um sich die Krediteintreiber vom Leib zu halten: Es meldet Insolvenz an. Wenn das passiert, erleben viele Investoren eine böse Überraschung.

Regel-1-Investoren wollen Investments haben, die mit Sicherheit Geld bringen. Um sicher zu sein, dass wir Geld bekommen, brauchen wir berechenbare Unternehmen. Ein Unternehmen (oder eine Familie) mit vielen Schulden im Verhältnis zum Einkommen hat eine ungewisse finanzielle Zukunft. Wenn es wirtschaftliche Probleme gibt, kann ein hoch verschuldetes Unternehmen so richtig in Schwierigkeiten geraten, genauso wie eine Familie, deren Ernährer seinen Job verliert und deshalb wesentlich weniger Geld hat. Ungewissheit ist nichts für uns. Deshalb wollen wir keine Unternehmen mit vielen Schulden haben.

Die beste Verschuldung ist gar keine Verschuldung. Aber wie schon gesagt, viele Unternehmen leihen sich aus vielen guten Gründen Geld. Deshalb sind Schulden in Ordnung, wenn das Unternehmen sie schnell zurückzahlen kann. Das ist wie bei der Familie. Am besten hat man überhaupt keine Schulden, aber wenn man sämtliche Schulden mit dem Geld bezahlen kann, das man in einem Jahr verdient, dann sind die Schulden vermutlich tragbar. Bei Unternehmen sehen wir das genauso. Wenn ein Unternehmen seine Schulden innerhalb eines Jahres aus dem freien Cashflow bezahlen kann, ist die Schuldenlast tragbar. Wir legen die maximale Abzahlungsfrist auf drei Jahre fest. Was darüber hinausgeht, interessiert uns nicht.

Man kann die Verschuldung auch anders beurteilen. Man kann sie nämlich als Anteil an Kapital und Passiva oder einfach als Anteil am Kapital berechnen (das ist der berühmte Verschuldungsgrad oder Verschuldungskoeffizient). Allerdings können Unternehmen diese Verhältniszahlen aus vielen guten und schlechten Gründen manipulieren. Besser ist es zu wissen, wie lange die Begleichung der Schulden dauern würde, und mit diesem Wert vorsichtig umzugehen. Ich werde Ihnen gleich zeigen, wie das geht. Dafür brauchen Sie nur die gesamte langfristige Verschuldung eines Unternehmens und seinen aktuellen Cashflow. Diese Zahlen brauchen wir natürlich in Millionen Dollar. Wenn Sie nur prozentuale Angaben zur Verschuldung finden, suchen Sie auf anderen Finanzseiten oder durchforsten Sie die Abschlüsse des Unternehmens nach der langfristigen Verschuldung und dem freien Cashflow in Dollar.

Schuldenregel: Wenn Sie wissen wollen, ob die Verschuldung eines Unternehmens in Ordnung ist, finden Sie heraus, ob es seine Schulden innerhalb von drei Jahren bezahlen kann. Dafür teilen Sie die langfristige Verschuldung durch den freien Cashflow.

Um die kurzfristigen Schulden brauchen Sie sich keine großen Sorgen zu machen; was uns interessiert, sind die langfristigen Schulden, die in der Bilanz einfach als „langfristige Verbindlichkeiten" erscheinen.
Sehen wir uns ein Unternehmen an, das Schulden hat, und finden wir heraus, ob sie akzeptabel sind oder nicht.
H & R Block hat Schulden. Hier die langfristigen Verbindlichkeiten und der freie Cashflow im Jahr 2005:

Abschluss	Bilanz	Kapitalflussrechnung/ Cashflow
Zeile	Summe langfristige Verbindlichkeiten	Freie Mittelzuflüsse
Betrag	923 Millionen US-$	304 Millionen US-$

Dann fragen wir uns, wie lange das Unternehmen gemäß der langfristigen Verschuldung und dem freien Cashflow brauchen würde, um seine Schulden zu begleichen. Das ist eine ganz einfache Rechnung: 923 Millionen Dollar geteilt durch 304 Millionen Dollar ergibt drei. H & R kann seine Schulden vom freien Cashflow innerhalb von drei Jahren (knapp) bezahlen. Deshalb ist die Verschuldung von H & R (gerade noch) in Ordnung.
Ich betrachte die Verschuldung zwar nicht als „sechste Zahl", die man beachten muss, aber Sie sollten bei der Bewertung

der Finanzkraft eines Unternehmens auch die Verschuldung berücksichtigen. Sie stoßen sowieso auf die Schuldenzahlen, wenn Sie die Bilanz durchsehen. Wenn Sie alle großen Fünf für gut befunden haben, gehen Sie einen Schritt weiter und schauen Sie, ob die Schuldenlast im Rahmen ist. Teilen Sie einfach die langfristigen Verbindlichkeiten durch den aktuellen freien Cashflow.

Wenn die großen Fünf gut aussehen, sind aller Wahrscheinlichkeit nach auch die Schulden unter Kontrolle. Aber wenn bei den Schulden eine rote Warnlampe leuchtet, suchen Sie sich lieber ein Unternehmen mit besseren Zahlen und ohne schlechte Schulden.

Beispiele aus dem Jahr 2000

Jetzt sind wir fast so weit, dass Sie lernen können, wie man mithilfe der Wachstumsraten der großen Fünf Unternehmen findet, die einen wunderbaren Eindruck machen, und wie man die „unverbindliche Preisempfehlung" ausrechnet. Doch bevor wir zu den Rechnern kommen, will ich Ihnen zeigen, wie ich die Regel-1-Strategie im Jahr 2000 auf genau diese Aktien anwendete – Harley, GM, Dell und Apollo. Im Jahr 2000 konnte ich laut Regel 1 Harley-Davidson und Apollo Group kaufen, nicht aber GM und Dell (bedenken Sie, dass das im Jahr 2000 war und nicht 2005; Apollo und Harley hatten in letzter Zeit unentschlossene Momente, aber im Jahre 2000 sagte die Regel, dass man sie kaufen sollte).

Und jetzt zeige ich Ihnen, was bis zum Jahr 2005 herausgekommen wäre, wenn ich diese Aktien damals gekauft und einfach fünf Jahre lang gehalten hätte (denken Sie daran: In den nächsten Kapiteln lernen Sie, wie man diese Dollar-Werte berechnet):

Harley: Laut Regel 1 hätte man Harley bei 27 Dollar kaufen sollen. Die Experten dachten, die Aktie würde richtig schnell steigen und würde im Jahr 2005 den Wert von 120 Dollar erreichen. In Wirklichkeit ging es mit Harley aber nicht ganz so gut wie die Experten gehofft hatten. Das Jahr 2000 hatte kaum angefangen, da rutschten die Vereinigten Staaten in eine Rezession. Viele Arbeitsplätze gingen verloren und der Gewinn von Harley-Davidson stieg nicht annähernd so hoch, wie die Experten gedacht hatten. Dank Regel 1 brachte die Anlage innerhalb von fünf Jahren trotzdem einen schönen Ertrag von 100 Prozent, und das obwohl die Aktie im Jahr 2005 nur halb so viel kostete wie vorausgesagt. Halb so viel. Und trotzdem haben wir gutes Geld verdient.

General Motors: Die Regel sagte, man solle General Motors nicht kaufen, obwohl die Aktie nach vorsichtigen Expertenschätzungen in den nächsten fünf Jahren um 50 Prozent steigen sollte. Das Dumme daran war, dass der Preis der Aktie im Jahr 2000 deutlich über ihrem Wert für einen Regel-1-Anleger lag, falls die Experten Recht hatten. Die Regel besagt, dass Unternehmen, die deutlich über ihrem Wert gehandelt werden, im Zuge eines Marktabschwungs als Erste fallen. Und so war es bei GM auch. Da die Aktie das Doppelte ihres Wertes kostete, kam sie in den fünf Jahren unter den Hammer. Wenn ich investiert hätte, dann hätte ich keine 50 Prozent verdient, sondern rund 70 Prozent verloren. Jetzt kostet die Aktie ein Drittel dessen, was sie kosten müsste, wenn die Analysten Recht gehabt hätten. Ein Drittel.

Die Regel ist unter anderem deswegen so wichtig, weil sie einen nicht auf schlechten Investments sitzen lässt. Ein Investor, der die Regel nicht beachtet hat und der mit GM fünf Jahre lang Geld verloren hat, muss warten, bis die Aktie um 300 Prozent steigt – erst dann hat er seine Anfangsinvestition wieder. Eine Aktie, die in fünf Jahren 300 Prozent zulegt, bringt einen Jahresertrag von 25 Prozent. Die Investoren, die mit ihren GM-Aktien 70 Prozent verloren haben, können nur beten, dass das Unternehmen auf magische Weise schneller zu wachsen beginnt, als das Unternehmen selbst oder die Analysten prognostizieren. Anleger, die diese Aktie behalten, leben in einer Traumwelt.

(In dieser Traumwelt leben viele Amateuranleger, die sich der Realität nicht stellen wollen und die die Regel nicht begreifen. Regel-1-Anleger leben nicht in einer Traumwelt, niemals. Ich verspreche Ihnen, wenn Sie einem Regel-1-Investor vor fünf Jahren GM geschenkt hätten, dann säße er jetzt nicht auf einem 70-prozentigen Verlust, es sei denn, er wäre Katatoniker*. Regel-1-Investoren haben die nötigen Werkzeuge und das nötige Wissen, die geschäftlichen Realitäten des Unternehmens zu sehen, in das sie Geld investiert haben; und ihnen ist klar, dass es Unternehmen gibt, bei denen ihre Zeit und ihr Geld besser aufgehoben sind.)

Dell: Das ist eines der besten Unternehmen, die es gibt, wenn Sie meinen, Sie würden etwas vom Hardware-Geschäft verstehen. Im Jahr 2000 dachten die Experten, es würde bis zum Jahr 2005 einen Ertrag von 50 Prozent bringen, aber der Preis, den der Aktienmarkt im Jahr 2000 für Dell verlangte, war für Regel-1-Investoren zu hoch. Wer diesen Preis bezahlte, verlor 20 Prozent seines Geldes. Wenn man die Aktie jedoch erst im Jahr 2002 statt 2000 gekauft hätte, dann hätte sich – erstaunlicherweise, wie wir später noch sehen werden – die Investition innerhalb von drei Jahren verdoppelt.

Apollo Group: Dieses Unternehmen war eine solide Regel-1-Investition und gemäß den Expertenprognosen sollte es bis zum Jahr 2005 den immensen Ertrag von 700 Prozent bringen. In Wirklichkeit kam es aber noch besser als erwartet und Regel-1-Investoren bekamen bis 2005 einen Ertrag von 900 Prozent. Dieses Unternehmen war im Jahr 2000 eine hervorragende Regel-1-Anlage und der Ertrag in den vergangenen fünf Jahren war astronomisch hoch, obwohl der Gewinn pro Aktie und das Eigenkapital im letzten Jahr langsamer gewachsen sind als zuvor.

Gemäß den Analysen der Experten hätte also Harley 400 Prozent gewinnen sollen und gewann nur 100 Prozent; GM hätte 50 Prozent bringen sollen und brachte minus 70 Prozent. Von Dell wurden 50 Prozent erwartet und es lieferte

* Katatonie: Form der Schizophrenie mit Krampfzuständen und Wahnideen

minus 20 Prozent; von Apollo erwarteten die Experten 700 Prozent, aber es legte 900 Prozent zu. Wenn Risiko und Lohn in der Beziehung zueinander stehen, die alle vermuten, dann hätten GM und Dell mit erwarteten „Belohnungen" von 50 Prozent weniger riskante Investments als Harley und Apollo sein müssen, von denen ja 400 respektive 700 Prozent erwartet wurden. Das erwies sich aber keineswegs als richtig, oder? Laut Regel 1 waren die Investitionen mit den höheren potenziellen Erträgen in diesem Fall die risikoärmeren. Regel-1-Anleger wissen aus eigener Erfahrung, dass sie in jeder Börsenlage Investments mit sehr niedrigem Risiko und sehr hohen potenziellen Erträgen finden können. Umgekehrt bietet einem der Aktienmarkt Tag für Tag und jederzeit Investments, die wenig Lohn versprechen, aber mit großem Risiko verbunden sind.

Zum Schluss noch ein paar Worte zum Thema Dividenden ...

Dividenden

Bis jetzt ist unser wunderbares Unternehmen ein Unternehmen mit einem der fünf möglichen Burggräben, mit guten großen Fünf und mit wenig oder gar keinen Schulden. Das bedeutet wahrscheinlich, dass das Unternehmen jedes Jahr Geld übrig hat. Da wir wie Unternehmer denken, betrachten wir dieses überschüssige Geld als unser Eigentum. Es liegt allerdings in der Hand des CEO, ob er uns das Geld einfach gibt oder ob er es für eines oder mehrere von vielen möglichen Dingen ausgibt – für die Entwicklung neuer Produkte, für mehr Vertriebspersonal, für den Bau von Geschäften, für den Aufbau eines Markennamens durch Werbung und dergleichen mehr. Wenn er uns das Geld nicht gibt, dann wollen wir natürlich, dass sich diese Investitionen mit unserem Geld möglichst rentieren. So lange die Kapitalrendite (ROIC) hoch bleibt, macht er seine Arbeit offensichtlich gut. In diesem Fall ist es uns lieber, er gibt uns das Geld nicht, sondern lässt das Unternehmen wachsen, denn wenn er es uns gibt, müssen wir es in ein anderes Unternehmen investieren, das es vermehren kann – und da ist es einfacher, er behält es gleich ein.

Aber was passiert, wenn der CEO nicht unser gesamtes Geld so in das Unternehmen investieren kann, dass es ein gutes ROIC bringt? Was, wenn nur ein Teil davon wirksam eingesetzt werden kann und der Rest das Wachstum nicht steigert? Das kann bedeuten, dass er das Geld teilweise zum Fenster hinauswirft oder dass er einfach darauf sitzen bleibt. Beides ist schlecht. Wir wollen nicht, dass er unser Geld verschleudert. Dann ist es uns doch lieber, wenn er es uns gibt, damit wir es in ein Unternehmen investieren können, das mehr daraus macht.

Wenn uns der CEO einen Teil unseres Geldes zurückgibt, nennt man das Dividende. Ob ein Unternehmen Dividenden ausschüttet oder nicht, hat nichts damit zu tun, ob es einen breiten Burggraben hat. Manche Graben-Unternehmen, zum Beispiel Procter & Gamble, sind zu dem Schluss gekommen, dass sie mit dem überschüssigen Geld das Wachstum nicht beschleunigen können und dass es deshalb an die Besitzer ausgezahlt wird. Andere Graben-Unternehmen, zum Beispiel Starbucks, sind der Meinung, dass sie jeden Cent Gewinn in Wachstum verwandeln können, und deshalb schütten sie nie Dividenden aus. Als Regel-1-Investoren schließen wir kein Unternehmen aus, weil es Dividenden ausschüttet beziehungsweise keine Dividenden ausschüttet. Die Ausschüttung von Dividenden ist kein Hinweis auf besonders langsames oder besonders schnelles Wachstum. Die Unternehmensleitung entscheidet einfach, wie es das Geld der Unternehmensbesitzer am besten verwaltet. Es gibt viele schnell wachsende Unternehmen, die Dividenden ausschütten. Ob ein Unternehmen Dividenden ausschüttet oder nicht, sollte sich auf die Anwendung von Regel 1 nicht auswirken.

Für sich genommen sind Dividenden weder gut noch schlecht. Eine gute Dividende ist eine Dividende, die aus Geldern besteht, die der CEO nicht wirksam für Wachstum einsetzen kann. In diesem Fall ist er der Meinung, dass das ROIC sinkt, wenn er das Geld behält. Wir lieben CEOs, die so denken, und das ist einer der Gründe, aus denen wir auf das ROIC achten. Wenn der CEO den Besitzern das Geld gibt, bietet er ihnen die Möglichkeit, dieses Kapital effizienter einzusetzen als er. Eine schlechte Dividende ist eine Dividende, die aus Geldern besteht, die der CEO für das Wachstum des Unternehmens verwenden könnte. General Motors hätte vermutlich besser daran getan, sein wertvolles Geld zu reinvestieren als den Aktionären eine Dividende zu gewähren, die sich das Unternehmen kaum leisten konnte.

Aber warum schütten CEOs Dividenden aus, die sie besser behalten würden? Weil das „politisch korrekt" ist. Viele Aktieninhaber sehen sich selbst mehr als Investoren denn als Besitzer des Unternehmens und deshalb wollen sie den Anschein von Beständigkeit haben. Einem unwissenden Investoren kann eine beständige Dividende die Illusion vermitteln, dass alles in Ordnung sei – und so behält der CEO seinen Job. So war das auch bei General Motors.

Bedenken Sie zum Thema Dividenden Folgendes: Bevor ein Unternehmen eine Dividende ausschütten kann, bezahlt es Steuern auf die Gewinne, die den Besitzern gehören. Das sind etwa 35 Prozent. Aus den verbleibenden 65 Prozent kann das Unternehmen Dividenden ausschütten. Wenn es Ihnen als Besitzer den gesamten Gewinn geben würde, müssten Sie auf den ganzen Betrag Kapitalertragsteuer für kurzfristige Kapitalerträge bezahlen. Alles wird vom Gesetzgeber zu einem bestimmten Satz besteuert. So kann es passieren, dass Ihnen als Besitzer nur 40 Prozent des ursprünglichen Unternehmensgewinns bleiben. Den Rest kassiert der Staat dank der doppelten Besteuerung. Wenn Sie Dividenden kassieren und einen Steuersatz von 60 Prozent haben, wäre es besser für Sie, wenn Sie keine Dividenden fordern würden und lieber das Unternehmen 35 Prozent Steuern bezahlen ließen, auch wenn das Unternehmen den Gewinn nicht ohne Weiteres effizient einsetzen kann. Die Doppelbesteuerung hat also zur Folge, dass amerikanische Unternehmen im Vergleich zu effizienter geführten Unternehmen aus dem Ausland weniger wettbewerbsfähig sind.

Wenn Sie genau wissen wollen, ob Ihr Unternehmen von einem Graben umgeben ist, müssen Sie die großen Fünf und die Verschuldung untersuchen. Wir wollen Gewissheit, dass es sich um ein wundervolles Unternehmen handelt. Wenn das Unternehmen einen der fünf möglichen Burggräben hat und wenn die großen Fünf sowie die Schulden in Ordnung sind, kommen wir zum nächsten Schritt. Wenn das nicht der Fall ist, streichen wir das Unternehmen von der Liste. Dabei ist es irrelevant, ob das Unternehmen Dividenden ausschüttet. Wenn Whole Foods eine Dividende ausschüttet, kauft man normalerweise einfach Whole Foods nach. Aber wenn der Aktienkurs über die unverbindliche Preisempfehlung hinausgeht, sehe ich mich nach einem besseren Geschäft um – das heißt, ich verkaufe Whole Foods und verabschiede mich von der Dividende.

Und jetzt lernen Sie, wie man das Wachstum der großen Fünf ausrechnet.

Dividenden und Kapitalzuwachs

Dividenden werden vom Eigenkapital genommen. Da die meisten Unternehmen als Dividende einen festen Anteil an ihrem Überschuss ausschütten, mache ich mir nicht die Mühe, vor der Berechnung des Kapitalwachstums die Dividenden wieder zum Kapital zu addieren. Es kommt aber auch vor, dass ein Unternehmen eine einmalige sehr große Dividende ausschüttet – zum Beispiel hat Microsoft vor einem Jahr seinen Aktionären mehr als 52 Milliarden Dollar ausbezahlt. In einem solchen Fall müssen Sie die Dividende zu dem Kapital hinzuzählen und daraus die Wachstumsrate berechnen. Dass eine Zahlung erfolgt ist, merkt man leicht daran, dass das Kapital ganz plötzlich fällt wie ein Stein. Dann muss man anhand des Cashflows überprüfen, ob es in dem betreffenden Jahr eine große Ausschüttung gegeben hat (Dividendenausschüttungen werden auch in Unternehmensnachrichten gemeldet).

Kapitel 6 – Wie man die großen Fünf berechnet

„Was wir immer wieder tun, wird immer leichter, aber nicht weil die Aufgabe leichter geworden wäre, sondern weil wir sie besser bewältigen.“

– Ralph Waldo Emerson (1803–1882)

In den Kapiteln 4 und 5 haben wir uns mit den großen Fünf und mit der Verschuldung befasst. Diese Zeichen verraten deutlich, ob ein Unternehmen unser Geld mehren wird oder ob es uns täuschen und Regel 1 verletzen könnte. Ich habe Ihnen diese Zahlen vorgeführt und ein paar Beispiele von echten Unternehmen gezeigt, aber ich habe Sie nicht groß mit der Berechnung der Zahlen belästigt. Jetzt nehmen wir die großen Fünf und machen daraus Wachstumsraten. Sie werden sich mit diesen Zahlen sehr schnell anfreunden. Schon wenn Sie sie bei ein paar Unternehmen selbst gesucht und berechnet haben, können Sie sich wahrscheinlich vorstellen, dass die großen Fünf für Sie bald so selbstverständlich sein werden wie 2 – 2 = 4. Das können Sie doch, oder? Wenn nicht, ist es auch nicht so schlimm, denn dafür haben wir schließlich Computer. Wir brauchen überhaupt nichts selbst zu berechnen, wir suchen nur die richtigen Zahlen, die wir in den Computer hacken können, und der macht dann den Rest. Fangen wir also an.

Garmin

Wir wollen zwei Unternehmen miteinander vergleichen: Garmin (GRMN) und General Motors (GM). Ich führe Sie Schritt für Schritt durch die Berechnung der verschiedenen Wachstumsraten von Garmin und GM. Das Prinzip ist immer das gleiche, also können Sie die Wachstumsraten, die ich Ihnen nicht Schritt für Schritt zeige, selbst ausrechnen, sobald Sie mit dieser Methode vertraut sind.

Garmin ist der weltweit bedeutendste Hersteller von GPS-Ausrüstungen, ein relativ neues Unternehmen in einem neuen Bereich. General Motors (GM) verkauft weltweit Autos, und zwar mehr als alle Mitbewerber. Die Marktkapitalisierung von GM ist etwa fünfmal so groß wie die von Garmin. GM ist alt, riesengroß, bekannt und amerikanisch. Garmin ist jung und wächst, aber es ist relativ unbekannt und hat seinen Sitz in Taiwan.

Garmin 1995–2004

Jahr	1995	1996	1997	1998	1999	2000	2001	2002	2003	2004
Umsatz*	102	136	160	169	233	345	369	465	573	763
EPS	0,26	0,26	0,41	0,35	0,64	1,05	1,05	1,32	1,64	1,89
Eigenkapital				136	195	365	454	602	750	936
Cash			37	28	16	58	103	149	140	130
ROIC					23 %					

*in Millionen US-Dollar

Die Tabelle sieht so ähnlich aus wie die Apollo-Tabelle im vorigen Kapitel. Ich habe alle Zahlen gesammelt, die man für die Wachstumsraten braucht. Vergessen Sie nicht, dass die Kapitalrendite ROIC immer in Prozent angegeben wird (für das ROIC berechnen wir kein Wachstum). Die meisten Zahlen bekommt man auf Internetseiten wie zum Beispiel MSN Money, wenn man auf „Stock" klickt und in das Suchfeld, das dann erscheint, ein Aktiensymbol eingibt. Geben Sie „GRMN" beziehungsweise „GM" ein und suchen Sie die Unternehmensabschlüsse (denken Sie daran, Sie brauchen die Gewinn-und-Verlust-Rechnung, die Bilanz und den Kapitalfluss oder auch Cashflow.

Als Erstes überprüfen wir durch einen Blick auf die Zahlen, ob sie sich stetig entwickeln. Wenn man sie grafisch darstellt, sollte sich eine stetig steigende Linie ergeben. Die Grafik des Gewinns pro Aktie (EPS) von Garmin sieht so aus:

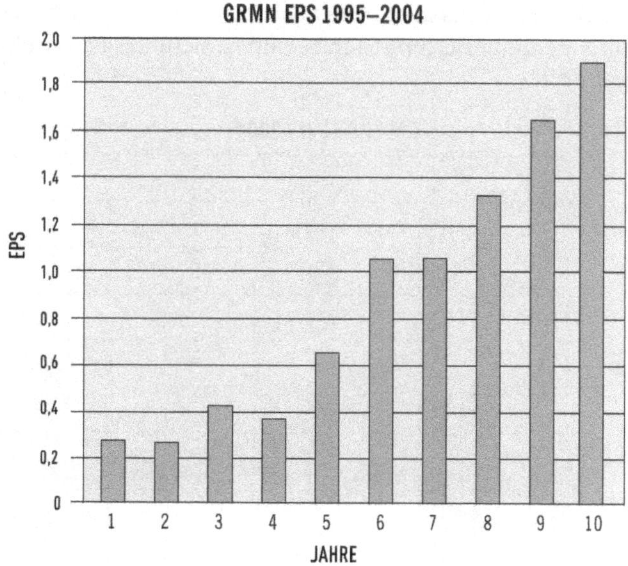

Ziemlich gut. Stetig steigend. Genau das, was wir suchen. Sie brauchen nicht unbedingt ein Diagramm zu erstellen (das habe ich nur zur Veranschaulichung gemacht). Sehen Sie sich einfach nur an, ob die Zahlen von 1995 bis 2004 durchgehend steigen.

General Motors 1995–2004

Jahr	1995	1996	1997	1998	1999	2000	2001	2002	2003	2004
Umsatz*	164	158	166	154	167	184	177	187	186	194
EPS	7,28	6,07	8,70	4,18	8,53	6,68	1,77	3,35	5,03	4,96
Eigenkapital	23	23	17	15	21	30	20	7	25	27
Cash	8	9	7	5	20	12	4	4	-3	5
ROIC					1 %					0 %

*Umsatzzahlen in Milliarden US-Dollar

Kommen wir nun zu den Zahlen von GM. Als Erstes eine Tabelle mit den Zahlen der letzten zehn Jahre, also ab 1995. Auch hier achten wir auf die Stetigkeit der Entwicklung. Auch bei der grafischen Darstellung der Zahlen von GM wünsche ich mir eine stetig steigende Linie. Und so sieht das Balkendiagramm aus:

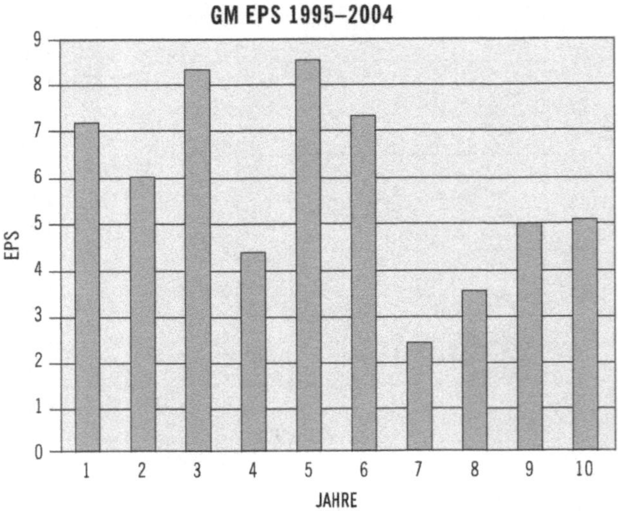

Nicht ganz so hübsch. Das springt die ganze Zeit hin und her. Das ist nicht das, was wir uns erhofft hatten. Wir wollten Vorhersagbarkeit, Berechenbarkeit. Wir wollen ein hohes Maß an Gewissheit darüber, ob es dem Unternehmen in Zukunft gut geht. Wenn es früher hin- und hergesprungen ist, können wir wohl kaum mit Sicherheit davon ausgehen, dass es in Zukunft nicht hin- und herspringt. Das Hin- und Hergehüpfe bedeutet ja, dass die Zahlen nicht das tun, was sich die Unternehmensleitung und die Aktionäre wünschen. Irgendetwas läuft absolut falsch. Es gibt viel zu viele Unternehmen, bei denen regelmäßig alles gut geht. Und jetzt rechnen wir die Wachstumsraten der beiden Unternehmen aus. Dafür gibt es vier Möglichkeiten:

1. *Lernen Sie mit der Excel-Funktion zur Berechnung von Wachstumsraten umzugehen. Wenn Sie das machen wollen, finden Sie alle nötigen Anweisungen auf meiner Website www.ruleoneinvestor.com. Wenn man sich daran gewöhnt hat, geht das ganz leicht, dauert aber relativ lange (aber wenn man es ein- oder zweimal gemacht hat, geht es automatisch).*
2. *Lernen Sie den Umgang mit den Regel-1-Rechnern auf meiner Website. Diese Rechner funktionieren sozusagen auf Knopfdruck, aber man braucht ein bisschen Übung. Gehen Sie einfach auf meine Internetseite und befolgen Sie die Anweisungen.*
3. *Lernen Sie, die Wachstumsrate von Hand oder im Kopf auszurechnen. Wenn man das ein paarmal gemacht hat, geht es wie von allein. Ich zeige Ihnen gleich, wie das geht.*
4. *Holen Sie sich die Wachstumszahlen von einer Internetseite. Das ist der schnellste und der leichteste Weg – aber nicht alle Wachstumsraten, die Sie brauchen, sind online zu finden. Und Seiten, auf denen wirklich schon alle Arbeit erledigt ist, sind etwas teurer.*

Wir müssen uns also entscheiden, ob wir Informationen bezahlen oder kostenlos haben wollen. Wenn wir nichts dafür bezahlen wollen, müssen wir entweder lernen, die Wachstumsraten aus den Rohdaten selbst zu berechnen, oder wir müssen uns mit den Zahlen für fünf Jahre und für ein Jahr zufriedengeben. Wachstumsraten über zehn Jahre werden nirgendwo kostenlos angeboten – jedenfalls noch nicht. Wie eingeschränkt das Angebot kostenloser Websites ist, sehen Sie, wenn Sie auf die Seite von MSN Money gehen, „GRMN" eingeben, auf „Financial Results", dann auf „Key Ratios" und dann auf „Growth Rates" klicken. Wachstumsraten gibt es dort nur für das EPS und für den Umsatz.

Beachten Sie, dass das EPS in den letzten fünf Jahren um durchschnittlich 19,92 Prozent gestiegen ist, im vergangenen Jahr

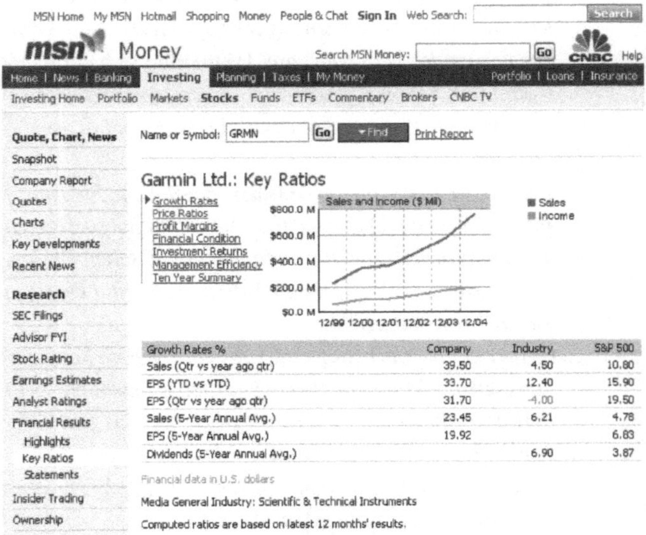

Growth Rates %	Company	Industry	S&P 500
Sales (Qtr vs year ago qtr)	39.50	4.50	10.80
EPS (YTD vs YTD)	33.70	12.40	15.90
EPS (Qtr vs year ago qtr)	31.70	-4.00	19.50
Sales (5-Year Annual Avg.)	23.45	6.21	4.78
EPS (5-Year Annual Avg.)	19.92		6.83
Dividends (5-Year Annual Avg.)		6.90	3.87

aber um 33,7 Prozent. Der Umsatz ist in den vergangenen fünf Jahren um 23,45 Prozent gewachsen, im letzten Jahr jedoch um 39,5 Prozent. Das sind zwei von vier Zahlen und sie decken nur ein beziehungsweise fünf Jahre ab. Es wäre schön, wenn wir auch noch das Wachstum über neun oder zehn Jahre und über drei Jahre hätten, aber auf dieser Seite bekommen wir das nicht. Das Wachstum des Eigenkapitals und des Geldbestands müssen wir genauso selbst berechnen wie die Wachstumsraten von Gewinn und Umsatz für die anderen Betrachtungszeiträume.

Wachstumsberechnung im Kopf

Ich zeige Ihnen jetzt ein paar einfache Berechnungen, die man im Kopf vornehmen kann (ohne die programmierten Rechner auf meiner Website), als Beispiele. Die anderen Berechnungen folgen dem gleichen Schema. Wenn Sie eine bestimmte Wachstumsrate berechnen können, dann können Sie auch alle anderen berechnen. Fangen wir mit dem 6-Jahres-Wachstum von Garmin an, und zwar mit den Zahlen:

Eigenkapital von Garmin 1995–2004

Jahr	1995	1996	1997	1998	1999	2000	2001	2002	2003	2004
Eigenkapital				136	195	365	454	602	750	936

Sie sehen, dass das Kapital von Garmin in sechs Jahren von 136 auf 936 angewachsen ist. Dann fragen Sie sich: Wie oft muss man 136 verdoppeln, damit 936 herauskommt? Dafür runden wir die 136 zunächst auf einen Wert, mit dem sich leichter rechnen lässt, sagen wir 150. Dann verdoppeln wir auf 300 und machen damit weiter, bis wir in die Größenordnung von 936 kommen; dabei zählen wir mit, wie oft wir die 150 verdoppelt haben. Von 150 auf 300 ist es eine Verdopplung; von 300 auf 600 die zweite Verdopplung und die dritte Verdopplung bringt uns auf 1.200 – aber so weit ist das Kapital ja nicht gestiegen, sodass wir nicht ganz dreimal zu verdoppeln brauchen. Und wie viele Jahre waren es nochmal? Waren es sechs? Von 1998 auf 1999 ist es ein Jahr, von 1999 bis 2000 zwei, von 2000 auf 2001 drei, von 2001 auf 2002 vier, von 2002 auf 2003 fünf und von 2003 auf 2004 sind es sechs. Also sechs Jahre.

Wenn sich das Eigenkapital von Garmin in sechs Jahren fast dreimal verdoppelt hat, wie lange hat es dann gebraucht, um sich einmal zu verdoppeln? Wenn es sich in sechs Jahren exakt dreimal verdoppelt hat, ist es ganz einfach – zwei Jahre für die erste Verdopplung, wieder zwei Jahre für die zweite Verdopplung und noch einmal zwei Jahre für die dritte Verdopplung. Also hat das Unternehmen zwei Jahre gebraucht, um sein Eigenkapital zu verdoppeln. Und jetzt kommt der Trick: Wie oft passt 2 in 72? (Dieser nette Trick heißt 72er-Regel und damit hat man solche Berechnungen durchgeführt, als es noch keine Computer gab. Die 72er-Regel ist die übliche Methode der Wachstumsberechnung, wenn man weiß, in wie vielen Jahren sich der Betrag jeweils verdoppelt. Das hat mir mein Lehrer beigebracht und jetzt bringe ich es Ihnen bei.) Die Zwei passt exakt 36-mal in die 72, oder? Da Garmin nicht ganz drei Verdopplungen geschafft hat, können wir das Wachstum ein bisschen niedriger ansetzen, sagen wir also 30 Prozent. Nicht schlecht, oder? Und das ganz ohne Computer.

Die 72er-Regel: Hintergründe

Für mich ist es vollkommen unnötig, die Mathematik zu begreifen, aufgrund derer die 72er-Regel funktioniert. Das wäre für mich ein Blick in die Schlangengrube, denn dafür braucht man angewandte Mathematik und Logarithmen und man muss das Prinzip des Zinseszinses voll durchschauen. Einfach ausgedrückt heißt die 72er-Regel deshalb so, weil sich ein Betrag bei einer Wachstumsrate von zehn Prozent pro Jahr in 7,2 Jahren verdoppelt und weil 7,2 geteilt durch zehn Prozent 72 ergibt. Man kann mit dieser Daumenregel zum Beispiel ausrechnen, nach welcher Zeit sich Ihr Vermögen (oder jeder beliebige andere Zahlenbetrag) bei einem bestimmten Zinssatz (Wachstumsrate) verdoppelt. Wenn Sie beispielsweise wissen wollen, wann sich Ihr Geld bei einer Verzinsung von neun Prozent jährlich verdoppelt, teilen Sie 72 durch neun – das ergibt acht Jahre. Und natürlich kann man damit umgekehrt auch den Zinssatz (die Wachstumsrate ausrechnen): Wenn sich Ihr Geld innerhalb von zwei Jahren verdoppeln muss, damit Sie Ihrer besseren Hälfte die Reise nach Europa bezahlen können, brauchen Sie eine Ertragsrate von 72/2 = 36 Prozent.

Die 72er-Regel bietet zwar nur einen Näherungswert, aber für unsere Regel-1-Berechnung ist sie zuverlässig genug.

Und jetzt zum Baren. Wir wollen wissen, wie der freie Cashflow steigt. Das ist das Geld, das nach allen Investitionen in Ausrüstung, Forschung und Entwicklung und so weiter übrig bleibt. Wir berechnen das Wachstum über sieben Jahre (1997 bis 2004):

Cashflow von Garmin 1997–2004

Jahr	1997	1998	1999	2000	2001	2002	2003	2004
Cash	37	28	16	58	103	149	140	130

Der freie Cashflow von Garmin wächst in sieben Jahren von 37 auf 130. Zur Vereinfachung runden wir 37 auf 40 auf. Nach einer Verdopplung ergibt sich 80 und nach der zweiten Verdopplung 160, also schon mehr als 130. Somit sind es nicht ganz zwei Verdopplungen in sieben Jahren. Garmin hat 3,5 Jahre gebraucht, um den verfügbaren Kapitalfluss zu verdoppeln – oder vielleicht eher vier, weil wir etwas über das Ziel hinausgeschossen sind. Nach der 72er-Regel müssen wir 72 durch vier teilen: 72/4 = 18. Der freie Cashflow von Garmin ist in den letzten sieben Jahren um 18 Prozent pro Jahr gewachsen. Jetzt, da wir wissen, wie das geht, können wir auch das Wachstum von Umsatz und Gewinn pro Aktie über neun Jahre berechnen:

Umsatz von Garmin 1995–2004

Jahr	1995	1996	1997	1998	1999	2000	2001	2002	2003	2004
Umsatz*	102	136	160	169	233	345	369	465	573	763
EPS	0,26	0,26	0,41	0,35	0,64	1,05	1,05	1,32	1,64	1,89

*Umsatzzahlen in Millionen US-Dollar

Der Umsatz ist von 102 auf 763 gestiegen, gerundet von 100 auf 800. Wenn man 100 einmal verdoppelt, erhält man 200, 200 auf 400 ist zweimal und 400 auf 800 ist dreimal verdoppelt. Also haben wir etwa drei Verdopplungen in neun Jahren. Das sind drei Jahre pro Verdopplung. 72er-Regel: 72/3 = 24.

Das durchschnittliche Umsatzwachstum der vergangenen neun Jahre beträgt also 24 Prozent.
Das EPS ist in den neun Jahren von 0,26 auf 1,89 gestiegen. Fangen wir an zu verdoppeln. Von 25 auf 50 macht eins, von 50 auf 100 zwei und von 100 auf 200 drei. Also haben wir auch beim EPS grob drei Verdopplungen. Wie viel Wachstum das ist, wissen wir schon: 72/3 = 24. Umsatz und Gewinn pro Aktie sind in den vergangenen neun Jahren etwa im gleichen Tempo gestiegen, nämlich um 24 Prozent pro Jahr.
Das war jetzt nur ein kleiner Teil der Zahlen von Garmin. Machen Sie diese Berechnungen mit den verschiedenen Zahlen für verschiedene Zeiträume, dann bekommen Sie die nötigen Durchschnittswerte. Wir betrachten vor allem deshalb verschiedene Zeiträume, damit wir eine etwaige Verschlechterung erkennen. Wenn man die Entwicklung des Eigenkapitals von Garmin von 2001 bis 2004 berechnet, ergibt sich ein 3-Jahres-Schnitt von 27 Prozent. Für das vergangene Jahr ergeben sich 25 Prozent. Das Wachstum ist also ein bisschen zurückgegangen, es ist aber immer noch hervorragend und liegt weit über der Mindestanforderung von zehn Prozent, die wir an das Wachstum der großen Fünf stellen. Das ist für uns immens wichtig, denn das Kapitalwachstum ist uns wichtiger als alle anderen Wachstumszahlen. Das kommt daher, dass das Wachstum der unverbindlichen Preisempfehlung – des Unternehmenswertes – letztendlich sehr eng dem Wachstum des Eigenkapitals folgt.

Die Rangfolge der Wachstumsraten

Die vier Wachstumszahlen haben für uns nicht das gleiche Gewicht oder die gleiche Bedeutung. Sie sollten zwar alle über zehn Prozent liegen, aber ich gebe sie hier in absteigender Reihenfolge der Bedeutung an:

1. *Kapitalwachstum*
2. *EPS-Wachstum*

3. Umsatzwachstum
4. Cashflow-Wachstum

Das heißt, wenn es um Wachstumsraten oder die Ableitung anderer Kennzahlen geht – was wir gleich noch tun werden –, sollten Sie sich zuerst mit dem Wachstum von Eigenkapital und Gewinn befassen und erst danach mit Umsatz und Cashflow. Das Wachstum von Kapital und Gewinn sagt sehr viel über die Zukunft eines Unternehmens und über die Berechenbarkeit dieser Zukunft aus – und das ist ein Eckpfeiler von Regel 1.

Bereit für GM? Das geht exakt genauso: Sehen Sie zuerst, welche Wachstumsraten Sie ohne Aufwand online bekommen können, und rechnen Sie den Rest genauso aus, wie wir es gerade mit Garmin gemacht haben. Als Beispiel nehmen wir die 10-Jahres-Zahlen von GM:

Umsatz von General Motors 1995–1997

Jahr	1995	1996	1997	1998	1999	2000	2001	2002	2003	2004
Umsatz*	164	158	166	154	167	184	177	187	186	194

*Umsatzzahlen in Millionen US-Dollar

Der Umsatz hat sich in neun Jahren von 164 auf 194 verändert. Fangen Sie an zu verdoppeln – hoppla! Geht nicht! Nach neun Jahren noch keine Verdopplung. Das gibt in meinem Buch eine Null. Normalerweise wären wir jetzt mit GM schon fertig. Aber Sie wollen ja etwas lernen, also machen wir noch einen Schritt. Versuchen wir es mal mit dem EPS:

EPS von General Motors 1995–2004

Jahr	1995	1996	1997	1998	1999	2000	2001	2002	2003	2004
EPS	7,28	6,07	8,70	4,18	8,53	6,68	1,77	3,35	5,03	4,96

Das EPS ging ungefähr von sieben auf fünf Dollar. Negative Zahlen? Vergessen Sie's. Schreiben Sie hinter das 9-Jahres-EPS eine Null. Das Eigenkapital ist von 23 auf 27 gestiegen. Vergessen Sie's. Der Cashflow ging von acht auf fünf. Wieder eine Null (zu Ihrer Information: Dank cleverer Aktienkäufe sieht der Buchwert pro Aktie von GM gut aus, obwohl das Kapital kaum gewachsen ist). Das heißt, wenn wir die 72er-Regel ganz grob anwenden, ergibt sich für GM 0,0,0,0. Sie können noch bei MSN bei den 5-Jahres- und 1-Jahres-Zahlen für Gewinn und Umsatz nachsehen, ob das Unternehmen überhaupt einen Herzschlag hat, denn laut den 9-Jahres-Zahlen ist der Puls des Unternehmens flach, bei Ankunft verstorben.

Wenn Sie mit aller Gewalt alle Wachstumszahlen von General Motors berechnen wollen, damit Sie wirklich sicher sind, dass es eine schlechte Investition ist, erhalten Sie folgende Ergebnisse:

- *Umsatzwachstum:*
  9 Jahre = -4 %; 5 Jahre = -11 %; 3 Jahre = -8 %.
- *Kapitalwachstum:*
  9 Jahre = 2 %; 5 Jahre = 5 %; 3 Jahre = 11 %.
- *Wachstum des freien Cashflows:*
  9 Jahre = -5 %; 5 Jahre = -24 %; 3 Jahre = 8 %.

Wir brauchen eigentlich wirklich nicht alle Berechnungen zu machen, um zu sehen, ob die Wachstumsraten von GM für uns reichen, denn über zehn Jahre gesehen steigt keine einzige. Wenn man die Zahlen über fünf Jahre, drei Jahre und ein Jahr anschaut, erkennt man vielleicht eine Verbesserung, aber so recht begeisternd sind sie nicht. Die allgemeine Unbeständigkeit von GM reicht uns schon; wir wenden uns ab und suchen woanders weiter. Wir können nicht mit Sicherheit wissen, was mit diesem Unternehmen passiert.

Die Berechnung des ROIC

Jetzt kommen wir zur letzten, aber wichtigsten Zahl, nämlich zu der Kapitalrendite oder ROIC. Wie schon im vorangegangenen Kapital gesagt, ist das ROIC für mich die wichtigste Zahl von allen. Beim ROIC funktioniert die 72er-Regel nicht, aber wir können einfach auf einer Finanz-Internetseite nachsehen und fertig!

Wenn Sie gerne mit Zahlen spielen und alles genau wissen wollen, besuchen Sie meine Website und rechnen Sie die erforderlichen Zahlen mithilfe meiner Online-Rechner schnell und exakt aus. Klicken Sie auf www.ruleoneinvestor.com auf „Rule #1 Calculators". Dort finden Sie eine ganze Reihe von Rechnern:

- *Sales Growth Calculator [Umsatzwachstum]*
- *EPS Growth Rate Calculator [Gewinnwachstum]*
- *Equity (or Book Value per Share) Growth Rate Calculator [Eigenkapital beziehungsweise Buchwert pro Aktie]*
- *Cash Growth Rate Calculator [Cashflow-Wachstum]*
- *ROIC Calculator [Kapitalrendite]*
- *Debt Calculator [Verschuldung]*
- *Sticker & MOS Calculator [unverbindliche Preisempfehlung, Wert pro Aktie]*
- *Return on Investment (ROI) Calculator [Anlagerendite]*

Diese Rechner erledigen die ganze Rechenarbeit für Sie. Sie brauchen dafür nur die Rohdaten, die Sie in den Abschlüssen auf allen möglichen Finanz-Websites finden. Folgen Sie einfach den Anweisungen auf meiner Internetseite.

Im Gegensatz zu den Wachstumsraten brauchen Sie das ROIC nicht regelmäßig zu berechnen, denn diese Zahl wird auf diversen Websites angegeben. Ich weiß allerdings, dass manche

Leser wissen wollen, was hinter dem ROIC steckt. Kurz gesagt sieht es so aus:

$$\frac{\textbf{Nettobetriebsgewinn nach Steuern}}{\textbf{Eigenkapital + Schulden}}$$

Der Nettobetriebsgewinn nach Steuern wird häufig als Geschäftsergebnis nach Steuern bezeichnet und als NOPAT [Net Operating Profit After Tax] abgekürzt. Man bekommt das NOPAT, indem man den Nettobetriebsgewinn nimmt und die Ausgaben für Zinsen und Abschreibungen wieder hinzuzählt. Zum Glück brauchen wir diese Berechnung nicht selbst vorzunehmen. (Wenn Sie wissen wollen, wie man die Zahlen aus einem Unternehmensabschluss zur Berechnung des ROIC für einen bestimmten Zeitraum benutzt, gehen Sie auf www.ruleoneinvestor.com. Dort erkläre ich, wie der ROIC-Rechner funktioniert. In den meisten Fällen ist aber das ROIC auf vielen Websites kostenlos verfügbar.)

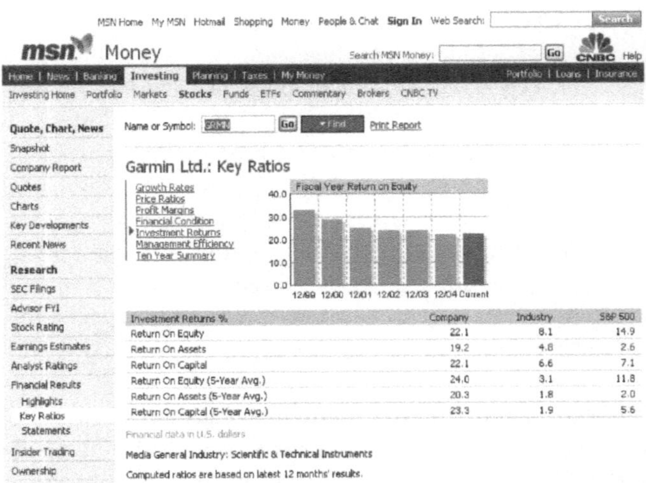

Achten Sie darauf, dass das ROIC mindestens zehn Prozent beträgt und dass es sich im Laufe der Jahre stetig entwickelt – hoffentlich nach oben. Das ROIC von Garmin finden wir bei MSN Money, „Financial Results“, „Key Ratios“, „Investment Returns“ (bei MSN heißt das ROIC „Return on Capital“, ROC). Auf dieser Seite ist das ROIC für fünf Jahre und für ein Jahr angegeben (vgl. Abbildung auf Seite 142).

Das ROC der letzten fünf Jahre beträgt 23 Prozent und im letzten Jahr waren es 22 Prozent. Wenn Sie unter GM nachsehen, finden Sie ein Prozent beziehungsweise null Prozent. Die Aktionäre von GM würden mehr Geld verdienen, wenn sie ihr Geld in einmonatigen Schatzwechseln zu einem Prozent pro Jahr anlegen würden.

Der Unterschied zwischen einem Unternehmen wie Garmin und einem Unternehmen wie GM ist also kaum zu übersehen.

Die großen Fünf im Überblick

Trommelwirbel! Hier kommt nun der zusammenfassende Überblick, der sich aus der Berechnung der Zahlen für Garmin und General Motors ergibt. Wenn es nicht vorher schon klar gewesen wäre – spätestens jetzt springen einem die positiven und negativen Aspekte fast schon schmerzhaft ins Auge:

Garmin

EPS				Umsatz				Eigenkapital			Cash			ROIC	
9	**5**	**3**	**1**	**9**	**5**	**3**	**1**	**6**	**3**	**1**	**7**	**4**	**1**	**5**	**1**
27 %	26 %	27 %	27 %	24 %	26 %	28 %	25 %	38 %	27 %	25 %	20 %	22 %	**-7 %**	23 %	22 %

GM

EPS				Umsatz				Eigenkapital				Cash				ROIC	
9	**5**	**3**	**1**	**9**	**5**	**3**	**1**	**9**	**5**	**3**	**1**	**9**	**5**	**3**	**1**	**5**	**1**
-4 %	**-10 %**	28 %	**-1 %**	**-4 %**	**-11 %**	**-8 %**	**-8 %**	2 %	5 %	11 %	8 %	**-5%**	**-24 %**	8 %	500 %	1 %	0 %

Die großen Fünf von General Motors sehen schlimm aus. Irgendetwas läuft in Detroit total schief. Wenn dieses Unternehmen einen Burggraben hat, dann ist er aus den Zahlen jedenfalls nicht abzulesen. In den letzten drei Jahren ist zwar eine Besserung zu erkennen, aber drei Jahre gleich bleibende Zahlen machen noch keinen Burggraben. Der Graben ist ein Langzeitschutz. Wenn die Zahlen eines Unternehmens nicht langfristig und kurzfristig gut sind, ist es zu unbeständig, als dass man seine Zukunft voraussagen könnte. Dann passen wir und widmen unsere Zeit lieber Dingen, auf die wir uns verlassen können. GM kommt für einen Regel-1-Investor derzeit auf keinen Fall in Frage.

Bei Garmin bieten die großen Fünf ein solides Bild (ja, stimmt schon, der Cashflow ist im letzten Jahr ein bisschen abgerutscht, aber ein mittelmäßiges Jahr macht die Stärke der anderen großen Fünf noch nicht zunichte – vor allem nicht die langfristigen Werte. Außerdem ist der Cashflow die unwichtigste der fünf Zahlen). Die Zahlen von Garmin verraten uns, dass das Unternehmen von einem schützenden Graben umgeben ist. Erstens hat Garmin bei den Verbrauchern einen guten Markengraben aufgebaut und zweitens dürfte es auch noch ein paar Betriebsgeheimnisse in petto haben. Angenommen, wir würden die Branche verstehen und wären auf dieses Unternehmen stolz, dann kommt Garmin in die nächste Stufe der Analyse.

Wie viel sagt früheres Wachstum über die Zukunft aus?

Bevor wir weitermachen noch eines: Dass die großen Fünf in der Vergangenheit gut waren, heißt noch nicht unbedingt, dass sie auch in Zukunft gut sind. Bei fast allen Unternehmen geht die Phase guter Zahlen irgendwann zu Ende. Vielleicht fehlen die Menschen, denen es seine Waren oder Dienstleistungen verkaufen kann, vielleicht durchquert ein Konkurrent den

Graben und greift die Burg an. Vielleicht hat sich die gesamte Branche überlebt. Vergangene Wachstumsraten reichen für eine Zukunftsprognose nicht aus. Aus diesem Grund verlassen sich Regel-1-Investoren bei Voraussagen nicht ausschließlich auf früheres Wachstum.

Erinnern Sie sich an das erste M: Meaning (Bedeutung). Wenn das Unternehmen keine Bedeutung für Sie hat (also wenn Sie es nicht verstehen), dann sagen Ihnen auch die großen Fünf nichts. Sie können Ihr Geld nicht in irgendwas investieren, das Sie nicht durchschauen und das Ihnen nicht irgendwie etwas sagt, klar? Es bietet zwar schon einen gewissen Schutz, dass wir ein Unternehmen verstehen, aber zusätzlich müssen wir es noch ein paar kritischen Überprüfungen unterziehen, damit wir Regel 1 selbst dann nicht verletzen, wenn wir mit der Investition einen großen Fehler machen.

Stetiges Wachstum und ein solides ROIC machen das Unternehmen zu einem denkbaren Kandidaten für uns. Dank der historischen Kontinuität können wir auf eine beständige Zukunft hoffen, wenn wir erwarten, dass das Unternehmen so weitermacht wie bisher. Wir können uns weiter über Garmin informieren, weil es eine stabile Vergangenheit hat. Bei GM ist die Vergangenheit konsequent schlecht. Die Hoffnung, dass GM etwas ändert und sich zu einem vollkommen anderen Unternehmen wandelt, verlangt zu viel Glauben an GMs Behauptungen, es sehe eine glänzende Zukunft vor sich liegen.

In meiner Anfangszeit in den 1980er-Jahren habe ich eine Lektion darüber gelernt, wie wichtig Zahlen sind, die den Burggraben untermauern. Die Identifizierung eines Grabens kann subjektiv ablaufen und das bedeutet, dass unerfahrene Anleger, wie ich damals einer war, einer tollen Geschichte auf den Leim gehen können, die einen Wassergraben um das Unternehmen vorspiegelt, obwohl es gar keinen gibt. Ich ließ mich von der Geschichte über einen großartigen geheimen Graben fangen, der ein bestimmtes Unternehmen (das ungenannt bleiben soll) angeblich umgab. Die Technologie des Unternehmens war ein Betriebsgeheimnis und ging weit über mein Begriffsvermögen hinaus, aber die Geschichte klang wirklich verlockend und überzeugend. Das Unternehmen hatte angeblich ein erfahrenes Management und fantastische Wissenschaftler, und was das Beste war: Es sollte die Welt bedeutend verändern. Sagen wir einfach, ich ließ mich vollkommen von dem Wind einlullen, der um das Unternehmen gemacht wurde.

Die Lektion, die ich gelernt habe: Lass dich nicht von Stories einlullen! Gute Absichten und Aufsehen erregende Einzelheiten machen noch lange kein gutes Regel-1-Investment, denn eine gute Geschichte bietet keinerlei Sicherheit. Man muss sehen, was dahinter steckt, man muss die Zahlen sehen. Nur wenn die großen Fünf langfristig herausragend sind, bietet das die Gewissheit, dass man kein Geld verliert. Märchen stehen in jedem Jahresbericht, aber das reicht nicht.

Das Unternehmen, von dem ich mich hatte fangen lassen, bekam Probleme mit seiner Technologie, dann Probleme mit der Vermarktung und dann auch noch Probleme mit dem Management – und all das schlug sich in den Zahlen nieder. Aber am Ende hat mich die Regel doch noch gerettet. Die Investition war trotz der schlechten großen Fünf in Ordnung, weil ich es mit einem extrem dicken Sicherheitspolster gekauft hatte – mehr dazu später. Vorläufig geht es nur darum, dass man den Graben erkennen muss und sicher sein muss, dass die großen Fünf die Geschichte belegen.

Und nun zu den Veranstaltern der Show

Wenn wir an diesem Punkt angelangt sind, ist der CEO oder Vorstandsvorsitzende der entscheidende Faktor, anhand dessen wir bestimmen, ob wir das Unternehmen wirklich haben wollen. Der CEO bestimmt über den Schwerpunkt des Unternehmens, darüber, ob die Mitarbeiter glücklich sind, und letztlich über den Anlageertrag, den wir bekommen, wenn wir die Aktien des Unternehmens kaufen. Die richtigen CEOs für uns sind diejenigen, die sich an das halten, was sie können, und die das Bewährte fortsetzen. Meaning (Bedeutung) und Moat (Graben) haben wir weitgehend abgehandelt und im nächsten Kapitel geht es um die Suche nach Herrn oder Frau Richtig, also um das dritte M: Management.

Kapitel 7 – Auf den Jockey setzen

„Nimm keinen Mann in Dienst, der für Geld arbeitet, sondern einen Mann, der es aus Liebe zur Arbeit tut."

– Henry David Thoreau (1817–1862)

Rufen Sie sich noch einmal ins Gedächtnis, was wir tun: Wir betrachten Aktien als Unternehmen. Wir suchen wunderbare Unternehmen und wir wollen sie unbedingt zu einem günstigen Preis kaufen. Ein breiter Burggraben ist ein entscheidender Aspekt von wunderbaren Unternehmen, denn solche Unternehmen können sich von allerlei Katastrophen wieder erholen – sogar, wenn sie durch Fehlentscheidungen der Unternehmensleitung hervorgerufen werden. Es wäre trotzdem gut zu wissen, dass die Menschen, die das Unternehmen managen, genau wissen, was sie tun, und deshalb zu Recht die Führung in der Hand haben – und dass sie den Spitzenjob nicht nur aus politischen Gründen bekommen haben. Das bringt uns zu dem dritten M: Management.
Wenn es um die Führung des Staates geht, müssen wir uns mit Politmenschen abfinden, aber nicht wenn es um die Leitung unseres Unternehmens geht. Wir können auf Menschen bestehen, die wir respektieren, denen wir vertrauen, die wir bewundern und die wir aus anderen Gründen gern in unserem Familienunternehmen haben möchten. Die traurige Wahrheit ist, dass man sich nur allzu leicht von Politikern und sonstigen Gaunern täuschen lässt, die sich als ehrliche, fleißige Geschäftsleute ausgeben. Aber wenn Sie die Tipps in diesem Kapitel beherzigen, stehen die Chancen gut, dass Sie die selbstsüchtigen, unmoralischen Wortverdreher entlarven, die die Chefetagen allzu vieler Unternehmen bevölkern.

Wir suchen nach einer Führungspersönlichkeit, nach jemandem, der unser Unternehmen zu den Sternen führt, nach jemandem, der das Unternehmen lebt und atmet. Jemand mit einem großen, kühnen Ziel – einem „Big Audacious Goal“ (siehe unten) – das er mit diesem Unternehmen erreichen will. Wenn wir eine solche Persönlichkeit finden, die einem ehrlich sagt, was vor sich geht, können wir uns beruhigt zurücklehnen und zusehen, wie Wunder geschehen. Wenn wir dagegen den Falschen erwischen, könnten wir leicht „enronnisiert“ oder „verworldcomt“ werden. Und jetzt die gute Nachricht: Die nötigen Hinweise sind leicht zu finden – und wenn wir nicht ganz sicher sein können, investieren wir eben nicht. Wie immer.

Das geschickte Spiel der Wagniskapitalgeber

Wagniskapitalgeber investieren in Unternehmen, bevor diese ihre Aktien der Öffentlichkeit anbieten. Ich hatte irgendwann einmal 20 Millionen in Wagniskapitalgeschäften investiert. Dann machte ich wieder weniger Venture-Capital-Geschäfte (VC-Geschäfte), weil das viel Arbeit ist und weil es riskant ist. Ich will nicht so viel arbeiten und Sie wissen ja, dass ich das Risiko nicht besonders mag. Regel-1-Investing ist viel einfacher und viel gefahrloser als VC-Investing. Wagniskapitalinvestitionen funktionieren im Prinzip so, dass man ein potenziell geniales Unternehmen findet, es zu einem günstigen Preis kauft und dann bis in alle Ewigkeit behält (also mindestens, bis man es im Zuge eines Börsengangs verkaufen kann). Kommt Ihnen das irgendwie bekannt vor? Wie Sie sehen, gelten die Grundregeln, die Ben Graham vor 70 Jahren gelehrt hat, für alle Arten der Anlage, auch für Wagniskapital.

Ich erwähne das hier nicht etwa, damit Sie lernen, wie man ein guter Wagniskapitalanleger wird. Ich will Ihnen vielmehr den allerwichtigsten Aspekt der Investition von Wagniskapital erklären: Immer auf den Jockey setzen!

Wagniskapital wird zu einem derart frühen Zeitpunkt investiert, dass man noch überhaupt nicht sicher sein kann, dass alles klappt. Man kann nicht anhand der großen Fünf erkennen, ob das Unternehmen beständig ist, denn es gibt noch keine großen Fünf. Das Unternehmen verkauft noch nichts. Manchmal ist das Unternehmen sogar so neu, dass es noch nicht einmal eine Branche gibt, in der man sich auskennen könnte. Da jegliche Vorgeschichte fehlt, setzten meine VC-Partner mindestens genauso sehr auf das Management wie auf den Geschäftsplan. Wir drückten uns manchmal so aus, dass sie mindestens so sehr auf den Jockey wie auf das Pferd setzten. Das muss man als Unternehmenskäufer unbedingt lernen, denn bei jedem Unternehmen, das man kaufen kann, hängt es von dem CEO – dem Mann oder der Frau, der oder die das Unternehmen führt – ab, ob Sie jetzt belogen werden und ob Sie auch in Zukunft belogen werden. Zu wissen, dass man die Wahrheit über den Zustand des Unternehmens erfährt, ist auf lange Sicht fast genauso wichtig wie das Unternehmen an sich.

Wenn ich ein bestimmtes Unternehmen haben will, liegt das unter anderem daran, dass mir die Menschen gefallen, die es leiten, und dass ich ihnen vertraue. Im Frühstadium eines Unternehmens ist das derart wichtig, dass die meisten Wagniskapitalgeber diesen Punkt auf ihrer Prioritätenliste der notwendigen Eigenschaften eines Unternehmens ganz oben stehen haben – ein CEO, dem sie vertrauen und mit dem sie zusammen arbeiten wollen. Wenn ein Unternehmen noch keinen tollen CEO hat (viele Technologie-Neugründungen werden von einem technischen Wunderkind geleitet, das keine Erfahrungen mit der Führung eines 50-Millionen-Unternehmens hat), finanzieren die Wagniskapitalgeber das Unternehmen so lange, bis ein guter CEO für das Führungsteam gefunden ist. Selbst wenn ein Unternehmen die genialste Technologie besitzt, die man sich denken kann, setzen die Wagniskapitalgeber nur dann auf die Firma, wenn sie der Person trauen, die sie zum Erfolg führen soll.

Wen wollen wir?

Auf einen guten Jockey, einen großartigen CEO, verwette ich mein Geld gern. Es gibt kein besseres Mittel für einen ruhigen Nachtschlaf als das Wissen, dass ein ehrlicher Mensch mit Motivation, der die Interessen der Besitzer (der Aktionäre) vertritt, darüber nachdenkt, wie er mein Geld vermehren kann.
Dieser Meinung ist auch der Autor und Unternehmensforscher Jim Collins. In seinem Buch „Der Weg zu den Besten" behauptet er, dass fast alle CEOs, die ihre Unternehmen zu wahrer Größe führen (natürlich zum Nutzen der Aktionäre) sogenannte „Level Five"-Führungspersönlichkeiten sind. Collins erklärt dazu, dass ein „Level Five"-Führer die Bedürfnisse seines Egos von seiner eigenen Person weg auf das größere Ziel umleitet und kanalisiert, um ein großartiges Unternehmen aufzubauen. Ein ausgewachsener „Level Five"-Führer „schafft aufgrund einer paradoxen Mischung aus persönlicher Demut und professioneller Willenskraft dauerhafte Größe". Die zwei wichtigsten Eigenschaften eines „Level Five"-Führers lassen sich meiner Meinung nach so zusammenfassen:

1. *inhaberorientiert*
2. *motiviert*

Ein inhaberfreundlicher CEO

Was bedeutet denn „inhaberorientiert" oder „inhaberfreundlich" eigentlich und woher wissen wir, ob ein bestimmter CEO diesem Kriterium genügt? Ein inhaberfreundlicher CEO ist ein CEO, dessen persönliche Interessen mit den Interessen der Aktionäre – der Inhaber – zusammenfallen.
Bill Gates und Steven Ballmer von Microsoft sehen sich als aktionärsfreundlich und leiten das Unternehmen entsprechend. Hier ein Auszug aus ihrm Brief an die Aktionäre aus dem Jahr 2002:
„Der überwiegende Teil unserer beider Privatvermögen ist in Aktien des Unternehmens investiert. Wir haben seit dem

Börsengang von Microsoft im Jahr 1986 noch nie Aktienbezugsrechte angenommen und werden das auch nie tun. Wir hoffen, das stärkt die Gewissheit, dass unsere persönlichen Interessen mit den langfristigen Interessen aller Aktionäre übereinstimmen."

Bill Gates und Steven Ballmer sagen hier etwas ganz Wichtiges über den Unterschied zwischen Aktionärsinteressen und Spekulantentum. Wenn die Topmanager Aktienbezugsrechte bekommen, werden sie im Endeffekt zu Spekulanten, die auch von kurzfristigen Kursanstiegen profitieren, denn sie können in solchen Momenten ihre Bezugsrechte ausüben. Diese Tatsache führt dazu, dass viele Manager Entscheidungen treffen, die langfristig gesehen schlecht sind, die aber kurzfristig dem Aktienkurs zugute kommen. Damit, dass Gates und Ballmer keine Bezugsrechte annehmen, sagen sie im Grunde, dass sie als Spitzenmanager des Unternehmens (und natürlich dank ihrer Aktien als Inhaber) das Unternehmen im Interesse von langfristigen Inhabern wie ihnen selbst führen wollen. Diese Haltung passt sehr gut zu Regel 1 (und liegt wahrscheinlich der Freundschaft zwischen Gates und Buffett zugrunde).

➥ Die Vorstellung, dass Sie als Investor den Vorstandsvorsitzenden heiraten, ist gar kein so schlechter Vergleich. Heiraten Sie niemanden, es sei denn, Sie wissen, wie er Ihr Geld ausgibt, und Sie stimmen dem zu.

Warren Buffett drückt sich noch deutlicher aus, wenn er erklärt, wie ein inhaberorientierter CEO sein Unternehmen führen sollte. Im Jahr 2004 schrieb er im Brief an die Aktionäre: „Meine Botschaft an [die CEOs] ist ganz einfach: Leitet euer Unternehmen so, als wäre es der einzige Besitz, den eure Familie in den nächsten 100 Jahren hat."

Schöne Worte kosten nichts, aber ob ein CEO auch wirklich tut, was er sagt, merken wir daran, ob er uns als Inhabern die Informationen über das Unternehmen gibt, die wir brauchen.

Sag mir, was ich wissen muss

Manchen CEOs fällt es schwer, uns als Besitzern die nötigen Informationen zu geben, denn sie befürchten, sie könnten schlecht dastehen oder sie könnten die Probleme noch verschlimmern, wenn sie sie an die Öffentlichkeit bringen. Aus diesem Grund bekommen wir als Aktionäre am Jahresende immer diese netten Briefchen, in denen nie Probleme erwähnt werden – aber eines Morgens wachen wir auf und stellen fest, dass es in Wirklichkeit große Probleme gibt, die schon seit langer Zeit wachsen.

Kann man denn je wirklich wissen, ob die Unternehmensleitung ehrlich ist und einem alles sagt, was man wissen muss? Gegenfrage: Kann man denn je wirklich wissen, ob einen der Ehepartner betrügt? Einige von uns hätten diese Frage bejaht, mussten aber später feststellen, dass sie sich geirrt hatten. Man muss letztendlich zu dem Schluss kommen, dass ein CEO durchaus unser Vertrauen missbrauchen und wichtige Informationen verheimlichen kann, wenn er das will. Am besten suchen wir uns einen CEO, der sich allem Anschein nach so verhält, als wäre das Unternehmen der einzige Besitz, den seine Familie in den nächsten 100 Jahren hat.

Ich habe ein gutes Beispiel für einen CEO, der das ausspricht. Hier ein Auszug aus dem Brief an die Aktionäre, den John Mackey, der CEO von Whole Foods, im Jahr 2002 geschrieben hat:

> ***Frage: „Was sind die größten Herausforderungen im Jahr 2003?“***
>
> ***Antwort:*** „Die größte Herausforderung, vor der Whole Foods im Jahr 2003 steht, ist die weitere Verbesserung des Betriebsablaufs. Wir rechnen nicht damit, dass wir die hervorragenden Stammkundschaft halten können, die wir in diesem Jahr hatten. Die Harry's-Geschäfte werden sich negativ auswirken, wenn sie ab Jahresbeginn zu unseren Kundenzahlen gerechnet werden, und wir

haben es mit harten Konkurrenten zu tun. Wir hoffen aber, dass im Zuge der anziehenden Konjunktur mehr Transaktionen stattfinden und dass der durchschnittliche Einkaufskorb weiter wächst. Wenn wir unseren Marktanteil weiter vergrößern wollen, müssen wir weiterhin schneller lernen und uns schneller verbessern als die Konkurrenz.

Unsere zweitgrößte Herausforderung ist die Erhöhung der Anzahl in Bau befindlicher Geschäfte. Wir hatten uns offiziell das Ziel gesetzt, die Anzahl unserer Geschäfte durch Kauf und Neubau jährlich um 15 bis 20 zu erhöhen. Wir haben dieses Ziel nicht immer erreicht und der Hauptgrund dafür ist, dass wir nicht genügend Bauprojekte in Angriff genommen haben. Wir gehen im Immobilienbereich sehr streng und systematisch vor und wir wollen unsere hohen Anforderungen nicht der Erreichung eines willkürlich gesetzten Wachstumsziels opfern. Für unsere Aktionäre ist es trotzdem wichtig, dass wir den Umsatz sowohl durch Umsatzsteigerung in bereits bestehenden Geschäften als auch durch zusätliche Verkaufsflächen steigern. Deshalb müssen wir mehr neue Geschäfte bauen und gleichzeitig unsere strengen Anforderungen aufrecht erhalten. Aus diesem Grund haben wir das Immobilien-Team personell verstärkt und wenden mehr Mittel für den Bau neuer Geschäfte auf.

Unsere dritte Herausforderung ist die Integration der Harry's-Geschäfte in das Unternehmen. Im Jahr 2003 müssen wir den Umsatzverlust in den Harry's-Märkten umkehren. Die Umgestaltung der Geschäfte und die weitere Integration unserer Unternehmenskultur sollen das Einkaufserlebnis verbessern und wir hoffen noch vor Ende des zweiten Jahres nach der Übernahme auf eine positive Kundenentwicklung. Eines der faszinierendsten Dinge an Whole Foods sind die vielen Verbesserungsmöglichkeiten, die es trotz unseres Erfolges noch gibt."

Beachten Sie, dass Mackey Wert auf die Frage legt, die ich immer beantwortet haben will: Welche Schlaglöcher liegen im nächsten Jahr auf unserem Weg? Und er beantwortet sie: Er rechnet nicht damit, dass er die zehn Prozent Stammkunden halten kann, er hat Probleme mit der Integration von Harry's (einer Ladenkette, die Whole Foods übernommen hat), er hofft, dass ihm die Konjunktur zu Hilfe kommt und er muss mehr Geschäfte bauen, ohne dabei den Qualitätsstandard zu verletzen, der Leute wie mich glücklich macht. Und dann noch ein Auszug aus Warren Buffetts Brief an die Aktionäre aus dem Jahr 2004. Buffetts Briefe an die Aktionäre sind seit 20 Jahren immer in diesem Ton gehalten:

> „Die Steigerung des Buchwerts von Berkshire blieb im letzten Jahr mit 10,5 Prozent hinter den 10,9 Prozent Ertrag zurück, den die Indizes brachten. Diese schlappe Performance beruht nicht darauf, dass die CEOs unserer Unternehmen Fehler gemacht hätten: Wie immer haben sie mehr als ihren Teil der Last geschultert. Meine Botschaft an sie ist einfach: Leitet euer Unternehmen so, als wäre es der einzige Besitz, den eure Familien in den nächsten 100 Jahren haben. Das tun sie auch fast ausnahmslos und wenn sie ihre eigenen Unternehmen versorgt haben, schicken sie das überschüssige Geld nach Omaha, damit ich es verwerten kann.
>
> Diese Aufgabe habe ich im vergangenen Jahr nicht sehr gut gemacht. Ich hatte gehofft, ich könnte mit mehreren Milliarden-Übernahmen unsere bisherigen Einnahmenströme um weitere große Ströme ergänzen. Aber ich habe daneben gegriffen. Außerdem habe ich nur sehr wenige interessante Wertpapiere gefunden, die ich hätte kaufen können. Deshalb schließt Berkshire das Jahr mit einem Bestand an Bargeldäquivalenten von 43 Milliarden Dollar ab, also nicht gerade glänzend. Charlie und ich werden uns bemühen, einen Teil dieses Vorrats

im Jahr 2005 in interessantere Papiere umzuschichten, aber wir können keinen Erfolg versprechen."

Er sagt deutlich, was im letzten Jahr nicht geklappt hat, wessen Fehler das war und was er im nächsten Jahr zu tun gedenkt. Das ist der richtige Jockey für mich.

Motivation

Die zweite Eigenschaft eines großartigen CEOs ist sein Bestreben, die Welt im Kleinen zu ändern, aber natürlich darf es gern auch im Großen sein. Ich bezeichne das, was der CEO möchte, als BAG - Big Audacious Goal („großes, kühnes Ziel"). Diese Abkürzung stammt ursprünglich von Collins, der genau genommen von BHAG sprach - Big Hairy Audacious Goal [„großes, ‚haariges', kühnes Ziel"). CEOs, die ein BAG haben, motivieren sich damit derart, dass sie es selbst dann kaum erwarten können, jeden Tag zur Arbeit zu gehen, wenn sie wie Buffett, Gates und Mackey sowieso schon steinreich sind. Das BAG sagt außerdem allen Mitgliedern der Organisation, auf was sie sich jeden Tag konzentrieren müssen. Es wird zur Vision des Unternehmens oder jedenfalls hofft der CEO das. Wenn das BAG gut ist, kann es ein Unternehmen über Jahre hinweg antreiben. Das BAG braucht nicht so weltverändernd wie John Mackeys Wunsch zu sein - „gesundes Essen, gesunde Menschen, eine gesunde Welt". Für Warren Buffett scheint durchaus die Motivation zu genügen, die ihm der kühne Drang verleiht, den Ertrag von Berkshire Hathwaway über 20 Prozent zu halten.

Das BAG des Kimberly-Clark-Chefs Darwin Smith ist ein großartiges Beispiel dafür, wie ein kämpferischer Jockey ein ungeheuer schwieriges Pferd reiten und das Rennen gewinnen kann. Der Lohn war immens. Als Smith im Jahr 1971 bei Kimberly-Clark in Neenah, Wisconsin, die Führung übernahm, war das Unternehmen schon fast 100 Jahre alt. Er wollte die Firma zu dem weltbesten Hersteller von Papierprodukten machen (Toilettenpapier, Taschentücher, Windeln, Papierhandtücher - praktische Dinge, mit denen wir täglich in öffentlichen Toiletten, auf der Arbeit, im Hotel und zu Hause zu tun haben ... ach ja, die machen auch Kleenex). Die einzige Hürde, die ihn aufhalten konnte, war Procter & Gamble, ein Unternehmen, das ebenfalls Konsumartikel herstellt. Smith brauchte eine Weile, aber in seiner 20-jährigen Amtszeit als CEO hat er Kimberly-Clark dazu angestachelt, den Gipfel zu erklimmen, und er hat den Eigentümern der Gesellschaft - den Aktionären - Millionen verschafft.

Als Steve Jobs Apple Computer gründete, bestand sein BAG darin, mit Erfindungen, die die Menschen ohne Anleitung benutzen konnten, gegen das böse IBM-Imperium zu kämpfen. Er hatte sich mit Apple das BAG gesetzt, dass die Verbraucher die Produkte „cool" finden sollten. Aus seiner Vision von „cool" entsprangen der Apple, Lisa, der Macintosh, NeXT, der iPod und - bei Pixar - Filme wie „Toy Story", „Findet Nemo" und „Die Unglaublichen". Dieser Mann ist mehrere Milliarden schwer, aber er geht immer noch jeden Tag zur Arbeit, weil ihn sein BAG treibt. Als Investoren müssen wir diese wahrhaft klugen, reichen Menschen lieben, die sich ein Bein ausreißen und uns dadurch nebenher reich machen.

Finden Sie das BAG

Und wie finden wir heraus, ob der CEO ein BAG hat, das ihn treibt? Sagen wir mal so: Wenn einem der CEO nicht ins Gesicht sagen kann, was sein BAG ist, dann hat er oder sie wahrscheinlich keins. Dann hat er vielleicht nur einen Marschbefehl. Viele Unternehmen haben Parolen, die nach einem großen Ziel klingen. Aber bei einem BAG geht es nicht um eine Parole. Es geht darum, was den CEO wirklich antreibt. Wenn der CEO keinen Antrieb hat, ist die Parole eines Unternehmens vielleicht nur heiße Luft. (Weiter unten erfahren Sie, dass Sie das durch einen Vergleich der Zahlen eines Unternehmens - seiner Wachstumsraten und seines ROIC -

mit dem herausfinden können, was der CEO in seinem Brief an die Aktionäre schreibt. Am Ende dieses Kapitels zeige ich Ihnen ein paar besonders krasse Beispiele für heiße Luft.)

Wie erfahren wir, ob der CEO eine echte Motivation hat? Gehen Sie online und googeln Sie den Namen des CEO. *Fast Company*, *Business Week*, *Forbes*, *Fortune* und das *Wall Street Journal* haben Reporter damit beauftragt, Stories über CEOs auszugraben. Diese Reporter sind nur dafür da herauszufinden, wer diese Firmenhäuptlinge sind und wie sie ihre Geschäfte führen. Und das Schöne daran ist, dass man diese ganzen Stories per Mausklick bekommt. Denken Sie einmal! Ihnen steht ein Elite-Spähtrupp zur Verfügung, der schon alle Informationen über den CEO zusammengetragen hat, die Sie brauchen, um zu entscheiden, ob er oder sie die Art von Mensch ist, bei dem Sie investieren wollen.

Viele wenn nicht gar die meisten Artikel sind zwar nur Lobhudeleien, aber wenn sie gut recherchiert sind, kann man trotzdem viele Schlüsse daraus ziehen. Jim Collins achtete bei seinen Recherchen für „Der Weg zu den Besten“ beispielsweise in Artikeln über CEOs auf das Vorkommen von Begriffen wie „bescheiden“ und „sich sehr zurücknehmen“. Er fand heraus, dass sehr gute CEOs meistens ihren eigenen Beitrag herunterspielten und dafür anderen Lob und Preis zuteil werden ließen. Den Unterschied zwischen einem CEO, dem es nur um sich selbst geht, und einem CEO, dem es um das BAG geht, kann man häufig sogar aus schmeichlerischen Artikeln herauslesen.

Wenn Sie die Presseartikel gelesen haben, lesen Sie die Briefe an die Aktionäre, die Sie auf der Websites der Unternehmen finden. Wie gesagt, wir suchen nach einem CEO, der einem sagt, was man wissen muss. Normalerweise kommt in den Briefen auch das BAG vor. Nachdem Sie die Artikel und die Briefe gelesen haben, müssen Sie entscheiden, ob es nur Lippenbekenntnisse sind oder ob die CEOs zu ihrem Wort stehen. Wenn Sie stolz wären, Besitzer des Unternehmens zu sein, wenn Sie das

Unternehmen verstehen und wenn die großen Fünf auf einen zuverlässigen Graben schließen lassen, dürften Sie durchaus in der Lage sein zu entscheiden, ob der CEO „Level Five" ist oder nicht.
Aber ich habe noch mehr hilfreiche Tricks für Sie, die erstens den Insiderhandel und zweitens das Gehalt des CEOs betreffen.

Lassen Sie das Grobe von einer Suchmaschine wie Google erledigen, lassen Sie sich Artikel über Ihren Jockey heraussuchen. Lesen Sie sie und finden Sie alles heraus, was Sie je über einen Vorstandsvorsitzenden wissen wollten. Sie können es auch auf folgenden Websites versuchen:

- *www.forbes.com*
- *www.businessweek.com*
- *www.fortune.com*
- *www.fastcompany.com*
- *www.wsj.com*

Insiderhandel

Erinnern Sie sich: Wenn der CEO „Level Five" ist, sollte er mit seinem Unternehmen so umgehen, als wäre es der einzige Besitz, den seine Familie in den nächsten 100 Jahren hat. Hier nun eine Frage: Wenn es für 100 Jahre der einzige Besitz ist, warum sollte er dann einen Teil davon verkaufen, wenn er nicht unbedingt muss? Wenn ein CEO (oder jeder andere Unternehmensangehörige, der Zugang zu nichtöffentlichen Informationen über das Unternehmen hat) Aktien seines eigenen Unternehmens kauft oder verkauft, bezeichnet man das als „Insiderhandel". Informationen darüber findet man auf Finanz-Internetseiten, bei MSN zum Beispiel unter „Research". Insiderhandel ist legal, wenn der CEO innerhalb von 48 Stunden die Börsenaufsicht davon in Kenntnis setzt. Der Insiderhandel ist einer der besten Hinweise darauf, dass etwas Gutes oder

Schlechtes bevorsteht, denn der CEO weiß manchmal schon Monate im voraus, was passiert; und wenn er nicht langfristig engagiert ist, kann es sein, dass er seine Verluste begrenzen will und deshalb Aktien verkauft. Und wenn dem Unternehmen demnächst etwas besonders Gutes widerfährt, kauft ein solcher CEO Aktien, damit er hinterher große Erträge einstreichen kann.

Ein Extrembeispiel in Sachen Insiderhandel von CEOs ist Warren Buffett. Meines Wissens hat Buffett in seinen 40 Jahren als Investor keine einzige Aktie von Berkshire Hathaway verkauft. Andere CEOs hängen weniger an ihrem Unternehmen. Kurz bevor Enron von 60 Dollar auf null einbrach, verkauften der Aufsichtsratsvorsitzende, der CEO und der CFO ihre Anteile an Enron – und ihren Angestellten sagten sie gleichzeitig, sie sollten noch mehr Enron-Aktien kaufen.

Seine Aktien von anderen Unternehmen verkauft Buffett durchaus, und wenn er das tut, sollte man besser ebenfalls die Flucht ergfreifen.

Wenn Topmanager Aktien verkaufen, ist das nicht immer ein Warnsignal. Bill Gates verkauft Microsoft-Aktien für wohltätige Zwecke und andere Investitionen. John Mackey von Whole Foods macht das auch. Aber wenn man nachsieht, wie viele Aktien sie insgesamt besitzen, erkennt man, dass der größte Teil ihres Vermögens genauso wie bei Buffett in das eigene Unternehmen investiert ist.

Es gibt keine perfekte Möglichkeit einzuschätzen, wann die Insiderverkäufe zu viel werden. Das muss man mit dem gesunden Menschenverstand beurteilen. Wenn die Mehrzahl der Führungskräfte eines Unternehmens auf einmal mehr als 30 Prozent ihrer Aktien verkaufen, ist das wahrscheinlich kein gutes Zeichen. Wie schon gesagt, gesunder Menschenverstand. Ich wollte einmal Aktien einer berühmten Finanzgesellschaft kaufen, da stellte ich fest, dass der Aufsichtsratsvorsitzende und der CEO mehr als die Hälfte ihrer Aktien abstießen. Ich kaufte also doch nicht und die Aktie versank danach wie ein Stein im Wasser. Man kann in solchen Fällen von vielen Gründen lesen, aus denen die Menschen ihre Aktien verkaufen, aber wenn das alle machen, nehmen Sie es als Hinweis. Sie werden außerdem lesen, dass Manager nur aus einem Grund Aktien kaufen würden, nämlich in der Erwartung, dass sie steigen. Aber das stimmt auch nicht. Es kommt oft vor, dass Topmanager die Aktie nur kaufen, um ihre Unterstützung zu bekunden. Es kommt sogar vor, dass sie versuchen, Kurseinbrüche einzudämmen, vor allem wenn das Unternehmen relativ klein ist und sich der Preis schon durch wenige strategische Käufe beeinflussen lässt. Wenn sich allerdings Insider von ihren Kindern Geld leihen, um Aktien zum vollen Marktpreis zu kaufen, dann ist das ein deutlicher Hinweis darauf, dass etwas Gutes bevorsteht.

Auf einer guten Website über Insiderhandel steht, wie viele Aktien verkauft wurden und wie viele Aktien die betreffende Person insgesamt besitzt, aber diese Informationen findet man nicht auf allen Seiten. MSN zeigt einem, wie viele Aktien ein Manager noch besitzt („Remaining Shares"), wenn man auf der Informationsseite zu einem Unternehmen auf „Insider Trading" und dann auf den Namen der Person klickt. Dort sieht man auch, wie viele Aktien in letzter Zeit verkauft wurden. Bei Yahoo Finance klicken Sie auf der Hauptinformationsseite zu einem Unternehmen auf „Insider Roster", dann erfahren Sie, wie viele Aktien die größten Aktionäre besitzen. Ein Klick auf „Insider Transactions" zeigt dann, wer kauft und verkauft. Bei Vickers (www.vickers-stock.com) bekommen Sie alles auf einen Blick, aber diese Seite kostet etwas. Suchen Sie auch auf anderen Seiten, ob Sie etwas Interessantes finden; manche bieten auch kostenlose Probeabos an.

Ich erzähle Ihnen in einem späteren Kapitel noch mehr über Insiderhandel, nämlich wenn ich Ihnen zeige, wie Sie solche und andere Informationen online finden können. Merken Sie sich einstweilen, dass plötzliche Käufe oder Verkäufe durch CEOs ein Zeichen dafür sein können, dass die 100 Jahre nach Meinung der betreffenden Person vorbei sind.

Das Gehalt des CEOs

Ob das Management auf unserer Seite steht, kann man außerdem an der Entlohnung ablesen, die es bekommt. Fast alle CEOs, die für Warren Buffett arbeiten (auf dieses Beispiel komme ich immer wieder zurück), sind Multimillionäre. Warum gehen sie dann noch auf die Arbeit und strengen sich immer noch an? Aus dem gleichen Grund, aus dem Warren Buffett das tut, und aus dem gleichen Grund, aus dem Bill Gates das tut - weil ihnen ihre Arbeit gefällt. Da geht es nicht um Geld, auch wenn sie für gute Arbeit sicherlich gut bezahlt werden wollen; es geht um die Herausforderung, das Unternehmen zum Erfolg zu führen. Als Steve Jobs im Jahre 1997 zu Apple Computer zurückkam, akzeptierte er ein Gehalt von einem Dollar pro Jahr, keine Aktien und keine Bezugsrechte - nur damit er sein Baby (dem „politische" CEOs schweren Schaden zugefügt hatten) wieder auf den richtigen Weg führen konnte. Als er Apple wieder ins Licht geführt hatte, nahm er auch ein größeres Gehalt. Warren Buffett arbeitet für 100.000 Dollar im Jahr. Abgesehen von diesem Honorar erhält er den gleichen Lohn wie die Aktionäre - den Kurszuwachs von Berkshire Hathaway. Ich liebe solche CEOs, weil sie auf meiner Seite stehen.

✘ *Wo finden wir Angaben zum Gehalt eines CEOs? Im Jahresbericht. Wir gehen auf die Website eines Unternehmens, laden den neuesten Jahresbericht herunter und gehen zum Inhaltsverzeichnis. Suchen Sie den Punkt „Executive Compensation" (versuchen Sie es in „Part III"). Man bekommt Jahresberichte auch über Yahoo Finance oder*

MSN, indem man auf „SEC Filings" und dann auf „10-k" (das ist der Jahresbericht) klickt. Man kann auch Edgar Online abonnieren, dann bekommt man das direkt.

Unglücklicherweise gibt es aber auch andere CEOs: Sie würden morgens nicht aufstehen, wenn da nicht diese angenehmen Privilegien und das nette Abkommen mit dem Board of Directors über enorme Summen gäbe. Solche CEOs leiten Unternehmen nicht anhand eines BAG (denn sie haben keins). Sie leiten kein Unternehmen, weil sie es lieben. Sie sind keine Firmenpatrioten wie Buffett, Jobs und Gates – Führungspersönlichkeiten, die ihre Unternehmen lieben. Sie sind Söldner. Bezahlte Scharfschützen. Und genauso wie bei echten Söldnern ist ihre Loyalität exakt so groß wie ihre Bezahlung. Wenn das Unternehmen in ernste Schwierigkeiten gerät, versuchen Sie in erster Linie, sich mit einem Sack voll Gold davonzustehlen. Viele Unternehmenskatastrophen der jüngeren Vergangenheit haben eines gemeinsam – die Topmanager waren extrem überbezahlt. Da ich mich selbst als einziger Besitzer des Unternehmens fühle, von dem ich einen kleinen Teil besitze, stammt das Geld, das diese CEOs nehmen, direkt aus meinem Geldbeutel – und das gefällt mir nicht. Für einen Regel-1-Investor sind solche CEOs – und die Aufsichtsräte, die sie unterstützen – unkontrollierte Söldner, die nur Verachtung und Kündigung verdienen. Sie hinauszuwerfen ist aber gar nicht so einfach. Viele dieser Schurken haben vorsichtshalber eine bittere Pille vorbereitet – einen Vertrag zwischen dem Board of Directors und den Top-Führungskräften, der letzteren eine wahnwitzige Abfindung für den Fall garantiert, dass die Besitzer des Unternehmens (also die Aktionäre) gegen ihren Willen handeln. Dank solcher selbstsüchtigen Abkommen bleibt den Aktionären kaum etwas anderes übrig, als stillzuhalten und sich ausnutzen zu lassen. Die nun folgenden Beispiele sind alles wahre Fälle (ohne Namen zu nennen), in denen CEOs mit Söldnermentalität und unmoralische Aufsichtsräte in den letzten Jahren die Aktionäre beraubt haben:

Ein CEO bekam in den Jahren 2000 bis 2004 ein Gehalt von 40 Millionen Dollar, während die Besitzer alles verloren. Die Aktionäre eines anderen Unternehmens verloren 80 Prozent ihres Kapitals und wurden trotzdem vom Board gezwungen, ihrem CEO über 20 Millionen dafür zu bezahlen, dass er ein Quartalsziel erreichte. Der Wert eines anderen Unternehmens brach um 40 Prozent ein, aber das Board zahlte dem CEO trotzdem 70 Millionen für seine gute Arbeit. Ein anderes Großunternehmen verlor in den letzten fünf Jahren 70 Prozent seines Wertes und viele Marktanteile an Konkurrenten aus dem Ausland, aber der CEO bekam trotzdem über 40 Millionen Dollar. Wenn diese Unternehmen vertraglich gebunden gewesen wären und diese Summen auch dann hätten bezahlen müssen, wenn sie den Verantwortlichen entlassen hätten, wäre das ja noch verständlich. Aber diese Menschen bekamen die genannten hohen Summen als Bonuszahlungen für ihre gute Arbeit! Ist das nicht verrückt?

Der Hauptfehler liegt nicht beim CEO. Er ist eben, wer er ist. Das Hauptproblem sind die Aufsichtsräte, die ja eigentlich dafür bezahlt werden, dass sie den richtigen Mann oder die richtige Frau an die Spitzenposition setzen und ihn oder sie dafür entlohnen, dass er im besten Interesse der Besitzer handelt. In letzter Zeit tun sich die Boards damit sehr schwer. Viele haben längst vergessen, wer die Besitzer eigentlich sind. Vielleicht nennen sie uns deshalb Aktionäre und nicht Inhaber, weil uns das nicht daran erinnert, dass das Unternehmen in Wirklichkeit uns gehört.

Wir kaufen kein Unternehmen, dessen Management uns nicht gefällt. So einfach ist das. Einer der wichtigsten Gründe, das Management nicht zu mögen, sind überzogene Gehälter und sonstige Leistungen. Meistens werden Manager mithilfe von Aktienbezugsrechten überbezahlt. Bezugsrechte kosten den Manager nichts. Das Unternehmen gibt sie ihm zur Belohnung. Sie geben ihm das Recht, zu einem späteren Zeitpunkt Aktien des Unternehmens zu einem vorher festgelegten Preis zu kaufen. Bezugsrechte sollen den Manager dazu animieren, den Aktienkurs zu steigern, weil dann auch der Wert der Bezugsrechte steigt.

Nehmen wir ein Beispiel: Ich stelle Herrn Glitschig als CEO ein und die Aktie kostet gerade 30 Dollar. Ich gebe Glitschig das Recht, eine Million Aktien des Unternehmens zu 30 Dollar das Stück zu kaufen. Wenn er es schafft, die Aktie auf 40 Dollar zu heben, verdient er zehn Millionen Dollar. Verlieren kann er dabei nichts, denn er hat für die Bezugsrechte nichts bezahlt (und natürlich bekommt er nebenher noch einen hübschen Scheck, weil man ja nie sicher sein kann, dass er den Aktienkurs wirklich steigern kann, denn schließlich liegt das ja nicht allein in seiner Hand). Das ist ein gutes Geschäft, vor allem weil Herr Glitschig weiß, dass die Inflationsrate von vier Prozent den Kurs in sieben Jahren auch dann auf 40 Dollar steigen lässt, wenn er nichts anderes tut, als den Status Quo aufrecht zu erhalten. Lecker. Nur nicht für uns als Inhaber. Wir werden abgezockt. Dieser Kerl hat umsonst ein Millionenstück von unserem Kuchen bekommen. Unser „Ertrag" ist wertlos, wenn er nur der Inflation entspricht.

Das Schlimmste an dem Bezugsrechtsrausch skrupelloser Unternehmen ist die Tatsache, dass die Kosten, die den Besitzern dadurch entstehen, bis vor Kurzem nicht einmal als Kosten verbucht werden mussten. Der CEO bekam die Bezugsrechte, ohne dass dies den Gewinn des Unternehmens unterm Strich schmälerte. Nur der Gewinn der Besitzer wurde geschmälert, denn ihnen wurde ein Teil des Kuchens entzogen, der ihnen gehörte. Aber wenn das keine Ausgabe ist, was ist es denn dann? Während ich diese Zeilen schreibe, berät der Kongress über die Verabschiedung eines Gesetzes, wonach Unternehmen die Vergabe von Bezugsrechten als Ausgabe buchen müssten, damit sie nicht einfach den Aktionären das Geld aus der Tasche ziehen können, ohne diese Ausgabe

als Kosten zu verbuchen. Viele Unternehmen wehren sich gegen diese Regelung, weil dadurch ihr Gewinn im Vergleich zum Vorjahr – als sie noch keine Ausgaben zu verbuchen brauchten – schlechter aussehen würde. Sie beschweren sich bei ihrem Abgeordneten, der ihnen etwas schuldet, weil sie seinen Wahlkampf unterstützt haben ... die CEOs winken mit Schecks ... und verflixt noch mal, das Gesetz bleibt stecken. Warren Buffett hat zu diesem Thema Folgendes zu sagen: „Viele Angehörige des Kongresses haben sich zu Mittätern gemacht, indem sie diese Absurdität aufrecht erhalten, gegen die alle vier großen Rechnungsprüfungsgesellschaften, alle Angehörigen des Financial Accounting Standards Board* und so gut wie alle Investmentprofis argumentieren."
Es wird erwartet, dass alle Unternehmen ab dem Jahr 2006 Bezugsrechte als Ausgaben angeben. Dieser neue Standard beseitigt eine der größten Schwindelmethoden, mit denen Boards und CEOs arglose (und unaufmerksame) Aktionäre betrogen haben.

Regel-1-Analyse für Fortgeschrittene

Die Vergabe von Bezugsrechten muss den Besitzern im Jahresbericht bekannt gegeben werden. Sehen Sie in den Anmerkungen zum Abschluss unter „Notes to the Consolidated Financial Statement" nach. Fast am Ende finden Sie einen Abschnitt mit der Überschrift „Stock Options". Dort können Sie nachlesen, wie das Unternehmen mit Bezugsrechten umgeht. Das ist allerdings eher etwas für fortgeschrittene Regel-1-Anleger. Als Anfänger muss man nicht unbedingt wissen, wie Bezugsrechte funktionieren und wie ein Unternehmen eigentlich damit umgehen sollte. Überprüfen Sie zunächst, ob das Unternehmen einen logischen und angemessenen Ausübungskurs festgelegt hat (der Preis, zu dem der Bezugsberechtigte die Aktie innerhalb eines bestimmten Zeitrahmens kaufen kann). Der Preis sollte einen Gewinn für die Besitzer beinhalten. Überprüfen Sie zweitens, ob das Unternehmen dem CEO verbietet, durch Bezugsrechte erworbene Aktien

*Gremium, das die US-Bilanzierungsrichtlinien festlegt (FASB).

schnell wieder zu verkaufen – und ihn dadurch zwingt, sich wie ein langfristig orientierter Inhaber zu verhalten. Mit dieser Analyse können Sie Unternehmen aussortieren, die von Söldnern geleitet werden, die nur auf das schnelle Geld aus sind.

Und was fängt man als Regel-1-Investor auf der Suche nach einem wunderbaren Unterehmen, das per definitionem von einem wundervollen CEO geführt wird, mit all dem nun an? Lesen Sie die Jahresberichte und fragen Sie sich: Wird der CEO wie ein langfristiger Besitzer oder wie ein Söldner bezahlt? Wenn sein Gehalt und seine Sonderleistungen vernünftig sind (was „vernünftig" ist, können Sie sich genauso gut ausrechnen wie ich) und wenn er Aktien oder Aktienbezugsrechte hat, die ihm dann einen vernünftigen Gewinn bringen, wenn sie auch uns einen vernünftigen Gewinn bringen, dann ist alles klar. Wenn dem nicht so ist – warum sollten wir etwas kaufen, das uns beißt, wenn wir uns umdrehen?

Übrigens, wenn Sie wissen wollen, wie das eigentlich funktionieren sollte, dann sehen Sie einmal nach, wie das Personal bei Whole Foods vom Manager abwärts bis zum Kassierer bezahlt wird. Dann wissen Sie, was möglich ist, wenn es den Menschen an der Spitze nicht nur um das Geld geht.

Schein und Sein

Wie schon erwähnt kann man eine zwielichtige Führungsmannschaft oder einen zwielichtigen CEO sehr gut daran erkennen, dass eine große Diskrepanz zwischen den nackten Zahlen – insbesondere den großen Fünf – und den Aussagen des CEO über den Zustand und die Zukunft des Unternehmens besteht. Den Zahlen können Sie mehr vertrauen als dem Mund eines überbezahlten Unternehmensmanagers.

Gefahrenzone

Wenn man Warnsignale sucht, erkennt man sie auch. Und es ist gar nicht so schwer, zwischen Integrität und

Schaumschlägerei zu unterscheiden. Wenn die Zahlen und die Verluste der Anleger belegen, dass das Unternehmen ein schlechtes Jahr hinter sich hat, sehen Sie nach, was der CEO in seinem Brief an die Aktionäre dazu zu sagen hat. Wenn es nicht so ist, dass er Fehler eingesteht und Herausforderungen nicht nur anspricht, sondern auch erklärt, was er zu unternehmen gedenkt, haben Sie einen fragwürdigen Jockey vor sich, der sein Pferd nicht reiten kann. Steigen Sie nicht mit ihm auf das Pferd.

Bei den Recherchen für dieses Buch stieß ich bei der Suche nach schlecht geführten Unternehmen auf einen Artikel von Michael Brush mit der Überschrift „The Five Most Outrageously Overpaid CEOs" [Die fünf am unverschämtesten überbezahlten Vorstandsvorsitzenden; Anm. d. Übers.] (am 24. August 2005 bei www.moneycentral.msn.com eingestellt). Darin geht es um fünf CEOs, die riesige Zahlungen einsteckten, während die Besitzer der Unternehmen zu leiden hatten. Das machte mich neugierig und ich schaute nach, was diese CEOs in ihren Briefen an die Aktionäre schrieben, während sie säckeweise Geld verloren. Gab es darin irgendwelche Hinweise? War aus den Briefen herauszulesen, was vor sich ging?
Ich könnte keine besseren Beispiele dafür finden, worauf man bei der Bewertung von CEOs achten muss. Wenn Ihr CEO so schreibt wie diese Männer, dann müssen Sie das Unternehmen mit Adleraugen untersuchen, denn diese Menschen sind Experten im Verheimlichen von Informationen (allerdings habe ich bei einem der fünf eine bessere Meinung als der Artikel, aber dazu kommen wir noch). Ich fasse hier kurz zusammen, was ich da gelesen habe, aber ich empfehle Ihnen wärmstens, die Briefe selbst zu lesen. Dafür brauchen Sie sich nur auf der Website des Unternehmens einzuloggen und sich die Jahresberichte anzusehen (alle Jahresberichte werden veröffentlicht, meist unter „Investor Relations").

Ciena (CIEN): Ciena hat sich auf Glasfaser-Kommunikationsnetzwerke spezialisiert. Gary Smith, der Leiter des Unternehmens, hat von 2001 bis 2004 die Summe von 41 Millionen Dollar eingesteckt, während seine Aktionäre über zwei Drittel des Buchwerts pro Aktie und mehr als 90 Prozent ihres Aktienwertes verloren. Sehen Sie sich online die Jahresberichte von Ciena an und lesen Sie Herrn Smiths Briefe. Denken Sie daran, dass der ideale CEO im Buffett-Stil schreibt – er nimmt die Schuld für geschäftliche Fehlschläge auf sich und teilt den Besitzern mit, was sie wissen müssen, damit sie seine Leistung und die künftige Entwicklung des Geschäfts beurteilen können. Smith gelang es in seinem Brief an die Aktionäre im Jahr 2002, den apokalyptischen Verlust von 1,5 Milliarden Dollar, den Ciena in jenem Jahr erlitten hatte, nicht zu erwähnen. Wenn Sie zu den Besitzern von Ciena gehören würden, würden Sie dann nicht erwarten, dass Ihr Manager wenigstens erwähnt, dass Sie ein paar Taler verloren haben und dass er Ihnen sagt, was schief gelaufen ist? Gary Smith erzählt seinen Inhabern stattdessen, wie gut er das Unternehmen für das nächste Jahr auf Erfolg ausgerichtet hat. Im nächsten Jahr (2003) ging der Umsatz zurück, Ciena verlor noch einmal 386 Millionen Dollar und von dem Kapital der Inhaber verschwanden noch einmal 20 Prozent. Das bedeutet entweder, dass Smith Ende des Jahres 2002 sein Unternehmen nicht einschätzen konnte, oder, dass er den Inhabern die Wahrheit nicht sagen wollte. Da das Geschäftsjahr 2003 schon längst begonnen hatte, als der CEO den Brief schrieb, können Sie sich selbst ein Urteil bilden.

Lesen Sie die Briefe. Achten Sie dabei auf Formulierungen nach dem Motto „ab jetzt wird alles gut". Wenn das Unternehmen Probleme hat, sollte der CEO lieber aussprechen, was passiert ist, die Verantwortung dafür übernehmen und Ihnen sagen, wie er das beheben will – eben wie jemand, der für Sie arbeitet und seinen Job vergeigt hat. Kein großes Geheimnis, oder? Wenn wir einen ehrlichen CEO wollen, der für uns arbeitet, sollte das in den Briefen im Laufe der Jahre zu erkennen sein. Wenn wir das nicht erkennen, investieren wir nicht, denn Menschen, die nicht die Wahrheit sagen, könnten durchaus die nächste Katastrophe im Stil von Enron oder WorldCom anbahnen – entweder weil sie lügen oder weil sie keine Ahnung haben. Aber egal, wir sind jedenfalls draußen.

Sanmina-SCI (SANM): Dieses Unternehmen bietet Fertigungsdienste im Halbleiterbereich an. Der CEO Jure Sola benutzt Phrasen wie „der ständigen Herausforderung gestellt", „unablässiges Engagement", „weiter optimiert", „erhebliche Fortschritte erzielt", „unsere kundenorientierte Strategie" und „wir sind von der Zukunft begeistert". Solche Briefe jagen mir kalte Schauer über den Rücken. Der Shareholder Value von Sanmina-SCI wächst um zwei Prozent jährlich – ungefähr so wie ein Sparbuch. Der Anlageertrag (ROIC) über fünf Jahre beträgt minus zwölf Prozent. Das Unternehmen macht seit 2001 keinen Gewinn.

Finden Sie nicht, er sollte erwähnen, dass nicht alles so gut läuft? Es ist ja nicht so, dass die Besitzer den Sturz des Aktienkurses von 60 auf 5 Dollar seit 2001 nicht bemerkt hätten. Pst! Eigentlich erwarten die Besitzer eine andere Erklärung als den „schlimmsten Technologie-Abschwung aller Zeiten". Oh, Jure, für andere Technologieunternehmen waren die letzten zwei Jahre ziemlich gut. Vielleicht sollten Sie so langsam Verantwortung übernehmen und nicht dem Markt die Schuld geben. Aber stattdessen haben Sie eine schöne Bonuszahlung von 19 Millionen Dollar heimgetragen. In dem Brief sollte auch stehen, warum Sie diese Belohnung angenommen haben.

Sun Microsystems (SUNW): Sun wird von seinem Gründer Scott McNealy geleitet. Man muss ihm zugute halten, dass er in seinen Briefen eher den Standpunkt eines langfristigen Besitzers als eines Politikers vertritt. Der Kursrutsch von 65 auf 4 Dollar und der Verlust von einem Drittel des Kapitals seit 2001 war für die Besitzer ein Schock. Natürlich ist McNealy selbst ein großer Besitzer und war zweifellos ebenso schockiert. Was mir gut gefällt: In einem der Briefe gibt er zu, dass er das, was er vorhatte, nicht geschafft hat und dass Sun dadurch Geld verloren hat. Er spricht zu den Aktionären über ein großes Negativ-Thema – über das Gefühl, dass Sun-Computer zu teuer sind. Dann erklärt er, was er dagegen tut. Und er betont, dass er kein unmoralisches Geschäftsgebaren duldet. So etwas kann zwar jeder schreiben, aber ich habe das Gefühl, dass McNealy das auch so meint. Auf jeden Fall ist dieser Brief an die Besitzer viel besser als andere Briefe von notleidenden Unternehmen. Wenn Sie wissen wollen, was ein guter, ehrlicher, besitzerorientierter CEO schreibt, wenn es schlecht läuft, lesen Sie Scotts Briefe aus den Jahren 2002 bis 2004.

Albertsons (ABS): Die Supermarktkette Albertsons wird von Larry Johnston geleitet. Der Gewinn pro Aktie wächst überhaupt nicht – null, und das seit zehn Jahren. Das Kapitalwachstum stagniert seit fünf Jahren. Es sieht so aus, als würde das Unternehmen 15 Seemeilen vor der Küste ohne Schwimmweste Wasser treten. Vielleicht bereitet es sich darauf vor, dass es bald stillschweigend untergeht. Diese trübe Einschätzung beruht auf den Zahlen. Aber wenn man Johnstons Briefe an die Aktionäre liest – in denen die Besitzer darüber aufgeklärt werden sollten, was mit ihrem Geld passiert –, kann man sich des Eindrucks nicht erwehren, dass er alles andere tut, als Wasser treten; anscheinend sitzt er im Cockpit eines 15-Meter-Rennboots und will die Welt erobern. Er benutzt Formulierungen wie „mitten in einem aufregenden Wandel“, „die Leidenschaft zu gewinnen“ und „neue Energie“. Das Jahr 2002 war „eines der anspruchsvollsten Jahre in der Unternehmensgeschichte“, „einige Unternehmen strauchelten, die meisten hatten zu kämpfen und manche scheiterten“, aber Johnston war stolz auf seine „solide Geschäftsperformance“ und „eine der größten Restrukturierungen in der Geschichte des Einzelhandels“. Ein Trick, den die Schreiber von CEO-Briefen immer wieder anwenden, ist die Aufzählung von Fakten, die „beweisen", wie gut der CEO seine Arbeit im letzten Jahr gemacht hat. Aber hört mal her, Leute, hier habt ihr die Fakten Schwarz auf Weiß, das ROIC, den Umsatz, das EPS und das Bargeld. Wir lassen uns nicht mehr für dumm verkaufen, also erzählt uns nichts mehr davon, dass „der durchschnittliche Einkaufskorb gewachsen" ist, dass sich „die Bewertungen der Kundenfreundlichkeit stetig verbessert" haben oder dass in Phoenix „der gesamte Marktanteil zwischen zehn und 130 Prozent angezogen hat". Wenn ihr ein schlechtes Jahr hattet und glaubt, dass noch so eins kommt, dann sagt uns das ins Gesicht. Das Unternehmen, das ihr leitet, gehört uns. Behandelt uns mit etwas mehr Respekt. Und wo wir gerade dabei sind, Larry, könnten Sie in Ihrem nächsten Brief vielleicht erklären, wieso Sie für Ihre Leitungsfunktion 76 Millionen Dollar bekommen haben, während das Unternehmen 40 Prozent seines Wertes verloren hat?

Bristol-Myers Squibb (BMY): Dieser große Pharmakonzern wird von Peter Dolan geleitet. Seit er im Jahr 2001 die Führung übernommen hat, ist der Marktwert von BMY um 50 Prozent gefallen, aber er hat trotzdem 41 Millionen Dollar eingeheimst. Die hat er sich unter anderem damit verdient, dass er mit ImClone einen 2-Milliarden-Vertrag über ein Medikament abgeschlossen hat, dem die FDA ein paar Monate später die Zulassung verweigerte. Hoppla, zwei Milliarden weg. Ja, das ist schon einen Bonus wert. Ach ja, im Herbst 2004 hat er dann beschlossen, dass das Unternehmen die vorher gemeldeten Ergebniszahlen ändern sollte, damit sie die Realität ein bisschen besser wiedergeben. Es freut uns immer sehr, wenn ein Unternehmen seine Zahlen ändert, oder?

Unter Dolans Führung ist der Umsatz vier Jahre lang ins Nichts gefallen. Das EPS stagniert seit vier Jahren. Die Verschuldung ist in den vergangenen vier Jahren um mehr als 600 Prozent gewachsen. Das Kapitalwachstum – der beste Indikator für das Wachstum des langfristigen Wertes – betrug in den letzten vier Jahren durchschnittlich drei Prozent pro Jahr. Und wieder finden wir vollmundige Phrasen: „Abgesehen von der soliden finanziellen Performance", „haben wir andere entscheidende Ziele erreicht", und dann preist er die neuen Produkte an. Das ist alles. Mehr erfahren die Besitzer nicht. Keine Entschuldigung dafür, dass er 41 Millionen Dollar bekommen hat, weil er – ja wofür denn eigentlich?

Schlussfolgerung: Außer Scott McNealy haben diese CEOs ihre Pflicht gegenüber den Besitzern, die Wahrheit über das Geschehen zu berichten, schändlich vernachlässigt. Für einen Regel-1-Investor ist das Grund genug, sich fern zu halten. Der Mann oder die Frau an der Spitze ist essenziell. Ohne tollen CEO gibt es kein tolles Unternehmen. Fallen Sie nicht auf die Phrasen und Übertreibungen der CEOs herein. Die Zahlen lügen nicht und wenn ein CEO in seinem Brief an die Aktionäre nicht aufrichtig erklärt, was passiert ist – können wir ihm dann trauen? Und wenn wir ihm nicht trauen können, können wir auch sein Unternehmen nicht kaufen.

Sei immer sicher, dass du Recht hast

Nachdem wir nun wissen, wie man ein Unternehmen findet, das in puncto Finanzen und Management wunderbar ist, müssen wir noch entscheiden, ob wir dieses Unternehmen wirklich besitzen wollen. Ich habe ja schon in den vorangegangenen Kapiteln erwähnt, dass Sie Ihre persönlichen Werte berücksichtigen müssen, wenn Sie über den Kauf eines Unternehmens entscheiden. Das ist ein wichtiger Bestandteil des Regel-1-Investings und es hilft sehr bei der Eingrenzung der Auswahl, wenn mehrere Unternehmen zur Wahl stehen. Sie müssen darauf achten, dass das Unternehmen das tut, was Sie von ihm erwarten. Wenn Sie an seinen Schwerpunkten nichts ändern würden, ist alles in Ordnung. Aber wenn Sie doch etwas ändern würden, dann ist das Unternehmen im Hinblick auf Sie als Einzelperson nicht besitzerorientiert und sie sollten nicht in das Unternehmen investieren. Als ich ein kleines Kind war, war Davy Crockett mein Idol. (Für die Jüngeren, die die Serie nicht kennen: „Davy Crockett" war Mitte der 1950er-Jahre eine sehr erfolgreiche Fernsehserie. Ich klebte regelrecht an unserem Schwarz-Weiß-Fernseher.) Davy sprach in jeder Folge sein Motto aus: „Sei immer sicher, dass du Recht hast, dann geh' voran!" Als Regel-1-Investor finde ich diesen Wahlspruch sehr gut. Wenn ich nicht sicher bin, unternehme ich nichts. Ich behalte mein Geld, bis ich etwas finde, dessen ich mir sicher bin. Aber wenn ich meine, dass das betreffende Unternehmen wirklich wunderbar ist, dann gehe ich zum letzten M über: Margin of Safety (MOS; Sicherheitspolster).

Kapitel 8 – Verlangen Sie ein Sicherheitspolster!

„Ein Zyniker ist ein Mensch, der von jedem Ding den Preis, aber von keinem den Wert kennt."

– Oscar Wilde (1854–1900)

Und schon stehen wir vor dem vierten M: Margin of Safety (MOS). Das Sicherheitspolster definiert den „attraktiven" oder „günstigen" Preis und in diesem Kapitel erfahren Sie, dass man dafür zuerst die „unverbindliche Preisempfehlung" für ein Unternehmen herausfinden muss. Wir werden diesen Preis im nächsten Kapitel berechnen. Im jetzigen Kapitel konzentrieren wir uns nur auf das Sicherheitspolster (MOS), das für Regel 1 unentbehrlich ist, aber allzu oft vergessen wird.

Die Verrückheit der EMT ... und der Märkte

Ich habe ziemlich am Anfang dieses Buches einmal Professor Burton Malkiel erwähnt. Seine Arbeit an der Princeton University war von wesentlicher Bedeutung für die Theorie der Markteffizienz (Efficient Market Theory, EMT). Sie besagt, dass der Preis einer Aktie ihrem Wert entspricht. Zur großen Befriedigung der Gemeinschaft der Intellektuellen an den Eliteuniversitäten hat er im Jahr 1972 bewiesen, dass sogar Warren Buffett keine höheren Investmenterträge erzielen kann als ein Affe, der Aktien nach dem Zufallsprinzip auswählt. Buffett dürfte das sehr überrascht haben. Vor dem Erscheinen von Malkiels Buch dachte Warren Buffett, er verdanke den durchschnittlichen Jahresertrag von 29 Prozent, den er über 16 Jahre erzielt hatte, seiner überlegenen Anlagestrategie, die er von seinem Mentor Benjamin Graham gelernt hatte und die auf der Idee beruhte, dass der

Markt den Aktien manchmal falsche Preise zuweist. Malkiel behauptete tatsächlich, der Erfolg von Warren Buffett sei lediglich eine statistische Abweichung – so wie wenn man beim Münzenwerfen immer wieder Kopf bekommt. Das sei zwar ungewöhnlich, aber bei einer großen Anzahl statistischer Fälle in einem Zufallssystem durchaus zu erwarten.

Wie schon im ersten Kapitel erwähnt wird Malkiels Buch über die Theorie der Markteffizienz, das den Titel „A Random Walk Down Wall Street" trägt, auch heute noch verkauft. Es erscheint jetzt in der achten Auflage und verficht reuelos die EMT. Aber hören wir uns doch einmal an, was Professor Malkiel in einem Interview mit Geoff Colvin sagte, dem Komoderator der Fernsehsendung „Wall $treet Week with FORTUNE". Das Interview wurde am 20. Juni 2003 gesendet:

Burton Malkiel: „Ich bin der Mann, der gesagt hat, dass ein Schimpanse, der mit verbundenen Augen Dartpfeile auf die Börsenseite der Zeitung wirft, genauso gut Aktien auswählen kann wie die Experten."

Colvin: „Wie kommt das? Wieso kann niemand zuverlässig und regelmäßig den Markt schlagen?"

Burton Malkiel: „Dafür gibt es mehrere Gründe. Zunächst einmal sind die Märkte meistens außerordentlich effizient. Wenn Informationen über ein bestimmtes Unternehmen oder über die Wirtschaft aufkommen, setzen die Menschen sie sofort um, und wenn Sie und ich sie aus den Nachrichten erfahren, haben sie sich schon im Preis niedergeschlagen ..."

Colvin: „Viele Menschen sagen, die große Blase Ende der 1990er-Jahre, als die Aktienkurse ohne erkennbaren Grund den Himmel stürmten und Anfang des Jahres 2000 ohne erkennbaren Grund wieder abtauchten, würde beweisen, dass die Theorie der Markteffizienz Humbug sei."

Malkiel: „Ich glaube, dass sie auf lange Sicht im Allgemeinen effizient sind. Aber ich gebe zu, dass sie von Zeit zu Zeit durchdrehen."

Das vollständige Interview finden Sie unter http://www.pbs.org/wsw/tvprogram/malkiel_interview.html.

Der Professor der Theorie der Markteffizienz sagt also über die Märkte Folgendes: „Ich glaube, dass sie auf lange Sicht im Allgemeinen effizient sind. Aber ich gebe zu, dass sie von Zeit zu Zeit durchdrehen." Benjamin Graham sagte 50 Jahre davor Folgendes: „Kurzfristig gesehen ist der Aktienmarkt eine Wahlmaschine, aber langfristig gesehen ist er eine Waage." Und dann Warren Buffett: „Die Grundprinzipien des Investings bestehen darin, dass man Aktien als Unternehmen betrachtet, dass man Preisfluktuationen zu seinem Vorteil ausnutzt und dass man ein Sicherheitspolster anstrebt. Das hat uns Benjamin Graham gelehrt. Das werden auch in 100 Jahren noch die Eckpfeiler der Geldanlage sein." Das heißt, nachdem Professor Malkiel 30 Jahre lang komplett falsch gelegen hat und obwohl er es immer noch nicht wie ein Mann zugibt, verkündet er jetzt exakt die Philosophie, die Buffett und Graham seit 80 Jahren mit Erfolg anwenden. Der einzige Unterschied besteht darin, dass Malkiel nach wie vor behauptet, niemand könne die Tatsache, dass „sie von Zeit zu Zeit durchdrehen" erfolgreich zum Geldverdienen ausnutzen. Buffett, Graham und Tausende andere erfolgreiche Investoren nutzen aber diese „durchgedrehten" Zeiten, in denen der Markt den Aktien falsche Preise zuweist, durchaus als Chance, viel Geld zu verdienen. Und wir tun das auch.

Ein Vergleich: Ein Wirtschaftsprofessor, der meint, Aktien hätten immer den korrekten Preis, geht mit einem Studenten über das Gelände einer berühmten Universität. Plötzlich sehen beide einen 100-Dollar-Schein auf der Erde liegen. Als sich der Student schon bücken will, um ihn aufzuheben, sagt der Professor: „Nein, sparen Sie sich die Mühe. Wenn das wirklich ein 100-Dollar-Schein wäre, läge er nicht da."

Die unverbindliche Preisempfehlung

Die praktische Anwendung des Regel-1-Investings sieht so aus: Man kaufe einen Wert von einem Dollar für 50 Cent. Das ist möglich, weil der Wert eines Unternehmens, das wir kaufen wollen, nicht immer gleich dem Preis ist, zu dem es gehandelt wird. Wenn wir Unternehmen kaufen wollen, muss uns das unbedingt klar sein. Der Preis ist das, was der Markt heute für das Unternehmen bekommt. Der Wert – oder Value – ist das, was das Unternehmen eigentlich wert ist. Erinnern Sie sich an das, was ich in Kapitel 2 gesagt habe: Der Preis für eine Sache entspricht nicht immer ihrem Wert. Wenn Sie zum Beispiel ein neues Auto kaufen wollen, dann sollten Sie wissen, was das Auto wert ist, bevor Sie zu einem Autohändler gehen und nach dem Preis fragen.

Da Regel-1-Investing im Prinzip eine Einkaufstour ist, bei der man nach Sonderangeboten Ausschau hält, muss man als Regel-1-Investor unbedingt wissen, was ein Artikel – ein Unternehmen – wert ist. Bleiben wir einmal bei dem Beispiel Autokauf: Ich habe in der New Yorker Park Avenue im Schaufenster eines Autohändlers einen nagelneuen Maserati Quattroporte gesehen. Ein schönes Auto. Im Ernst. Also ging ich hinein und fragte eine Verkäuferin nach der unverbindlichen Preisempfehlung. Sie sagte mir, je nach Extras zwischen 101.000 und 115.000 Dollar.

Ich setzte mich ans Steuer, spielte mit den Knöpfen am Armaturenbrett und fragte sie: „Und was soll der kosten?" Sie sagte mir, die Wartezeit betrage sechs Monate und sie wollten zwischen 120.000 und 145.000 Dollar. Ich entschuldigte mich und floh.

Da ich neugierig geworden war, suchte ich bei Ebay und fand einen im Angebot für (nur) 145.000 Dollar. Die Autoverkäuferin hatte also keinen Scherz gemacht. Die unverbindliche Preisempfehlung betrug 106.000 Dollar. Der erste Händler und der Händler bei Ebay wollten 145.000 Dollar. Wieso? Weil die Nachfrage so groß war. Willkommen in Amerika. Manche

Käufer sind bereit, diesen Preis zu bezahlen, weil sie so viel Geld haben, dass sie nicht wissen wohin damit. Das Geld ist da. Sie wollen das Auto haben. Sie legen die 145.000 Dollar hin, obwohl das 40 Prozent mehr als die unverbindliche Preisempfehlung ist.

Ich bezahle nie den offiziellen Preis und deshalb kaufe ich auch dieses Auto nicht. Ich könnte mich in diesen Maserati sogar verlieben, aber ich achte auf mein Geld, damit es auch auf mich achtet. Deshalb werfe ich es nicht zum Fenster hinaus, nur weil ich nicht noch eine Weile warten will. Sie und ich wissen, dass der überhöhte Preis nicht lange hält. Schon bald könnte ich den Maserati zum offiziellen Preis und irgendwann sogar unter diesem Preis bekommen.

Beim Unternehmenskauf gehen wir ähnlich vor. Zuerst suchen wir ein paar Unternehmen, die uns gefallen und die bis dahin unseren Kriterien entsprechen, und dann sind wir sehr geduldig und warten auf eine Gelegenheit, sie unter der unverbindlichen Preisempfehlung zu kaufen. Vergleichen Sie das einmal mit dem Vorgehen des durchschnittlichen Fondsmanagers. Er bezahlt meistens die unverbindliche Preisempfehlung oder noch mehr. Das macht er, weil es nicht um sein eigenes Geld geht. Außerdem tut er es, weil er den Professoren, die ihm bei seinem BWL-Studium die EMT beibringen wollten, zum Teil eben doch glaubt – und nach dieser Theorie sind alle Preise unverbindliche Preisempfehlungen. Und drittens macht er das, weil es seine Aufgabe ist, mit Ihrem Geld innerhalb eines vernünftigen Zeitrahmens etwas zu kaufen.

Wenn er zwei oder drei Jahre lang nichts kauft, weil er geduldig auf einen jener Momente wartet, in denen die Märkte durchdrehen und er richtig gute Unternehmen zu wunderbaren Preisen kaufen kann – mit den Milliarden, die Sie alle ihm gegeben haben –, dann sind Sie als Fondsanleger keineswegs zufrieden, denn Sie haben ihm das Geld vor zwei Jahren zur Verwaltung gegeben und er bringt Ihnen einen

Ertrag von null. Dass so etwas passiert, ist allerdings höchst unwahrscheinlich, denn Ihr Fondsmanager weiß, dass er nach der Performance im letzten Jahr – und nicht im letzten Jahrzehnt – beurteilt wird. Deshalb nimmt er auf keinen Fall Ihr Geld und lässt es zwei oder drei Jahre aus dem Markt. Er kauft damit auf jeden Fall sofort etwas und das fällt ihm besonders leicht, wenn er in Princeton von Professor Malkiel gelernt hat, dass die Märkte allen Aktien immer den Preis zuweisen, der ihrem Wert entspricht. Für Ihren Fondsmanager liegt das Geheimnis der erfolgreichen Geldanlage darin, dass man vor allen anderen etwas über ein Unternehmen erfährt; und da er der Meinung ist, dass der Preis, den er bezahlt, nie von dem Gegenwert abweicht, fühlt er sich auch dann noch wohl, wenn er offensichtlich absurde Preise bezahlt. Ja, Ende der 1990er-Jahre waren die Preise offensichtlich öfter absurd hoch und viele Fondsmanager kauften Aktien zu genauso absurden Preisen wie den Maserati.

Hier ein großartiges Beispiel: Yahoo kostete Ende 1999 splitbereinigt 118 Dollar pro Aktie. Dieser Preis konnte nur dann die unverbindliche Preisempfehlung sein, wenn das Unternehmen 15 Jahre lang eine Wachtumsrate von 70 Prozent pro Jahr haben würde. Das wäre schon ein erstaunliches Wachstum gewesen und wenn Yahoo wirklich so schnell wachsen würde, wäre es nach 15 Jahren 1,5 Billionen Dollar wert – also wesentlich größer, als Exxon bis dahin sein dürfte, und Exxon ist das größte Unternehmen der Welt. Wer diesem Szenario folgte, musste annehmen, dass Yahoo im Jahr 2014 mit Werbung erheblich mehr einnehmen würde als Exxon mit dem Verkauf von Öl. Wenn das aber nicht möglich war (Achtung, Zaunpfahl!), dann war der Preis, den Ihr Fondsmanager für Yahoo bezahlte, absurd hoch, und zwar so hoch, dass es wahrscheinlich länger als 20 Jahre gedauert hätte, bis Sie Ihr Geld wiederbekommen hätten. (Anfang 2000 erreichte Yahoo den Höchstkurs von 118,75 Dollar und Ende August 2002 kostete die Aktie nur noch 4,50 Dollar. Zu diesem Kurs war Yahoo wirklich geschenkt, wenn man das Unternehmen durchschaute – ich durchschaute es nicht –, und seitdem ist der Kurs um rund 900 Prozent gestiegen.) Yahoo stand mit diesem Wahnsinn aber nicht allein da.

Wenn Ihr Fondsmanager im Jahre 1998 Coca-Cola für 85 Dollar gekauft hätte und das Unternehmen in dem gleichen Tempo wie seit Jahren gewachsen wäre, dann hätte es bis zum Jahr 2025 gedauert, bis er wieder auf null gewesen wäre. Das sind mehr als 25 Jahre ohne Ertrag.

Was dachten sich die institutionellen Vermögensverwalter eigentlich dabei? Sie dachten zwar, dass die Preise dieser Unternehmen vollkommen irrsinnig (oder wie Alan Greenspan sagte: „irrational überschwänglich") waren, aber sie dachten, dass sie zum Kauf gezwungen wurden, und zwar von ... Ihnen! Im Jahr 1998 zogen die Anleger ihr Geld schnell aus konservativen Investmentfonds heraus und investierten es in die Fonds, die Ertragsraten von 20 bis 30 Prozent brachten.

Fondsmanager sind nicht nur intelligente Menschen, sondern sie haben auch einen feinen Überlebensinstinkt. Ihr Einkommen beruht zum großen Teil darauf, dass sie Investoren anziehen. Wenn Sie und Ihre Anlegerkollegen Ihr Geld abziehen, sinkt das Einkommen der Fondsmanager. Und wenn der Fonds deutlich weniger Ertrag erzielt als andere Fonds, werden sie entlassen. Also, was haben sie sich dabei gedacht? Sie dachten sich, dass es besser wäre, weiterzuarbeiten und noch ein oder zwei Jahre ein schönes Gehalt von einer Million zu beziehen – selbst auf die Gefahr hin, dass sie Ihr Geld verlieren – als heute gefeuert zu werden, weil Sie mit Ihrem Geld zu einem anderen Fondsmanager gegangen sind, der es aggressiver einsetzt.

Das dachten sie sich damals. Und das denken sie sich auch heute noch. Heute, genau in diesem Moment, versucht Ihr Fondsmanager, eine Aktie zu finden, die in den nächsten Wochen steigt, damit seine gesamte Ertragsrate im Vergleich zu seinen Kollegen und zum S&P 500 toll aussieht. Glauben Sie wirklich, dass er auch nur einen Schritt weiter denkt? Träumt weiter, Leute!

Ich will damit Folgendes sagen: Wir müssen wohl zugeben, dass der Markt den Aktien manchmal Preise zuweist, die mit Malkiels Worten „durchgedreht" sind. Das „Durchdrehen" äußert sich manchmal in sehr hohen Preisen und manchmal in sehr niedrigen Preisen. Wollen Sie raten, an welcher Version von „durchgedreht" wir interessiert sind? Eigentlich sind wir als Unternehmenskäufer an beiden Arten von Verrücktheit interessiert. Wir wollen die regelmäßigen Marktfluktuationen als Chancen zum Kaufen und Verkaufen nutzen. Wir beladen den Laster, wenn die Preise erheblich unter die unverbindliche Preisempfehlung fallen, und wir verkaufen die Ladung, wenn sie darüber steigen.

Der wichtigste einzelne Faktor, der bestimmt, wie viel Geld wir in Zukunft bekommen, ist der Preis, den wir heute bezahlen. Entspricht der Preis genau der Empfehlung, liegt er darüber oder liegt er darunter? Wir können die unverbindliche Preisempfehlung ausrechnen, aber wir haben keinen Einfluss darauf, welcher Preis für das Unternehmen verlangt wird. Das macht unser Partner, Mr. Market.

Gestatten, Mr. Market

Die Idee, dass der Markt unser Partner ist, stammt von Benjamin Graham. Und wie so viele von Grahams Erkenntnissen über Geldanlage ist auch dieser Gedanke unmittelbar einleuchtend und gleichzeitig tiefgründig (zumindest sollte es so sein). Mr. Market ist ein unglaublich angenehmer Partner. Er ist jederzeit zu einem Geschäft bereit. Wenn wir ein Unternehmen kaufen wollen, verkauft er es uns. Wenn wir ein Unternehmen verkaufen wollen, kauft er es. Das ist ungeheuerlich! Aber es gibt einen Haken: Mr. Market legt den Preis fest. Dieser Haken würde uns ja eigentlich keine tollen Investitionen bescheren, aber dazu kommt die Tatsache, dass

Mr. Market manisch-depressiv ist. Unser Partner unterliegt extremen Stimmungsschwankungen zwischen himmelhoch jauchzend und zu Tode betrübt. Meistens nimmt Mr. Market seine Medikamente und an den meisten Tagen bildet er die Preise, zu denen er kauft und verkauft, ziemlich klar und rational. Das bedeutet, dass der Preis eines Unternehmens meistens ziemlich nahe an seinem Wert liegt. Aber manchmal wird Mr. Market derart irrsinnig optimistisch, dass er alle Preise irrsinnig hoch festlegt. An anderen Tagen ist Mr. Market derart deprimiert, dass er im Gegensatz zu Annie* davon überzeugt ist, dass die Sonne morgen nicht aufgeht. An solchen Tagen meint er, kein Unternehmen würde je wieder einen guten Tag erleben. Dann legt er die Preise so niedrig, als hätten die Unternehmen überhaupt keinen Wert. Verrückt oder nicht – an solchen Tagen entscheidet seine Stimmung über die Preise.

Es ist zwar nicht gerade fair, dieses massive emotionale Handicap auszunutzen, aber wir kaufen bei Mr. Market am liebsten, wenn er schwer depressiv ist, und wir verkaufen ihm am liebsten etwas, wenn er dem irrationalen Überschwang huldigt. Eigentlich ist es ja eine Schande, jemanden auszunutzen, der emotional aus dem Gleichgewicht geraten ist, aber ganz offensichtlich macht ihm das gar nichts aus. Er ist schon so lange manisch-depressiv, dass er das für normal hält. Er hat ganz ehrlich nicht das Gefühl, dass er irgendwelche Preise falsch bestimmt, selbst wenn der Preis an einem bestimmten Tag 100 Dollar pro Aktie beträgt und nach ein paar Monaten nur noch zehn Dollar pro Aktie. Und wenn man die Professoren fragt, die Mr. Market untersuchen, sagen sie Ihnen, dass der Mann gesund ist – sie sagen Ihnen, sein Verhalten sei vollkommen rational und sie führen alle möglichen Gründe dafür an, wieso der rationale Preis des erwähnten Unternehmens erst 100 und dann zehn Dollar betragen hat. Ich nehme an, wenn die Irrenwärter selbst irre sind, dann sind alle „normal“.

Kommen wir noch einmal auf den Maserati zurück. Wenn der Maserati-Händler ebenfalls manisch-depressiv wäre, könnte

* Im gleichnamigen Musical versucht eine Waise, ihre Eltern zu finden. Im Lied „Tomorrow“ singt sie, dass die Sonne auch morgen aufgehen und sie den Kopf nicht hängen lassen wird.

er den Wagen erst für 145.000 Dollar und ein Jahr später vielleicht für 50.000 Dollar anbieten. Wenn wir das Auto für 145.000 Dollar kaufen und ein paar Wochen später wieder verkaufen, machen wir Verlust. Aber wenn wir das Auto für 50.000 Dollar bekommen könnten, dann würden wir – obwohl wir keine professionellen Autohändler sind – sogar dann Gewinn machen, wenn wir es schon am nächsten Tag wieder verkaufen müssten. Sehen Sie, was für einen großen Unterschied der Preis ausmacht?

Das Geheimnis, wie man durch den Kauf von Unternehmen reich wird, besteht zu einem großen Teil darin, dass man weiß, was sie wert sind. Es ist aber genauso wichtig zu wissen, was sie nicht wert sind.

Wenn wir wissen, dass (1) Preis nicht gleich Wert ist und dass (2) Mr. Market von Zeit zu Zeit verrückte Aktienkurse festlegt, dann wissen wir, dass wir – falls wir die Unternehmen, die wir eventuell kaufen wollen, richtig bewerten können – nur geduldig darauf warten müssen, dass uns Mr. Market das Unternehmen zum passenden Preis anbietet; das ist der Preis, zu dem wir mit Sicherheit Geld verdienen.

Manche Investoren glauben, großartige Unternehmen gäbe es nie zum Sonderpreis, und damit haben sie normalerweise Recht. Aber „normalerweise" ist nicht das Gleiche wie „immer". Ich gebe Ihnen ein paar Beispiele aus der jüngeren Vergangenheit, dass Mr. Market großartige Unternehmen fehlbewertet hat (fragen Sie sich nicht, wie ich auf die genannten Preisempfehlungen gekommen bin, denn ich zeige Ihnen schon bald, wie Sie das für jedes Unternehmen problemlos ausrechnen können):

2000 Apollo (APOL): Die großen Fünf verliefen stetig und waren sehr gut. Der Umsatz wuchs um durchschnittlich 35 Prozent, der Gewinn pro Aktie um 35 Prozent, das Eigenkapital um 36 Prozent, der Cashflow um 30 Prozent und das ROIC um 18 Prozent. Historisches Wachstum 35 Prozent. Analystenschätzungen 25 Prozent. Wenn die Analysten Recht hatten, lag der empfohlene Preis vorsichtig geschätzt bei 40 Dollar. Ich vermute, Mr. Market traute den eigenen Analysten nicht. Sein Preis: zehn Dollar. Mr. Markets Preis im Mai 2005: 79 Dollar. Der durchschnittliche kumulierte Jahresertrag über fünf Jahre beläuft sich auf 52 Prozent.

2003 Walgreens (WAG): Umsatzwachstum 15 Prozent, EPS-Wachstum 17 Prozent, Eigenkapitalwachstum 15 Prozent, Cashwachstum 15 Prozent ... alles stetig. ROIC 15 Prozent. Wenn die Analysten das künftige Wachstum richtig schätzten, ergab sich ein Preis von 44 Dollar. Mr. Market verlangte nur 27 Dollar. Warum? Durch die Rezession vom Einzelhandel abgeschreckt. Preis im Mai 2005: 45 Dollar beziehungsweise 29 Prozent kumulierter Jahresertrag über zwei Jahre.

2000 Bed Bath & Beyond (BBBY): Umsatz, Gewinn, Kapital und Cashflow je 25 Prozent Wachstum, ROIC 19 Prozent. Empfehlungspreis 40 Dollar. Mr. Markets Schleuderpreis: 12 Dollar. Warum? Zusammenbruch des Marktes hat BBBY mitgerissen. Preis im Mai 2005: 40 Dollar. Kumulierte jährliche Anlagerendite über fünf Jahre: 27 Prozent.

2000 Starbucks (SBUX): Umsatz, Gewinn, Eigenkapital und Cashflow wuchsen um 24 Prozent. ROIC auf zehn Prozent. Empfehlungspreis laut Analystenschätzungen 60 Dollar. Mr. Market verkaufte für 14 Dollar. Preis im Mai 2005: 56 Dollar, also über fünf Jahre ein kumulierter Jahresertrag von 32 Prozent.

2001 Dell (DELL): Umsatz, EPS, Kapital und Cashflow mit 35 Prozent Wachstum. ROIC 40 Prozent. Unverbindliche Preisempfehlung unter der Annahme, dass die Analystenschätzungen zutrafen: 70 Dollar. Mr. Market hatte panische Angst vor Technologieaktien. Vor allen. Verkaufte Dell für 20 Dollar. Rechnen wir. Preis im Mai 2005: 40 Dollar respektive fünf Jahre lang 19 Prozent kumulierter Jahresertrag.

2000 Toll Brothers (TOL, Wohnungsbaugesellschaft): Umsatz, EPS, Eigenkapital und Cash mit 18 Prozent Wachstum. ROIC 12 Prozent. Bei richtiger Analystenschätzung des künftigen

Wachstums Preisempfehlung 25 Dollar. Mr. Market gab Immobilien günstig ab: neun Dollar. Preis im Mai 2005: 90 Dollar. Kumulierter Anlageertrag über fünf Jahre: 58 Prozent pro Jahr. Insgesamt brachten diese Aktien bis zum Jahr 2005 eine durchschnittliche Jahresrendite von 30 Prozent. Wenn man im Jahre 2000 in diesen Aktienkorb 10.000 Dollar investiert hätte, hätte er im Jahr 2005 einen Wert von 37.000 Dollar gehabt. Der S&P 500 gab in diesem Zeitraum durchschnittlich zwei Prozent ab und in einem marktbreiten Fonds wären aus den gleichen 10.000 Dollar nur 9.000 Dollar geworden. Wenn es in diesem Tempo weitergehen würde, könnten aus den 37.000 Dollar in 15 Jahren gut und gerne zwei Millionen Dollar werden, während die 10.000 Dollar als Anlage in einem Investmentfonds dann immer noch 10.000 Dollar sind.

Das Sicherheitspolster

Das Geheimnis, wie man mit dem Kauf von Unternehmen fantastische Erträge erzielt, besteht darin, dass wir den Gegenwert von einem Dollar für nur 50 Cent kaufen. Zuerst bestimmen wir den Wert – den empfohlenen Verkaufspreis. Dann bestimmen wir den Sicherheitspreis oder „MOS“-Preis – das ist der halbe Preis. Wenn wir die unverbindliche Preisempfehlung gut bestimmt haben, verdienen wir viel Geld. Haben wir das schlecht gemacht, haben wir immer noch die MOS und können aussteigen, ohne Regel 1 zu brechen. Cool!

Da wir keine Genies sind und da wir nicht vollkommen sind, ist es unglaublich wichtig, dass wir bei jedem Unternehmen, das wir kaufen, eine MOS haben, egal um was für ein Unternehmen es sich handelt. Wenn ich keinen MOS-Preis bekomme, kaufe ich nicht. Na hören Sie mal! Wenn ein Genie wie Warren Buffett auf einer MOS besteht, meinen Sie nicht, dann sollten wir das auch tun? Dieses eine entscheidende Wort – Sicherheitspolster – bringt Ihnen Millionen, wenn Sie es richtig machen. Und es bewahrt Sie vor Verlusten, wenn es einmal nicht so läuft wie geplant.

Einen Preis mit Sicherheitspolster zu bekommen ist nur einer der Schritte, die zur erfolgreichen Investmententscheidung nach Regel 1 gehören. Vergessen Sie nicht: Sie müssen erst eine vollständige Analyse der vier Ms durchführen, bevor Sie irgendein Unternehmen kaufen. Wenn Sie einfach nur auf MOS-Preise achten, aber Unternehmen kaufen, die keine Bedeutung für Sie haben, die keinen Burggraben haben, keine guten großen Fünf oder kein gutes Management – dann verletzen Sie Regel 1.

Gehen wir noch einmal in das Jahr 2000 und sehen uns ein paar Aktien an. Wenn der Empfehlungspreis für Harley im Jahr 2000 bei 50 Dollar lag, dann beträgt der MOS-Preis 25 Dollar. Falls Sie diesen Preis bekommen hätten, dann hätten Sie Ihren Laster mit Harley-Aktien beladen sollen! Wenn der Empfehlungspreis für GM 33 Dollar betrug, dann belief sich der MOS-Preis auf 17 Dollar. Von den 77 Dollar, die die Aktie im Jahr 2000 kostete, ist das zwar sehr weit entfernt, aber die 26 Dollar im Jahr 2005 kamen der Sache schon näher. Dell wurde im Jahr 2000 für 40 Dollar empfohlen, der MOS-Preis betrug 20 Dollar und gehandelt wurde die Aktie für 40 Dollar, also haben wir nicht gekauft. Das heißt nicht, dass das kein fairer Preis gewesen wäre. Eigentlich entsprach der Preis ja ziemlich genau dem Wert des Unternehmens, oder? In so einem Fall bleibt die Aktie auf unserer Watchlist, weil der Preis für uns noch nicht niedrig genug ist. Wir wollen Gewissheit haben. Und die haben wir nur, wenn wir einen Dollar für 50 Cent kaufen. Ein Jahr später kostete die Aktie nur noch 20 Dollar. Beharrlichkeit zahlt sich aus. Apollo hatte einen Empfehlungspreis von 40 Dollar und einen MOS-Preis von 20 Dollar. Da Mr. Market nur zehn Dollar haben wollte, machten wir ein sensationelles Geschäft.

Erfahrenen Investoren, die sich fragen, ob es hier um Value Investing geht, antworte ich: Nein, hier geht es um Regel-1-Investing. Der Unterschied zwischen

Regel-1-Investing und Value Investing ist folgender: Beim Value Investing kauft man Unternehmen, die kein Mensch haben will. Warren Buffett bezeichnet solche Unternehmen als „Zigarrenstummel"-Unternehmen – vielleicht ist ja noch ein Zug drin. Wir suchen aber keine Zigarrenstummel, sondern Maseratis im Sonderangebot. Wie schon gesagt, wir finden ein wunderbares Unternehmen, erfahren seinen Wert und dann warten wir einfach darauf, dass Mr. Market wieder einen Gefühlsausbruch hat und es uns zu einem günstigen Preis überlässt. Man nennt das Regel-1-Investing. Gewöhnen Sie sich daran!

Die MOS bringt nicht nur Geld, sondern sie verhindert auch, dass man mit Blasen Verlust macht. Im Jahr 2000 kosteten JDS Uniphase, Oracle, Microsoft, Apple, Intel und so gut wie alle anderen Nasdaq-Aktien, die zusammenbrachen, viel mehr als die unverbindliche Preisempfehlung. Coca-Cola, Disney und Gillette lagen ebenfalls weit über dem Empfehlungspreis. Telekom-Aktien? Weit darüber. Wenn man die Preisempfehlung und den MOS-Preis kennt, kauft man keine überteuerten Unternehmen – und das, liebe Freunde, erspart Ihnen eine Menge Kummer.
Jetzt wollen Sie wahrscheinlich unbedingt wissen, wie man den Wert – den Empfehlungspreis – eines Unternehmens bestimmt. Dazu kommen wir noch und dann haben Sie auch gleich den MOS-Preis.

MOS bei anderen Investments

Man kann das Prinzip der MOS auf alle Arten von Geldanlagen anwenden. Wenn Sie Regel-1-Investor sind, kaufen Sie Immobilien nicht nach dem „Dummen"-Prinzip der Immobilienspekulation, gemäß dem jeden Tag ein Dummer aufsteht (und in einem oder zwei Jahren zu Ihnen kommt, um mehr zu bezahlen als Sie). Nein, Sie kaufen Immobilien als Geschäft und mit einer dicken MOS. Dass ich im ersten Kapitel über Immobilienanlagen hergezogen bin (im Vergleich zum Kauf von Unternehmen), heißt nicht, dass man nicht auch in Immobilien investieren könnte. Die meisten von uns kaufen irgendwann Grundstücke oder Gebäude. Man kann in diesem Fall gewisse Elemente von Regel 1 anwenden, um den größtmöglichen Ertrag zu erzielen. Tatsächlich ist der Versuch, im Immobilienbereich MOS-Preise zu erzielen, die Reinform dieses Konzepts.

Ich habe einmal einem Farmer in Iowa 22 Hektar Brachland abgekauft. Das Land lag am Rande einer kleinen, wachsenden Stadt, aber nicht innerhalb der Stadtgrenze und es war nicht erschlossen. Ich bekam das Land für rund 12.000 Dollar pro Hektar. Es kostete also doppelt so viel wie Farmland und etwa ein Fünftel so viel wie die Grundstücke auf der anderen Straßenseite, die parzelliert waren und die an die Kanalisation sowie an das Wasserleitungsnetz angeschlossen waren. Ich schloss mein Land an die Wasser- und Abwasserleitungen in anderthalb Kilometer Entfernung an (ich durfte nicht einfach über die Straße gehen!), ich baute eine Straße, teilte die 22 Hektar in Parzellen zu 4.000 bis 12.000 Quadratmetern auf und verkaufte das Ganze – mit viel Hilfe von Freunden, die im Immobiliengeschäft tätig waren – in kleinen Portionen zu durchschnittlich 60.000 Dollar pro Hektar.

Die Differenz zwischen meinen Kosten einschließlich Erschließung und dem Preis nach Erschließung war mein Sicherheitspolster. Die MOS belief sich auf fast 30.000 Dollar pro Hektar. Falls nötig, hätte ich für den halben Preis verkaufen können und hätte trotzdem keinen Verlust gemacht. Warum sollten wir es nicht genauso machen, wenn wir ein Unternehmen kaufen wollen?

Der Immobilienunternehmer, der in ein gutes Viertel fährt und ein heruntergekommenes Haus findet, das mit viel Muskelschmalz gerichtet werden kann – damit meine ich nur Sachen wie Dach reparieren, Zaun streichen, Rasen mähen und Unkraut jäten –, schafft sich mit seinem Schweiß ein wunderbares

Sicherheitspolster. Wenn er fertig ist, hat das Haus nämlich einen ganz anderen Wert und die Differenz zwischen dem Preis, den er bezahlt hat, und dem neuen Wert ist die MOS. Wenn der Immobilienmarkt in der Gegend zurückgeht, kann er das Haus billiger verkaufen und trotzdem noch Gewinn machen. Diejenigen, die gekauft und gewartet haben, dass ein Dummer aufsteht, machen dagegen Verlust.

Aussteigen

Wenn wir gut gearbeitet haben, kaufen wir ein wunderbares Unternehmen zu einem attraktiven Preis. Nachdem wir gekauft haben, dauert es normalerweise nicht lange, bis Mr. Market seinen Fehler erkennt und das Unternehmen in Richtung Empfehlungspreis neu bewertet. Und wie wir später noch sehen werden, wird es Zeit auszusteigen (das Unternehmen zu verkaufen), wenn die unverbindliche Preisempfehlung erreicht ist.

Doch bevor wir uns genauer mit dem Ausstieg befassen, wollen wir uns erst noch den Einstieg genauer ansehen. Bis jetzt haben wir ein wunderbares Unternehmen und wissen, wo der attraktive Preis liegt. Im nächsten Kapitel stellen wir ein paar Berechnungen an, um Werte, Empfehlungspreise und MOS-Preise zu bestimmen.

Kapitel 9 – Die Berechnung der Preisempfehlung

„In der Mathematik versteht man die Dinge nicht. Man gewöhnt sich nur an sie."

– Johann von Neumann (1903–1957)

Der Empfehlungspreis hat in der Finanzwelt viele Namen, unter anderem „innerer Wert", „angemessener Wert", „fairer Preis". Es ist ganz egal, wie wir ihn bezeichnen. Nennen Sie ihn, wie Sie wollen. Ich nenne ihn Empfehlungspreis oder unverbindliche Preisempfehlung. Bedenken Sie immer, was damit gemeint ist: Das ist der Preis, der angemessen ist – weder zu hoch noch zu niedrig. Das ist der Preis, zu dem der Markt das Unternehmen eigentlich verkaufen sollte, was er aber häufig nicht tut.

Also, der Name ist egal; das Wichtigste am Empfehlungspreis ist, das wir ihn richtig ermitteln. Das Wesen des Regel-1-Investings besteht darin, dass man Aktien so kauft, als würde man ganze Unternehmen kaufen – und Unternehmen sind kein Papier. Sie sind auch keine materiellen Güter (erinnern Sie sich noch an das Beispiel mit dem Auto?). Unternehmen haben Mitarbeiter, Gebäude, Maschinen und Geräte, die gemeinsam dafür sorgen, dass Produkte hergestellt werden und Geld verdient wird. Der Preis eines Unternehmens ist mehr als die Summe seiner Teile. Der Wert eines Unternehmens beruht zum größten Teil darauf, wie viel Geld es seinen Besitzern in Zukunft bringen wird. Wie viel das ist, weiß niemand genau, und deshalb kennt auch niemand den exakten Empfehlungspreis. Die Berechnung von Empfehlungspreisen gehörte zu den Spezialitäten von Benjamin Graham. Er brachte seine Methode Warren Buffett bei, dieser wandelte sie leicht ab und gab sie an andere Investoren weiter

– entweder persönlich oder mittels seiner Reden und Briefe. Ich habe die Prozedur von meinem Lehrer, dem Wolf, gelernt. Ich habe sie ein bisschen abgewandelt, damit sie sich für den heutigen Durchschnittsanleger eignet, und ich bezeichne sie als Regel-1-Investing.

Wenn Sie zum Fachmann für Regel-1-Investing werden wollen, müssen Sie zum Meister der Berechnung von Empfehlungspreisen werden. Die Berechnung ist ganz einfach und immer ziemlich gleich, sodass das automatisch geht, wenn man es ein paarmal gemacht hat. Beim ersten Mal erschlagen einen die Zahlen vielleicht, aber gehen Sie es einfach ganz langsam an. Lesen Sie den einen oder anderen Abschnitt einfach noch einmal. Bedenken Sie, dass ich Ihnen hier die einfache Berechnung im Kopf – ohne Rechner – erkläre, damit Sie die Rechner verstehen, die Sie dann aus Gründen der Schnelligkeit, der Bequemlichkeit und größeren Genauigkeit benutzen werden. Sie werden schon bald in der Lage sein, den Empfehlungspreis für jedes beliebige Unternehmen zu berechnen – und vielleicht sind Sie irgendwann so routiniert, dass Sie nur einen Blick auf die Zahlen zu werfen brauchen und ohne Berechnungen sofort wissen, was sie bedeuten.

Wie ich schon sagte, besteht der Schlüssel zur Ermittlung des Empfehlungspreises nach Regel 1 darin, dass man Unternehmen – nicht Aktien – kauft und dass man beim Kauf Schutzschichten darum aufbaut. Diese Schichten sind die Dinge, die Sie bisher in diesem Buch gelernt haben. Die erste Schicht besteht darin, ausreichend zu begreifen, was es bedeutet, in dieser Branche aktiv zu sein, damit man weiß, dass das Unternehmen eine langfristige Perspektive hat. Zweitens muss man darauf achten, dass das Unternehmen einen breiten Burggraben hat, damit man aus den großen fünf Zahlen der Vergangenheit vernünftige Voraussagen über die Zukunft treffen kann. Achten Sie drittens darauf, dass Ihnen der Manager gefällt, denn dann wissen Sie, dass er oder sie sich wie ein langfristig orientierter Inhaber verhält. Die vierte und vielleicht wichtigste Schutzschicht ist das Sicherheitspolster beim Kauf, damit man sich nicht die Finger verbrennt, wenn etwas schiefgeht. Die vier Schichten sind die vier Ms. Das vierte M, nämlich die MOS oder das Sicherheitspolster, wollen wir in diesem Kapitel vervollständigen. Zu diesem Zweck müssen wir noch den richtigen Empfehlungspreis berechnen.

Um den richtigen Empfehlungspreis zu ermitteln, benötigen wir vier Zahlen, mit denen wir die Berechnungen anstellen können. Lassen Sie mich zunächst erklären, welche Zahlen ich damit meine, und dann bringe ich Ihnen bei, wie man daraus die unverbindliche Preisempfehlung errechnet.

Ich erkläre Ihnen hier, wie man einen realistischen Empfehlungspreis ohne Rechner ermitteln kann. Für all jene, die keine Lust haben, Zahlen in Ihrem Kopf hin- und herzuschieben (und glauben Sie mir, ich habe dafür größtes Verständnis), haben ein paar Freunde von mir spezielle Rechner gebaut und auf meine Website gestellt. Wenn Sie wollen, können Sie ja auf www.ruleoneinvestor.com gehen und diese Rechner benutzen, während Sie dieses Kapitel lesen. Nach jedem Schritt des Verfahrens (den Sie schriftlich oder im Kopf ausrechnen), erkläre ich, wie man das Gleiche mit meinen Rechnern macht. Und falls Sie lieber gleich mit Excel-Tabellen arbeiten – auch die gibt es auf meiner Website.

Die Ermittlung der unverbindlichen Preisempfehlung

Für die Ermittlung des Empfehlungspreises müssen wir vier Zahlen parat haben:

> *1. das aktuelle EPS*
> *2. das geschätzte künftige EPS-Wachstum*
> *3. das geschätzte künftige KGV*
> *4. die minimale akzeptable Ertragsrate des Investments*

Warum gerade diese Zahlen? Der Empfehlungspreis berechnet sich auf der Grundlage des Geldes, das ein Unternehmen in Zukunft verdienen wird. Das Geld, das ein Unternehmen verdient, nennt man Gewinn (oder Profit oder Überschuss) und der genaueste Gewinn, der den Inhabern gemeldet wird, ist der Gewinn pro Aktie, kurz EPS genannt. Als Erstes müssen wir also wissen, wie hoch das EPS in Zukunft sein wird. Genauer gesagt wollen wir wissen, wie das EPS in zehn Jahren aussieht. Und zur Berechnung des künftigen EPS brauchen wir zwei Zahlen, nämlich das aktuelle EPS und die geschätzte künftige Wachstumsrate des EPS. Wenn man das aktuelle EPS mit der geschätzten Wachstumsrate der kommenden zehn Jahre hochrechnet, erhält man das EPS in zehn Jahren.

Wenn wir das künftige EPS kennen, können wir den Marktpreis in zehn Jahren ausrechnen. Das ist ganz leicht. Mr. Market verlangt für die Unternehmen ein bestimmtes Vielfaches ihres Gewinns. Dieses Vielfache bezeichnet man als Kurs-Gewinn-Verhältnis oder KGV. Wir müssen das beste KGV für die Zukunft herausfinden – wie das geht, erkläre ich gleich noch – und diese Zahl mit dem künftigen EPS multiplizieren. Dann haben wir den Marktpreis des Unternehmens in zehn Jahren.

✖ *Der Empfehlungspreis jedes Unternehmens basiert auf seinem künftigen EPS und seinem künftigen KGV. Das heißt, wenn wir herausfinden können, wie EPS und KGV zum Beispiel in zehn Jahren aussehen, können wir diese beiden Zahlen miteinander multiplizieren und so den*

Marktpreis in zehn Jahren berechnen. Von da aus können wir rückwärts rechnen und so den heutigen Empfehlungspreis bestimmen.

Wenn wir den Marktpreis eines Unternehmens in zehn Jahren kennen – wenn wir eine Kristallkugel haben und sehen, was das Schicksal mit ihm vorhat –, können wir ganz leicht entscheiden, wie viel wir heute dafür bezahlen wollen; das leuchtet wohl jedem vernünftigen Menschen ein. Wir brauchen bloß noch zu wissen, wie viel Jahresertrag wir mindestens haben wollen. Eigentlich wissen Sie das ja schon, denn der Mindestertrag, den Regel-1-Investoren akzeptieren, beträgt 15 Prozent im Jahr. Mit diesem Wissen können wir den überaus wichtigen Empfehlungspreis berechnen.

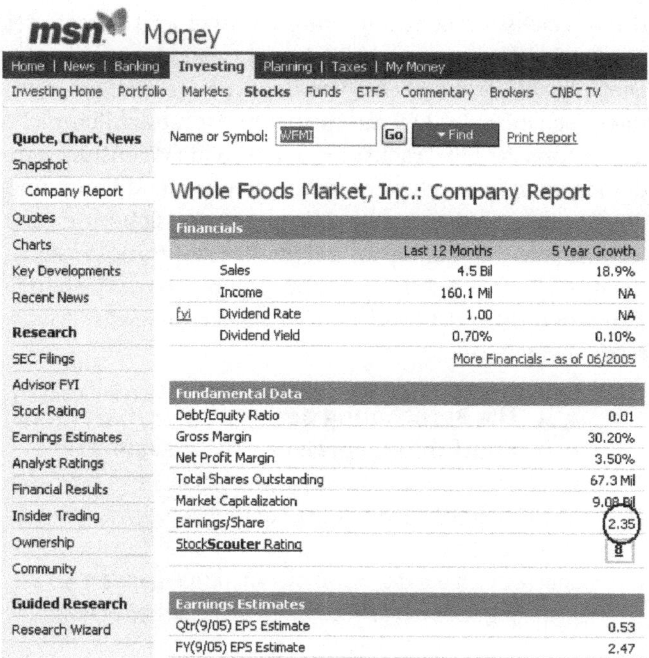

Das aktuelle EPS

Für das aktuelle EPS sind keine komplizierten Berechnungen nötig, denn es ist auf den meisten Finanzseiten im Internet leicht zu finden. Dort wird es manchmal als „TTM EPS" bezeichnet, wobei „TTM" für „Trailing Twelve Months" steht, also die „letzten zwölf Monate". Der Abkürzung „TTM" begegnet man ziemlich häufig, wenn Zahlen für die letzten vier Quartale angegeben werden. Wie die EPS-Zahlen bei MSN dargestellt werden, können Sie auf Seite 199 sehen.

Das geschätzte EPS-Wachstum

Die zweite Zahl, also die geschätzte künftige Wachstumsrate des EPS, bekommen wir aus der Vorarbeit, die wir mit den großen Fünf geleistet haben (in Kapitel 6). Es ist logisch, dass wir für die Voraussage des künftigen EPS-Wachstums das historische Wachstum betrachten müssen. Aber jetzt kommt der Punkt, der auf den ersten Blick nicht ganz logisch klingt: Diejenige historische Zahl, die uns am besten über das künftige Wachstum des EPS Auskunft gibt, ist tatsächlich nicht das historische EPS-Wachstum, sondern die Wachstumsrate des Eigenkapitals. Ich weiß, dass das verwirrend klingt und der Intuition widerspricht, aber prägen Sie sich bitte ganz fest ein, dass die wichtigste Zahl für die Ermittlung des künftigen Gewinnwachstums eines Unternehmens das bisherige Kapitalwachstum ist – und nicht das bisherige Gewinnwachstum. Aber wieso?

✕ Die Berechnung des Empfehlungspreises – Kurzfassung:

1. *Berechnen Sie das künftige EPS, indem Sie das aktuelle EPS zehn Jahre um das geschätzte EPS-Wachstum wachsen lassen.*
2. *Berechnen Sie den künftigen Marktpreis, indem Sie das künftige EPS mit dem künftigen KGV (dessen Berechnung ich noch erklären werde) multiplizieren.*

3. Berechnen Sie den Empfehlungspreis, indem Sie den künftigen Marktpreis um die kleinste akzeptable Ertragsrate verringern.

Dass Regel 1 für die Berechnung von zehn Jahren ausgeht, hat zwei einfache Gründe:

1. Die 10-10-Regel: Wir kaufen ein Unternehmen nicht einmal für zehn Minuten, wenn wir es nicht für zehn Jahre haben wollen.
2. Praxistauglichkeit: 20 Jahre reichen für vernünftige Prognosen zu weit in die Zukunft und fünf Jahre sind für eine langfristige Anlage zu kurz.

Deshalb funktioniert das mit zehn Jahren am besten.

Die Mehrung des Eigenkapitals zeigt, dass das Unternehmen bisher in der Lage ist, jedes Jahr mehr überschüssiges Geld zu erwirtschaften. Dieser Geldüberschuss macht das Unternehmen für die Besitzer wertvoll, denn der wahre Wert eines Unternehmens besteht in dem Geld, das man Jahr für Jahr von ihm bekommen kann. Denken Sie einmal kurz darüber nach: Wenn der Waschsalon, den Sie gerade für 100.000 Dollar gekauft haben, keinen Überschuss abwirft, was haben Sie dann von dem Besitz, außer frisch gestärkten Hemden? Nichts. Null. Der gesamte Gewinn fließt in das Geschäft zurück, damit es weiterlaufen kann. Wenn das immer so bleibt, bringt Ihnen das Geschäft keinen Cent, oder? Wenn jedoch der Waschsalon, für den Sie 100.000 Dollar bezahlt haben, jedes Jahr 20.000 Dollar Bares bringt, dann wächst Ihr Kapital um diesen Betrag. Der Wert des Unternehmens wächst eindeutig mit dem Wert des Kapitals. Ein Unternehmen, dessen Geldüberschuss um jährlich 20 Prozent wächst, hat jedes Jahr mehr Geld für die Inhaber übrig. Deshalb schrieb Warren Buffett im Jahr 2004 in seinem Vorstandsbrief, dass die beste Näherungszahl für das Wachstum des inneren Wertes (des Empfehlungspreises) das Kapitalwachstum sei.

Ich habe ja in Kapitel 6 schon angedeutet, dass uns das Kapitalwachstum eines Unternehmens wichtiger ist als die anderen drei Wachstumszahlen (EPS, Umsatz, Cashflow). Warum? Das Wachstum des Empfehlungspreises – des Unternehmenswertes – folgt am engsten dem Kapitalwachstum, weil wachsendes Kapital auf zunehmendem Geldüberschuss beruht ... und das überschüssige Geld ist das, was einem Unternehmen einen Wert verleiht. Aus diesem Grund geben wir den Zahlen zum Kapitalwachstum bei der Schätzung der künftigen Wachstumsrate den Vorzug.

Wir räumen dem Eigenkapital zwar die Priorität ein (weil wir wissen, dass es der beste Indikator für künftiges Wachstum ist), aber wir überprüfen trotzdem auch die anderen Wachstumsraten, um die beste Zahl für die Schätzung des Gewinnwachstums zu finden. Dabei achten wir auf Stetigkeit und eine vernünftige Wachstumsrate, die das Unternehmen halten kann. Wenn die Zahl, für die Sie sich entscheiden, nicht ziemlich eindeutig ist und wenn Sie das Gefühl haben, dass Sie aufgrund uneinheitlicher Zahlen eher raten müssen, dann sollten Sie das Unternehmen nicht kaufen. Gerade als Anfänger sollte man Geduld haben und auf eindeutige Gelegenheiten warten.

Da das geschätzte Wachstum eines Unternehmens eine so große Bedeutung hat, holen wir eine zweite Meinung dazu ein. Es wäre doch nicht schlecht, wenn wir wüssten, was die professionellen Analysten von der künftigen Wachstumsrate erwarten, oder? Mindestens einmal im Quartal geben die Profi-Analysten Wachtumsschätzungen für die nächsten fünf Jahre ab. Da diese Information für die Investoren sehr wichtig ist, wird sie auf den meisten Finanzseiten angegeben. Die meisten holen sich diese Zahlen von der gleichen Quelle, nämlich bei Zacks. Dafür kann man entweder direkt zu www.zacks.com gehen und gegen Bezahlung die Bandbreite der Analystenschätzungen für jedes Unternehmen einsehen, oder man begnügt sich mit den durchschnittlichen Analystenschätzungen, die auf Ihrer

Lieblingsseite angegeben werden. Bei MSN Money heißt diese Zahl – die wohlgemerkt mehr auf dem Gewinn als auf dem Eigenkapital (unserem Lieblingsindikator) basiert – „Earnings Estimate“ und sieht so aus:

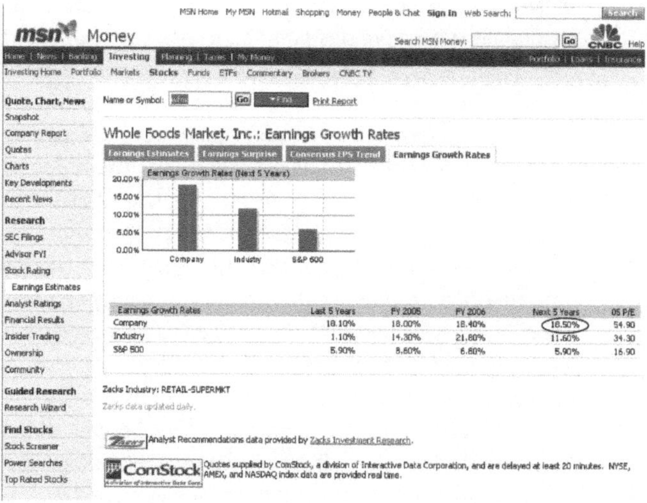

Wir müssen nun die historische Wachstumsrate des Unternehmens, für die wir uns entschieden haben, mit den Profischätzungen des künftigen Wachstums vergleichen. Wenn diese beiden Zahlen nicht zusammenpassen (wenn zum Beispiel die Analysten für die Zukunft ein viel schnelleres Wachstum als in der Vergangenheit erwarten), dann müssen wir uns entscheiden, welcher Zahl wir bei der Berechnung des künftigen Preises für das Unternehmen mehr trauen. Für den Anfang nehmen wir die kleinere, also die konservativere Zahl. Wenn das bisherige Wachstum unter den Analystenschätzungen liegt, nehmen wir den historischen Wert. Wenn die Analysten ein geringeres Wachstum als unsere historische Wachstumsrate voraussagen, nehmen wir die Analystenzahl. Später, wenn Sie mehr Erfahrung haben, können Sie auch die höhere Zahl nehmen, wenn Sie der Meinung sind, dass sie gerechtfertigt ist.

Einige von Ihnen denken jetzt vielleicht, dass die Analysten weit daneben liegen können oder dass das historische Wachstum das künftige nicht unbedingt exakt voraussagt. Beides ist richtig. Manche Unternehmen, vor allem relativ junge Unternehmen, haben unter Umständen fürchterliche Wachstumsraten (oder gar keine) und trotzdem prophezeien die Analysten wunderbares Wachstum. Solche Unternehmen scheiden bei der Regel-1-Analyse von vornherein aus, aber sie können in ein separates Portfolio wandern, das ich als „Risky Biz" [riskantes Geschäft; Anm. d. Übers.] bezeichne. Dort können Sie größere Risiken in Kauf nehmen, wenn Sie der Meinung sind, dass sich ein Unternehmen zukünftig ganz anders entwickelt als in der Vergangenheit.

Ich habe für mein „Risky Biz"-Portfolio (das maximal zehn Prozent meiner Positionen enthält) zum Beispiel einen Schwung Google-Aktien gekauft, weil sie unglaublich billig waren, sofern die Schätzungen der Analysten und die historischen Wachstumsraten stimmten. Aber wie Sie wissen, kann ich nicht voraussagen, ob Google in 10 oder 20 Jahren noch existiert, und deshalb scheidet es als solides Regel-1-Investment aus. Über „Risky Biz"-Investments erzähle ich Ihnen später noch mehr und gebe Ihnen Regeln an die Hand, an denen Sie sich orientieren können, falls Sie bereit sind, das Risiko einzugehen. Sie sollten niemals mehr als zehn Prozent Ihres Anlagevermögens in das „Risky Biz"-Portfolio investieren. Halten Sie sich für's Erste an die Grundregeln von Regel 1 und kaufen Sie nur Unternehmen, die echte Regel-1-Unternehmen sind – eben Unternehmen mit soliden und steten großen Fünf.

Das geschätzte künftige KGV

Wenn wir das künftige EPS-Wachstum geschätzt haben (und es als Regel-1-Wachstumsrate bezeichnet haben) – auch hier wieder aufgrund der historischen Zahlen oder der Voraussagen der Analysten – müssen wir wissen, welches Vielfache des EPS wir einem Unternehmen in zehn Jahren zuschreiben können, damit wir von da aus den Wert der Aktie bestimmen können. Wir brauchen diesen Faktor (das Kurs-Gewinn-Verhältnis oder KGV), um von dem Gewinn pro Aktie auf den Preis pro Aktie zu kommen. Wenn ein Unternehmen zum Beispiel in zehn Jahren einen Dollar pro Aktie verdient, kann der angemessene Preis pro Aktie je nach dem künftigen KGV, mit dem wir ihn multiplizieren, zwischen 5 und 50 Dollar liegen.

Es kommt fast nie vor, dass ein Unternehmen für den Gewinn pro Aktie verkauft wird und somit ein KGV von 1 hat. Das wäre nämlich viel zu preiswert, weil der Verkäufer in diesem Fall nur das bekommt, was er in einem Jahr sowieso bekommen hätte. Wenn das Unternehmen, das Ihnen gehört, einen Dollar pro Aktie verdient – würden Sie es dann für einen Dollar pro Aktie verkaufen? Nur wenn Sie der Meinung wären, dass es sofort bankrott macht! Andernfalls wissen Sie ja, dass Sie den Dollar sowieso bekommen würden. Sie brauchen nichts zu verkaufen, um den Dollar zu bekommen. Fünf oder zehn Dollar würden Sie für den einen Dollar Gewinn pro Aktie schon nehmen, aber nicht einen Dollar. Anders gesagt würden Sie für ein KGV von 5 oder 10 durchaus verkaufen, nicht aber für ein KGV von 1.

Mr. Market geht folgendermaßen vor: Wenn er glaubt, dass das Unternehmen wirklich schnell wächst, nimmt er ein hohes KGV, vielleicht 50. Wenn er glaubt, dass es nicht besonders wächst, nimmt er ein niedriges KGV, zum Beispiel 5. Das KGV ist alles, woran Mr. Market im Hinblick auf die Zukunft denkt. Häufig denkt er überhaupt nicht – er reagiert emotional. Wenn das passiert, setzt er das KGV viel zu hoch oder viel zu tief an. Wir hoffen natürlich, dass er es viel zu tief ansetzt, wenn wir kaufen, und dass er es dann viel zu hoch ansetzt, damit wir für viel mehr Geld verkaufen können als wir erwartet hatten. Aber wenn es um die Entscheidung geht, ob wir ein Unternehmen kaufen, verwenden wir ein KGV, das einen Sinn ergibt – weder zu hoch noch zu tief. Genauso wie Goldlöckchen im Märchen wollen wir, dass das KGV „genau richtig“ ist.

Als einfache Faustregel für das KGV kann man das doppelte Regel-1-Wachstum nehmen. Das heißt, wenn ein Unternehmen unserer Meinung nach seinen Gewinn in den nächsten zehn Jahren um acht Prozent jährlich steigern kann, dann können wir damit rechnen, dass es in zehn Jahren ein KGV von 16 hat (wenn es in der gleichen Geschwindigkeit weiterwächst). Wir bezeichnen das als Standard-KGV. Wenn wir nichts anderes haben, benutzen wir das Standard-KGV – aber natürlich haben wir schon etwas, mit dem wir arbeiten können – das historische KGV. Jedes gute Unternehmen hat einen Gewinn pro Aktie und jedes gute Unternehmen hat einen Preis pro Aktie, also hat jedes gute Unternehmen ein KGV. Wir können uns das historische KGV ansehen und mit dem Standard-KGV vergleichen.

Ach ja, das scheinbar so wichtige Kurs-Gewinn-Verhältnis oder KGV. Vielleicht waren Sie überrascht, dass ich das KGV erst jetzt erwähne, wo doch so viele andere Finanzleute ständig davon reden. Lassen Sie sich von dem KGV nicht verwirren, wir machen das ganz einfach. Sie erinnern sich: Wir rechnen aus, was eine Aktie in zehn Jahren kosten sollte, und von da aus rechnen wir zurück, wie hoch der aktuelle Empfehlungspreis aussieht. Jede Aktie hat einen Preis, stimmt's? Und jede Aktie, die wir betrachten, hat einen Gewinn, stimmt's? Das KGV ist ganz einfach der Preis geteilt durch den Gewinn. Für Mathematikfreunde habe ich hier die Berechnungsformel:

$$\text{KGV} \times \text{EPS} = \text{Kurs} \quad \text{oder} \quad \text{KGV} = \frac{\text{Kurs}}{\text{EPS}}$$

Ein Beispiel: Angenommen, Starbucks hat momentan ein KGV von 42 und der Gewinn pro Aktie (EPS) beträgt einen Dollar. Was kostet Starbucks?

42 X 1 = 42 US-Dollar

Korrektissimo. Das KGV sagt, wie viel wir für einen Dollar Gewinn bezahlen, den das Unternehmen erzielt. Passen Sie auf, dass Sie das KGV nicht zu wichtig nehmen. Wir benutzen es nur als Werkzeug zur Berechnung des Empfehlungspreises. Abgesehen davon ist uns das KGV egal.

Sehen Sie sich einmal die folgende Liste von Regel-1-Unternehmen und ihre KGVs im Verhältnis zu den Analystenschätzungen des Gewinnwachstums im Jahr 2005 an:

	Geschätztes EPS-Wachstum in %	Aktuelles KGV
Starbucks	22	42
Apollo Group	24	76
Dell	15	31
Costco	12	22
Automated Data Processing	12	26
Paychex	16	34
Whole Foods Markets	19	44
Chicos	24	43
Anheuser Busch	9	17
Microsoft	11	25
Merck	7	13
Pfizer	9	23

Sehen Sie, dass die KGVs dieser Unternehmen ungefähr doppelt so groß sind wie ihr geschätztes EPS-Wachstum? Das ist bei Regel-1-Unternehmen ziemlich häufig so und deshalb nehmen wir das als grobe Annäherung für die Bestimmung einer unverbindlichen Preisempfehlung. Wenn sich das historische KGV von dem Standard-KGV unterscheidet, nehmen wir für unsere Berechnungen den niedrigeren Wert. Das durchschnittliche historische KGV beliebiger Unternehmen finden Sie auf jeder beliebigen Finanz-Website. Bei MSN Money sieht das so aus wie in der Abbildung unten.

Ein Beispiel: Wenn das Standard-KGV von Garmin (GRMN) 48 beträgt, weil wir das künftige Wachstum auf 24 Prozent pro Jahr schätzen und 2 x 24 = 48 ist – und wenn das durchschnittliche historische KGV bei 23 liegt (darauf komme ich, wenn ich in der Tabelle ein Maximum von 35 und ein Minimum von 12,1 sehe), dann nehmen wir als KGV die 23 und nicht die 48.

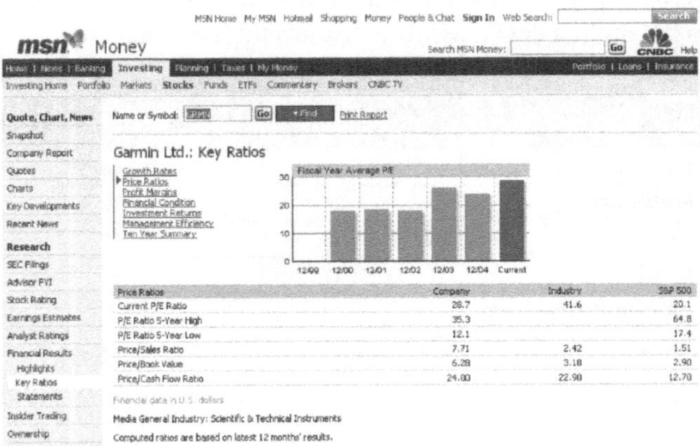

Price Ratios	Company	Industry	S&P 500
Current P/E Ratio	28.7	41.6	20.1
P/E Ratio 5-Year High	35.3		64.8
P/E Ratio 5-Year Low	12.1		17.4
Price/Sales Ratio	7.71	2.42	1.51
Price/Book Value	6.28	3.18	2.90
Price/Cash Flow Ratio	24.00	22.90	12.70

Die Tabelle zeigt als Beispiele vier Unternehmen mit ihren historischen und hochgerechneten Wachstumsraten und KGVs. Das Standard-KGV bestimmt man dann durch Verdopplung der Regel-1-Wachstumsrate. Das „Regel-1-KGV“ ist entweder das historische oder das Standard-KGV, je nachdem welcher Wert niedriger ist. Die Beispiele in der Tabelle auf Seite 207 stammen aus dem Jahr 2000.

Unternehmen	Analysten-schätzung Wachstum	Historisches Wachstum (Eigenkapital)	Regel-1-Wachs-tum	Stdrd.-KGV	Hist. KGV	Regel-1-KGV
Harley-Davidson (HDI)	**24 %**	**24 %**	**24 %**	**24 x 2 = 48**	**46**	**46**
General Motors (GM)	**10 %**	**6 %**	**6 %**	**6 x 2 = 12**	**15**	**12**
Dell Computers (DELL)	**20 %**	**17 %**	**17 %**	**17 x 2 = 34**	**40**	**34**
Apollo Group (APOL)	**20 %**	**35 %**	**20 %**	**20 x 2 = 40**	**45**	**40**

Noch einmal: Das Regel-1-Wachstum ist die Analystenschätzung oder der historische Wert, je nachdem welcher Wert niedriger ist. Das Regel-1-KGV ist das Standard-KGV oder das historische KGV, je nachdem welcher Wert niedriger ist. Wenn wir die Wachstumsrate und das KGV gemäß Regel 1 geschätzt haben, können wir weitermachen.

4. Die minimale akzeptable Ertragsrate

Die minimale akzeptable Ertragsrate von Regel-1-Investments beträgt 15 Prozent im Jahr. Der Empfehlungspreis ist der Höchstpreis, zu dem wir für unser Geld in den nächsten zehn Jahren die 15 Prozent Ertrag gerade noch bekommen. Das heißt, der Wert des Unternehmens ist für uns der Preis, der uns in den kommenden zehn Jahren eine kumulierte Jahresrendite von 15 Prozent bringt – vorausgesetzt, unsere Prognosen sind korrekt und alles klappt perfekt. Aber natürlich klappt fast nie etwas perfekt und wir brauchen zwischen der Preisempfehlung und unserem Kaufpreis ein dickes Sicherheitspolster.

➡ Die minimale akzeptable Ertragsrate von Regel-1-Investments beträgt 15 Prozent im Jahr. Akzeptieren Sie nicht weniger!

Die 15 Prozent sind nicht einfach aus der Luft gegriffen. Ich benutze diese Zahl, weil sie die vernünftigerweise zu erwartende Inflation abdeckt, weil sie die Steuern abdeckt, die eines

Tages bei der Realisierung der Gewinne anfallen, und weil sie das Risiko abdeckt, das dadurch entsteht, dass ich mein Geld Dritten anvertraue. Die 15 Prozent sind allerdings nicht so hoch gegriffen, dass man keine wunderbaren Unternehmen finden könnte, die einem den passenden Ertrag bringen. Das hat mir mein Lehrer, der Wolf, beigebracht (und Gerüchten zufolge ist das auch der Standardertrag, den Warren Buffett ansetzt). Kurz gesagt sind 15 Prozent eine sehr gute Ertragsrate und wenn wir das über viele Jahre bekommen, werden wir mit Sicherheit reich. Schreiben Sie sich das hinter die Ohren: 15 Prozent sind der kleinste akzeptable Jahresertrag. Alles, was voraussichtlich weniger abwirft, kaufen wir nicht.

Die 72er-Regel

Da wir jetzt die vier Zahlen kennen, die wir für die Berechnung der unverbindlichen Preisempfehlung brauchen, erkläre ich Ihnen, wie man das im Kopf machen kann. Als Erstes brauchen wir das EPS in zehn Jahren. Das berechnen wir aus dem aktuellen EPS und dem geschätzten EPS-Wachstum. Lesen Sie das Folgende zuerst ganz durch, damit Sie nicht durcheinander kommen: Die EPS-Wachstumsrate verdoppelt den Gewinn in einer bestimmten Anzahl von Jahren. Wir wollen wissen, wie viele Jahre es dauert, bis sich das aktuelle EPS bei der gegebenen EPS-Wachstumsrate verdoppelt. Wir erhalten diese Anzahl, indem wir 72 durch die geschätzte EPS-Wachstumsrate teilen. Nehmen wir an, das EPS beträgt derzeit einen Dollar und wir schätzen, dass der Gewinn pro Aktie um 24 Prozent pro Jahr wächst. Laut 72er-Regel müssen wir also 72 durch 24 teilen. 24 passt dreimal in 72. Das heißt, wenn der Gewinn pro Jahr um 24 Prozent wächst, verdoppelt sich der Dollar alle drei Jahre.

Genau berechnet verdoppelt sich der Gewinn bei einer Wachstumsrate von 24 Prozent alle 3,2 Jahre. Das bedeutet, dass die 72er-Regel im Bereich von zehn Prozent sehr genau ist, dass sie aber immer ungenauer wird, je weiter man sich von zehn Prozent entfernt. Für unsere Zwecke ist die 72er-Regel aber genau genug, denn wir kaufen sowieso nichts Grenzwertiges.

Eigentlich wollen wir ja herausfinden, wie groß das EPS in zehn Jahren ist; wie viele Verdopplungen erwarten wir also? Wir haben mit der 72er-Regel ausgerechnet, dass sich das EPS alle drei Jahre verdoppelt, also in zehn Jahren ungefähr dreimal. Ich sage „ungefähr", weil die 72er-Regel nur eine Annäherung ist und nicht alles so genau zu sein braucht. Für unsere Zwecke eignet sie sich allerdings sehr gut und sie hat den Vorteil, dass wir alles im Kopf rechnen können.

Jetzt wissen wir, dass wir bei einem Gewinnwachstum von 24 Prozent in zehn Jahren drei Verdopplungen haben: Ein Dollar verdoppelt sich in den ersten drei Jahren auf zwei Dollar, in den zweiten drei Jahren auf vier Dollar und die vier Dollar verdoppeln sich im dritten 3-Jahres-Zeitraum auf acht Dollar. Deshalb erwarten wir, dass das EPS in zehn Jahren etwa um die acht Dollar liegt. Ich gratuliere Ihnen, denn Sie haben soeben die schwierigste Rechnung durchgeführt, die Sie für Regel-1-Investing benötigen. Jetzt brauchen Sie nur noch die gleiche Rechnung mit anderen Zahlen vorzunehmen. Und wenn Sie das nicht machen wollen, können Sie das von meinen Rechnern erledigen lassen.

Vom künftigen EPS zum Marktpreis

Wenn wir das EPS in zehn Jahren kennen, können wir mithilfe des KGVs ausrechnen, was eine Aktie des Unternehmens in zehn Jahren kostet – also den künftigen Marktpreis. Multiplizieren Sie einfach das künftige EPS mit dem künftigen KGV. Nehmen wir einmal an, Mr. Market vergibt ein KGV von 40, weil das historische KGV mit 40 niedriger war als das Standard-KGV von 48 (das Standard-KGV ist ja einfach die Verdopplung des Regel-1-Wachstums, hier also 24 Prozent mal zwei). Das heißt, dass der Aktienkurs in zehn Jahren rund 320 Dollar beträgt (KGV 40 mal EPS acht Dollar).

Vom künftigen Marktpreis zum Empfehlungspreis

Wir können auf Grundlage des künftigen Marktpreises den Empfehlungspreis für das Unternehmen berechnen. Dafür benutzen wir wieder die 72er-Regel.
Unsere gewünschte Mindestertragsrate beträgt 15 Prozent. Laut 72er-Regel verdoppelt dieser Ertrag Ihr Geld alle fünf Jahre (72 durch 15 ergibt ungefähr 5). Dank unserer Mindestertragsrate können wir also damit rechnen, dass sich unser Geld in zehn Jahren zweimal verdoppelt (zehn Jahre durch fünf macht zwei Verdopplungen). Das bedeutet, dass aus der Preisempfehlung durch zwei Verdopplungen der künftige Marktpreis wird. Wenn man einen Dollar auf zwei Dollar verdoppelt und dann die zwei Dollar auf vier Dollar verdoppelt, hat man zweimal verdoppelt. Dabei fällt Ihnen vielleicht auf, dass ein Dollar ein Viertel von vier Dollar ist. Wenn wir den künftigen Aktienkurs kennen, brauchen wir ihn also nur durch vier zu teilen und schon haben wir die unverbindliche Preisempfehlung. Das können wir immer so machen, weil unser Mindestertrag von 15 Prozent immer gilt (er ist eine Konstante) und weil uns ein Viertel des künftigen Aktienkurses immer den korrekten Empfehlungspreis angibt, wenn wir 15 Prozent haben wollen. Schlaue Sache das.
Kehren wir nun zu unserem Beispiel zurück. Wenn wir erwarten, dass das Unternehmen in zehn Jahren einen Aktienkurs von 320 Dollar hat, teilen wir die 320 Dollar einfach durch vier und erhalten eine unverbindliche Preisempfehlung von 80 Dollar. Wenn ich in den nächsten Jahren mindestens 15 Prozent pro Jahr verdienen will, muss ich das Unternehmen jetzt für 80 Dollar oder weniger kaufen.

Bei einem angenommenen Jahresertrag von 15 Prozent beträgt die unverbindliche Preisempfehlung immer ein Viertel des Preises in zehn Jahren. Das liegt daran, dass sich bei einer jährlichen Zunahme von 15 Prozent gemäß der 72er-Regel jeder beliebige Preis alle fünf Jahre einmal und somit alle zehn Jahre zweimal verdoppelt. Zwei Verdopplungen sind eine Vervierfachung. Umgekehrt braucht man den künftigen Marktpreis nur durch vier zu teilen.

Vom Empfehlungs- zum Sicherheitspreis (MOS)

Vergessen Sie nicht: Wir bezahlen nie den Empfehlungspreis. Wir wollen immer einen Dollar für 50 Cent haben. Wir wollen immer, immer, wirklich immer ein dickes Sicherheitspolster – eine große MOS. Dafür müssen wir ein Unternehmen 50 Prozent unter der unverbindlichen Preisempfehlung kaufen. Wir wollen es haben, wenn großer Ausverkauf angesagt ist. In unserem Beispiel liegt die Preisempfehlung bei 80 Dollar und was die Hälfte davon ist, können wir ja locker ausrechnen. Der Aktionspreis, zu dem wir das Unternehmen haben wollen, also der MOS-Preis, beträgt 40 Dollar. Wenn wir dieses wunderbare Unternehmen für einen Aktienkurs von 40 Dollar kaufen können, haben wir ein urgemütliches Polster für die 15 Prozent, die wir haben wollen, indem wir das Unternehmen in zehn Jahren für 320 Dollar wieder verkaufen. Nehmen wir jetzt ein Beispiel aus dem richtigen Leben.

Empfehlungspreis, MOS-Preis und ROI von Harley-Davidson

Sie wissen ja schon, dass ich Motorräder im Allgemeinen und Harleys im Besonderen mag. Es gab Zeiten, da hatte ich zehn Harleys, aber jetzt habe ich nur noch eine. Ich liebe es, gemütlich durch die weite Wüste zu fahren und mir den Fahrtwind durch mein dünner werdendes Haar wehen zu lassen.

Ich war schon oft bei dem Harley-Treffen, das jedes Jahr in Sturgis, South Dakota, stattfindet. Dort spielen jedes Jahr Bands, die in den 1970er-Jahren populär waren, und die Bandmitglieder werden natürlich immer älter. Einmal sagte der Leadsänger einer Band, die öfter dort spielt, als er vor 100.000 Bikern auf die Bühne trat: „Es ist einfach toll, für euch zu spielen, denn Sturgis ist der einzige Ort in ganz Amerika, wo man als alter, fetter Glatzkopf cool ist."

Ich habe in vielen Jahren viele Meilen auf Harleys verbracht und deshalb hat dieses Unternehmen für mich eine Bedeutung. Es hat einen verteufelt guten Burggraben und wie wir gesehen haben, wird das durch die Zahlen mehr als bestätigt. Das Management liegt immer noch in der Hand von Familienmitgliedern, die mit der Firma genauso umgehen, wie es sich für eine amerikanische Ikone gehört – so als würden sie es 100 Jahre lang behalten wollen. Diese drei Ms sagen also, dass das für mich ein wunderbares Unternehmen ist. (Vergessen Sie nicht: Dass es für mich ein wunderbares Unternehmen ist, heißt nicht automatisch, dass es auch für Sie ein wunderbares Unternehmen ist. Vielleicht hassen Sie ja Motorräder und sind der Meinung, dass Motorradfahren auf Highways verboten sein sollte. Vielleicht haben Sie ja keine Ahnung, warum Harleys so beliebt sind und was ein großartiges Motorrad ausmacht. Kaufen Sie nie ein Unternehmen nur, weil jemand anderes es kauft. Kaufen Sie Unternehmen, die wirklich für Sie wunderbar sind, okay?)

Reisen wir einmal ein paar Jahre in die Vergangenheit und tun wir so, als wäre es jetzt Anfang 2000. Am Aktienmarkt herrscht „irrationaler Überschwang". Die Preise fast aller Unternehmen, die mich interessieren, sprengen die Skala; also frage ich mich, wo ich denn mein Geld anlegen soll. Ich zei-

ge Ihnen jetzt, was in meinem Kopf vorging, als ich Anfang des Jahres 2000 Harley-Davidson analysierte:
Ich muss wissen, was ich Anfang 2000 für Harley bezahlen darf, damit ich in den nächsten zehn Jahren daran mindestens 15 Prozent verdiene. Wie zum Teufel soll ein Harley fahrender River Guide das herausfinden?
Sind Sie bereit? Wir suchen die benöigten Zutaten genauso zusammen, wie wenn wir einen Kuchen backen wollten. In diesem Fall heißen die Zutaten allerdings nicht Eier, Mehl, Zucker und Milch, sondern (1) aktuelles EPS, (2) künftiges EPS-Wachstum, (3) künftiges KGV und (4) minimale Ertragsrate. Diese Zutaten kneten wir jetzt gut durch, damit wir den Marktpreis für Harley-Davidson in zehn Jahren (ab 2000 gerechnet) bekommen. Aus dieser Zahl können wir dann berechnen, wie viel wir heute (2000) bezahlen müssten, wenn wir 15 Prozent haben wollten – also die unverbindliche Preisempfehlung.
Anfang 2000 hatte Harley ein EPS von 89 Cent. Gut. Erste Zutat: 89 Cent aktuelles EPS.
Als nächstes berechnen wir das künftige EPS-Wachstum. Es entspricht entweder dem historischen Wachstum oder dem Durchschnitt der Analystenschätzungen, je nachdem welche Zahl kleiner ist. In diesem Stadium meiner Recherchen hatte ich natürlich schon die großen Fünf ausgerechnet und die Schulden kontrolliert, also brauchte ich mir diese Zahlen einfach nur noch einmal anzusehen. Hier die vier Wachstumsraten in absteigender Reihenfolge ihrer Bedeutung: Eigenkapital 24 Prozent, EPS 25 Prozent, Umsatz 24 Prozent, Cash 35 Prozent. Wie Sie wissen, nehme ich eigentlich das Wachstum des Eigenkapitals als Indikator für das langfristige Wachstum, aber ich möchte eine Bestätigung in den Bereichen Gewinn und Umsatz haben, die in der Reihenfolge der Bedeutung gleich nach dem Kaptital kommen. In diesem Fall sind sie mit dem Wachstum des Eigenkapitals fast identisch, aber frappierend finde ich die Steigerung des Cashflows: 35 Prozent

jährliches Wachstum ist wirklich sehr viel. Damit verdoppelt sich der Geldbestand des Unternehmens in etwas mehr als zwei Jahren (das rechne ich schnell aus, indem ich 72 durch 35 teile). Ich bezweifle sogar, ob Harley das lange durchhält. Für das richtige Leben ist das einfach zu viel. Das Eigenkapital wächst um 24 Prozent pro Jahr und verdoppelt sich somit alle drei Jahre (woher ich das wohl habe? Richtig, von der 72er-Regel). Ich weiß zwar nicht, ob Harley 24 Prozent Wachstum halten kann, aber auf jeden Fall ist das für die Vergangenheit zutreffend und deshalb benutze ich diese Zahl. Als historische Wachstumsrate habe ich also 24 Prozent. Dann sollte ich einmal nachsehen, was die Experten dazu meinen.

Ich schlage Harley (Aktiensymbol HDI) auf einer Finanz-Website nach und stelle fest, dass die Analysten für die nächsten fünf Jahre eine durchschnittliche jährliche Wachstumsrate von 24 Prozent voraussagen. Anscheinend haben die die gleichen Zahlen wie ich. Deshalb gibt es nicht viel zu entscheiden: Es sind einfach 24 Prozent. Klasse, wenn es so eindeutig ist.

Jetzt kann ich mit der 72er-Regel ausrechnen, wie lange es bei einer Wachstumsrate von 24 Prozent dauert, bis sich das EPS verdoppelt. Antwort: drei Jahre (72 durch 24). Also verdoppelt sich der Gewinn pro Aktie bei Harley alle drei Jahre. In zehn Jahren verdoppelt er sich etwas mehr als dreimal (3 x 3 = 9 und das sind nicht ganz zehn). Okay. Und jetzt kann ich das EPS in zehn Jahren ausrechnen. Dabei gehe ich von dem aktuellen EPS aus – 0,89 Dollar. Die runde ich auf 0,90 Dollar auf, weil ich kein besonders guter Rechner bin. Wenn man 90 einmal verdoppelt, hat man 180; verdoppelt man 180, bekommt man 360; wenn man 360 verdoppelt, kommt man schließlich auf 720. Das schaffe sogar ich und es sagt mir, dass das geschätzte EPS in zehn Jahren etwas über 7,20 Dollar beträgt. Ich nehme einfach 7,50 Dollar. (Genau an dieser Stelle fangen meine technisch denkenden Schüler an zu stöhnen, weil ich so schlampig bin. Aber hören Sie auf zu stöhnen, holen Sie Ihre Rechenschieber oder Ihre Taschenrechner raus oder gehen Sie auf www.ruleoneinvestor.com und benutzen Sie meine. Rechnen Sie es genau aus und seien Sie glücklich. Ich kann das übrigens auch. Die genaue Zahl für das künftige EPS lautet 7,65 Dollar.)

Aber jetzt wieder zurück in meinen Kopf. Das EPS in zehn Jahren beträgt 7,50 Dollar. Dann brauche ich das künftige KGV. Da das Standard-KGV einfach die doppelte Wachstumsrate ist, ergibt sich 48. Das ist sehr viel, deshalb werfe ich lieber noch einen Blick auf das historische KGV. Ich sehe nach: 46. Das ist auch sehr viel, aber es bestätigt den Standardwert. Also beträgt das KGV 46. Jetzt habe ich alles, was ich brauche, um den Aktienkurs des Unternehmens in zehn Jahren auszurechnen. Ich multipliziere das künftige EPS von 7,50 Dollar mir dem künftigen KGV von 46 (7,50 x 46) und erhalte ... hm, dafür brauche ich einen Rechner: 345 Dollar. Jetzt weiß ich, dass eine Aktie des Unternehmens zehn Jahre nach dem Jahr 2000 aller Wahrscheinlichkeit nach 345 Dollar kosten wird. Dann muss ich noch ausrechnen, was ich jetzt dafür bezahlen dürfte, also die unverbindliche Preisempfehlung. (Beachten Sie, dass ich mir den aktuellen Kurs noch gar nicht angesehen habe, denn der aktuelle Marktpreis hat keine Bedeutung. Was Mr. Market für das Unternehmen verlangt, ist mir momentan genauso egal wie der Preis, den ein Autohändler für einen Neuwagen verlangt, den ich eventuell kaufen will. Zuerst will ich wissen, was ich eigentlich bezahlen sollte.)

Das ist wirklich ganz leicht. Da ich das Unternehmen in zehn Jahren für 345 Dollar verkaufen will, teile ich 345 durch vier und komme damit auf 86 Dollar (für die Ingenieure, die es ganz genau wissen wollen: Exakt gerechnet sind es 86,97, aber hallo! Meine Kopfrechnung war fast perfekt).

Der Empfehlungspreis für Harley im Jahr 2000 beträgt also 86 Dollar pro Aktie. Wenn ich sie für 86 Dollar kaufe, mache ich in den nächsten zehn Jahren wahrscheinlich 15 Prozent

Gewinn im Jahr. Natürlich stimmt das nur, wenn alles läuft wie geplant; das ist allerdings eine naive Annahme, meinen Sie nicht? Ich brauche ein bequemes, dickes Sicherheitspolster. Sie erinnern sich, dass ich für 50 Cent den Gegenwert von einem Dollar kaufen will. Der Wert ist 86 Dollar, also will ich für 43 Dollar kaufen. Mein MOS-Preis – der Preis, den ich bezahle, wenn ich das Unternehmen dafür bekomme – beträgt 43 Dollar. Erledigt. Endlich sehe ich mir den tatsächlichen Marktpreis an und entscheide, ob ich das Unternehmen sofort kaufe oder nicht.

✖ *Wenn es Ihnen nicht liegt, die Berechnungen im Kopf oder schriftlich zu machen, können Sie die Zahlen auch mit dem „Sticker & MOS Calculator" auf meiner Website durchführen. Der Computer erledigt dann alles für Sie. Sie brauchen nur die Zahlen einzugeben. Hier die Schritte, die Sie dafür befolgen müssen:*

1. *Klicken Sie auf „Sticker & MOS Calculator".*
2. *Geben Sie in das Feld „EPS" 0,89 ein.*
3. *Geben Sie in das Feld „Growth Rate" [Wachstumsrate] 24 ein.*
4. *In dem Feld „PE" [KGV] steht jetzt 48. Da das mehr ist als Harleys historisches KGV von 46, ändern Sie den Wert auf 46.*
5. *In dem Feld „ROI" steht 15 Prozent. Lassen Sie diesen Wert stehen. Das ist der Regel-1-Mindestertrag.*
6. *In dem Feld „Years" steht 10. Da wir eine langfristige Berechnung vornehmen wollen, lassen wir den Wert auf 10 Jahre stehen.*
7. *Klicken Sie auf „Calculate" [Berechnen], dann erscheint Folgendes:*
   a) Der künftige Aktienkurs beträgt 351,86 Dollar.
   b) Der genaue Empfehlungspreis beträgt 86,97 Dollar.
   c) Der genaue MOS-Preis beträgt 43,49 Dollar.

Harley fahren – von 2000 bis 2005

Jetzt sollten wir nachsehen, was Mr. Market mit dem Preis von Harley macht. Ist er übertrieben begeistert oder flippt er total aus? Wenn er das Unternehmen deutlich unter dem Empfehlungspreis bewertet, flippt er aus. Nun, Harley kostet 29 Dollar (im Jahr 2000). Dann flippt er wohl aus, oder? Der Preis liegt ganz schön weit unter der unverbindlichen Preisempfehlung, ja sogar deutlich unter dem MOS-Preis! Wenn wir Harley kaufen wollen, ist das gut für uns. Überlegen Sie einmal: Wenn wir bei einem Preis von 86 Dollar 15 Prozent verdienen, wie viel verdienen wir dann, wenn wir für 29 Dollar kaufen?

Tolle Frage, oder? Und sofort rechne ich Pi mal Daumen im Kopf: Welche Ertragsrate bekomme ich, wenn ich Harley morgen für 29 Dollar kaufe, wenn dann alles nach Plan läuft und ich die Aktie in zehn Jahren für 345 Dollar wieder verkaufe? Und zwar stelle ich diese Frage so: Wenn ich für 29 Dollar kaufe und in zehn Jahren für 345 Dollar verkaufe, wie oft haben sich die 29 Dollar dann verdoppelt? Wegen meiner Mathematikkenntnisse runde ich 29 auf 30 auf und fange an zu verdoppeln: von 30 auf 60, von 60 auf 120, von 120 auf 240 und von 240 auf 480 – hoppla, das ist ja schon zu viel. Mit der vorherigen Verdopplung liege ich zu niedrig. 345 liegt ungefähr in der Mitte, also habe ich 3,5 Verdopplungen in zehn Jahren. Der Preis verdoppelt sich somit alle ... moment ... ein bisschen weniger als drei Jahre. Dank der 72er-Regel weiß ich ja schon, dass eine Verdopplung alle drei Jahre ein Jahreswachstum von 24 Prozent bedeutet (72 durch 3 ist 24). Ein bisschen weniger als drei Jahre bedeutet also ein bisschen mehr als 24 Prozent. Vielleicht 26 Prozent? So ungefähr (siehe „Spickzettel").

Aber egal – jedenfalls ist es eine immens große Zahl! Statt 15 Prozent könnte ich sogar 26 Prozent bekommen. Sehr angenehm (und noch einmal: Wenn Sie diese groben Überschlagsrechnungen stören, benutzen Sie einfach die Rechner und stellen

Sie fest, dass meine ungefähre Kopfrechnung fast ins Schwarze getroffen hat. Mein Anlageertrag {ROI} würde in Wirklichkeit 28 Prozent betragen. Irre gut!).

„Spickzettel" für die 72er-Regel

Ungefähre Anzahl der Jahre für eine Verdopplung	Wachstumsrate
2	36 %
3	24 %
4	18 %
5	15 %
6	12 %
7	10 %
8	9 %
9	8 %
10	7 %

Es ist eine sehr gute Sache, erheblich unter dem MOS zu kaufen, denn mit 28 Prozent im Jahr wird man viel schneller reich als mit 15 Prozent. Wie viel schneller? Wenn Sie jetzt 50.000 Dollar haben und darauf 15 Prozent bekommen, sind Sie in 21 Jahren Millionär. Nicht schlecht. Aber wenn Sie 28 Prozent im Jahr scheffeln können, sind Sie schon nach zwölf Jahren Millionär – also etwa in der Hälfte der Zeit – und haben neun zusätzliche reiche Jahre.

Was wird in zehn Jahren aus 50.000 Dollar, wenn Harley 29 Dollar kostet? Nehmen Sie meinen „ROI Calculator" und befolgen Sie diese Schritte:

1. *Öffnen Sie den „ROI Calculator".*
2. *In dem Feld „Years" geben Sie die Anzahl der Jahre ein, nach denen Sie abrechnen wollen – in diesem Fall zehn.*
3. *In das Feld „Dollars Invested" geben Sie 50.000 ein, weil wir 50.000 Dollar investieren wollen.*

4. In das Feld „Buying Price" [Kaufpreis] geben Sie 29 ein, denn das ist der Aktienkurs von Harley im Jahr 2000.
5. In das Feld „Selling Price" [Verkaufspreis] geben Sie den geschätzten künftigen Aktienkurs ein – hier 345.
6. Klicken Sie auf „Calculate", dann bekommen Sie folgende Zahlen:
a) Der kumulierte jährliche Anlageertrag (ROI) beträgt 28 Prozent.
b) Der Dollarertrag in zehn Jahren beträgt 600.000 Dollar.
c) Bis aus den 50.000 Dollar eine Million wird, dauert es zwölf Jahre.

Harley im Jahr 2000 für 29 Dollar zu kaufen, war ein verflixt gutes Geschäft. Und genau das suchen wir: fantastische Geschäfte, bei denen uns ein mächtiges Sicherheitspolster – für den Fall, dass nicht alles so gut weitergeht – riesige Gewinnchancen bietet. Dafür brauchen wir bloß festzustellen, ob Mr. Market einen schlechten Tag hat und uns so ein Geschäft anbietet!
Und, hat sich Harley danach erwartungsgemäß entwickelt? Nicht ganz. Im Zuge der Rezession der Jahre 2000 bis 2003 ging es abwärts mit Harley und im Jahr 2005 wurde es noch schlimmer. Von 29 Dollar aus stieg die Aktie zuerst, aber sie überschritt bei 60 Dollar ein Kurshoch und während ich dies schreibe – im Juni 2005 –, steht sie bei 50 Dollar. Unter der Annahme, dass wir die Aktie gekauft und durch alle Stürme hindurch gehalten hätten (was, wie Sie gleich sehen werden, keine so gute Idee ist), hätte unsere Investition in Harley einen Ertrag von ... gehen wir wieder in meinen Kopf. Wie lange ist es her, dass ich das Unternehmen gekauft habe? Etwa fünf Jahre. Welchen Geldbetrag habe ich eingesetzt? Sagen wir einmal 100.000 Dollar. Welchen Preis habe ich dafür bezahlt? 29 Dollar. Und für wie viel habe ich verkauft? Nehmen wir einmal 58 Dollar, damit es aufgeht (noch einmal: „Buy and Hold" ist in dieser Marktlage nicht

das Beste für einen guten Ertrag, gehen Sie also davon aus, dass ich nicht gekauft und gehalten habe).

Wie oft haben sich die 29 Dollar verdoppelt, sodass daraus 58 Dollar wurden? Schon nach einmaliger Verdopplung werden aus 29 Dollar 58 Dollar. Eine Verdopplung. Und wie lange hat diese eine Verdopplung gedauert? Fünf Jahre. Nach der 72er-Regel bedeutet eine Verdopplung in fünf Jahren einen Jahresertrag von 15 Prozent. Für meine lieben Ingenieure, die es ganz genau wissen wollen, rechnet der Computer aus, dass ich einen Jahresertrag von exakt 14,9 Prozent bekommen habe.

Das sind natürlich keineswegs die 28 Prozent, die ich mir erhofft hatte. Andererseits sind 15 Prozent während eines der schlimmsten Börsenabsacker aller Zeiten, bei dem der durchschnittliche Investmentfonds 50 Prozent verloren hat, ein ganz schön gutes Ergebnis.

Das Sicherheitspolster bewirkt, dass man große Wandlungen im Unternehmen, in der Wirtschaft oder an der Börse übersteht, ohne sich zu verbrennen.

Das folgende Szenario soll veranschaulichen, welche Bereicherungskraft Regel 1 in sich birgt: Nehmen wir an, Sie hätten einen Fehler gemacht, Sie hätten die 100.000 Dollar vor fünf Jahren einem Fondsmanager überlassen und hätten jetzt statt 200.000 Dollar nur noch 50.000 Dollar. Wenn Sie ab sofort 15 Prozent im Jahr bekämen, wie lange würde es dann dauern, bis Sie Millionär wären? Noch 21 Jahre.

Verluste machen die Ertragsrate zunichte. Fünf schlechte Jahre, und schon haben Sie keine 15 Prozent mehr, sondern nur noch neun Prozent ... und anstatt sich im Jahr 2016 mit einer Million Dollar zur Ruhe zu setzen, müssen Sie (falls Sie nicht noch mehr Fehler begehen) bis 2031 warten.

Den Ertrag, den Harley von 2000 bis 2005 gebracht hat, können Sie folgendermaßen berechnen:

1. Starten Sie den „ROI Calculator".
2. Geben Sie in das Feld „Years" 5 ein.
3. In das Feld „Dollars Invested" geben Sie die Anlagesumme von 100.000 Dollar ein.
4. Geben Sie in das Feld „Buying Price" den Kaufpreis von 29 Dollar ein.
5. Geben Sie in das Feld „Selling Price" den aktuellen Kurs ein – in diesem Fall 58 Dollar.
6. Klicken Sie auf „Calculate", dann erscheinen folgende Zahlen:
a) Der kumulierte prozentuale Anlageertrag (ROI) über fünf Jahre beträgt 15 Prozent pro Jahr.
b) In Dollar gerechnet beläuft sich der Ertrag über fünf Jahre auf 200.000 Dollar.
c) Bei dieser Ertragsrate dauert es 16 Jahre, bis aus den 100.000 Dollar eine Million wird. Das dauert also jetzt noch elf Jahre.

Empfehlungspreis, MOS-Preis und ROI von General Motors

Wenn man die gleichen Berechnungen für General Motors durchführt – wieder unter der Annahme, dass wir im Jahr 2000 über einen Kauf nachdenken – kommt Folgendes heraus: Im Jahre 1999 betrug das EPS 8,53 Dollar. Das geschätzte künftige EPS-Wachstum beträgt sechs Prozent. (Dafür habe ich das historische Wachstum mit den Analystenschätzungen verglichen. Die vier Wachstumszahlen sahen folgendermaßen aus: Eigenkapital sechs Prozent, Umsatz null Prozent, EPS drei Prozent und Cash drei Prozent. Die Analysten erwarteten mehr und deshalb nahm ich das Wachstum des Eigenkapitals als Anhaltspunkt – sechs Prozent). Das künftige KGV betrug 12 und die Mindestertragsrate steht bei uns ja immer auf 15 Prozent. Aus diesen Zahlen ergeben sich folgende Werte:

a) künftiger Aktienkurs (2010): 183 Dollar
b) Empfehlungspreis (2000): 45 Dollar
c) MOS-Preis: 22 Dollar

Da gab es nur folgendes Problem: Im Jahr 2000 kostete General Motors 73 Dollar pro Aktie – fast doppelt so viel wie die unverbindliche Preisempfehlung. Wenn Sie für einen Maserati, der 100.000 Dollar wert ist, 200.000 Dollar bezahlen, machen Sie mit dem Verkauf des Wagens keinen Gewinn, egal wie toll er auch sein mag. Sie machen Verlust. Genauso war es in diesem Fall mit GM.
Wenn man den Ertrag ausrechnet, den 100.000 Dollar in zehn Jahren erbringen würden, wenn man sie im Jahr 2000 für 73 Dollar in GM-Aktien investiert hätte und 2010 für 183 Dollar verkaufen würde, erhält man Folgendes:

a) Das kumulierte ROI über zehn Jahre beträgt zehn Prozent pro Jahr.
b) Der Dollarertrag über zehn Jahre beträgt 250.000 Dollar.
c) Bis eine Million beisammen ist, dauert es 24 Jahre (doppelt so lange wie die zwölf Jahre, die Sie erwartet hätten, wenn Sie sich im Jahr 2000 für Harley interessiert hätten, und das obwohl wir im Harley-Beispiel nur 50.000 Dollar angesetzt hatten, keine 100.000).

Das gilt alles unter der Annahme, dass alles nach Plan läuft. Und wie Sie wissen, ging bei GM genauso wie bei Harley eben nicht alles nach Plan – nicht im Entferntesten. Wenn ich Regel 1 gebrochen und im Jahr 2000 GM für 73 Dollar pro Aktie gekauft hätte, dann hätte ich eine böse Überraschung erlebt: GM ist auf 25 Dollar gefallen. Damit hätte ich zwei Drittel des

Bezahlen Sie für ein Unternehmen niemals den Empfehlungspreis – oder gar noch mehr.

Geldes verloren, das ich angelegt hätte. Und da ich als Regel-1-Investor nur in wenige Unternehmen gleichzeitig investiere, würde ein solcher Verlust ein großes Loch in mein Gesamtvermögen reißen. Deswegen, Kinder, spielen wir nach Regel 1 oder es gibt eins auf die Mütze.

Wann man kaufen sollte

Wenn wir den Empfehlungspreis und den MOS-Preis haben, wissen wir, welchen Preis wir für das Unternehmen bezahlen dürfen. Es ist ein wunderbares Unternehmen und sobald es für einen attraktiven MOS-Preis zu haben ist, sind wir zum Kauf bereit. Bevor wir aber konkret unser hart erarbeitetes Geld investieren, müssen wir trotzdem noch ein paar Dinge bedenken.

Zu wissen, wann man einsteigt, ist die eine Überlegung, aber wir sollten auch wissen, zu welchem Preis wir verkaufen sollten. Lesen Sie bitte weiter.

Eine Frage, die mir öfter begegnet, lautet ungefähr so: „GM schüttet doch Dividenden aus. Warum kann ich das nicht als Pluspukt für GM betrachten? – Man kann das ja so sehen, dass die Dividende zu dem ROI dazuzählt, weil ich sie reinvestiere und mitwachsen lasse." Ich antworte auf diese Frage so (beachten Sie, dass ich die Dividende bei der ROI-Berechnung für GM nicht mitgezählt habe):

Eine Freundin von mir hat kürzlich ihren Geburtstag gefeiert. Ich wurde gebeten, eine 83-jährige Freundin von ihr im Altersheim abzuholen und mit auf die Feier zu nehmen. Als ich in dem Pflegeheim ankam, nahm sie meinen Arm und stützte sich auf dem Weg zum Auto auf mich. Auf der Fahrt unterhielten wir uns über Geldanlagen. Sie schwört auf gute Unternehmen, die regelmäßig Dividenden ausschütten. Sie besitzt auch Aktien von GM.

Viele Anleger kaufen Aktien, keine Unternehmen. Sie erwarten eine konstante Dividendenrendite und alles andere ist ihnen egal. Deshalb macht GM Schulden, um Dividenden ausschütten zu können und die Illusion aufrecht zu erhalten, alles sei gut. Deshalb glaubt eine 83-jährige Frau weiter an die Illusion, dass bei GM alles in Ordnung sei, denn sonst würde das Unternehmen ja keine Dividenden bezahlen. Ich lächelte dazu nur, nickte und fuhr sie zu der Geburtstagsfeier, auf der sie sich prächtig amüsierte.

Erinnern Sie sich an etwas, das ich vorher in diesem Buch gesagt habe: Regel 1 hat mit Dividenden überhaupt nichts zu tun. Wir können uns schröpfen oder bezahlen lassen. Wir wollen etwas Wunderbares haben. Und wir wollen dieses wunderbare Unternehmen zu einem attraktiven Preis kaufen. Ob das wunderbare Unternehmen Dividenden ausschüttet oder seine Überschüsse reinvestiert, ist uns egal, denn beides ist gut für uns. Aber es muss wunderbar sein … und der Preis muss attraktiv sein. Punkt.

Kapitel 10 – Den richtigen Verkaufszeitpunkt erkennen

„Die rechte Zeit, ein Unternehmen zu verkaufen, ist nie.“

*Warren Buffett (*1930)*

Wie Warren Buffett sagt, kommt der richtige Zeitpunkt, ein Unternehmen zu verkaufen – theoretisch – nie. Das heißt, das perfekte Unternehmen ist ein Unternehmen, das wir niemals verkaufen müssen. Das ist unser ultimatives Ziel: ein derart wunderbares Unternehmen zu einem derart günstigen Preis zu kaufen, dass wir es nie mehr verkaufen. Es macht uns weiterhin reich. Das, liebe Freunde, ist das Regel-1-Nirwana. Diesen Gedanken im Kopf zu behalten gehört genauso zur Regel-1-Methode wie die Einstellung, Aktien so zu kaufen, als kaufte man das gesamte Unternehmen. Wir wollen so tun, als müssten wir das wunderbare Unternehmen nie wieder verkaufen. Es stimmt zwar, dass man Gewinne erst durch den Verkauf realisiert und dass sie bis dahin nur als „Buchgewinn“ auf dem Papier stehen, aber das macht nichts. Die Vorstellung, man müsste nie verkaufen, ist für Regel-1-Anleger eine wichtige Übung. Sie bewahrt einen davor, in die Falle zu tappen und zum gewöhnlichen Spekulanten zu werden. Anders gesagt festigt sie die Lehren von Regel 1.

Natürlich kommt es nur selten vor, dass man ein wunderbares Unternehmen für immer behalten kann. Nicht alle Unternehmen bleiben auch wunderbar. Sogar Buffett verkauft von Zeit zu Zeit Unternehmen. Er hat im Laufe der Zeit Hunderte von Unternehmen gekauft und Hunderte verkauft. Er mag wohl in der Hoffnung kaufen, niemals verkaufen zu müssen, aber da er ein Regel-1-Investor ist, kauft er vermutlich mit einem Sicherheitspolster und somit mit einem verlustfreien Ausweg für den Fall, dass nicht alles klappt. Es gibt nur sehr wenige Unternehmen, die er kauft und tatsächlich ewig behält. Coca-Cola, von dem er sagte, dass er das Unternehmen nie verkaufen wolle, brachte ihn an den Punkt, dies zu bedauern, als Mr. Market dieses Unternehmen im Jahr 1999 irrsinnig hoch bewertete. Trotzdem ist es bei jedem Regel-1-Investment Ziel, niemals zu verkaufen. Verlieren Sie dieses Konzept nicht aus den Augen, denn es gehört zu der Geisteshaltung, die Sie sich zu eigen machen müssen, wenn Sie wunderbare Unternehmen finden und kaufen wollen.

> *„Unsere riesigen Positionen machen es schwer, rasch ein- oder auszusteigen. Trotzdem muss ich mir zu Recht vorwerfen lassen, dass ich in der Blasenzeit über die hirnverbrannten Bewertungen nur gelästert, aber nicht danach gehandelt habe. Ich habe damals zwar gesagt, dass einige unserer Aktien überbewertet waren, aber ich habe das schlimme Ausmaß dieser Überbewertung unterschätzt. Ich habe nur geredet, als ich eigentlich hätte handeln sollen."*
>
> *–Warren Buffetts „Vorstandsbrief" vom 28. Februar 2005*

Nie verkaufen bringt unglaubliche Vorteile

Dass die reichsten Menschen der Welt Unternehmensbesitzer sind, hat seinen Grund: Mit Unternehmen kann man seinen Reichtum schneller mehren als mit irgendetwas sonst, denn man braucht keine Möglichkeiten für die Reinvestition der jährlichen Gewinne zu suchen. Wenn uns ein wunderbares Unternehmen einen Jahresertrag von 15 Prozent beschert, wo sonst bekämen wir diesen Ertrag denn noch? Gibt es eine bessere Anlage als ein Unternehmen, das 15 Prozent oder mehr im Jahr abwirft? Es gibt keine bessere Alternative und deshalb ist es unabdingbar, die Gewinne aus unserem Investment investiert zu lassen (und sie nicht einzukassieren); nur dann werden wir sehr, sehr reich. Dabei ist es egal, ob wir schon im Ruhestand sind oder nicht.

Für den Regel-1-Investor ist es unglaublich wichtig, dass er seine regelmäßigen 15 Prozent oder mehr wieder in ein wunderbares Unternehmen investiert. Das bedeutet nämlich – zumindest theoretisch –, dass wir nur ganz wenige wunderbare Unternehmen zu günstigen Preisen zu finden brauchen, fertig. Der Reichtum ist uns dann sicher. Ab diesem Zeitpunkt arbeitet das Geld, das hereinkommt, für uns.

Vergessen Sie nicht, dass zu unserer Vorstellung von einem wunderbaren Unternehmen auch ein Burggraben gehört und dass dies die Bedingung der Vorhersagbarkeit beziehungsweise Berechenbarkeit einschließt. Wenn das Unternehmen unberechenbar wird, ist vielleicht der Burggraben überwunden worden. In diesem Fall ist das Unternehmen laut Regel 1 per definitionem nicht mehr wundervoll und wir verkaufen es.

Es stimmt tatsächlich. Die reichsten Menschen der Welt haben ihr Vermögen fast ausnahmslos mit Unternehmen erworben. Auf der Forbes-Liste der reichsten Menschen der Welt erscheint der erste Immobilienzar erst auf Platz 34; der zweite ist Donald Trump und kommt erst auf Platz 78. Alle anderen auf der Liste haben ihr Geld mit Unternehmen verdient. Die zehn Reichsten haben ihren Reichtum in den Bereichen Technologie (Microsoft und Oracle, Plätze 1 und 5), Einzelhandel (Wal-Mart, Plätze 6 bis 10), Lebensmittel (Platz 3), Öl und Gas (Platz 4) und Investing (Warren Buffett, Platz 2) erworben. Um es mit den Worten von Albert Einstein zu sagen (der sich dabei konkret auf kumulierte Erträge bezog), ist die Ertragskraft von Unternehmen „die mächtigste Kraft der Welt".

Nehmen wir beispielshalber einmal an, wir hätten im Jahr 2000 Apollo Group zu einem günstigen Preis gekauft, in diesem Fall für zehn Dollar die Aktie. Apollo Group hätte seinen

Gewinn bis Ende 2004 um mehr als 300 Prozent gesteigert und wir hätten kein Geld (keine Kapitalerträge) für andere Zwecke entnommen. Wir hätten alles in dem Unternehmen gelassen und hätten unser Vermögen zu 15 Prozent mit Zinseszins wachsen lassen. Wenn Apollo das Wachstum durchhält, wächst unsere Investition samt Reinvestitionen bis zum Jahr 2020 um 7.000 Prozent.

Nehmen wir an, in diesem Jahr würden wir uns zur Ruhe setzen. Wenn Apollo auch im Jahr 2020 noch so beständig und vorhersehbar ist wie früher, können wir das Unternehmen, das wir im Jahr 2000 für zehn Dollar pro Aktie gekauft haben, im Jahr 2020 zu einem Aktienkurs von rund 1.000 Dollar verkaufen – das sind 25 Prozent Jahresertrag. Wenn wir im Jahr 2000 den Betrag von 10.000 Dollar in Apollo Group investiert hätten, wären daraus eine Million Dollar geworden. Eine Million. Wäre es am besten, die Million zu Geld zu machen und davon seinen Ruhestand zu bestreiten? Oder sollten wir mit dem Geld etwas anderes anfangen? Wie sieht der beste – der sicherste – Ruhestand aus?

Kann der Preis einer Aktie wirklich von 10 auf 1.000 Dollar steigen? Die wenigsten Unternehmen lassen es zu, dass der Preis für ihre Aktien bis auf 1.000 Dollar steigt. Berkshire Hathaway, die Washington Post und ein paar andere tun das durchaus, aber viele sind das nicht, denn je höher der Preis, desto schwerer finden sich Käufer (die meisten Menschen lassen sich von dem Gedanken einschüchtern, für eine einzige Aktie derart viel Geld zu bezahlen). Berkshire Hathaway Class A kostet derzeit 80.000 Dollar pro Stück. Warren Buffett belässt den Kurs bewusst in dieser Höhe, damit mit der Aktie nicht zu viel getradet wird.

Die meisten Unternehmen halten den Preis ihrer Aktien unter 80 Dollar, indem sie jedem Aktionär für eine alte Aktie zwei neue geben, die jeweils halb so viel wert ist wie die alte Aktie – meist geschieht das, sobald der Kurs in den dreistelligen Bereich steigt. Wenn der Aktienkurs bei 100 Dollar steht und meine 100-Dollar-Aktie gegen zwei Aktien zu 50 Dollar umgetauscht wird, besitze ich nach wie vor Aktien im Wert von 100 Dollar, nur dass ich jetzt zwei Stück habe, die jeweils 50 Dollar wert sind. Man bezeichnet diesen Vorgang als „Aktiensplit" und so etwas passiert häufig. Deshalb haben wir in zehn Jahren vermutlich keine Aktien zu 1.000 Dollar, sondern vielleicht 50 Aktien zu 20 Dollar, die zusammen 1.000 Dollar wert sind und einer ursprünglichen Aktie für zehn Dollar entsprechen.

Falls Apollo im Laufe der 20 Jahre schlechter als wunderbar wird oder wenn die Aktie massiv überbewertet wird, verkaufen wir sie und warten ab, bis diese Situation behoben ist. Wir investieren unser Geld dann in ein anderes wunderbares Unternehmen, das wir für einen günstigen Preis bekommen. Ich rede zwar immer davon, 20 Jahre bei einem Unternehmen zu bleiben, aber in Wirklichkeit schaffen es nur wenige Unternehmen, 20 Jahre lang die ganze Zeit wunderbar zu bleiben. Aber die Kumulation arbeitet genauso für den Regel-1-Investor, egal ob er in den 20 Jahren in ein einziges Unternehmen oder in eine Reihe von Unternehmen investiert.

Wenn sich 25 Prozent Jahresertrag über 20 Jahre sehr viel anhört, gewöhnen Sie sich daran. Warren Buffett erzielt diesen Durchschnitt seit 50 Jahren und als Regel-1-Kleinanleger haben wir Buffett gegenüber Vorteile, die unsere mangelnde Genialität mehr als aufwiegen. Wir sollten zwar nicht damit rechnen, dass wir 20 Jahre lang 25 Prozent bekommen, aber wir sollten auch nicht damit rechnen, dass wir sie nicht bekommen. Das könnte Ihnen nämlich passieren und Sie würden sich schwarzärgern, wenn Sie sich hängen lassen würden.

Sie wollen Beweise? Sehen Sie sich einmal die folgenden wahren Geschichten wunderbarer Unternehmen an, deren Aktienkurse (splitbereinigt) explodiert sind:

- Walgreens: von 50 Cent auf 48 Dollar (1978–2002)
- Wal-Mart: von 20 Cent auf 64 Dollar (1975–2000)
- Dell: von 4 Cent auf 42 Dollar (1989–1999)
- Amgen: von 10 Cent auf 72 Dollar (1985–2001)

Diese (und viele andere) Unternehmen sind 20 Jahre lang oder länger um durchschnittlich 25 Prozent im Jahr gewachsen. In den vergangenen zehn Jahren haben Apollo Group (1 Dollar auf 80 Dollar), Whole Foods (6 Dollar auf 120 Dollar), Toll Brothers (4 Dollar auf 48 Dollar), Urban Outfitters (1 Dollar auf 50 Dollar), Chicos Fashions (20 Cent auf 35 Dollar), Bed Bath & Beyond (3 Dollar auf 46 Dollar) und andere 25 Prozent jährlich oder mehr geschafft. Wenn man in irgendein Unternehmen der ersten Gruppe (von Walgreens bis Amgen) 10.000 Dollar investiert hätte, wäre daraus deutlich mehr als eine Million Dollar geworden. Wenn man 10.000 Dollar in ein Unternehmen der zweiten Gruppe (von Apollo bis Bed Bath & Beyond) investiert hätte, wären daraus trotz eines der schwersten Börseneinbrüche aller Zeiten mehr als 100.000 Dollar geworden.

Zwei Arten, sich zur Ruhe zu setzen

Wir können den Ruhestand auf zwei verschiedene Arten angehen: Wir können sämtliche Apollo-Aktien verkaufen (etwa eine Million Dollar) und mit dieser Abschlusszahlung unsere Hypothekenschulden bezahlen, durch die Welt reisen und unsere Kinder besuchen; oder wir lassen unser Geld in das Unternehmen investiert und schöpfen nur ab, was wir während des Ruhestands zum leben brauchen. Welche Methode ist wohl besser?

Szenario 1: Apollo komplett verkaufen. Wenn wir die Aktien verkaufen, müssen wir auf die Million Kapitalertragsteuer für langfristige Erträge bezahlen, sodass uns rund 850.000 Dollar bleiben. Ich nehme an, dass wir dieses Geld in Staatsanleihen zu vier Prozent anlegen und somit nach Steuern etwa 30.000 Dollar im Jahr bekommen.

So würde jemand in den Ruhestand gehen, der Regel 1 nicht beachtet.

Da wir jedoch nach der Regel spielen, wissen wir, dass wir ohne Furcht vor Verlusten investieren können – warum sollten wir dann Apollo Group zu 100 Prozent verkaufen, während das Unternehmen noch wunderbar ist und Mr. Market es unter dem Empfehlungspreis oder mit dem Empfehlungspreis bewertet? Warum nicht die Million weiter wachsen lassen und von den 15 Prozent Jahresertrag leben? Die Apollo-Aktie steigt mit dem Wachstum des Eigenkapitals; das Eigenkapital wächst um 15 Prozent im Jahr und daher steigt der Kurs der Aktie zumindest theoretisch um 15 Prozent. Wo sonst bekommen Sie 15 Prozent oder noch mehr? Mit einer Staatsanleihe sicherlich nicht.

Das gilt natürlich nur unter der Annahme, dass Mr. Market rational ist, und wie wir wissen, ist er das nicht immer. Am realen Markt kann der Preis der Apollo-Aktie im Laufe eines bestimmten Jahres weit mehr oder weit weniger steigen als die erwarteten 15 Prozent. Für einen Ruheständler kann dieses Auf und Ab zu einer emotionalen Achterbahnfahrt werden. Im nächsten Kapitel zeige ich Ihnen, wie man dieses Problem lösen kann. Vorläufig nehmen wir einfach an, Mr. Market sei vernünftig genug, damit unser Beispiel im Durchschnitt zutrifft.

Szenario 2: Nur das verkaufen, was man zum Leben braucht, und Apollo weiter kumulieren lassen. Zu Jahresbeginn hatten wir eine Million Dollar in Apollo-Aktien, die Aktie ist weiterhin um 15 Prozent gestiegen und somit haben wir am Jahresende Apollo-Aktien im Wert von 1,15 Millionen Dollar. Wenn wir nur diesen Zugewinn verkaufen, also Aktien im Wert von 150.000 Dollar, und 15 Prozent Steuern auf langfristige Kapitalerträge bezahlen, haben wir nach Steuern 128.000 Dollar für den Lebensunterhalt.

Obwohl die beiden Szenarien von dem gleichen Geldbetrag ausgehen, bringen sie vollkommen unterschiedliche

Ergebnisse. Mit exakt dem gleichen Anfangsbetrag (eine Million Dollar in Aktien) hat der Regel-1-Anleger 10.000 Dollar im Monat, während der andere Millionär (der Apollo verkauft und Schatzanweisungen gekauft hat) versuchen muss, mit 2.500 Dollar im Monat auszukommen.

Dieses kleine Beispiel für die Kumulierung veranschaulicht einen der großen, wunderbaren Vorteile des Regel-1-Investings: Nach einigen Jahren kumuliert unser wunderbares Regel-1-Unternehmen unser gesamtes Geld einschließlich unserer Gewinne in einem derart enormen Tempo, dass wir sogar mit einem relativ geringen Startkapital schon nach kurzer Zeit sehr gut leben können.

Überlegen Sie einmal, welch großen Vorteil wir dadurch gegenüber dem Besitzer einer Wohnanlage haben. Wenn sämtliche Verwaltungskosten, Wartungskosten, Versicherungen und Hypotheken bezahlt sind, bleibt der Rest für mich – das entspricht dem Gewinn eines Unternehmens. Allerdings kann ich dieses Geld nicht ohne Weiteres in die Wohnanlage reinvestieren. Ich muss also ein anderes Immobilieninvestment finden, das genauso gut ist wie das erste. Und dort muss ich meinen gesamten Gewinn unterbringen. Ein wunderbares Unternehmen hingegen reinvestiert meinen Gewinn für mich und lässt meinen absoluten Anlageertrag immer weiter wachsen.

Stellen Sie sich einmal vor, Sie wären Rentner und würden zusehen, wie die 10.000 Dollar, die Sie vor 20 Jahren investiert haben, jedes Jahr 150.000 Dollar abwerfen, ohne dass Sie dafür einen Finger krumm machen. Das wäre das Ruhestands-Nirwana.

In einer vollkommenen Welt könnten wir das Nirwana erlangen, aber in unserer Welt kann es den Unternehmen schwerfallen, unser Geld mit hohem ROIC zu reinvestieren, denn Konkurrenten lernen, den Graben zu durchqueren, ganze Branchen werden von neuen Erfindungen ausgelöscht, Kriege und Wirtschaftskrisen lassen den Markt über lange Strecken einbrechen. Daher kann man zwar hoffen, dass man mit einem wunderbaren Unternehmen das Nirwana findet, aber dieser Idealfall ist selten. Was sollen wir also tun? Antwort: verkaufen. Ja, manchmal ist es Zeit zu verkaufen. Aber wann?

Wann man verkauft

Verkaufen sollte man unter zwei Bedingungen:

1. Wenn das Unternehmen nicht mehr wunderbar ist.
2. Wenn der Marktpreis den Empfehlungspreis überschreitet.

1. Das Unternehmen hört auf, wunderbar zu sein

Ein Unternehmen ist nach den Begriffen von Regel 1 dann wunderbar, wenn wir es haben wollen, wenn wir es verstehen, wenn es einen haltbaren, berechenbaren Burggraben und ein „Level Five"-Management hat. Wunderbare Unternehmen neigen per definitionem dazu, wunderbar zu bleiben. Das heißt, dass sich schon etwas Großes ändern muss, damit sie nicht ewig wunderbar bleiben. Es gibt nur zwei Ursachen, die ein wunderbares Unternehmen nicht mehr wunderbar machen können: (1) ein Angriff von außen oder (2) ein Verräter im Inneren.

Der Angriff von außen kommt von einem Konkurrenten, der den Graben durchquert hat und die Burg niederreißt. Das kann entweder passieren, wenn unsere Unternehmensleitung den Graben nicht verteidigt oder wenn ein Konkurrent unsere Produkte überflüssig macht. So geschah es mit der Schreibmaschine, als die Textverarbeitung auftauchte. So geschah es, als die Eisenbahn nicht mit dem Flugzeug konkurrieren konnte. So geschah es, als die DVD die Videokassette, die CD die Schallplatten und Kassetten und als der Online-Download die Plattenläden hinwegfegte. Erfolgreiche Angriffe von außen gibt es immer wieder und das ist einer der wichtigsten Gründe, weshalb wir das Unternehmen verstehen müssen und weshalb wir auf einem dauerhaften Burggraben bestehen – einem Graben, den man leicht gegen Angriffe verteidigen kann.

Die Sache mit dem inneren Verräter ist nicht ganz so offensichtlich. Der Verräter im Inneren ist ein CEO, der von Ihrer Seite auf seine Seite überwechselt. Das kommt oft vor, denn die CEOs erfolgreicher Unternehmen lassen lieber das Unternehmen wachsen, als das zu tun, was für die Besitzer am besten ist.

In der wirklichen Welt steigen bei allen Unternehmen mit der Zeit die Kosten für das Wachstum. Dann kann der CEO unsere Gewinne nicht mehr mit der gleichen Kapitalrendite (ROIC) investieren wie zuvor. Er gibt Geld für Werbeanzeigen aus, aber es kommen nicht mehr Kunden in die Geschäfte. In diesem Fall wäre es uns als Besitzer lieber, er würde uns das Geld einfach geben. Wenn er das tun würde, wären wir zufrieden, denn dann könnten wir es in ein anderes, schneller wachsendes Unternehmen investieren.

Aber vielleicht sieht unser CEO das anders. Er denkt sich vielleicht: „He, wäre es nicht toll, wenn ich das überschüssige Geld nicht den Besitzern geben, sondern damit andere Unternehmen aufkaufen würde?" Vielen CEOs macht der Kauf von Unternehmen und der Aufbau eines Imperiums mehr Spaß, als Golf spielen. Eigentlich hätten wir das überschüssige Geld bekommen müssen, damit wir es um 15 Prozent im Jahr mehren können. Aber unser verräterischer CEO enthält es uns vor, damit er vor seinen Kollegen gut dasteht.

Sowohl der Angriff von außen als auch der Verrat von innen machen sich in den großen Fünf bemerkbar. Wenn die großen Fünf nicht mehr so gut sind, dass sich der Besitz des Unternehmens lohnt, verkaufen Sie es.

2. Der Marktpreis liegt über der unverbindlichen Preisempfehlung

Dieses Problem gefällt uns. Wir kaufen ein Unternehmen wie Apollo Group im Jahr 2000, also wenn Mr. Market in Technologie verliebt ist und einfache Bildungsunternehmen unterbewertet. Wir bekommen 75 Rabatt auf die unverbindliche Preisempfehlung. Wir kaufen. Das Unternehmen wächst im gleichen Tempo weiter und Mr. Market merkt irgendwann, dass er mit dem Preis einen Fehler gemacht hat. Dann steigt der Preis mehr und mehr und immer mehr. Nach vier Jahren liegt er über der unverbindlichen Preisempfehlung.

Und dann? Das Unternehmen wächst immer noch ziemlich gut. Umsatz, Gewinn, Eigenkapital und Cash wachsen stetig. Das ROIC ist nach wie vor hoch und beständig. Sollten wir das Unternehmen nicht einfach behalten? Sollte man eine Aktie nicht grundsätzlich für immer behalten?

Apollo ist auch dafür ein gutes Beispiel, also bleiben wir dabei: Im Jahr 2004 kostete eine Apollo-Aktie 95 Dollar. Vier Jahre zuvor haben wir sie für zehn Dollar gekauft, als die Preisempfehlung 40 Dollar und der MOS-Preis 20 Dollar betrug. Wo liegt die unverbindliche Preisempfehlung jetzt (2004)?

Wir müssen den Preis neu berechnen, weil das Unternehmen gewachsen ist. Wieder müssen wir genauso wie beim Backen erst die Zutaten zusammensuchen. Folgende Zutaten müssen wir uns von einer Finanz-Website holen:

- EPS, 2004 TTM (letzte 12 Monate): 0,90 Dollar
- durchschnittliche Analystenschätzung des EPS-Wachstums: 23 Prozent
- Historisches KGV: 62
- Marktpreis: 95 Dollar

Nachdem wir alle Zutaten beisammen haben, kontrollieren wir das EPS-Wachstum noch einmal anhand der großen Fünf. Dabei stelle ich fest, dass die Analystenschätzung von 23 Prozent ganz gut ist. Das sind drei Verdopplungen in zehn Jahren (72 durch 23). Da das EPS 0,90 Dollar beträgt, werden durch drei Verdopplungen in zehn Jahren ungefähr sieben Dollar (0,90 auf 1,80, 1,80 auf 3,60 und 3,60 auf 7,20). Da das historische KGV sehr hoch ist, verwenden wir das Standard-KGV der Regel 1, also die doppelte Wachstumsrate: 2 x 23 = 46. Daraus ergibt sich ein künftiger Aktienkurs von etwa 320 Dollar. Da der Empfehlungspreis immer ein Viertel des künftigen Preises beträgt (bedingt durch die zehn Jahre und unseren Wunsch, eine Jahresrendite von 15 Prozent zu ernten), liegt er bei 80 Dollar. Das war jetzt die schnelle, grobe Methode.

Wenn wir das so genau wie möglich haben wollen, können wir für die Berechnungen natürlich eine Excel-Tabelle oder die Rechner auf meiner Website benutzen, die extra für solche Berechnungen programmiert wurden. Es gibt allerdings viele richtig gute Investoren, die solche Dinge nicht mit dem Computer berechnen. Die Berechnung wird bei ihnen zur automatischen Routine und sie können aus einer Anhäufung von Rohdaten im Nu ablesen, was sie bedeuten. Um es mit Warren Buffett zu sagen: Wenn einem ein Super-Deal nicht sofort ins Auge springt, dann ist es zu knapp.

✖ *Haben Sie eigentlich schon gemerkt, dass die Apollo-Zahlen die gleichen sind, die wir bei Harley-Davidson im Jahr 2000 hatten? Nur Zufall? Nicht wirklich. Schnell wachsende Unternehmen, die sich um 24 Prozent bewegen, können ihre Aktie immer wieder splitten und dadurch ihr EPS in dem Bereich um einen Dollar halten. Das machen viele Unternehmen so und deshalb wird das zu einer Art Wohlfühlbereich für Großanleger.*

✖ *Auf meiner Website können Sie den künftigen Marktpreis und den aktuellen Empfehlungspreis von Apollo folgendermaßen ausrechnen:*

1. *Öffnen Sie „Sticker & MOS Calculator".*
2. *Geben Sie in das Feld „EPS" 0,90 Dollar ein.*
3. *Geben Sie in das Feld „Growth Rate" 23 Prozent ein.*
4. *Geben Sie in das Feld „PE" 46 ein (weil das doppelte Wachstum kleiner als das historische KGV ist).*

5. Lassen Sie in dem Feld „Years" die 10 stehen.
6. Lassen Sie in dem Feld „Minimum Acceptable Rate of Return" die 15 Prozent stehen.
7. Klicken Sie auf „Calculate", dann erscheinen folgende Ergebnisse:
a) Der Wert der Aktie in zehn Jahren beträgt 360 Dollar.
b) Der heutige Empfehlungspreis beträgt 89 Dollar.
c) Der heutige MOS-Preis beträgt 45 Dollar.

Der Empfehlungspreis liegt momentan bei 89 Dollar, aber der Markt verlangt 95 Dollar („momentan" heißt natürlich im Jahr 2004). Apollo Group ist teurer als die unverbindliche Preisempfehlung und sehr, sehr viel teurer als der MOS-Preis von 45 Dollar.

Besonders in der derzeitigen Marktlage beginnen die „großen Jungs" (die institutionellen Anleger) ungefähr zu dem Zeitpunkt, zu dem sich der Preis eines Unternehmens dem Empfehlungspreis nähert, ihre Gewinne mitzunehmen. Denn wissen Sie, die können diese Berechnungen nämlich auch anstellen. Eventuell lässt sie schon das kleinste Problem die Flucht ergreifen: Ein negativer Analystenbericht, schlechte Presse, ein scharfer Blick der Regulierungsbehörden, schlechte Branchenmeldungen, eine verfehlte Prognose oder auch eine schräge Laune reichen schon aus, damit sie ihren Gewinn vom Tisch nehmen. Versuchen Sie nicht zu verstehen, wie sie denken oder warum sie verkaufen. Der Grund kann alles oder nichts sein – und wie die Lemminge, die sich von der Klippe stürzen, fangen die anderen institutionellen Investoren dann auch an zu verkaufen. Für uns bedeutet das, dass wir uns lieber nach einem besseren Ort für unser Geld umsehen sollten – mit einem größeren MOS.
Andererseits wäre es ja eine Schande, wenn wir uns nach der ganzen Mühe, die wir uns gemacht haben, um Apollo Group kennenzulernen, einfach von dem Unternehmen verabschieden

würden. Deshalb behalten wir Apollo Group nach dem Verkauf auf unserer Watchlist. Wenn der Preis wieder interessant wird (und immer noch alle vier Ms erfüllt sind), kaufen wir es vielleicht wieder.

Die Watchlist ist einfach eine Liste mit Aktien, die wir beobachten. Wenn Mr. Market den Preis eines unserer Watchlist-Unternehmen so legt, dass es die vier Ms erfüllt, schlagen wir zu und kaufen! Wenn wir das Unternehmen zu einem späteren Zeitpunkt wieder verkaufen müssen, setzen wir es wieder auf die Watchlist, wenn wir annehmen, dass es irgendwann die vier Ms wieder erfüllt und wir es zum richtigen Preis wieder kaufen können.

Wenn der Preis so weit sinkt, dass wir wieder ein dickes MOS haben, kaufen wir Apollo erneut und lassen es steigen. Eigentlich habe ich Apollo Group als Beispiel ausgewählt, weil die Preisentwicklung der Aktie genau das möglich gemacht hat. Der Kurs fiel von 95 Dollar Mitte 2004 auf 65 Dollar im November 2004. Hätten wir zu diesem Preis schon wieder kaufen sollen (als MOS-Preis haben wir ja 45 Dollar ausgerechnet)? Das ist eine entscheidende Frage: Wann sollten wir eine Aktie zurückkaufen, die wieder unter ihre Preisempfehlung gefallen ist? Wenn wir beim Erstkauf ein Sicherheitspolster (MOS) von 50 Prozent angesetzt haben, können wir ein Unternehmen dann mit einer dünneren MOS zurückkaufen? Die Antwort auf diese Frage lautet Ja.

Die einzige Ausnahme vom MOS-Preis

Wenn sich zwei Unternehmen in nichts als dem Sicherheitspolster unterscheiden würden, würde ich natürlich nicht das Unternehmen mit 30 Prozent MOS kaufen, wenn das andere genauso gute Unternehmen ein Sicherheitspolster von 50 Prozent bietet. Ich kaufe selbstverständlich das Unternehmen, das den größten kumulierten Ertrag verspricht. Aber was ist, wenn Apollo eine MOS von 30 Prozent hat und es keine anderen Unternehmen gibt, die den vier Ms genügen? In der wirklichen Welt gibt es nicht viele wunderbare Unternehmen, die mit einer MOS von 50 verkauft werden, die mir wirklich etwas sagen (Meaning), deren Management mir gut gefällt und die einen breiten Burggraben (Moat) um sich haben. Es kann passieren, dass während der gesamten Zeit, zu der Apollo mit 30 Prozent Abschlag gehandelt wird, auf meiner Watchlist kein einziges ähnlich gutes Geschäft zu finden ist.

Wenn man ein Unternehmen eine Zeit lang gekauft und wieder verkauft hat, merkt man, dass man sich mit der Investition in dieses Unternehmen wohler fühlt als mit neuen Unternehmen, die man noch nicht so gut kennt. Ich komme immer wieder auf die gleichen Unternehmen zurück, wenn Mr. Market sie unterbewertet: Apollo Group, Chicos Fashions, Whole Foods, Harley-Davidson und noch ein paar andere sind tolle Unternehmen, in allen Belangen Klassenbeste; und Mr. Market bewertet sie immer wieder mit Sicherheitspolster, wenn das Wachstum stockt.

Als Regel-1-Investoren macht uns das glücklich. Fragen Sie sich, ob es nicht besser ist, unser Geld in einem wunderbaren Unternehmen arbeiten zu lassen, das wir kennen, obwohl das Sicherheitspolster nicht so groß ist, wie wir uns das wünschen? (Die Antwort lautet natürlich Ja!) Das gilt aber nur, wenn wir beim ersten Mal mit der vollen MOS von 50 Prozent gekauft haben. Wenn das der Fall ist, kaufen wir im Endeffekt mit den Gewinnen zurück, die uns durch den Kursanstieg entstanden sind. Das bietet uns ein Extrakissen. Aber benutzen Sie diese Ausnahme von der MOS-Bedingung nicht als Ausrede für den Kauf von Unternehmen, die keine vollständige MOS aufweisen. Das kann Sie nämlich in Schwierigkeiten bringen.

Nachdem ich Ihnen das gesagt habe, kann ich Ihnen die Richtlinie geben, an die ich mich beim Rückkauf von Unternehmen halte. Wenn wir einmal mit großem Abschlag eingestiegen sind (mit einer echten MOS von 50 Prozent unter dem Empfehlungspreis), wenn wir damit recht hatten und die Aktie auf den Empfehlungspreis gestiegen ist – wenn wir sie also mit den Gewinnen aus vorherigen Käufen bezahlen –, kaufe ich sie erneut, wenn sie 20 Prozent unter der unverbindlichen Preisempfehlung steht. Kursschwankungen von 20 Prozent gibt es bei großartigen Unternehmen immer wieder. Harley-Davidson ist bis zum Januar 2002 auf den Empfehlungspreis von 50 Dollar gestiegen und ich bin ausgestiegen. Dann fiel die Aktie bis zum Januar 2003 weiter als 20 Prozent unter den Empfehlungspreis, also war es Zeit, wieder bei Harley einzusteigen. Dann stieg die Aktie im Jahr 2004 auf 62 Dollar, also genau auf den Empfehlungspreis, und ich stieg wieder aus. Dann ging der Kurs auf 45 Dollar zurück, also wieder mehr als 20 Prozent unter die Preisempfehlung. Also kaufte ich die Aktie wieder. Während ich dies schreibe, steht Harley bei 52 Dollar. Ich bleibe so lange dabei, wie die Aktie vernünftige Fortschritte (wie immer: 15 Prozent durchschnittlicher Jahresertrag oder mehr) in Richtung Empfehlungspreis macht. Tatsächlich hat Harley bisher fast 40 Prozent im Jahr gebracht. Solche Erträge kommen zustande, wenn man ein großartiges Regel-1-Unternehmen gefunden hat und weiß, wann man ein- und aussteigen muss. (Falls Ihnen dazu einfällt, dass man beim Ein- und Aussteigen die steuerlichen Konsequenzen bedenken sollte, vergessen Sie diesen Gedanken nicht. Ich behandle das Thema Steuern später noch und beweise, dass man sich als Regel-1-Investor nicht durch die Angst vor dem Finanzamt davon abhalten lassen muss, in Unternehmen ein- und wieder auszusteigen.)

In Wirklichkeit ist das Ein- und Aussteigen ein selbst korrigierender Prozess. Während der Preis für unser wunderbares Unternehmen zusehends unattraktiver wird, bieten sich andere wunderbare Unternehmen an und wir verlagern unser Kapital ganz natürlich dorthin, wo es den höchsten potenziellen Ertrag mit dem geringsten potenziellen Risiko gibt.

Wenn Sie ein Unternehmen erneut kaufen, das Sie vorher schon einmal besessen haben, aber diesmal eine schmalere MOS akzeptieren, dann nehmen Sie das als Warnsignal, dass Sie günstigere Angebote von Unternehmen suchen sollten, die Sie lieben. Wenn Sie erst einmal ein Unternehmen verkaufen, das nicht mehr so wunderbar ist wie früher, versteifen Sie sich nicht darauf, auch wenn es auf Ihrer Watchlist steht, weil Sie hoffen, dass Sie es so bald wie möglich wieder kaufen können. Bemühen Sie sich aktiv, andere wunderbare Unternehmen zu finden, die den 4-M-Test bestehen. Machen Sie Ihre Hausaufgaben. Werden Sie nicht träge. Und vergessen Sie vor allen Dingen nicht, dass Sie ein wahrer Regel-1-Investor sein wollen. Steigen Sie in das Spiel ein, damit Ihr Geld für Sie arbeitet!

Zweifel ausräumen

Wenn wir verkaufen wollen, wenn der Marktpreis die Preisempfehlung erreicht, und zurückkaufen wollen, wenn der Preis sinkt – möglicherweise mit einem dünneren Sicherheitspolster –, müssen wir an unsere Fähigkeit glauben, von Anfang an den richtigen Empfehlungspreis zu bestimmen. Wenn uns der Glaube fehlt, fangen wir sehr schnell an zu raten, zu wünschen und zu hoffen. „Entspricht der aktuelle Preis dieses Unternehmens wirklich der unverbindlichen Preisempfehlung? Liegen die Analysten mit ihren Wachstumsschätzungen richtig? Was passiert, wenn ich das KGV nur ein kleines bisschen verschiebe? Sollte ich vielleicht doch noch ein bisschen warten und das Unternehmen behalten?“

Anders ausgedrückt: Wir werden genauso emotional wie Mr. Market und das ist für einen Regel-1-Investoren schlecht. Wir brauchen etwas Besseres, das unsere Entscheidungen bestätigt und das uns mit unseren Handlungen zufrieden macht.

Im nächsten Kapitel lernen wir Werkzeuge kennen, die die Emotionen aus dem Investing herausnehmen und uns vor ansonsten unvermeidlichen Fehlern bewahren.

Kapitel 11 – Greifen Sie nach dem Stock!

„Das Glück kämpft immer auf der Seite des Besonnenen."

Euripides (484–406 v. Chr.)

Selbst wenn wir es geschafft haben, ein Unternehmen zu finden, das den Test der vier Ms besteht, das für Sie eine Bedeutung hat, das einen breiten Burggraben hat, das ein großartiges Management hat und das wir heute mit einem dicken Sicherheitspolster kaufen können – kann es dann immer noch passieren, dass wir damit einen Fehler machen und Regel 1 verletzen? Wenn wir alles absolut richtig gemacht haben und keinen Fehler gemacht haben, kann dann nicht trotzdem der Aktienkurs schnell fallen und uns Verlust bescheren?
Wenn Ihnen solche Gedanken bis jetzt noch nicht gekommen sind, dann schwöre ich Ihnen, dass Sie sie spätestens dann in Ihrem Kopf hören, wenn Sie anfangen, Regel 1 mit richtigem Geld anzuwenden: „War das vielleicht ein Fehler? Was tue ich, wenn der Preis des Unternehmens fällt?" Für dieses Problem brauchen wir eine Lösung.

Lösung 1: So tun als ob

Sie haben ein Unternehmen gekauft und vom nächsten Tag an fällt der Preis. Er fällt weiter und es gibt keine Anzeichen dafür, dass das aufhört. Falls Sie das noch nie erlebt haben sollten: Anleger, denen das schon passiert ist, haben mir erzählt, dass das kein Spaß ist (okay, ich gebe es zu, ich habe auch schon Mist gebaut und das auch schon erlebt). Sie könnten sich in einem solchen Fall sagen, dass die Aktie wohl gefallen sein mag, dass Sie aber nicht wirklich Geld verloren haben, so lange Sie die Aktie nicht verkaufen. Anders gesagt tun Sie dann so, als ob Sie kein Geld verlieren und daher Regel

1 nicht verletzen würden. Richtig? Falsch. Sehr falsch sogar. Realitätsflüchtig falsch.

Stellen Sie sich vor, Sie hätten mit dem Unternehmen und seinem Wert eigentlich recht gehabt, aber Mr. Market wäre es trotz Ihrer Brillanz gelungen, noch deprimierter in die Zukunft zu blicken, sodass die Aktie jetzt noch weniger kostet als im vergangenen Monat, als Sie sie gekauft haben. Sie sagen sich, Sie hätten ja kein Geld verloren, weil Sie die Aktie nicht verkauft haben. Aber wenn Sie zu ihrem Banker gehen und ihm Ihre Vermögenswerte darlegen würden, weil Sie ein Darlehen haben möchten und wenn Sie dann sagen würden, das Unternehmen sei so viel wert, wie Sie im vergangenen Monat dafür bezahlt haben, dann würde Sie der Banker auslachen und Sie wieder wegschicken.

Er würde Ihnen sagen, dass Ihr Unternehmen so viel wert ist wie Mr. Market dafür bezahlt, nicht was Sie meinen, was Sie sich wünschen oder was Sie letzten Monat dafür bezahlt haben. Wenn Mr. Market jetzt weniger dafür bezahlt, als Sie bezahlt haben, haben Sie in den Augen Ihres Bankers Geld verloren und Ihr Vermögen ist geschrumpft. Deshalb können weder Sie noch ich so tun, als hätten wir kein Geld verloren, wenn uns der Markt sagt, dass unser Unternehmen weniger wert ist, als wir dafür bezahlt haben. Da Verluste – auch kurzfristige – eine grobe Verletzung von Regel 1 sind, müssen wir das Problem anders lösen als dadurch, dass wir es leugnen.

Lösung 2: Die Differenz ausgleichen

Die zweite Art, mit diesem Problem umzugehen, ist die Art, wie Warren Buffett das macht. Er tut nämlich nicht so, als würde er kein Geld verlieren. Stattdessen füllt er die Lücke, indem er mit einer anderen kurzfristigen Investition mehr Geld verdient, als er mit dem Regel-1-Unternehmen verloren hat. Wenn man das kann, ist es ein toller Trick, und Herr Buffett ist schlau genug dafür. Er ist nicht nur einer der besten Langfristinvestoren der Welt, sondern auch einer der besten Kurz-

fristinvestoren. Er hat mit kurzfristigen Anlagen wie Anleihen, Silber, Devisen und Übernahme-Arbitrage Milliarden verdient.
Können Sie und ich das auch? Mit Übernahmen, Rohstoffen und Devisen zu handeln macht auf jeden Fall sehr viel Spaß und sicherlich können wir das auch machen, aber das wäre das Thema für ein eigenes Buch. Ich gehe davon aus, dass nicht jeder, der Regel 1 lernen will, so weit in dieses Gebiet vordringen will, dass er als Trader auftreten kann. Ich gehe aber genauso davon aus, dass jeder einzelne Leser möglichst kein Geld verlieren will. Da das Ausgleichen der Differenz durch clevere kurzfristige Geschäfte eine Methode für Fortgeschrittene ist, die mehr Zeit und mehr Übung erfordert, brauchen wir eine andere Möglichkeit.

Lösung 3: Am besten gar nicht erst Geld verlieren

Es gibt da eine Geschichte von einem Klosterschüler, der nach mehreren Jahren im Kloster Mönch werden wollte. Eines Tages kam sein Lehrmeister mit einem knorrigen Wanderstab in seine Zelle und sagte zu ihm: „Du hast alles gut gemacht, mein Sohn. Du musst nur noch eine letzte Prüfung bestehen. Ich komme morgen wieder. Wenn du die Prüfung bestehst, wirst du Mönch und trittst als Bruder in unseren Orden ein. Wenn du versagst, prügele ich dich mit diesem Stock bis zur Besinnungslosigkeit.“ Bevor der Schüler fragen konnte, worin denn die Prüfung bestand, ging der Mönch hinaus und schloss die Tür ab. Der Schüler konnte nichts anderes tun, als in der Zelle zu sitzen und über die letzte Prüfung nachzudenken.
Am nächsten Tag kam sein Lehrer mit dem Stock zurück und fragte: „Nun?“ Und bevor er noch ein weiteres Wort sagen konnte, sprang der Schüler auf und riss den Stock an sich. Der Lehrer lächelte und sagte: „Willkommen, Bruder.“ Unsere dritte Möglichkeit ist es, nach dem Stock zu greifen.

Nach dem Stock greifen

Sie stehen jetzt an dem gleichen Punkt wie der Schüler in der Geschichte. Sie haben viel darüber gelernt, was ein wunderbares Unternehmen ausmacht. Doch egal wie viel Sie wissen, Mr. Market kann Sie immer noch mit dem Stock prügeln und den Preis Ihres wunderbaren Unternehmens sinken lassen. Ich will Ihnen zeigen, wie man Mr. Market den Stock abnimmt. Noch vor ein paar Jahren war das ohne sehr großen Aufwand nicht möglich. Heutzutage hat man als kleiner, unbedeutender Anleger gegenüber den Großinvestoren am Markt einen enormen Vorteil und ich zeige Ihnen, wie Sie mithilfe dieses Vorteils Mr. Market der Fähigkeit berauben können, uns zu prügeln, indem er den Preis unseres Unternehmens absacken lässt. Dazu müssen wir zunächst begreifen, was den Preis einer Aktie steigen und fallen lässt.

Wenn ich die Menschen frage: „Was lässt den Aktienkurs steigen?“ Dann sagen sie mir, dass sie steigen, weil die Zinsen fallen. Oder sie steigen, weil das Unternehmen mehr Gewinn macht. Oder sie steigen, weil das Unternehmen einen besseren CEO eingestellt hat. Oder sie steigen, weil der Dollar im Verhältnis zum Yen gestiegen ist. Oder eine Million andere Gründe, die alle falsch sind.

Aktien steigen aus einem einzigen Grund: Sie steigen, weil mehr Geld da ist, das kaufen will, als Geld, das verkaufen will. Wie ich schon in Kapitel 1 erwähnt habe, stammen 14 der 17 Billionen in den US-amerikanischen Aktienmärkten von Pensionsfonds, Bankfonds, Versicherungsfonds und Investmentfonds. Man bezeichnet diese Gruppe von Investoren auch als institutionelle Anleger. Sie sind gewöhnlich recht groß und haben üblicherweise ein Anlagevermögen von mehr als einer Milliarde Dollar. Als Gruppe genommen sind sie eigentlich Mr. Market. Sie kontrollieren die Preise aller Aktien, in die sie investieren. Wenn sie mehr Geld investieren, steigt der Preis. Wenn sie ihr Geld abziehen, sinkt der Preis.

Für Sie bedeutet das, dass sogar ein Unternehmen, das 50 Prozent unter dem Empfehlungspreis gehandelt wird, kurzfristig noch weiterfallen kann, weil die Fondsmanager immer noch verkaufen, obwohl sie es rational gesehen nicht tun sollten. Vergessen Sie nicht, dass Mr. Market nicht immer rational handelt. Ben Graham hat uns gelehrt, dass der Markt langfristig eine Waage ist, die das korrekte Gewicht (Preis) jedes Unternehmens angibt. Kurzfristig gesehen ist er allerdings eine Wahlmaschine, die für jedes Unternehmen gut und gerne Ergebnisse liefert, die nicht auf Vernunft, sondern auf Gefühlen basieren – also falsche Abstimmungsergebnisse. Dazu kommt noch, dass sich institutionelle Fondsmanager keineswegs wie Unternehmensbesitzer verhalten. Sie haben beim Kauf nicht den langfristigen Erfolg des Unternehmens im Sinn. In Wirklichkeit interessieren sie sich nur für den kurzfristigen Erfolg ihrer Unternehmen – wie viel sie im aktuellen Quartal verdienen können.

Warren Buffett muss bei seinen langfristigen Unternehmen kurzfristige Verluste in Kauf nehmen, weil er im Falle sinkender Kurse nicht so einfach aussteigen kann, wenn er Milliarden investiert hat. Erinnern Sie sich, was er im Brief an die Aktionäre 2004 geschrieben hat: „Unsere riesigen Positionen machen es schwer, rasch ein- oder auszusteigen, wenn die Bewertungen schwanken."

Wenn Herr Buffett nicht „rasch" ein- und aussteigen kann, wie lange brauchen dann die anderen großen Tiere? Erstaunlicherweise betrug das durchschnittliche Transaktionsvolumen an der New York Stock Exchange im Jahr 2005 nur 345 Aktien (Quelle: Mohammed Hadi: „Tracking the Number", in: *Wall Street Journal*, 10. Juni 2005). Das sind etwa 5.000 Dollar. Nicht besonders viel, oder? Können Sie sich vorstellen, wie lange es dauert, Aktien im Wert von zwei Milliarden Dollar in Tranchen zu 5.000 Dollar zu verkaufen? Das sind 400.000 Trades. Nehmen wir einmal an, ich hätte zehn Millionen Aktien des Unternehmens XYZ. Bei 345 Aktien pro Verkauf brauche ich für den Ausstieg 30.000 einzelne Trades. Wenn man das schaffen will, ohne den Markt über Gebühr zu alarmieren, kann das Wochen dauern. Wenn ich allerdings versuche, in wenigen großen Transaktionen zu verkaufen, bemerken die anderen Fondsmanager die außerordentlichen Verkäufe und verfallen in Panik. Sie fangen an zu verkaufen und der Preis fällt so schnell, dass er fast sämtliche Profite vernichtet, die ich ja durch den Ausstieg eigentlich retten will.

✖ *Weltpolitische Ereignisse, höhere Unternehmensgewinne, die Entlassung eines CEOs, der Verlust eines Patents und sonstige Vorkommnisse verändern den Preis einer Aktie nicht um einen Cent. Die Ereignisse als solche ändern nichts am Kurs. Was den Kurs wirklich beeinflusst, ist die Reaktion auf die Ereignisse in Form von Bewegungen des institutionellen Geldes. Betrachten Sie Ereignisse, die anscheinend den Aktienkurs beeinflussen, als mittelbare Ursachen – als Signale, die indirekt Veränderungen hervorrufen. Keines dieser Ereignisse wirkt sich auf die kurzfristigen Kursbewegungen aus, denn das Einzige, was den heutigen Kurs ändert, sind die Aktivitäten der institutionellen Manager als Ganzes. Wenn sie verkaufen, sinkt der Preis. Natürlich können gewisse Ereignisse die Kauf- und Verkaufsentscheidungen der Fondsmanager beeinflussen, aber letzten Endes steigt oder fällt der Kurs einer Aktie nur, weil sich die institutionellen Investitionen ändern.*

Anmerkung: Ein Grund für den Anstieg des Aktienmarkts in den letzten 25 Jahren ist die Tatsache, dass die Fondsmanager (die bewegenden Kräfte der institutionellen Fonds) in den 1980er- und 1990er-Jahren mehr Pensionsvermögen in die Hände bekamen als je zuvor in der Geschichte des Aktienmarktes. Irgendwo mussten die Manager dieses Geld ja anlegen. Sie investierten das 401k-Geld und die Aktien stiegen (welch eine Überraschung). Sie stiegen, weil mehr Geld Aktien kaufen wollte als je zuvor.

Ich will Ihnen anhand eines Vergleichs klarmachen, welches Problem die Großinvestoren haben. Stellen Sie sich vor, Sie sitzen mitten in einem voll besetzten Theater. Es riecht nach Rauch. Rennen Sie dann zum Notausgang oder begeben Sie sich ruhig zur Tür? Wenn Sie zu rennen beginnen und andere den Rauch auch riechen, lösen Sie vielleicht eine Panik aus und kommen nie hinaus. Das sollten Sie also nicht tun. Sie versuchen langsam zu gehen, damit Sie zur Tür kommen. Aber dann nehmen andere den Rauch wahr, stehen auf und gehen ebenfalls zum Ausgang. Auch wenn alle nur gehen – irgendwann sind die Ausgänge verstopft und keiner entkommt mehr dem Brand.
Genau das ist mit Enron passiert. Als die Aktie 60 Dollar kostete, hatten rund 500 Fonds Milliarden in das Unternehmen investiert. Ein paar Fondsmanager nahmen Brandgeruch wahr und begaben sich in Richtung Ausgang. Ganz ruhig und geordnet. Die Aktie reagierte auf den ruhigen Verkauf, indem sie im Laufe der nächsten vier Monate langsam von 60 auf 30 Dollar sank. Keine Panik. Keine Gaps. Nur stetige, ruhige Verkäufe. Und nach wie vor hatten alle 500 Fonds Geld bei Enron investiert, nur manche eben weniger als zu der Zeit, als der Kurs noch bei 60 stand. Aber inzwischen strömte schon sehr viel Geld zum Ausgang und manche Fondsmanager machten sich langsam Sorgen, ob sie ihre Fonds noch ganz hinaus bringen würden. Und der Geruch nach Üblem wurde stärker. Der Verkauf lief schon nicht mehr so ruhig und die Aktie fiel innerhalb eines Monats von 30 auf 9 Dollar – aber noch immer waren 500 Fonds investiert, denn es wurde immer schwerer, Käufer für die vielen Aktienblöcke zu finden. Und dann kam es zu einer ausgewachsenen Stampede der 500 Fonds; in einer Nacht fiel die Aktie von neun auf null Dollar. Keiner kam heil heraus. Und jetzt warten 500 Fonds darauf, dass das Insolvenzgericht die Trümmer des abgebrannten Gebäudes nach herumliegendem Kleingeld absucht.

Werkzeuge

Was tun wir also? Zuerst erkennen wir an, dass wir keine Genies sind. Wir sind River Guides, Hausfrauen, Geschäftsführer, Lehrer, Anwälte und Kerzengießer. Zweitens erkennen wir an, dass wir nicht groß sind. Wir sind klein. Im Gegensatz zu Warren Buffett haben wir keine Probleme, „rasch ein- oder auszusteigen“. Diesen Größenvorteil sollten wir ausnutzen.

Ein typischer Fondsmanager braucht sechs bis zwölf Wochen, um eine vollständige Aktienposition aufzubauen oder komplett auszusteigen. Und wie lange brauchen Sie oder ich für den Kauf aller Unternehmen, die wir uns wünschen? Etwa acht Sekunden. Und dabei passiert dem Preis gar nichts. Genauso können wir in acht Sekunden aussteigen, ohne den Preis zu beeinflussen. Da der Preis einer Aktie steigt, weil die Fondsmanager massiv einsteigen, und da er fällt, wenn sie ihre Aktien abstoßen – wäre es da nicht toll, wenn wir ihre Geldbewegungen sehen könnten? Dann könnten wir ihnen zuvorkommen, sobald sie anfangen, ihr Geld in Bewegung zu setzen.

Denken Sie einmal eine Sekunde darüber nach. Sie brauchen sechs Wochen, um in Ruhe genügend Aktien eines Unternehmens zu kaufen und treiben dabei die ganze Zeit den Preis nach oben. Wenn wir das sehen könnten, würde uns das einen Vorteil verschaffen? Die Antwort lautet JA!

Sind Sie bereit? Ein paar Genies haben eine Reihe von Werkzeugen geschaffen, mit deren Hilfe man verfolgen kann, wie viel Geld in jede Aktie, jeden Investmentfonds und jeden Indexfonds am Markt hinein oder heraus fließt. Sie haben diese Werkzeuge für die Profis gebaut. (Haben Sie etwa gedacht, jemand würde sich die Mühe machen, solche Werkzeuge für den kleinen Mann zu machen, der 5.000 Dollar anlegen will? Wenn man nur 5.000 Dollar hat, findet man nicht einmal einen Broker!) Aber zur großen Überraschung aller kam dann das Internet daher und ganz plötzlich haben wir alle Zugang zu Profiwerkzeugen. Und jetzt kommt der Knaller: Sie und ich – die Kleinen – können diese Werkzeuge viel besser nutzen als die Großen. Wollen Sie das lernen?

Ich habe drei Computerprogramme sorgfältig ausgewählt, mit denen wir alle Trades beobachten können, die uns interessieren. Das sind meine „drei Werkzeuge", aber sie sind kein großes Geheimnis. Fast alle Profis benutzen sie, und wenn es nur ist, weil sie herausfinden wollen, was die Konkurrenz macht. Man bekommt sie auf den Internetseiten fast aller Onlinebroker umsonst. Wenn es sie bei Ihrem Broker nicht gibt, finden Sie sie bei Yahoo Finance oder bei MSN Money. Diese Werkzeuge sagen einem, wann die großen Jungs ein Unternehmen kaufen (IN) und wann sie es verkaufen (OUT), weil die Großen mehr als 80 Prozent des Marktes darstellen. (Wenn sie – wie es in den 1950er-Jahren war – nur 15 Prozent stellen würden, wäre das nicht so effektiv. Aber da sie den Markt kontrollieren und im Vergleich zu uns langsam handeln, warnen uns diese Werkzeuge reichlich im voraus, wenn sich an dem Mittelzufluss oder Mittelabfluss einer Regel-1-Aktie etwas ändert.) Diese Werkzeuge sind aus zwei Gründen eine tolle Sache:

1. Sie senken das Verlustrisiko.
2. Sie beseitigen die ERI.

Was ist denn bitte eine ERI? Das ist meine „Emotional Rule of Investing", meine „emotionale Investmentregel", und sie lautet:

Wenn du dieses Unternehmen kaufst, wird sein Preis sofort nach dem Kauf fallen, fallen, fallen … Aber wenn du es nicht kaufst, wird er steigen, steigen, steigen … bis du es doch noch kaufst. Aber dann wird der Preis fallen, fallen, fallen …

✖ Online-Versicherungsvergleiche und Auto-Einkaufsführer wie Edmunds.com haben die Welt des Versicherungs- und Autohandels für immer verändert, denn sie geben uns Verbrauchern – den Kleinen – Insiderwissen darüber, wie viel man für eine Versicherung oder ein Auto ausgeben sollte. Genauso haben die erwähnten Investing-Werkzeuge die Art verändert, wie wir den Markt begreifen, und sie bieten uns einen Vorteil, den wir vorher nicht hatten. Sie erlauben uns kluge Anlageentscheidungen. Sie sichern uns in diesem Spiel in vielerlei Hinsicht einen Vorsprung, auch wenn wir gegen eine ganze Industrie voller eigennütziger Experten antreten. Levitt und Dubner beschreiben in „Freakonomics" sehr schön die gewaltige Macht der Information: „Information ist ein Leuchtfeuer, eine Keule, ein Ölzweig, ein Abschreckungsmittel, je nachdem, wer sie verwendet und wie er sie einsetzt." Früher bezogen die Broker und Fondsmanager ihre Macht daher, dass sie Informationen anhäuften – die sie uns vorenthielten oder von denen sie uns glauben machten, wir würden sie nicht verstehen. Gott segne das Internet! Als die Informationen durch das Internet in unserer Hände fielen, hatten wir auf einmal auch ein paar Jetons in der Hand und der Vorteil der Finanzprofis war größtenteils verschwunden. Levitt und Dubner drücken das so aus: Durch das Internet „ist die Kluft zwischen den Experten und der Allgemeinheit gewaltig geschrumpft." Das ist gut für uns und zum Glück braucht man kein Genie zu sein, um diese Werkzeuge zu benutzen.

Bei MSN Money und bei Yahoo Finance müssen Sie sich registrieren oder die Werkzeuge downloaden. Bei MSN zum Beispiel müssen Sie die „Advanced Investor's Toolbox" (kostenlos) downloaden. Das ist ganz einfach und damit bekommen Sie gleich mehrere Werkzeuge auf einmal. Wenn Sie die Luxusausstattung von MSN auf Ihrem Computer haben und in der Menüleiste links auf „Charts" klicken, kön-

nen Sie sich alle drei Werkzeuge holen, die ich im nächsten Kapitel behandle. (Bei Yahoo finden Sie die Werkzeuge ebenfalls in der Menüleiste auf der linken Seite. Wenn Sie mehr sehen wollen, brauchen Sie eine ID und ein Kennwort. Das gibt es alles kostenlos.)

Als ich einmal im Cow Palace – einer großen Veranstaltungsarena in der Nähe von San Francisco – über die institutionellen Anleger und über den Zauberstab sprach, mit dem sie über dem Markt wedeln, als ich erklärt hatte, dass sie mehr als 80 Prozent des Geldes am Markt in Händen halten und dass sie daher die Preise aller Aktien kontrollieren, stellte ich dem Publikum die rhetorische Frage: „Und was lässt die Aktienkurse sinken?“ Die richtige Antwort lautet natürlich, dass das große Geld, also die institutionellen Anleger, den Preis kontrollieren und somit auch drücken können. Aber ein Mann in der ersten Reihe sagte: „Das bin ich. Alles was ich kaufe, fällt. Das muss wohl ich sein.“ Und das ist die ERI.

Wir müssen uns von der ERI befreien, denn wir müssen bereit sein, genau dann zu investieren, wenn die anderen Angst haben. Und wir müssen bereit sein zu verkaufen, wenn alle sagen, die Aktie könnte nicht fallen. Grundsätzlich könnte man sagen, dass Regel-1-Investoren kaufen, wenn die anderen Angst haben, und dass sie verkaufen, wenn alle kauflustig sind. Wenn die ERI Sie erwischt, kann das Unternehmen noch so wunderbar sein, aber wenn Sie Anfänger sind (ach was, bei erfahrenen Anlegern ist es vielleicht sogar noch schlimmer), revidieren Sie dann Ihre eigenen Entscheidungen und steigen aus, wenn Sie eigentlich einsteigen sollten, oder steigen ein, wenn Sie eigentlich aussteigen sollten.

Wenn wir die Checkliste der vier Ms beachten, ist die ERI schon weitgehend beseitigt. Wenn wir ein Unternehmen verstehen und es zu einem großartigen Preis bekommen, entfallen schon alle rationalen Ausreden dafür, dass wir ein Unternehmen nicht kaufen. Dann brauchen wir nur noch die irrationalen

Ausreden zu beseitigen, also die emotionalen Ausreden. ERI. Das mache ich mit meinen drei Werkzeugen.
Im nächsten Kapitel zeige ich Ihnen, wie man mit diesen Werkzeugen den Zeitpunkt des Einstiegs und des Ausstiegs bestimmt. Anders ausgedrückt: wann Sie nach dem Stock greifen sollten.

✖ Drei Punkte, die man sich merken sollte:

1. *Die Großinvestoren (Pensionsfonds, Versicherungsfonds, Investmentfonds und so weiter) kontrollieren zwar den Markt, aber sie wenden genauso langsam wie große Kreuzfahrtschiffe. Ihre Bewegungen sind so groß, dass wir sie leicht erkennen.*
2. *Die Kleinanleger (Sie und ich) können genauso schnell wenden wie ein Jetski. Unsere schnellen, kleinen Bewegungen sind unsichtbar.*
3. *Es gibt Werkzeuge, die uns sagen, in welche Richtung die Kreuzfahrtschiffe wenden, sodass wir ihnen auf ihrem Kurs zuvorkommen können. Außerdem erkennen wir, wann sie so weit gewendet haben, dass es kein Zurück mehr gibt und sie eine riesige (zerstörerische) Heckwelle hinterlassen. Die drei Werkzeuge halten uns aus dem Kielwasser heraus, sodass wir kein Geld verlieren!*

Kapitel 12 – Die drei Werkzeuge

„Jede hinreichend fortgeschrittene Technologie ist von Magie nicht zu unterscheiden.“

*– Arthur C. Clarke (*1917), in „Profile der Zukunft“ (Clarkes drittes Gesetz)*

Drei Werkzeuge sind von besonders großem Nutzen, wenn wir ein wunderbares Unternehmen gefunden haben, das den Test der vier Ms besteht und das wir kaufen wollen. Diese Werkzeuge geben uns den Mut, Mr. Market „den Stock zu entreißen“. Das ist auch gut so, denn wir wollen ja nicht, dass uns Mr. Market schlägt. Uns ist es lieber, wenn wir nachts ruhig schlafen können, weil wir wissen, dass unser Geld in Sicherheit ist und dass wir es nicht verlieren, weil wir uns vor dem Ausstieg (oder dem Einstieg) fürchten.

Ich bin mit den Werkzeugen, die ich Ihnen gleich vorstelle, nicht verheiratet – es sind eben nur die, mit denen ich am besten zurechtkomme. Außerdem stehen sie auf Websites wie MSN Money, Yahoo Finance oder bei Ihrem Broker kostenlos zur Verfügung. Ich muss Sie allerdings im voraus warnen, dass Ihre Charts wahrscheinlich nicht ganz genauso aussehen wie die Charts, die Sie in diesem Kapitel sehen werden (erwarten Sie also keine exakten Kopien der Charts, die ich hier zur Veranschaulichung abdrucke).

Je nachdem, wo Sie sich diese Werkzeuge herholen, sehen sie etwas anders aus, aber in meinen Beispielen bekommen Sie einen ungefähren Eindruck davon, wie Sie die Werkzeuge einsetzen sollten. Wenn Sie diese Werkzeuge (manche bezeichnen sie auch als „Technische Indikatoren“) erst einmal verstanden und sich daran gewöhnt haben, wie sie aussehen, dann ist es egal, wie sie auf verschiedenen Internetseiten dargestellt sind. Lassen Sie sich von dem technischen

Aussehen nicht einschüchtern und versuchen Sie vorläufig nicht zu verstehen, was dahinter steckt. Sie brauchen nur zu lernen, wie man die Signale übersetzt – ob die Werkzeuge „kaufen" oder „verkaufen" sagen. Die Interpretation der Signale wird Ihnen schon bald zur zweiten Natur, genauso wie Sie die verschiedensten Bücher lesen können. Doch dazu mussten Sie zuerst lesen lernen.

✖ *Wenn Sie an eine rote oder grüne Ampel kommen, überlegen Sie dann erst lange, wie die Lichter rot oder grün werden? Nein, Sie wissen, das eine heißt „fahren" und das andere „anhalten" und Sie befolgen die entsprechende Anweisung ohne Fragen zu stellen. Ich möchte, dass Sie an die Technischen Indikatoren genauso herangehen. Lernen Sie, welches Handeln Ihnen die Signale nahelegen; lassen Sie sich nicht davon ablenken, dass Sie ausknobeln wollen, wie diese Signale zustande kommen.*

Wenn Sie sich an die Werkzeuge auf einer bestimmten Seite gewöhnt haben, können Sie gerne dabei bleiben. Entscheidend ist, dass Sie einen Satz Werkzeuge benutzen, auf den Sie sich verlassen können, damit Mr. Market keine Gelegenheit bekommt, seinen Stock zu benutzen.

Die Macht der Werkzeuge

Als im letzten Kapitel von der Macht dieser Werkzeuge die Rede war, haben Sie vielleicht den Eindruck gewonnen, es gebe sie erst seit sehr kurzer Zeit. In Wirklichkeit gibt es sie allerdings schon eine ganze Weile und sie haben mich im Jahr 2000 und danach davor bewahrt, mit allen anderen unterzugehen. Für den durchschnittlichen Kleinanleger wurden diese Werkzeuge allerdings erst nutzbar, als massenhaft Finanzdaten in das Internet gewandert sind. Entscheidend ist für uns, dass wir nicht mehr selbst zu rechnen brauchen. Das macht der Computer für uns und dann spuckt er eine grafische Darstellung der Berechnungen aus, für die man früher Stunden brauchte. Wir müssen nicht mehr die Veränderungen berechnen, die durch den heutigen Handelstag entstanden sind, sie auf das Diagramm einer bestimmten Aktie anwenden und dann die gleichen Berechnungen für jedes einzelne Unternehmen, das uns interessiert, neu anstellen und wieder grafisch darstellen – heute geht das alles automatisch. Wir müssen nur wissen, wie man die Botschaft der Werkzeuge liest.

Ich habe mich um solche Werkzeuge auch erst gekümmert, als ich vor acht Jahren anfing, alles Mögliche online zu machen. Ein Freund sagte mir, ich solle das einmal probieren. Ich besuchte einen entsprechenden Kurs und was ich da lernte, gefiel mir wirklich gut. Damals, im Jahr 1998, sah ich zwar keine großen Unterschiede, weil alle Aktien stiegen, die ich kaufte, aber im August 1999 sagten mir diese Werkzeuge, dass ich aus dem Markt aussteigen sollte. Der Markt fiel und ich machte keinen Verlust. Ich fand das ganz schön cool. Und dann, im Oktober 1999, signalisierten mir die Werkzeuge, dass die großen Jungs wieder in meine Unternehmen einstiegen. Ich schloss mich ihnen an und sah staunend zu, wie der Markt geradlinig nach oben ging – trotz aller dringenden Warnungen vor Computerabstürzen und der Apokalypse am 1. Januar 2000. Ich hätte auf keinen Fall den Nerv gehabt, angesichts der ganzen Warnungen investiert zu bleiben, wenn mir nicht die Werkzeuge eindeutig gesagt hätten, dass die Großen wieder Geld in meine Unternehmen investierten. Im März 2000 sagten sie mir, dass die Großanleger wieder ausstiegen, und zwar im ganz großen Stil. Deshalb stieß ich alles ab und sah voller Staunen zu, wie der gesamte Markt sank wie ein Ziegelstein. Wenn man einen derart großen Einbruch wie in den Jahren 2000 bis 2003 durchlebt hat, ohne Geld zu verlieren – während alle anderen massakriert wurden –, dann wird man zum Gläubigen. Diese Werkzeuge sind für den kleinen Mann, der Regel-1-Investing betreibt, eine unschätzbare Hilfe.

Einer meiner Schüler fragte mich einmal: „Hat mein Fondsmanager diese Werkzeuge nicht auch? Wenn er sie hat und wenn sie so gut sind, warum hat er dann in den Jahren 2000 bis 2003 die Hälfte meines Geldes verloren?" Eine gute Frage. Natürlich hat Ihr Fondsmanager diese Werkzeuge auch. Schließlich wurden sie ja extra für ihn gemacht, Sie erinnern sich? (Wie schon im letzten Kapitel gesagt: Sie sollten auch nicht eine Sekunde lang glauben, diese mächtigen Werkzeuge seien für Sie und mich geschaffen worden. Machen Sie die Augen auf! Ironischerweise – und zur Überraschung der Fondsmanager – kann der kleine Investmentneuling diese Werkzeuge besser einsetzen als die Profis.)

Das Problem, das Ihr Fondsmanager hat, haben wir ja eigentlich schon besprochen. Er schiebt so viel Geld hin und her, dass er selbst ein Werkzeug ist. Damit die Werkzeuge „kaufen" oder „verkaufen" sagen, müssen Millionen von Dollar in eine vorherrschende Richtung bewegt werden. Ihr Fondsmanager bewegt durchaus Millionen oder gar Milliarden und verändert damit die Signale, die von den Werkzeugen kommen. Wenn man die Signale selbst erzeugt, ist es natürlich sehr schwer, sich nach ihnen zu richten! Wenn Ihr Fondsmanager beginnt einzusteigen (bedenken Sie, dass er für den Einkauf eventuell Wochen braucht), ändern sich die Signale. Aber wenn er abwartet, bis ihm die Werkzeuge den Einstiegszeitpunkt signalisieren, ist es schon zu spät, weil er für die Verschiebung von solchen Geldmengen zu lange braucht. Bis er ganz eingestiegen ist, sind die anderen Großinvestoren, die früher damit angefangen und die Veränderung der Werkzeuge ausgelöst haben, schon wieder damit beschäftigt zu verkaufen und ihre Gewinne mitzunehmen.

Für den Fall, dass Sie das irgendwie bezweifeln sollten, führe ich Ihnen live vor, was passiert, wenn man 50.000 Dollar in eine Mikro-Aktie investiert – eine Aktie, von der täglich 50.000 Stück zu zehn Cent gehandelt werden. Kaufen Sie 500.000 Aktien und sehen Sie zu, was mit den Signalen passiert, die von den Werkzeugen kommen. Sobald Sie mit dem Aktienkauf anfangen, schreien alle Werkzeuge laut „Kaufen!", und der Preis schießt nach oben – 10 Cent, 15 Cent, 20 Cent – bevor Sie richtig angefangen haben. Bis Sie mit dem Kaufen fertig sind, kann der Aktienkurs schon auf 80 Cent geschnellt sein. Sieht toll aus, aber nur bis Sie wieder verkaufen. Sie merken wieder, dass Sie die Werkzeuge beeinflussen, nur dass sie diesmal dem Rest der Welt „Verkaufen!" zurufen, dass auf einmal keine Käufer mehr da sind und die Aktie auf drei Cent fällt, bevor Sie ausgestiegen sind – wenn Sie überhaupt herauskommen. Machen Sie das ein einziges Mal, dann bekommen Sie einen Ahnung davon, wie schwer es für einen Fondsmanager ist, Milliarden zu investieren und warum außer den Regel-1-Menschen fast niemand den Markt 20 Jahre lang oder länger übertrifft.

Nun gut, jetzt wollen wir wissen, wie die Werkzeuge aussehen und wie man sie benutzt. Am besten sehen wir sie uns alle auf einmal an.

Der MACD

Das erste Werkzeug in Ihrem Werkzeugkasten ist der MACD – „Moving Average Convergence Divergence" [„Konvergenz und Divergenz gleitender Durchschnitte"]. Kein schlechter Brocken, oder? Der MACD wurde von dem Wirtschaftswissenschaftler Dr. Gerald Appel entwickelt. Er ist wahrscheinlich der beständigste Indikator für signifikante Trendveränderungen von Aktien und ganz sicher ist er der meist verwendete Technische Indikator der Welt. Im Prinzip zeigt er die Veränderungen mehrerer Preisdurchschnitte im zeitlichen Verlauf, und zwar meistens über kurze Zeiträume. Er zeigt an, wann

➡ Der MACD ist eine Kombination aus zwei gleitenden Durchschnitten – einem langsamen und einem schnellen – und er zeigt, wie sie sich zueinander verhalten (konvergieren und divergieren).

die Dynamik (das sogenannte Momentum) - nach oben oder unten - zunimmt, ähnlich wie das Manometer an einem Feuerwehrschlauch. Da das meiste Geld an den Märkten institutionelles Geld ist, zeigt der MACD im Endeffekt an, wann sich die großen Jungs hereinschleichen oder hinausschleichen.

Zu lernen, wie man den MACD benutzt – nur um daraus abzulesen, ob man kaufen oder verkaufen sollte – ist viel einfacher, als seine Funktionsweise zu verstehen. Der MACD benutzt gleitende Durchschnitte („Moving Average", kurz „MA"). Ein gleitender Durchschnitt ist der durchschnittliche Preis in einem bestimmten Zeitraum. Der gleitende Durchschnitt wird jeden Tag nach Handelsschluss neu berechnet. Wenn wir den gleitenden Durchschnitt über zehn Tage benutzen, wird der Durchschnittspreis der letzten zehn Handelstage berechnet und als letzter Punkt der Linie in den Chart eingetragen, die den gleitenden Durchschnitt über zehn Tage darstellt – die sogenannte 10-Tage-Linie. (Die meisten MACDs beruhen auf exponentiellen gleitenden Durchschnitten, weil dadurch unnötige Ausschläge nach oben oder unten geglättet werden und sanftere Kurven entstehen. Die Abkürzung für den exponentiellen gleitenden Durchschnitt ist „EMA" – von „Exponential Moving Average". Der EMA gewichtet die jüngsten Zahlen stärker als der MA.)

Der MACD verwendet drei EMAs: einen langsamen EMA, einen schnellen EMA und den Signal-EMA. Dr. Apple kam bei seinen Forschungen zu dem Schluss, dass der beste langsame (oder langfristige) EMA der 26-Tage-EMA ist und dass der beste schnelle (oder kurzfristige) EMA der 12-Tage-EMA ist. Sein MACD-Computer berechnet die beiden exponentiellen gleitenden Durchschnitte und die Differenz zwischen beiden. Diese Zahl ist der Wert des Tages. Das ist aber noch nicht alles. Dr. Appel fand heraus, dass der 12-

26-MACD manchmal den 9-Tage-EMA schneidet, und seine Forschungen ergaben, dass eine Aktie mit hoher Wahrscheinlichkeit weitersteigt, wenn der MACD die 9-Tage-Linie von unten schneidet und dass sie mit hoher Wahrscheinlichkeit weiterfällt, wenn er die Linie von oben her schneidet. Er bezeichnete diesen Schnittpunkt als Signalpunkt, denn wenn die MACD-Linie den 9-Tage-EMA schneidet, löst das ein „Kaufsignal" oder ein „Verkaufssignal" aus. Thomas Aspray führte zudem das MACD-Histogramm ein, das die Differenz zwischen MACD und Signallinie darstellt. Wenn der Signalpunkt kommt, werden die nach unten ragenden Balken immer kürzer, dann überschreiten sie die Nulllinie und wachsen nach oben (oder umgekehrt). In der Darstellung als Histogramm kann man den bevorstehenden Signalpunkt frühzeitiger erkennen. Ich persönlich habe mich in eine von Dr. Appels Abwandlungen des 12-26-9-MACD verliebt, und zwar in den etwas schnelleren und empfindlicheren 8-17-9-MACD. MSN und die meisten Finanzseiten bieten standardmäßig den 12-26-9-MACD an, aber da ich auf der Suche nach Aktien bin, die schnell steigen, erfasst der empfindlichere MACD mehr passende Aufwärtsbewegungen und bringt mir mehr Geld.

Wie erwähnt, vergleiche ich den MACD mit dem Manometer an einem Feuerwehrschlauch, das uns über den Druck informiert, der in dem Schlauch herrscht. Wenn er steigt, wird von irgendwoher mehr Wasser in den Schlauch gepumpt. Wenn er sinkt, dreht gerade jemand das Wasser ab. Wenn der MACD steigt, pumpt ein Großer Geld in die Aktie und wenn er fällt, zieht ein Großer (oder mehrere Große) viel Geld aus der Aktie heraus. Auf Seite 268 sehen Sie einen typischen MACD-Chart.

Es gibt zwar übersichtlichere Charts zu kaufen, aber dieser hier stammt von MSN und ist kostenlos, also verwenden wir ihn einfach. Lassen Sie mich zunächst erklären, was wir hier

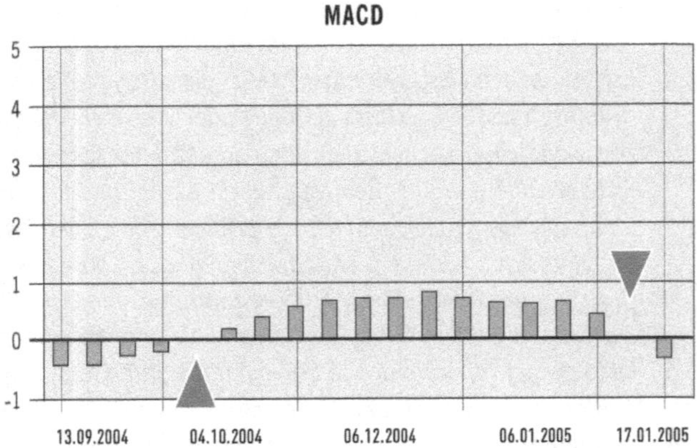

sehen (eine kurze Erklärung der Funktionsweise des MACD finden Sie auf den Seiten 266–267).

Der Chart zeigt den Zeitraum vom 13. September 2004 bis zum 17. Januar 2005, also rund vier Monate. Die Nulllinie ist die Signallinie. Die Balken stellen die Differenz zwischen dem 8-17-Tage-MACD und der 9-Tage-Signallinie dar. Liegt der MACD unter der Signallinie, ragen die Balken nach unten in den negativen Bereich, liegt er über der Signallinie, ragen sie nach oben in den positiven Bereich, denn in dieser Darstellung ist die Nulllinie identisch mit der 9-Tage-Signallinie. Die Dreiecke zeigen die Zeitpunkte an, zu denen der MACD die exponentiell geglättete 9-Tage-Linie – die Signallinie – schneidet. An diesen Punkten gibt der MACD ein Kauf- respektive Verkaufssignal.

Die meisten MACD-Charts sind keine Histogramme (Balkendiagramme), sondern sie zeigen die Signallinie genauso als bewegte Kurve wie den MACD. Die Punkte, an denen sich MACD-Linie und Signallinie schneiden, entsprechen den Punkten, an denen die Balken im Histogramm durch die Nulllinie gehen. Beide Darstellungsweisen sagen dasselbe aus, aber manche Investoren bevorzugen die Linien, andere bevorzugen die Balken. Die horizontale Achse ist die Zeitachse mit Datumsangaben. Die Werte an der vertikalen Achse verwende ich nicht. Man kann damit komplexere Analysen anstellen, aber das brauchen wir gar nicht. Sie müssen aus diesem Chart nur eines herauslesen können: Sie müssen sehen, in welche Richtung das Geld fließt – in das Unternehmen oder aus dem Unternehmen heraus. Und dafür brauchen Sie nichts weiter als den Wechsel zwischen Balken nach unten und Balken nach oben (beziehungsweise die Schnittpunkte von MACD-Linie und Signallinie).

Was bedeutet es wohl, wenn die Balken vom negativen in den positiven Bereich wechseln (ich habe an dieser Stelle ein Dreieck mit der Spitze nach oben eingetragen)? An diesem Punkt haben die großen Jungs so lange Geld in die Aktie gesteckt, dass ein spürbarer Kursanstieg unmittelbar bevorsteht. Das ist unser Kaufpunkt. Zu diesem Zeitpunkt ist die Gefahr von Kursverlusten am geringsten. An dem Punkt, an dem die Balken vom oberen in den unteren Bereich übergehen (dort habe ich ein Dreieck mit der Spitze nach unten eingetragen), haben die großen Jungs so viel Geld aus der Aktie herausgezogen, dass eine spürbare Preisbewegung nach unten wahrscheinlich ist. Natürlich laufen wir dann vermehrt Gefahr, Geld zu verlieren, und deshalb steigen wir aus. Ganz einfach.

✖ *Sobald die Balken nach oben wachsen – kaufen!*
Sobald die Balken nach unten wachsen – verkaufen!

Aber jetzt kommt der Haken: Wenn Sie sich auf einer Website einen MACD-Chart ansehen, werden Sie feststellen, dass man ihn unterschiedlich gestalten kann, sodass die Berge und Täler schneller oder langsamer aufeinander zu folgen scheinen. Das ist so ähnlich, wie wenn man die Empfindlichkeit des Manometers verstellt, sodass es entweder kleinste Druckveränderungen registriert oder erst bei größeren Änderungen ausschlägt.

Wenn Sie den MACD genauso verwenden wollen wie ich, müssen Sie drei ganz bestimmte Zahlen eingeben. Sie können den MACD natürlich auch mit den Werten benutzen, die standardmäßig eingestellt sind, aber Ihnen muss klar sein, dass sich die Signale ändern, wenn Sie die Einstellung ändern. Wenn Sie die technischen Werkzeuge so benutzen wollen wie ich, müssen Sie sie ein kleines bisschen anders einstellen als vom Anbieter vorgesehen. Finden Sie heraus, wo Sie die Einstellungen ändern können. Wenn Sie bei MSN Money „MACD“ gewählt haben, klicken Sie auf „Settings“ und erhalten etwa folgendes Bild:

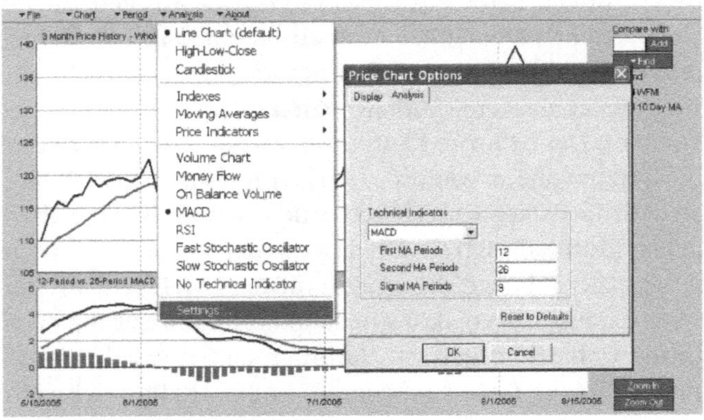

Jetzt können Sie die Einstellung von 12-26-9 auf 8-17-9 ändern. Durch diese Änderung wird das Messgerät empfindlicher. Mir ist das lieber, weil es mir nichts ausmacht, wenn ich mich nach einem Einstieg oder Ausstieg nach ein paar Tagen wieder umentscheiden muss, weil das Werkzeug schon wieder in die andere Richtung zeigt. Wie Sie dieses Werkzeug einsetzen wollen, bleibt Ihnen überlassen. Unter Experten gibt es die unterschiedlichsten Meinungen, wie man es am besten einstellen sollte. Wenn Sie sich ernsthaft für Technische Analyse interessieren, können Sie eine ganze Menge Kurse besuchen und schicke spezielle Software kaufen, wenn Sie wollen. Aber für unsere Zwecke – ein solides Fundament für Regel-1-Investments – reicht das, was ich Ihnen zeige, vollkommen aus.

Haben Sie die Werkzeuge gefunden? Wenn Sie sie weder bei MSN noch bei Yahoo finden, kann das da-ran liegen, dass Sie es versäumt haben, ein Programm herunterzuladen, das absolut kostenlos ist und das Ihr Computer braucht, damit er die Finanzdaten anzeigen kann. Wenn Sie zum Beispiel bei MSN Money ein Tickersymbol eingeben, dann im Menü links auf „Charts" klicken und dort nicht alle drei Werkzeuge sehen, dann fehlt Ihrem Computer der Werkzeugkoffer für Fortgeschrittene. Es kann sein, dass Sie an dieser Stelle aufgefordert werden, diese Anwendung herunterzuladen, weil Ihr Computer merkt, dass Sie auf Informationen zugreifen wollen, die Sie so nicht bekommen können. Während ich dies schreibe, ist es bei Yahoo im Gegensatz zu MSN nicht möglich, den MACD manuell einzustellen, aber es sind verschiedene gleitende Durchschnitte, Zeitachsen und andere Indikatoren im Angebot.
Der Download dauert nicht lange, auch wenn Sie keine Hochgeschwindigkeitsverbindung zum Internet haben. Bei Yahoo brauchen Sie für die Finanz-Tools normalerweise eine User-ID und ein Passwort – alles kostenlos. Bei Yahoo finden Sie die Werkzeuge auf allen Aktienseiten in der Menüleiste auf der linken Seite unter „Charts" und dort unter „Technical Analysis".
Damit Sie jederzeit Zugriff auf alle verfügbaren Informationen haben, empfiehlt es sich außerdem, den Internetbrowser immer auf dem neuesten Stand zu halten, indem Sie gegebenenfalls die neueste Version downloaden.

Natürlich verwenden wir nicht nur ein Werkzeug. Wir wollen von mehreren Seiten bestätigt haben, dass die Großinvestoren einsteigen oder aussteigen. Deshalb noch mehr Werkzeuge.

Der Stochastik-Indikator

Das zweite Werkzeug in unserem Koffer ist der Stochastik-Indikator von Dr. George C. Lane. Das ist ein Momentum-Indikator, der anzeigt, ob eine Aktie überkauft oder überverkauft ist. Eine Aktie wird überverkauft, wenn ein großer institutioneller Anleger anfängt zu verkaufen und andere nachziehen. Dadurch entsteht großer Druck auf den Aktienkurs, der bei den Großanlegern Besorgnis oder gar Angst erregt. Wenn das passiert, warten die anderen Institutionellen ab, bis die Aktie ihrer Meinung nach nicht mehr weiterfällt, und dann fangen sie an zu kaufen. Der Stochastik-Indikator sieht das und sagt uns, dass auch wir kaufen sollten. Hier ein Beispiel für einen Stochastik-Chart:

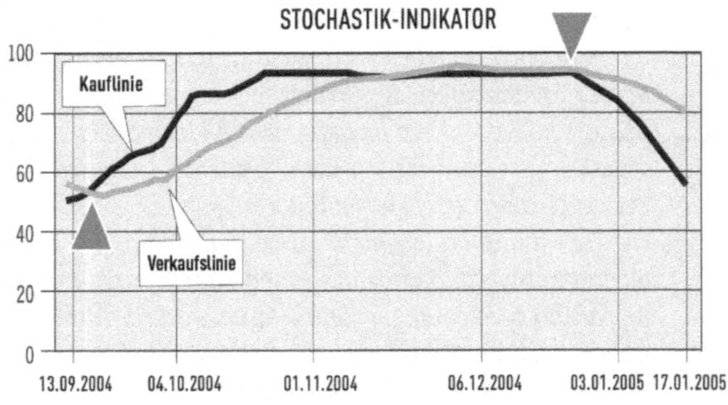

Kauflinie aufwärts – kaufen!
Kauflinie abwärts – verkaufen!

Die eine Linie heißt „Kauflinie“ und die andere „Verkaufslinie“. Wenn die Kauflinie die Verkaufslinie überschreitet und sich oberhalb bewegt (ich habe am Schnittpunkt ein Dreieck mit der Spitze nach oben eingetragen), signalisiert der Stochastik-Indikator, dass die Aktie vom überverkauften (zu viele Verkäufer) in den überkauften Zustand übergeht. Zeit zu kaufen. Wenn die Linie zurückkommt (ich habe an diesem Schnittpunkt ein Dreieck mit der Spitze nach unten eingetragen), zeigt der Indikator an, dass die Aktie von dem überkauften (zu viele Käufer) in den überverkauften Zustand übergeht. Zeit zu verkaufen. Bringt sonst nichts.

✖ *Der Stochastik-Indikator betrachtet den höchsten und den niedrigsten Preis einer Aktie in einem bestimmten Zeitraum. Dr. Lane kam bei seinen Forschungen zu dem Schluss, dass ein Zeitraum von 14 Tagen am besten geeignet ist. Sein Computerprogramm berechnet, wo sich der heutige Schlusskurs im Verhältnis zu dem Hoch und dem Tief der vergangenen 14 Tage befindet, und drückt dies „prozentual" aus. Die Spanne zwischen Tief und Hoch entspricht einer Skala von 0 bis 100 und ein Stochastik-Wert von 57 bedeutet somit, dass der aktuelle Schlusskurs leicht oberhalb der Mitte zwischen Tief und Hoch der letzten 14 Tage liegt. Das wäre an sich nichts Besonderes, aber Dr. Lane und andere Wissenschaftler fanden heraus, dass eine Aktie überverkauft wird, wenn der Stochastik-Wert unter 20 fällt – dann gibt es zu viele Verkäufer und zu wenige Käufer. Wenn der Wert die Schwelle von 20 wieder überschreitet, bedeutet das häufig, dass die großen Marktteilnehmer wieder ernstlich zu kaufen beginnen und dass der Kurs wahrscheinlich wieder steigt, weil sich die überverkaufte Situation wieder normalisiert. Wenn der Stochastik-Wert deutlich über 80 steigt, ist die Aktie überkauft – zu viele Käufer, zu wenige Verkäufer – und wenn er wieder unter diese Schwelle fällt, heißt das häufig, dass die Großen ernstlich Gewinne mitnehmen und der Aktienkurs vermutlich fällt.*

Bei MSN wird der Stochastik-Indikator gegen den exponentiell geglätteten gleitenden Durchschnitt über fünf Tage (5-Tage-EMA) abgetragen und die Schnittpunkte sind Signalpunkte. Diese Punkte warnen bereits kurz bevor der

Stochastik-Wert die Schwelle von 20 beziehungsweise 80 unter- beziehungsweise überschreitet.

Den Stochastik-Indikator kann man genauso wie den MACD nach seinem persönlichen Geschmack einstellen – je nachdem, wie empfindlich die Signale gegeben werden sollen. Man kann den Indikator „schnell" oder „langsam" darstellen. Ich stelle mir den Wert am liebsten auf eine mäßige Geschwindigkeit ein, damit mich der Indikator nicht dauernd hin- und herschaukelt – das heißt, der langsame Indikator gibt seltener falsche Signale als der schnelle. Zur Einstellung meines Lieblings-Indikators brauchen Sie zwei Zahlen. Die erste gibt die Anzahl der Perioden an und dafür nehme ich 14 Handelstage. Die zweite Zahl bestimmt den gleitenden Durchschnitt, der für den Signalpunkt gebraucht wird. Ich bevorzuge hier die 5-Tage-Linie. Bei MSN ist der Wert von Haus aus auf 5-5 eingestellt, was für meinen Geschmack allerdings zu viele Signale erzeugt. Deshalb verwenden wir 14 und 5. An der senkrechten Achse stehen die Prozentzahlen. Wenn die Stochastik-Linie 20 Prozent überschreitet, ist das ein positives Signal und wenn sie unter 80 Prozent fällt, ist das ein negatives Signal. Normalerweise warnt ein Schnittpunkt von 14- und 5-Tage-Linie kurz davor, dass eine Veränderung in der Luft liegt. Das ist unser Kaufsignal. Die Schwellenwerte von 20 und 80 Prozent sind nur Bestätigungen.

Der gleitende Durchschnitt

Das dritte Werkzeug, das ich sehr gern benutze, ist der gleitende Durchschnitt. Er gibt den Durchschnittspreis über einen bestimmten Zeitraum an. Es gibt sehr viele technische Trader, die sich bei ihren Käufen und Verkäufen an gleitenden Durchschnitten orientieren. Der gleitende Durchschnitt glättet die Berge und Täler der täglichen Kursschwankungen und vermittelt den Tradern einen Eindruck vom Kurstrend. (Technische Trader interessieren sich überhaupt nicht für den Wert eines Unternehmens. Sie wollen nur wissen, ob der Preis aufgrund dieses und anderer Indikatoren steigen oder fallen wird. Sie sind gewissermaßen Relikte aus der EMT-Ära, die behauptete, alle Unternehmen seien jederzeit korrekt bewertet. Demnach, so überlegen die Techniker, sind Fundamentaldaten nutzlos. Es zählt nur, schneller zu sein als alle anderen.)

Manche gleitenden Durchschnitte sind eine Art psychologische Barriere für den Anstieg oder Abstieg des Aktienkurses. Man kann sie sich als eine Art Decke oder Boden vorstellen. Wenn der Preis über den gleitenden Durchschnitt steigt, bricht er durch die psychologische Decke, schafft ein neues kurzfristiges Hoch und signalisiert, dass die Einstellung zu dieser Aktie positiv geworden ist. Wenn der Preis umgekehrt durch den Boden bricht, hat sich der Markt eine negative Haltung zu eigen gemacht. Und auch hier können Sie auf der Website, die Sie benutzen, wieder einstellen, wie schnell der gleitende Durchschnitt sein soll.

➡ Ein gleitender Durchschnitt ist ganz einfach die Summe der Schlusskurse in einem bestimmten Zeitraum geteilt durch die Anzahl der Tage.

Bei MSN haben Sie zwei Möglichkeiten, nämlich zehn Tage und 50 Tage. Ich verwende gern die 10-Tage-Linie, weil ich im Unterschied zum MACD und zum Stochastik-Indikator von diesem Werkzeug ein Frühwarnsignal haben will. Da der gleitende Durchschnitt normalerweise das letzte Signal ist, das „kaufen" oder „verkaufen" sagt, stelle ich ihn schneller ein, damit er besser mit den beiden anderen Werkzeugen übereinstimmt.

Die schwarze Linie im abgebildeten Chart ist der Aktienkurs und die graue Linie der gleitende Durchschnitt. Wenn der Preis den gleitenden Durchschnitt von unten schneidet (ich habe hier ein Dreieck mit der Spitze nach oben eingetragen), bricht der Aktienkurs durch die Decke und die Stimmung am Markt wird positiv. Das ist für uns ein Kaufsignal. Wenn er ihn von oben schneidet (hier habe ich ein Dreieck mit der Spitze nach unten eingetragen), bricht der Preis durch den Boden und die Stimmung wird negativ. Zeit zu verkaufen. Ist ganz leicht.

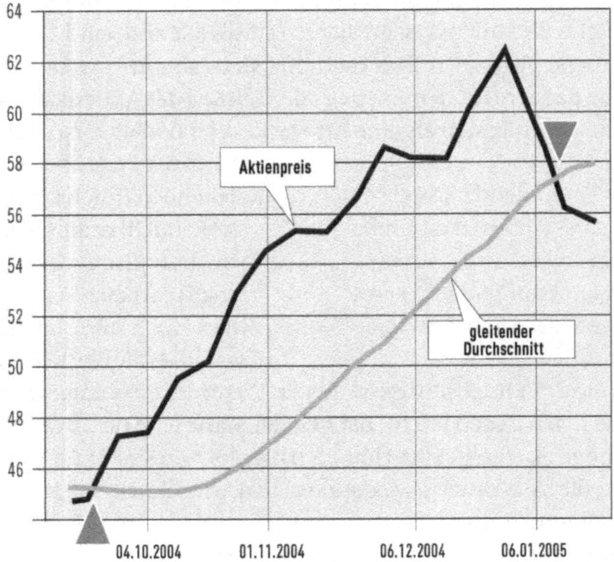

Wenn der Preis über den gleitenden Durchschnitt steigt – kaufen! Wenn der Preis unter den gleitenden Durchschnitt fällt – verkaufen!

Diese drei Werkzeuge decken den Markttrend, das Markt-Momentum und die Marktstimmung ab. Man bekommt sie alle auf Internetseiten, bei denen man sich registrieren lassen kann, und auf den Internetseiten fast aller Broker, aber dort sind sie eventuell schwerer zu lesen. Egal, wo Sie sich die Werkzeuge beschaffen, auf jeden Fall sollten Sie ein wenig damit spielen, damit Sie sich daran gewöhnen, sie gemeinsam zu interpretieren. Ich empfehle Ihnen, möglichst viel „Paper Trading" zu betreiben, also nur so zu tun, als würden Sie Aktiengeschäfte machen. Wie das geht, erkläre ich gleich. Das Paper Trading gibt Ihnen die Möglichkeit, die Werkzeuge zu benutzen und selbst zu erleben, dass sie ihren Zweck fantastisch erfüllen: Sie bewahren Sie vor Verlusten.

Da die Benutzung Technischer Indikatoren für Sie etwas Neues ist (falls nicht, haben Sie Glück und wissen schon, wie nützlich diese Werkzeuge sein können), mache ich es so einfach wie möglich: Wenn alle drei auf „kaufen" stehen, ist es Zeit einzusteigen. Wenn alle drei auf „verkaufen" stehen, ist es Zeit auszusteigen (ja, warten Sie, bis alle drei das Signal geben!).

Der Chart auf Seite 272 zeigt am Beispiel von Starbucks, was passieren kann, wenn Sie ein wunderbares Unternehmen zu einem attraktiven Preis gefunden haben und wenn alle drei Werkzeuge „einsteigen" sagen.

Sie sehen, dass als erstes Werkzeug der Stochastik-Indikator am 20. September ein Kaufsignal gegeben hat. Dank unserer besonderen Einstellung ist der Stochastik-Indikator häufig das Frühwarnsignal. Am nächsten Tag sagte der gleitende Durchschnitt, dass es Zeit sei einzusteigen, denn der Preis stieg über die Durchschnittslinie – aber wir mussten noch auf den MACD warten. Wir bewahren Geduld und überprüfen immer wieder einmal bei Tag oder bei Nacht, ob alle drei Signale „kaufen" sagen. In diesem Beispiel hat es zwei Wochen gedauert, bis alle drei Signale auf „einsteigen" standen. Am 7. Oktober 2004 kreuzte der MACD endlich die Signallinie und damit sagten uns alle drei Werkzeuge, dass wir einsteigen sollten. Die Aktie stand auf 49 Dollar.

Falls wir unsere 4-M-Hausaufgaben gemacht haben und bei 49 Dollar eine hübsche MOS haben, kaufen wir. Keine Emotionen, keine Raterei. Wir kennen das Unternehmen, wir wissen, dass die großen Jungs einsteigen, also steigen wir mit ihnen ein. Ab diesem Zeitpunkt überprüfen wir täglich den Chart und sehen nach, ob Verkaufssignale kommen. Wie lange diese Überprüfung dauert? Etwa 15 Sekunden, dann kann

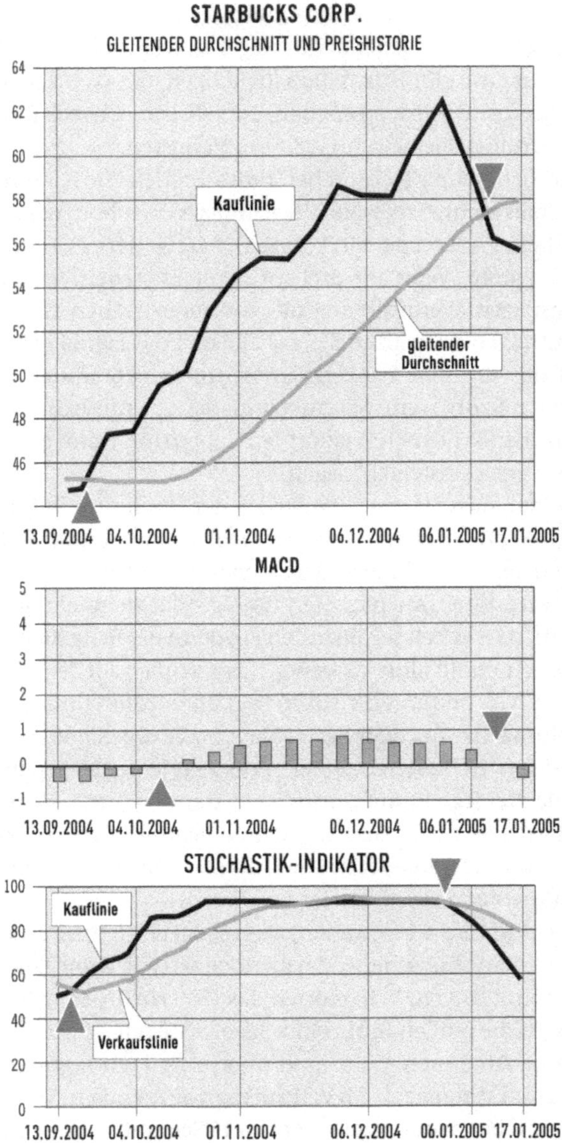
STARBUCKS CORP.
GLEITENDER DURCHSCHNITT UND PREISHISTORIE
Kauflinie
gleitender Durchschnitt
64
62
60
58
56
54
52
50
48
46
13.09.2004 04.10.2004 01.11.2004 06.12.2004 06.01.2005 17.01.2005
MACD
5
4
3
2
1
0
-1
13.09.2004 04.10.2004 01.11.2004 06.12.2004 06.01.2005 17.01.2005
STOCHASTIK-INDIKATOR
Kauflinie
Verkaufslinie
100
80
60
40
20
0
13.09.2004 04.10.2004 01.11.2004 06.12.2004 06.01.2005 17.01.2005

man wieder spielen gehen. Sonst gibt es nichts zu tun. In diesem Fall sehen wir im Oktober, im November und im Dezember jeden Tag nach, aber es tut sich nichts. Ende Dezember gibt der Stochastik-Indikator als Erster ein Verkaufssignal. Jetzt passen wir richtig gut auf, denn wir wollen auf keinen Fall mehr zurückgeben als nötig (aber da bislang nur ein Signal negativ ist, könnte die Aktie durchaus weitersteigen, sodass wir brav sitzen bleiben und zuschauen, was passiert). Der Preis sackt leicht ab, gibt aber kein deutliches Zeichen. Im Januar 2005 jedoch schreien die beiden anderen Werkzeuge bei 57 Dollar lauthals „aussteigen“! Also steigen wir aus. Mit einem einzigen Trade haben wir in drei Monaten hübsche 16 Prozent Gewinn erzielt. Und das beste daran ist, dass wir nicht befürchten mussten, dass Starbucks wie eine Bleiente abtauchen würde, während wir hilflos daneben säßen und hoffen würden, dass sie wieder hochkommt. (Nach unserem Ausstieg brach die Aktie tatsächlich steil von 57 auf 46 ein und stieg dann wieder.)

Die Werkzeuge allein bringen kein Geld

Ich werde immer wieder gefragt: „Wenn diese Werkzeuge uns sagen können, wann wir kaufen und verkaufen sollten, was soll dann das ganze Zeug mit den vier Ms? Warum kaufen und verkaufen wir nicht einfach, wenn die Werkzeuge die entsprechenden Signale geben?“ Aus folgendem Grund: Ich bin sicher, dass man auf längere Sicht mit den Werkzeugen kein Geld macht, wenn man den Wert der Unternehmen nicht kennt, die man kauft. Erinnern Sie sich: Kurzfristig gesehen kann mit dem Preis eines Unternehmens alles Mögliche passieren, aber Mr. Market hat trotzdem gewisse Messlatten und irgendwann gibt er jedem Unternehmen ohne Ausnahme den richtigen Preis.

Wenn Sie die vier Ms außer Acht lassen und zufällig Unternehmen erwischen, die über ihrem Wert verkauft werden, korrigiert sich ihr Preis irgendwann nach unten in Richtung der unverbindlichen Preisempfehlung. Das heißt, trotz aller kurzfristigen Trends, trotz des kurzfristigen Momentums und trotz der Stimmungswechsel zeigen Trend, Momentum und Stimmung längerfristig nach unten – so sicher wie ein Stein auf die Erde zurückfällt.

Wer allein aufgrund solcher Werkzeuge Aktien kauft und verkauft, macht hier ein bisschen Verlust und da ein bisschen Verlust – immer wieder –, während sich der Preis der Aktie in einer Korrekturbewegung auf den wahren Wert zu entwickelt. Der Versuch, mithilfe der Werkzeuge mit einer sinkenden Aktie zu handeln, ist wie der Tod durch tausend kleine Wunden. Wenn man oft genug ein oder zwei Prozent verloren hat, summiert sich das unweigerlich zu einer großen Abreibung. Die Werkzeuge bewahren einen zwar auf fabelhafte Weise vor Verlusten, aber nur, wenn man die entsprechenden Unternehmen unter ihrem wahren Wert kauft, eben unter dem Empfehlungspreis.

Nach meiner bescheidenen Ansicht (die von ein paar Schwergewichten wie Warren Buffett und Benjamin Graham gestützt wird) kann man sich des Gewinns mit einer beliebigen Investition nur sicher sein, wenn man unter Wert kauft. Wenn man das tut, wird man sehr reich, ohne das Risiko einzugehen, dass man sehr arm wird. Ich finde das viel verlockender, als Roulette zu spielen. Ich liebe die Sicherheit und ich tue alles, was ich kann, um sie in meine Geldanlagen zu bekommen.

Aber was passiert, wenn ich einen Fehler mache und das Unternehmen nicht deutlich unter Wert kaufe? Was ist, wenn man sich von dem EPS-Wachstum oder von dem KGV in die Irre führen lässt? Was ist, wenn man in Wirklichkeit (im Nachhinein sonnenklar) auf dem Höhepunkt gekauft hat? Selbst dann schützen einen die Werkzeuge besser als jegliches Raten, Wünschen und Hoffen.

Im Jahr 2000 verstand ich Apple Computer nicht und die großen Fünf des Unternehmens waren so unbeständig, dass ich keinen Empfehlungspreis berechnen konnte, aber das ist ein großartiges Beispiel dafür, wie wirksam einen die Werkzeuge aus jeder beliebigen Aktie herausbringen können. Falls Sie sich engagieren wollten und das Unternehmen im September 2000 gekauft hätten, hätten Sie 30 Dollar (splitbereinigt) für die Aktie bezahlt (Höchststand am 8. September: 32 Dollar). In der letzten Septemberwoche riefen alle drei Werkzeuge „aussteigen“. Was hätten Sie getan? Sie wären ausgestiegen. Der Preis driftete weiter abwärts und nach zwei Wochen kostete die Aktie nur noch 28 Dollar.

Dann gab Apple bekannt, dass es alle Quartalsprognosen verfehlen würde und dass das gesamte Jahr viel schlechter ausfallen würde als erwartet. Die Bekanntgabe erfolgte nach Handelsschluss – das ist so üblich, denn dann kann bis zur Handelseröffnung am nächsten Morgen niemand kaufen oder verkaufen. Als der Handel am nächsten Tag eröffnete, wollten viele Institutionen Apple-Aktien verkaufen, aber für 28 Dollar fanden sich keine Käufer. Null. Auch für 27 Dollar, für 26, 20 oder 18 Dollar wollte niemand kaufen. Es fanden sich erst Käufer, als der Kurs auf 13 Dollar fiel. Von dort aus fiel der Preis bis Mitte Dezember weiter bis auf sieben Dollar pro Aktie (die entsprechenden Charts finden Sie auf Seite 276).

Die Lektion ist klar: Wenn Sie die Werkzeuge benutzt hätten, wären Sie bei 30 Dollar ausgestiegen. Wenn Ihnen Apple als Regel-1-Aktie aber immer noch gefallen hätte – dazu gehört, wie Sie wissen, dass man das Unternehmen vor dem Kauf versteht, und ich weiß nicht, ob außer Steve Jobs jemand Apple versteht – und wenn Sie der Meinung gewesen wären, Sie könnten dem Unternehmen einen bestimmten Wert beimessen, dann hätten Sie die Aktie für acht Dollar wieder kaufen können. Auf diese Weise setzen wir die Werkzeuge zu unserem Schutz ein.

Nebenbei bemerkt: Ist es nicht interessant, dass die Werkzeuge schon zwei Wochen bevor Steve Jobs die schlechten Neuigkeiten bekannt gab, das Signal zum Aussteigen gaben? Wenn man nichts über die Werkzeuge wüsste, könnte man

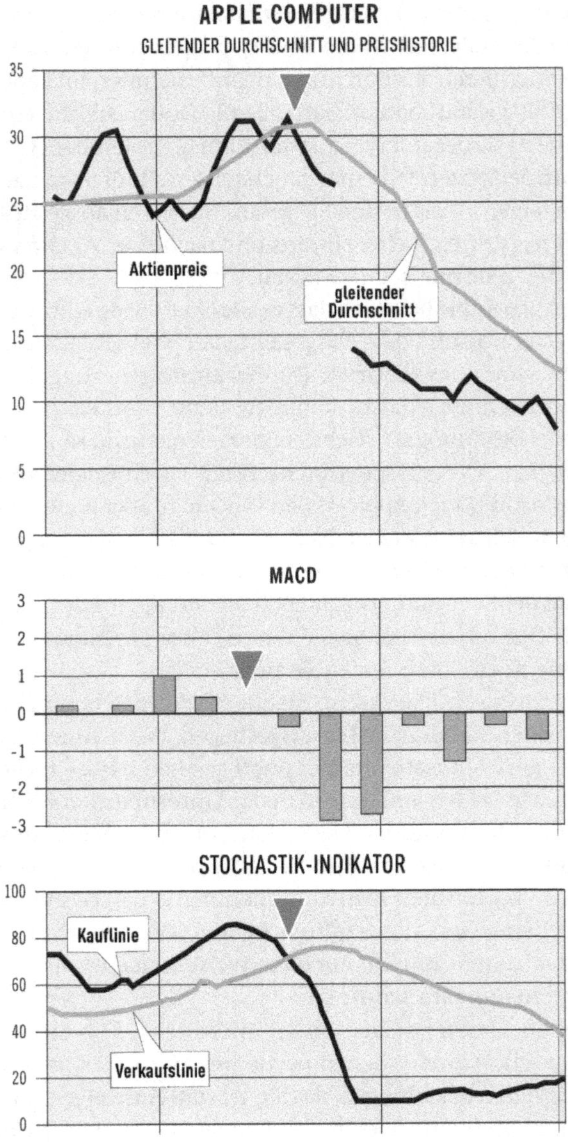
APPLE COMPUTER
GLEITENDER DURCHSCHNITT UND PREISHISTORIE
Aktienpreis
gleitender Durchschnitt
MACD
STOCHASTIK-INDIKATOR
Kauflinie
Verkaufslinie

meinen, sie hätten hellseherische Fähigkeiten. Aber Sie wissen ja jetzt, was die Veränderung der Signale verursacht: Ihr Fondsmanager und alle anderen institutionellen Investoren. Diese Menschen haben Milliarden in Apple investiert und meinen Sie vielleicht, dass sie mit Menschen in der Chefetage von Apple sprechen? Meinen Sie vielleicht, dass sie sie zu Baseballspielen und zum Super Bowl mitnehmen? Meinen Sie vielleicht, dass sie die Kinder der Topmanager mit Namen kennen?

Ich vermute einmal, dass die Institutionellen die Apple-Manager anrufen und fragen: „Wie läuft's denn in diesem Quartal?" Die Manager sagen: „Ähem ... naja ... ich darf ja eigentlich nicht darüber sprechen ..." Die Fondsmanager legen auf, wenden sich ihren Computern zu und fangen an, säckeweise Apple-Aktien zu verkaufen, ohne dass jemand Verdacht schöpft. Das dauert eine Weile. Sie wissen, dass sie nicht ungeschoren davonkommen, wenn die Neuigkeiten wirklich schlecht sind, aber je früher sie anfangen, desto größer ist ihr Vorsprung vor dem Fonds auf der anderen Straßenseite. Wenn Sie auf CNBC gefragt werden, was sie von Apple halten, loben Sie das Unternehmen natürlich in den höchsten Tönen. Und wenn ihnen der Reporter das Mikrofon unter die Nase hält und die knallharte Frage stellt: „Sie loben Apple, haben Sie wohl auch selbst Apple-Aktien?" Dann blickt der Instutionelle verlegen in die Kamera und sagt: „Sie haben mich erwischt. Ja, wir haben Apple." Aber in Wirklichkeit denkt er sich: „Und dir Trottel verkaufe ich es."

Unsere Werkzeuge lassen uns aussteigen, bevor eine Aktie abstürzt, weil die Großen fast immer frühzeitig Hinweise bekommen, dass etwas nicht so gut läuft; und dann fangen sie an zu verkaufen. Ihre Verkäufe lösen Signale aus und wir sind dabei. Hinterher, wenn sich der Staub wieder gelegt hat, können wir die Aktie wieder günstig kaufen. Diejenigen Regel-1-Schüler, die Apple so gut verstanden, dass sie es gekauft haben, konnten es dank der Werkzeuge zu 30 Dollar verkaufen und zu acht Dollar zurückkaufen. Und dann ist die Aktie in vier Jahren von 8 auf 40 Dollar gestiegen. Das ist ein Gesamtertrag von 500 Prozent und eine kumulierte Jahresrendite von 50 Prozent. Mit so was kann man reich werden.

Kleines Bedauern, großer Gewinn

Wenn Sie beschließen, Regel-1-Anleger zu werden und die beschriebenen Werkzeuge zu benutzen, werden Sie es häufig ein bisschen bedauern, dass Sie Unternehmen nicht richtig bewerten konnten und dass sie hinterher durch die Decke gegangen sind. Ein Freund von mir weist mich immer wieder auf die Überflieger hin, die ich wegen meiner Regel-1-Disziplin verpasst habe. Aber ich kann das nicht groß bedauern. Dank Regel 1 und dank der Werkzeuge hatte ich schon längst eine Cashposition, als der Crash 2000 anfing. Mein Freund investiert inzwischen nicht mehr in Aktien. Ich habe ihn zwar nicht gefragt, warum, aber ich vermute, dass er den Unterschied zwischen überbewerteten und unterbewerteten Unternehmen nicht kannte und dass er keine Werkzeuge hatte, die ihm sagten, er solle aussteigen.

Der große Punkt hier ist, dass der Crash der Jahre 2000 bis 2003 vielleicht ja nur ein kleiner Vorgeschmack auf das war, was noch kommt. Ich sage es noch einmal: Wer weiß schon mit Sicherheit, was der Markt tut? Aber was immer er auch tut – wenn man sich an Regel 1 hält und die Werkzeuge benutzt, kann man Mr. Market den Stock abnehmen, bevor er damit zuschlagen kann. Und dann haben Sie ihr gesamtes Geld übrig, um hinterher die großartigen Unternehmen zu Schlussverkaufspreisen zu kaufen.

Im nächsten Kapitel verbinden wir Regel 1 und die Werkzeuge miteinander.

Kapitel 13 – Machen Sie Trippelschritte!

„Ideen sind wie Kaninchen. Du bekommst ein Pärchen, lernst alles über ihre Haltung und kurz danach besitzt du ein Dutzend."

– John Steinbeck (1902–1968)

Sie haben gelernt, warum Sie Ihr Geld selbst anlegen müssen: weil es die Großen nicht können. Sie haben gelernt, dass das große Geheimnis des Investments ganz einfach ist: Kaufen Sie ein wunderbares Unternehmen zu einem attraktiven Preis. Sie haben die vier Ms kennengelernt, die Ihnen helfen, wunderbare Unternehmen zu günstigen Preisen zu erkennen und zu bestätigen. Sie haben gelernt, dass man wunderbare Unternehmen auf zwei Arten verkaufen kann: Wenn die großen Fünf eine Bresche im Graben anzeigen oder wenn der Preis über dem Empfehlungspreis liegt. Sie haben gelernt, dass die Großinvestoren den größten Teil des Geldes am Markt kontrollieren und dass sie Wochen brauchen, um Geld in einzelne Aktien zu investieren beziehungsweise es abzuziehen. Außerdem haben Sie verschiedene Werkzeuge kennengelernt (MACD, Stochastik-Indikator und gleitende Durchschnitte), die Ihnen sagen, wann Sie ein- beziehungsweise aussteigen sollten. Sie sind weit gekommen. Die Frage ist jetzt: Werden Sie es auch tun? Und hier die Antwort: Sicher, wenn Sie Schritt für Schritt vorgehen. Das will ich in diesem Kapitel tun. Wir machen winzig kleine Schritte, wie ein Baby.

Ein Beispiel aus dem Jahr 2003 – vom Start bis zur Ziellinie

Erinnern Sie sich noch an Susan und Doug Connelly aus Kapitel 1? Das ist das Ehepaar, das zu dem Schluss kam, dass es mit seinem Geld mehr tun müsse, als es von Schatzanleihen verzinsen zu lassen, wenn sie sich wirklich in 20 Jahren bequem zur Ruhe setzen wollten. Susan und Doug stehen stellvertretend für viele Menschen, die in meine Workshops kommen, weil sie lernen wollen, wie man mit Regel 1 den goldenen Jahresertrag von 15 Prozent ernten kann. Sie sind im mittleren Alter und haben zusammen ein Jahreseinkommen von 60.000 Dollar. Ihre Kinder gehen noch zur Schule, sie bezahlen noch ihr schönes Häuschen ab, sie reisen gern und gehen häufig essen, weil ihnen das Spaß macht. Aber eines haben sie nicht, nämlich Geld, das für sie arbeitet – jedenfalls nicht so viel, dass sie sich in 20 Jahren bequem zur Ruhe setzen können. Sie haben 20.000 Dollar in einem IRA-Depot* und glauben, dass sie pro Monat 500 Dollar darauf einzahlen können. Sie glauben, dass sie zusätzlich zur Sozialversicherung 4.000 Dollar im Monat brauchen werden, um weiterhin so zu leben wie bisher.

Das große Problem, dass sie dazu verleitet hat, Regel-1-Investing zu lernen, ist die Tatsache, dass ihnen ein Fondsmanager in den 20 Jahren durchaus einen Ertrag von null Prozent bescheren könnte, wenn der Markt nicht steigt. Das würde bedeuten, dass die Connellys von der Sozialversicherung und von den 150.000 Dollar leben müssten, die sie bis dahin angespart haben (die 20.000 Dollar plus 6.000 Dollar im Jahr). Wenn sie die 150.000 Dollar bei Antritt des Ruhestands in eine sichere Anlage wie zum Beispiel Schatzwechsel investieren würden und das Kapital unangetastet ließen, hätten sie dann ein Monatseinkommen von 500 Dollar. Da sie 4.000 brauchen, ist das nicht besonders schön. Sie müssen also ihr Haus verkaufen, die befreundeten Nachbarn verlassen und ihren Lebensstandard extrem herunterschrauben.

Wenn sie stattdessen nicht bei einem Fondsmanager investieren, sondern in Schatzanleihen mit sicheren, garantierten Gewinnen, haben sie 235.000 Dollar für die Altersversorgung und somit ein Monatseinkommen von 800 Dollar. Bei einem Bedarf von 4.000 Dollar ist das immer noch kein tragbarer Zustand.

* IRA (Individual Retirement Account) ist ein Pensionsplan mit Zuzahlung des Arbeitgebers und ist eine Form der betrieblichen Altersvorsorge.

Die einzige andere Alternative (bevor sie von Regel-1-Investing erfuhren) war die Spekulation mit Immobilien oder vielleicht mit Gold. Spekulieren bedeutet, dass man den Preis bezahlt, den Mr. Market verlangt, ohne zu wissen, wie die unverbindliche Preisempfehlung aussieht – und dann hofft man, dass irgendwann jemand kommt und mehr dafür bezahlt, als man selbst dafür bezahlt hat, natürlich wieder ohne Berücksichtigung des wahren Wertes. Aber die Connellys wissen beide, dass Spekulation ein Glücksspiel ist, bei dem sie alles verlieren können, und mit einem solchen Risiko fühlen sich beide nicht wohl. Deshalb erschien Regel-1-Investing als Hoffnungsstrahl in dem ansonsten düsteren und erschreckenden Finanzbild.

Folgen wir jetzt den Connellys durch alle Schritte des Regel-1-Investings. Wir wollen sehen, wie sie im Jahr 2003 Regel 1 mit ihren 20.000 Dollar Anfangskapital angewendet haben und wie es ihnen damit Mitte 2005 geht.

➡ Ich benutze für dieses Beispiel Yahoo Finance und MSN Money, beide kostenlos.

Der erste Schritt für jeden Regel-1-Investor ist die Entscheidung, auf welche Art von Unternehmen – das er versteht – er stolz wäre. Erinnern Sie sich an das erste M: Meaning. Also denken Doug und Susan zuerst über die drei Kreise nach: Leidenschaft, Talent und Geld.

Sie sind sich einig, dass bei allen beiden in allen drei Kreisen Restaurants stehen müssen. Sie gehen sehr gerne in Restaurants aller Art, sie sind der Meinung, dass sie Restaurants auswählen können, die Erfolg haben dürften, und sie geben zum Vergnügen Geld in Restaurants aus. Ganz einfach. Es stimmt natürlich und sie geben es gerne zu, dass sie noch nie selbst ein Restaurant besessen haben und dass sie den Restaurantbetrieb nicht in- und auswendig kennen, aber sie wissen auch, dass es so tief gar nicht zu gehen braucht; sie brauchen sich nur an etwas zu halten, das eine Bedeutung für sie hat und das Produkte oder Dienstleistungen anbietet, die sie begreifen. Die Connellys gehen sehr häufig essen und tun das mit einer ähnlichen Haltung wie ein Weinkenner, der gute Weine unterscheiden kann; daher sind sie zuversichtlich, dass sie vom Standpunkt des Verbrauchers in dieser Branche gute Entscheidungen treffen können.

Also steigen sie über das Restaurantgeschäft in Regel 1 ein. Sie gehen zu www.yahoo.com und klicken oben auf den Button „Finance“. Dann erscheint als Hauptüberschrift „Analyst Research“ und darunter „Sector/Industry Analysis“. Danach erscheint die nebenstehende Grafik.

Sie klicken auf den Sektor „Services“ und bekommen die Liste, die in der Abbildung auf Seite 283 zu sehen ist. Unter „R“ steht auch „Restaurants“ (wenn sie nicht sicher wären, zu welchem Sektor Restaurants gehören, könnten sie einfach auf irgendeinen Sektor klicken und nachsehen, ob dort Unternehmen erscheinen, die Ähnlichkeiten mit Restaurants haben.

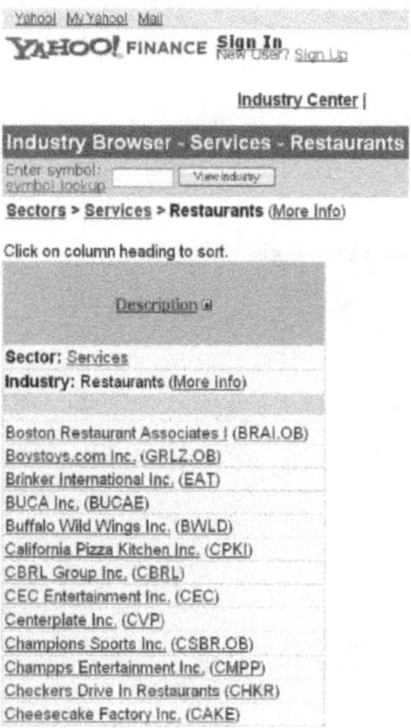

Nach wenigen Minuten hätten sie den richtigen Ort gefunden).

Sie klicken auf „Restaurants“ und erhalten eine Liste mit Unternehmen, die wir alle kennen. In der Liste unten ein kleiner Ausschnitt.

Dort sehen sie eine Menge Restaurantgesellschaften. Sie können auf irgendeine davon klicken und erhalten dann viele Informationen über das jeweilige Unternehmen. Sie sehen unter anderem Cheesecake Factory und da sie dieses Restaurant mögen, klicken sie darauf und bekommen die Grafik auf Seite 284 zu sehen.

Sie könnten sich jetzt ausführlich mit CAKE befassen, aber sie merken, dass ihnen Yahoo viele Informationen über die Restaurantbranche bietet. Zum Beispiel erfahren sie mit einem Klick, wer die schärfsten Konkurrenten von Cheesecake Factory sind. Doug klickt auf „Competitors“ und sieht die Liste auf Seite 284 unten.

Und schon haben sie einen ganzen Haufen ähnlicher Unternehmen, die sie darauf hin analysieren können, ob sie die erste M-Bedingung erfüllen.

Cheesecake Factory Inc (CAKE)

MORE ON CAKE

Quotes
Summary
Real-Time ECN
Options
Historical Prices

Charts
Basic Chart
Technical Analysis

News & Info
Headlines
Company Events
Message Board

Company
▸ Profile
Key Statistics
SEC Filings
Competitors
Industry

Analyst Coverage
Analyst Opinion
Analyst Estimates
Research Reports
Star Analysts

Ownership
Major Holders

Profile

Cheesecake Factory Inc

DETAILS	
Index Membership:	S&P 400 MidCap S&P 1500 Super Comp
Sector:	Services
Industry:	Restaurants

BUSINESS SUMMARY

The Cheesecake Factory Incorporated (TCFI) operates upscale, full-service, and casual dining restaurants in the United States. The company operates its restaurants under The Cheesecake Factory and Grand Lux Cafe trademarks. The Cheesecake Factory restaurants offer approximately 200 menu items, including appetizers, pizza, seafood, steaks, chicken, burgers, pasta, specialty items, salads, sandwiches, and omelets, as well as desserts, such as cheesecakes and other baked desserts. Grand Lux Cafe offers American and international

Competitors

Get Competitor

DIRECT COMPETITOR COMPARISON

CAKE	EAT	Pvt1	DRI	Industry

EAT = Brinker International Inc
Pvt1 = Carlson Restaurants Worldwide, Inc. (privately held)
DRI = Darden Restaurants Inc
Industry = Restaurants

RESTAURANT COMPANIES RANKED BY SALES

Company	Symbol
McDonald's Corp	MCD
Yum! Brands Inc	YUM
Darden Restaurants Inc	DRI
Starbucks Corp	SBUX
Autogrill S.p.A.	Private - \
Brinker International Inc	EAT
Wendy's International Inc	WEN
KFC Corporation	Private - \
Whitbread Group PLC	Private - \
Outback Steakhouse Inc	OSI

Doug und Susan klicken einfach auf Restaurantsymbole und auf die direkten Konkurrenten und im Nu haben sie eine Liste von Restaurants, die für sie eine Bedeutung haben – die ihnen gut gefallen und auf die sie stolz wären, wenn sie ihnen gehörten. Sie engen die Auswahl ganz einfach ein, indem sie sich fragen, welche Restaurants sie so gut durchschauen, dass sie sagen können, warum sie ihr Wachstum fortsetzen können. Auf ihrer Liste stehen jetzt:

1. *CAKE: The Cheesecake Factory, Grand Lux Café*
2. *LNY: Landry's (Rainforest Café, Chart House, Joe's Crab Shack)*
3. *DRI: Darden (Red Lobster, Olive Garden)*
4. *EAT: Brinker International (Chili's, Macaroni Grill, Maggiano's)*

(Wenn Sie diese Übung machen, enthält Ihre Liste vermutlich andere potenzielle Unternehmen. Es gehört zu den entscheidenden Aspekten von Regel-1-Investing, dass das erste M eine persönliche Sache ist. Es liegt an Ihnen, was gefällt und nicht gefällt. Machen Sie also nicht den Fehler, sich für Unternehmen zu interessieren, die anderen Menschen gefallen.)

Bis jetzt sind das für Doug und Susan wunderbare Unternehmen, die ihnen etwas sagen. Was machen sie als Nächstes? Sie müssen in den Graben hinunter.

Als Regel-1-Investorin weiß Susan, dass der Graben für die Berechenbarkeit der Zukunft unentbehrlich ist. Deshalb stellen sich Doug und sie zuerst die Frage, welche Art von Monopol den Graben für diese Unternehmen bildet. Sie orientieren sich an den fünf Graben-Typen: Marke, Betriebsgeheimnis, Gebühren, Wechsel und Preis. Das Restaurantgeschäft basiert nicht auf Betriebsgeheimnissen, man muss auf einen Burger keine Gebühren entrichten und man kann problemlos das Restaurant wechseln. Es gibt Restaurants, die über niedrige Preise konkurrieren, diese vier gehören aber nicht dazu. Bleibt also nur die Marke und tatsächlich haben alle genannten Restaurants Markennamen mit Wiedererkennungswert; sie liefern dem Verbraucher immer und immer wieder die erwarteten Produkte. Diese Restaurantunternehmen versuchen eindeutig, sich mithilfe eines Marken-Grabens zu schützen.

Jetzt wollen sich Doug und Susan die großen Fünf ansehen und so überprüfen, ob die Gräben der Unternehmen intakt sind. Einen Teil der Zahlen bekommen sie zwar auch bei Yahoo, aber bei MSN Money reichen die Zahlen bis zehn Jahre in die Vergangenheit und deshalb gehen sie auf diese Website (Susan gibt www.msn.com/money ein). Zuerst sehen sie sich die wichtigste der fünf Zahlen an, die den Burggraben bestätigt: das ROIC (die Kapitalrendite). Auf der MSN-Money-Seite gibt Susan gleich das erste Symbol von der Liste ein: CAKE. Es erscheint die folgende Seite:

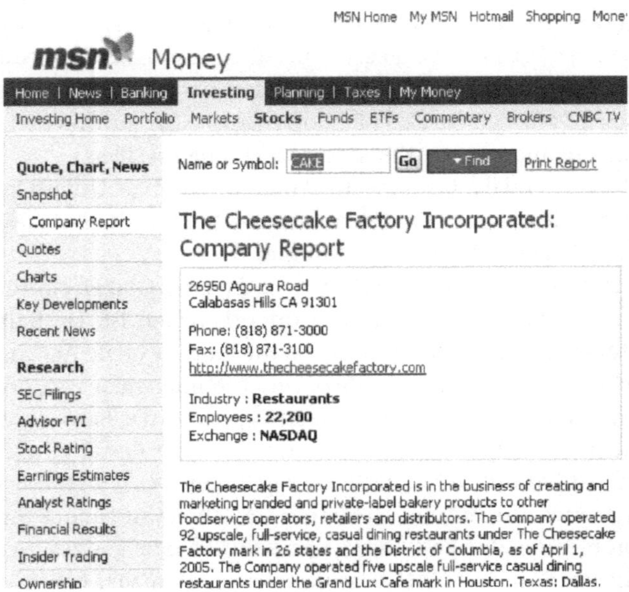

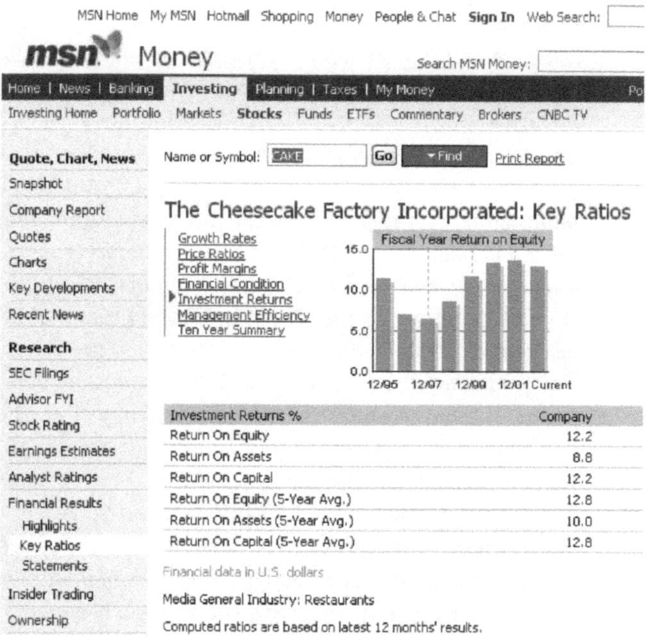

Dann klickt sie auf „Financial Results", dort auf „Key Ratios" und schließlich auf „Investment Returns" (siehe oben).
Dort findet sie die Zeile „Return on Capital" – das ist unser ROIC. Die Kapitalrendite ist für fünf Jahre und für ein Jahr angegeben: 12,8 Prozent und 12,2 Prozent. Das ist gut (beide über zehn Prozent). Das ROIC spricht für einen breiten Marken-Graben.
Dann gehen sie zum Wachstum des Eigenkapitals über. Erinnern Sie sich, dass diese Zahl laut Warren Buffett der beste Anhaltspunkt für das Wachstum des Empfehlungspreises ist (der bei ihm „innerer Wert" heißt).

Zur Erinnerung: Vergessen Sie nicht den Unterschied zwischen den rohen Eigenkapitalzahlen und dem

Kapitalwachstum. Wenn wir den Graben erkennen und den MOS-Preis bestimmen wollen, interessiert es uns eigentlich nicht, ob das Eigenkapital groß oder klein ist, sondern vielmehr, wie groß oder klein die Wachstumsrate des Eigenkapitals ist. Das sind zwei völlig unterschiedliche Dinge.

Zum Beispiel hatte McDonald's Mitte 2005 eine Marktkapitalisierung von 42 Milliarden Dollar und ein Eigenkapital von 14 Milliarden, während Google eine Marktkapitalisierung von 86 Milliarden Dollar und nur drei Milliarden Dollar Eigenkapital hatte. (Die „Marktkapitalisierung" ist der Preis der Aktie multipliziert mit der Anzahl der Aktien – also der Kaufpreis für „das Ganze"). Google kostete doppelt so viel wie McDonald's und hatte nur ein Viertel von dessen Eigenkapital. Ganz offensichtlich hat der Marktwert nichts mit dem Kapital zu tun. Es scheint allerdings eine enge Beziehung zwischen dem Marktwert und der Wachstumsrate des Eigenkapitals zu bestehen. Das Eigenkapital von McDonald's ist in den vergangenen zehn Jahren um durchschnittlich sieben Prozent pro Jahr gewachsen, während Google sein Eigenkapital in dieser Zeit um durchschnittlich 100 Prozent pro Jahr steigern konnte. Das bedeutet, dass sich das überschüssige Geld von McDonald's sehr langsam vermehrt, während Google sein überschüssiges Geld sehr schnell vermehrt. Das Kapitalwachstum eines Unternehmens lässt den Überschuss wachsen und die Überschüsse sind das, was dem Unternehmen Wert verleiht.

Wenn ich mit meinem Limonadenstand 20 Dollar pro Aktie verdiene, aber von diesen 20 Dollar neue Tische und Saftpressen kaufen sowie Lagermiete bezahlen muss, kann ich als Besitzer die 20 Dollar nicht behalten. Das ist kein Überschuss. Und was bringt mir das Geschäft dann? Es ist nichts wert, wenn es nichts bringt, das ich behalten kann. Ich muss den Gewinn dafür verwenden, dass ich weitermachen kann. Ich bin kein glücklicher Unternehmensbesitzer. Wenn ich jedoch mit meinen 20 Dollar pro Aktie nicht diese *ganzen Sachen bezahlen müsste und das Unternehmen im nächsten Jahr wieder einen Überschuss erwirtschaften würde, dann könnte ich den nächstjährigen Überschuss für Anzeigen ausgeben, damit das Unternehmen wächst und im Jahr darauf keine 20, sondern 30 Dollar abwirft. Der Überschuss liefert das Geld, das ein Unternehmen zum Wachsen braucht, und deshalb wachsen Unternehmen meistens etwa so schnell wie ihre Überschüsse – das heißt entsprechend dem Kapitalwachstum. Wenn McDonald's im Jahr voraussichtlich um sieben Prozent und Google voraussichtlich um einen irrwitzigen Betrag wächst, kann Google heute durchaus doppelt so viel wert sein wie McDonald's.*

Susan könnte zwar einfach auf „Growth Rates" klicken und sich dort die einjährige und fünfjährige Wachstumsrate von Umsatz und Gewinn pro Aktie anzeigen lassen, aber sie will wirklich wissen, wie schnell das Eigenkapital gewachsen ist. Dafür braucht sie die 72er-Regel (die sie dann online mit meinen Rechnern bestätigen kann). Also klickt sie auf „Ten Year Summary" und sieht (unter anderem) eine Spalte mit Buchwerten pro Aktie und eine Spalte für das KGV („PE"):

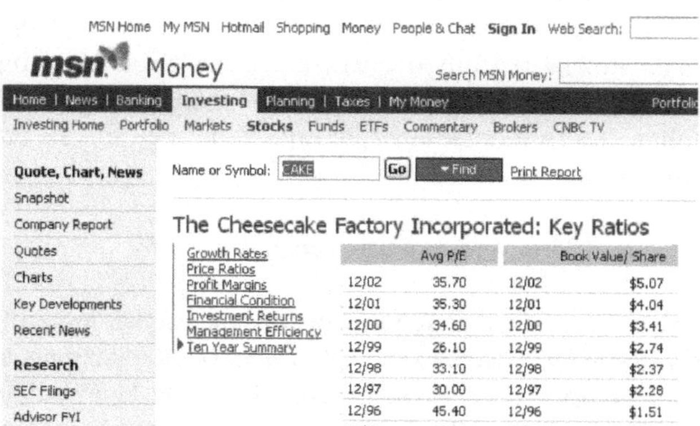

MSN Home My MSN Hotmail Shopping Money People & Chat **Sign In** Web Search:

msn Money Search MSN Money:

Home | News | Banking | **Investing** | Planning | Taxes | My Money Portfolio

Investing Home Portfolio Markets **Stocks** Funds ETFs Commentary Brokers CNBC TV

Quote, Chart, News
Snapshot
Company Report
Quotes
Charts
Key Developments
Recent News
Research
SEC Filings
Advisor FYI

Name or Symbol: CAKE Go Find Print Report

The Cheesecake Factory Incorporated: Key Ratios

Growth Rates
Price Ratios
Profit Margins
Financial Condition
Investment Returns
Management Efficiency
Ten Year Summary

	Avg P/E		Book Value/ Share
12/02	35.70	12/02	$5.07
12/01	35.30	12/01	$4.04
12/00	34.60	12/00	$3.41
12/99	26.10	12/99	$2.74
12/98	33.10	12/98	$2.37
12/97	30.00	12/97	$2.28
12/96	45.40	12/96	$1.51
12/95	27.20	12/95	$1.39

Der Buchwert pro Aktie ist das Gleiche wie das Eigenkapital. Die Zahlen reichen nur bis 1995 zurück, sodass wir die Wachstumsrate nur für sieben Jahre bekommen. Zu diesem Zweck rundet Susan den ältesten verfügbaren Buchwert pro Aktie von 1,39 auf 1,40 auf und verdoppelt ihn so lange, bis sie in die Nähe des Wertes für das Jahr 2002 kommt (5,07 Dollar):

Erste Verdopplung: von 1,40 auf 2,80
Zweite Verdopplung: von 2,80 auf 5,60

Ungefähre Verdopplungszeit in Jahren	2	3	4	**5**	6	7	8	9	10
Wachstumsrate	36 %	24 %	18 %	**15 %**	12 %	10 %	9 %	8 %	7 %

Da 5,60 ein bisschen mehr als 5,07 ist, ergeben sich ein bisschen weniger als zwei Verdopplungen in sieben Jahren. Sieben durch 2 ist 3,5, also alle 3,5 Jahre eine Verdopplung. Sie bekommen die Wachstumsrate, wenn Sie 72 durch die Anzahl der Jahre teilen, die eine Verdopplung dauert: 72 durch 3,5 ist ungefähr 20, also beträgt die Wachstumsrate rund 20 Prozent. Vielleicht ein winziges bisschen weniger. Sagen wir, in den letzten sieben Jahren waren es 19 Prozent.

Dann überprüft Susan das Wachstum des Buchwertes in den letzten fünf Jahren, um zu sehen, ob es sich vielleicht verlangsamt hat. Im Jahr 1997 betrug der Buchwert pro Aktie 2,28 Dollar. Das rundet sie auf 2,30 und verdoppelt, bis sie auf 5,07 kommt.

Eine Verdopplung: von 2,30 auf 4,60

Das sind zwar nicht ganz 5,07, aber die nächste Verdopplung von 4,60 auf 9,20 Dollar geht viel zu weit. Das Kapital steigt in fünf Jahren also auf etwas mehr als das Doppelte. Eine Verdopplung in weniger als fünf Jahren; 72 durch 4 ergibt 18 Prozent und 72 durch 5 ergibt 15 Prozent. Da Susan die 72er-Regel schon oft benutzt hat, kennt sie die Zahlen, die meistens kommen, schon auswendig. Sagen wir also 17 Prozent und das ist gegenüber den 19 Prozent eine leichte Abschwächung.

Susan will genau wissen, wie sich das Wachstum im Laufe der Jahre entwickelt, und deswegen geht sie von fünf Jahren nicht gleich auf ein Jahr über, sondern sie überprüft zuerst noch das Wachstum in den letzten drei Jahren, um zu sehen, ob die Wachstumsrate noch weiter zurückgegangen ist. Sie rundet 2,74 auf 2,75 auf:

Eine Verdopplung: 2,75 auf 5,50

Das ist zwar etwas mehr als 5,07, liegt aber noch dicht genug daran, dass Susan 72 durch drei teilen kann – 24 Prozent. In letzter Zeit wächst das Eigenkapital von CAKE also wieder ein bisschen schneller.

Und dann kommt noch die letzte Prüfung – das letzte Jahreswachstum. Das Kapital von CAKE ist von vier auf fünf Dollar gewachsen, also um einen Dollar. Eine Steigerung von vier auf fünf Dollar ist natürlich ein Wachstum von 25 Prozent (wenn Sie verdoppeln wollen und in einem Jahr ein Viertel davon schaffen, dann ist die Verdopplung auf acht Dollar nach drei Jahren fertig. Aus unserem „Spickzettel" geht hervor, dass eine Verdopplung in drei Jahren rund 24 Prozent Wachstum bedeutet, und das liegt ziemlich nahe an dem genaueren Wert von 25 Prozent). Das Eigenkapital bleibt stabil.

Der Buchwert pro Aktie ist gewachsen: 19 Prozent, 17 Prozent, 24 Prozent, 24 Prozent. Das ist schön. Das ist ziemlich beständig und es fließt mehr Geld in das Kapital als je zuvor. Das ist sehr, sehr schön.

Während sie auf der MSN-Seite ist, schreibt Susan das durchschnittliche historische KGV auf – sie sieht sich die Werte in der PE-Spalte an und schätzt den Durchschnitt auf 35. Dann geht sie zurück in das „Financial“-Menü und klickt auf „Statements“ [Abschlüsse]. Im Klappmenü wählt sie „Ten Year Summary“:

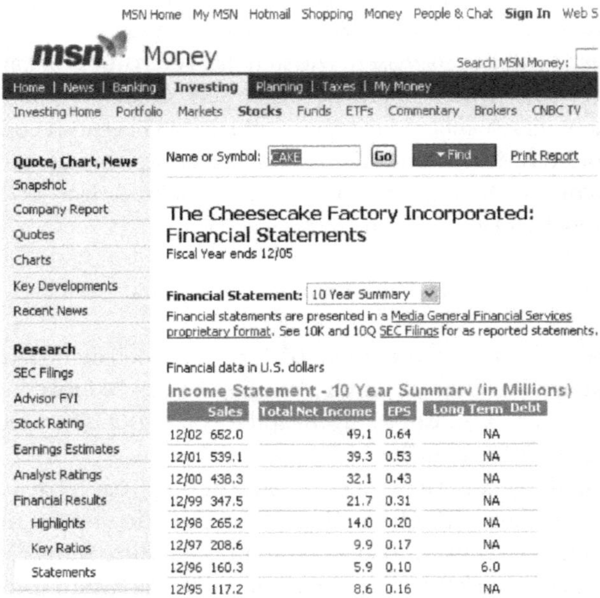

MSN Home My MSN Hotmail Shopping Money People & Chat **Sign In** Web S

msn Money Search MSN Money:

Home | News | Banking | **Investing** | Planning | Taxes | My Money

Investing Home Portfolio Markets **Stocks** Funds ETFs Commentary Brokers CNBC TV

Quote, Chart, News
Snapshot
Company Report
Quotes
Charts
Key Developments
Recent News

Research
SEC Filings
Advisor FYI
Stock Rating
Earnings Estimates
Analyst Ratings
Financial Results
Highlights
Key Ratios
Statements

Name or Symbol: CAKE Go Find Print Report

The Cheesecake Factory Incorporated: Financial Statements
Fiscal Year ends 12/05

Financial Statement: 10 Year Summary

Financial statements are presented in a Media General Financial Services proprietary format. See 10K and 10Q SEC Filings for as reported statements.

Financial data in U.S. dollars

Income Statement - 10 Year Summary (in Millions)

	Sales	Total Net Income	EPS	Long Term Debt
12/02	652.0	49.1	0.64	NA
12/01	539.1	39.3	0.53	NA
12/00	438.3	32.1	0.43	NA
12/99	347.5	21.7	0.31	NA
12/98	265.2	14.0	0.20	NA
12/97	208.6	9.9	0.17	NA
12/96	160.3	5.9	0.10	6.0
12/95	117.2	8.6	0.16	NA

Hier findet sie die Zahlen, aus denen sie das Umsatz- und Gewinnwachstum, den Cashflow und die langfristige Verschuldungssituation berechnen kann. Ich lasse Sie jetzt nicht im Einzelnen zusehen, wie Susan die Steigerungsrate des Gewinns pro Aktie und des Umsatzes berechnet. Sie macht das genauso wie sie es mit dem Wachstum des Buchwerts (des Eigenkapitals) gemacht hat, nur eben mit anderen Zahlen.

Berechnungsmethode	Umsatzwachstum				EPS-Wachstum			
	7 J.	**5 J.**	**3 J.**	**1 J.**	**7 J.**	**5 J.**	**3 J.**	**1 J.**
72er-Regel	7	10	12	20	23	26	42	28
Exakt mit Excel	9	6	6	14	2	11	6	9

Anmerkung: Alle Zahlen sind Jahresdurchschnitte in Prozent.

Wenn Susan mit den Berechnungen fertig ist, hat sie die Ergebnisse, die in der Tabelle auf Seite 292 unten zu sehen sind. Und weil die Zahlen gut sind, überprüft sie ihre Überschlagsberechnungen noch einmal mit Excel.

Heutzutage könnte Susan auch meine Onlinerechner benutzen. Sie könnte sich einfach auf www.ruleoneinvestor.com einloggen und den „Equity Growth Rate Calculator" anwählen. Dann könnte sie 7 als Anzahl der Jahre, 1,39 als ältesten Wert und 5,07 als neuesten Wert eingeben und auf „Calculate" klicken: 20 Prozent. Sie würde die gleiche Übung für die Entwicklung des Buchwerts pro Aktie in den letzten fünf Jahren, drei Jahren und im letzten Jahr wiederholen, dann bekäme sie 17 Prozent, 23 Prozent und 25 Prozent. Die Ergebnisse wären dann ein bisschen anders als mit der 72er-Regel, aber dicht genug dran.

Beachten Sie, dass die exakten (mit Excel berechneten) Zahlen insbesondere beim Umsatz eine andere Geschichte erzählen. Nach der 72er-Regel erscheint das Umsatzwachstum abgesehen vom letzten Jahr stetig. Die exakten Zahlen zeigen jedoch, dass das Umsatzwachstum zurückgeht. Das EPS hingegen sieht recht gleichmäßig aus. Mit ein bisschen Übung kann jeder die exakten Rechner benutzen. Das dauert zwar ein bisschen länger als im Kopf, aber die zusätzliche Genauigkeit ist die Mühe durchaus wert. Sie erreichen diese Genauigkeit leicht, indem Sie ein Programm wie Excel und die Formeln von meiner Website benutzen – oder noch besser, indem Sie meine Onlinerechner benutzen, die genau für diese Berechnungen programmiert sind.
Schulden? Susan sieht, dass auf dieser Internetseite die Verschuldung angegeben wird, dass aber in der Rubrik langfristige Schulden (Long Term Debt) „NA" steht – und das bedeutet, dass es keine gibt. Das ist ein Pluspunkt.

Bis dahin sieht alles beständig und gut aus, also bleibt Geld übrig. Sie klickt in das Klappmenü, geht auf „Cash Flow“ und wählt die Ansicht für die letzten fünf Jahre, die folgendermaßen aussieht:

Jahr	1998	1999	2000	2001	2002
Freier Cashflow	15	617	15.990	101	6.833

Sie sieht sich den Cashflow an und stellt fest, dass die Zahlen wild hin- und herspringen. Das bringt ihr aufgrund der Unvorhersehbarkeit nicht viel. Darum muss sie sich offensichtlich später noch kümmern.

Susan stellt die großen Fünf so zusammen, dass sie sie auf einen Blick hat:

ROIC		Eigenkapital				Umsatz				EPS				Freier Cashfl.		
5*	1	7	5	3	1	7	5	3	1	7	5	3	1	4	3	1
12,8**	12,2	19	17	24	24	28	26	23	21	22	30	27	21	unvorhersehbar		

*in Jahren **in Prozent

Wenn man die großen Fünf auf einen Blick hat, kann man die Beständigkeit leicht überprüfen. Hier sieht man deutlich, dass die großen Fünf beständig und vorhersehbar sind. Der freie Cashflow ist allerdings nicht so berechenbar. Er springt hin und her, aber Susan weiß, dass das in guten Unternehmen passieren kann, wenn die Unternehmensleitung das zusätzliche Geld für Expansionszwecke einsetzt.

Für den Umgang mit ungleichmäßigem Cashflow gibt es eine Faustregel: Wenn Sie bei der Analyse eines potenziell wunderbaren Unternehmens sehen, dass der Cashflow entweder überquillt oder vor Kurzem in den Keller gefallen ist, sehen Sie sich den „Operating Cashflow“ des Unternehmens an, der ebenfalls im Cashflow-Statement steht. Der operative Cashflow ist das Geld, das das Unternehmen aus profitablen Operationen erzeugt – vor dem Kauf von Ausrüstung, die ersetzt werden muss, und vor der Ausschüttung großmächtiger Dividenden. Der operative Cashflow sollte von Jahr zu Jahr wachsen. Der freie Cashflow kann sich wild auf- und abbewegen, weil das Management mehr oder weniger Geld in Kapitalprojekte steckt, aber der operative Cashflow sollte gleichmäßiger verlaufen – am besten steigen. In diesem Beispiel ist es so, dass der operative Cashflow von CAKE stetig um 24 pro Jahr wächst.

Sie werden aus dem freien Cashflow eines Unternehmens nicht schlau? Wenn ein Unternehmen Geld in kapitalintensive Projekte steckt, zum Beispiel in den Bau neuer Geschäfte an neuen Standorten, kann sein freier Cashflow abtauchen. Das ist nicht unbedingt etwas Schlechtes. Der operative Cashflow ist der bare Überschuss eines Unternehmens am Ende einer Geschäftsperiode. Darin ist kein Geld aus Krediten oder aus Aktienverkäufen enthalten und es ist kein Geld abgezogen, das für die Fortführung der Geschäfte verwendet wird. Der operative Cashflow ist dagegen das, was übrig bleibt, nachdem die Manager das Geld ausgegeben haben, das für die Fortführung der Geschäfte nötig ist. Da ein ideales Regel-1-Unternehmen nicht viel Geld für die Aufrechterhaltung des Betriebs ausgibt, sollte bei einem potenziellen Regel-1-Unternehmen der freie Cashflow nicht allzu sehr von dem operativen Cashflow abweichen. Aber davon gibt es viele Ausnahmen und Sie sollten sich davon nicht beunruhigen lassen. Also, wenn Sie feststellen wollen, ob ein Unternehmen mit dem freien Cashflow ernstlich zu kämpfen hat oder nicht, sehen Sie sich die Zahlen zum operativen Cashflow darauf hin an, ob sie beständig sind. Sie können das Wachstum des operativen Cashflows genauso berechnen wie das Wachstum des freien Cashflows und die Zahlen vergleichen. Wenn der operative Cashflow steigt, werfen Sie nur einen kurzen Blick auf den freien Cashflow und machen sich nicht zu viele Gedanken darum.

Merken Sie sich außerdem, dass die „Priorität" der Zahlen – von der wichtigsten zu der unwichtigsten – so aussieht: (1) ROIC, (2) Eigenkapitalwachstum, (3) EPS-Wachstum, (4) Umsatzwachstum und (5) Wachstum des freien Cashflows. Betrachten Sie den Cashflow (egal ob „frei" oder „operativ") immer im Zusammenhang mit den anderen großen Fünf.

Doug und Susan kommen aufgrund der hohen Beständigkeit zu dem Schluss, dass ein guter Marken-Graben vorhanden sein muss.

Sie wissen auch, dass sie anhand der großen Fünf eine angemessene Gewinnsteigerung für die nächsten zehn Jahre bestimmen müssen. Aufgrund ihrer Kenntnisse der Restaurantbranche sehen Doug und Susan keine Faktoren, die CAKE daran hindern könnten, genauso weiterzuwachsen wie in den letzten sieben Jahren. Gemäß der Entwicklung des Umsatzes, des Gewinns pro Aktie und des Buchwerts müsste das Unternehmen eigentlich mindestens 20 Prozent pro Jahr wachsen. Wenn man sich für eine der historischen großen Fünf entscheidet, rät man im Grunde genommen nur möglichst geschickt. Wichtig ist, dass man nicht zu knapp schätzt. Doug sollte nicht davon ausgehen, dass der Umsatz um 28 Prozent oder der Gewinn um 25 Prozent wächst. Sie können diese Zahl anvisieren, aber sie sollte deutlich innerhalb der Reichweite liegen.

Doug schlägt das durchschnittliche Kapitalwachstum der letzten neun Jahre vor – 19 Prozent. Susan weist darauf hin, dass das vielleicht zu vorsichtig geschätzt ist, weil das Eigenkapital in letzter Zeit mit einer Geschwindigkeit von mindestens 24 Prozent jährlich wächst und weil EPS, Umsatz und Cash jeweils schneller wachsen als um 20 Prozent. Sie sind sich einig, dass die Zahlen – größtenteils – bei 20 Prozent oder darüber liegen und dass 20 Prozent klar innerhalb der historischen Wachstumsfähigkeit des Unternehmens liegen. Sie beschließen, dass sie mit dieser historischen Wachstumsrate am ehesten glücklich werden.

An diesem Punkt schlägt Susan vor, einmal einen Blick auf das Management zu werfen, aber da das EPS-Wachstum so gut ist, schlägt Doug vor, zwecks Zeitersparnis könnten sie doch gleich den Sicherheitspreis berechnen und sehen, ob CAKE günstig zu haben ist (am liebsten würde er heute noch kaufen, wenn alles in Ordnung ist). Falls der Preis nicht in Ordnung ist, so Doug, könnten sie doch die weiteren Recherchen verschieben und jetzt lieber nach etwas anderem suchen, das sowohl wunderbar als auch im Moment günstig bewertet ist. Und wenn sie einen MOS-Preis hätten, könnten sie ja wieder auf das Unternehmen zurückkommen und Erkundigungen über die Unternehmensleitung einziehen.

Für die Berechnung des Sicherheitspolster-Preises brauchen sie zuerst die unverbindliche Preisempfehlung und für dessen Berechnung benötigen sie drei Dinge:

1. Das aktuelle EPS – aus dem Jahresbericht wissen sie, dass es 0,64 Dollar beträgt.
2. Die geschätzte EPS-Wachstumsrate der nächsten zehn Jahre – sie haben sie auf 20 Prozent geschätzt.
3. Das geschätzte KGV in zehn Jahren – das Susan auf durchschnittlich 35 geschätzt hat.

Als EPS-Wachstumsschätzung sollte man sich allerdings zwischen dem historischen Wachstum und den Analystenschätzungen für den niedrigeren Wert entscheiden. Um zu erfahren, was die Profis dazu sagen, klickt Doug links in der Menüleiste auf „Earnings Estimates“ und dann auf das Register „Earnings Growth Rates“ (vgl. Abb. Seite 298).

Das Diagramm sagt ihm, dass die Analysten im Durchschnitt ein jährliches Wachstum von 21 Prozent erwarten, also fast exakt so viel, wie Doug und Susan gedacht hatten. Sie beglückwünschen sich gegenseitig zu ihrer genauen Schätzung. Es ist immer ein beruhigendes Gefühl, wenn die eigenen Zahlen genau zu den Zahlen der Profis passen.

Außerdem wollen sie noch sichergehen, dass sie das richtige künftige KGV haben. Die Alternativmethode besteht in der Verdopplung der Wachstumsrate. Da das Unternehmen um 20 Prozent wächst, ergibt sich für CAKE ein KGV von 40, aber da das historische KGV 35 beträgt, nehmen sie diesen Wert, weil er weniger spekulativ ist. Jetzt haben sie die drei Zahlen, die sie brauchen, um den Empfehlungspreis zu berechnen:

1. Aktuelles EPS = 0,64 Dollar
2. Geschätztes EPS-Wachstum in den nächsten zehn Jahren = 20 Prozent
3. Geschätztes KGV in zehn Jahren = 35

Susan fragt sich, wie lange eine Verdopplung bei einer Wachstumsrate von 20 Prozent pro Jahr dauert (72 durch 20, also

3,5 Jahre für eine Verdopplung). Da ihre Prognose über zehn Jahre reichen soll, resultiert aus der Verdopplungsdauer von 3,5 Jahren, dass knapp drei Verdopplungen zu erwarten sind. Sie rundet 0,64 auf 0,60 ab und verdoppelt dreimal:

- Erste Verdopplung: von 60 auf 120
- Zweite Verdopplung: von 120 auf 240
- Dritte Verdopplung: von 240 auf 480

Sie kommt zu dem Schluss, dass der Gewinn pro Aktie in zehn Jahren bei 4,80 Dollar liegen wird, also fünf Dollar. Fünf Dollar mal das KGV von 35 ergibt einen Aktienkurs von 175 Dollar in zehn Jahren.
Sie weiß, dass der Regel-1-Mindestertrag 15 Prozent im Jahr beträgt – zwei Verdopplungen in zehn Jahren. Zur Berechnung der Preisempfehlung teilt sie daher die 175 Dollar einfach durch vier und – voilà – rundet den Empfehlungspreis auf 44 Dollar. Ihr MOS-Preis beträgt die Hälfte, also 22 Dollar pro Aktie.

Auch hier kann Susan wieder zu www.ruleoneinvestor.com gehen, auf den „Sticker & MOS Calculator" klicken, an den richtigen Stellen 10 Jahre, 0,64, 20 Prozent und 35 eingeben, auf „Calculate" klicken und folgende Zahlen bekommen:

1. *Künftiger Wert: 150,70 Dollar*
2. *Empfehlungspreis: 37,25 Dollar*
3. *MOS-Preis: 18,62 Dollar*

Mit der 72er-Regel kommt man auf einen MOS-Preis von 22 Dollar und der exakte MOS-Preis beträgt 19 Dollar. Die genaueren Werte sind natürlich besser, aber die 72er-Regel bringt einen in den Zielbereich, wenn man auf eigene Faust rechnen will.

Doug sieht nach, was CAKE an diesem Tag kostet: 18,40 Dollar. Ein paar Dollar unter dem MOS-Preis. Perfekt. Jetzt sind Doug und Susan begeistert. Sie haben anscheinend ein wunderbares Unternehmen gefunden, das sie heute sehr günstig kaufen könnten. Sie sehen einen Dollar für 50 Cent vor sich. Zeit, sich mit dem Management zu befassen.
Doug klickt auf „SEC Filings“ und bekommt sofort die neuesten Einreichungen des Unternehmens an die Börsenaufsicht SEC. Er sucht nach dem Jahresbericht, der bei der SEC eingereicht wurde, dem sogenannten 10K Annual Filing.

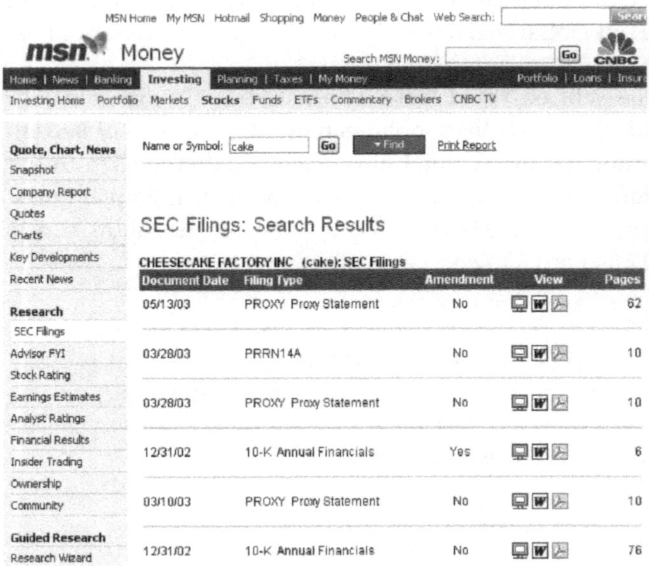

Document Date	Filing Type	Amendment	View	Pages
05/13/03	PROXY Proxy Statement	No		62
03/28/03	PRRN14A	No		10
03/28/03	PROXY Proxy Statement	No		10
12/31/02	10-K Annual Financials	Yes		6
03/10/03	PROXY Proxy Statement	No		10
12/31/02	10-K Annual Financials	No		76

Er klickt auf den Bericht (siehe Seite 301). Darin kann er lesen, wie das Unternehmen gegründet wurde, wie das Unternehmen geführt wurde, wer die Konkurrenten sind, welche Risiken das Geschäft mit sich bringt, Kommentare der Unternehmensleitung zum Betrieb – und vor allen Dingen, wer das Unternehmen leitet.

Doug liest, dass der Vorsitzende und Geschäftsführer des Unternehmens David Overton ist, der das Unternehmen 1972 zusammen mit seinen Eltern gegründet hat. Susan weiß, dass es eine gute Idee ist, in Menschen zu investieren, die ein Unternehmen so führen, als wäre es das einzige, was ihre Familie in den nächsten 100 Jahren ernährt. Deshalb ist es grundsätzlich nicht schlecht, in Firmengründer zu investieren. Susan findet im Internet eine Menge Artikel über Herrn Overton.

Trademarks

We have registered, among other marks, "The Cheesecake Factory", "Grand Lux Cafe", "The Cheesecake Factory Bakery", "The Cheesecake Factory Express", "The Dream Factory" and "The Cheesecake Factory Bakery Cafe" as trademarks with the United States Patent and Trademark Office. Additional trademark applications are pending. We have also registered our ownership of the Internet domain name "www.thecheesecakefactory.com" and other names. We regard our trademarks as having substantial value and as being important factors in the marketing of our restaurants and bakery products. We have registered, or have pending applications to register, one or more of our trademarks in more than 70 foreign countries, although there can be no assurance that our name and marks are registerable in every country for which registration is being sought. The duration of trademark registrations varies from country to country. However, trademarks are generally valid and may be renewed indefinitely as long as they are in use and/or their registrations are properly maintained, and they have not been found to become generic.

Executive Officers

David Overton, age 56, serves as our Chairman of the Board and Chief Executive Officer. Mr. Overton co-founded our predecessor company in 1972 with his parents.

Gerald W. Deitchle, age 51, serves as our President and Chief Financial Officer. Mr. Deitchle has over 26 years of executive and financial management experience with national restaurant and retail chain operations. He joined our Company as Senior Vice President, Finance and Administration and Chief Financial Officer in July 1995.

Michael P. Berry, age 54, joined our Company in July 2002 as President and Chief Operating Officer of The Cheesecake Factory Restaurants, Inc., our largest restaurant subsidiary. Prior to joining us, Mr. Berry served as President of Barnes and Noble Booksellers. His prior experience also includes service as a senior operations and foodservice executive with The Walt Disney Company, Harvard University, the University of California at Irvine and the University of California at Los Angeles.

20

CHEESECAKE FACTORY INC

Peter J. D'Amelio, age 41, was appointed President and Chief Operating Officer of our Grand Lux Cafe restaurant operations in October 2002. Mr. D'Amelio joined our Company in 1990 and steadily advanced through our operations organization, with his most recent position as Senior Vice President of Restaurant Operations.

Sie erfährt, dass er in Kalifornien Jura studiert hat, dass er in einer erfolgreichen Rockband Schlagzeug gespielt hat, dass er dann in die kleine Bäckerei seiner Familie eingetreten ist, dass er auf den Käsekuchen seiner Mutter ein einmaliges Geschäftsmodell aufgebaut hat und dass die Familie im Jahr 1972 ein Restaurant eröffnet hat. Der Rest ist, wie man so schön sagt, Geschichte.

Doug findet eine bestimmte Passage in einem Artikel über Overton besonders interessant: „Doch laut Overton gibt es noch viel zu tun, um sein Geschäftsmodell zu sichern und zu bewerben. Nach wie vor ist er unerschütterlich entschlossen, die verführerisch kundenfreundliche Mischung, die sein Konzept darstellt, nicht von unternehmerischen Wachstumsinteressen verwässern oder beschädigen zu lassen."

Anders gesagt will der Mann, der CAKE leitet, seinen Marken-Graben derart aufrüsten, dass er dem Verlangen der großen Tiere nach Wachstum um des Wachstums willen trotzen kann. Das ist die Haltung eines Mannes, der 100 Jahre Erfolg im Sinn hat. Doug ist der Meinung, dass Herr Overton damit ein Regel-1-Manager ist – jemand, der die langfristigen Interessen des Unternehmens vertritt und der sich nicht von Wachstum um des Wachstums willen treiben lässt. Das ist Musik in den Ohren eines Regel-1-Investors, denn wir wollen ja haben, dass das Unternehmen auch in zehn Jahren mit Sicherheit noch ein tolles Unternehmen ist. Sonst könnten wir ja kein Gewinnwachstum voraussagen und wenn wir das nicht können ... dann können wir auch keine Preisempfehlung und keinen MOS-Preis berechnen.

Susan und Doug lesen alles, was sie über Herrn Overton und The Cheesecake Factory finden können. Dabei suchen sie nach Gründen, das Unternehmen nicht zu kaufen, aber sie finden keine. Alles, was über das Management und über das Unternehmen geschrieben wird, sieht gut aus. Jetzt ist es Zeit zu sehen, was Herr Overton selbst über sein Unternehmen schreibt.

Sie gehen auf die Website von CAKE und lesen Overtons Briefe an die Aktionäre. Er betont, dass „der einzige begrenzende Faktor für die Erreichung unserer jährlichen Wachstumsziele unsere Fähigkeit ist, die qualifizierten Menschen anzuwerben, auszubilden und zu halten, die wir für den Betrieb unserer Restaurants brauchen." Dann erklärt er, wie das Unternehmen dieses Problem anzugehen gedenkt. Außerdem erklärt er, wie das Wachstum vonstattengehen soll: Das Wachstum soll durch mehr Cheesecake-Factory-Standorte zustande kommen und er glaubt, dass das Unternehmen noch jahrelang mindestens 20 Prozent Wachstum pro Jahr schaffen kann. Die Tatsache, dass die durchschnittliche Anlagerendite der letzten zehn Jahre 26 Prozent beträgt, erschüttert Susans und Dougs Vertrauen in diese Prognose keineswegs. Susan und Doug beschließen, dass CAKE der Prüfung der vier Ms standhält.

Einen versenkt. Und jetzt wollen sie sehen, ob sie vielleicht ein noch besseres Unternehmen finden.

Der nächste Name auf der Liste ist Landry's. Susan tippt das Symbol „LNY" ein und geht sofort zu den „Key Ratios", um sich das ROIC anzusehen (siehe Grafik Seite 304).

Landry's hat ein 5-Jahres-ROIC von 5,0 Prozent und ein 1-Jahres-ROIC von 5,6 Prozent. Das ist wenig. Leider. Dieses ROIC deutet nicht auf einen breiten Marken-Graben hin. Für Doug und Susan ist das das Warnsignal, der Deal ist geplatzt. Schade. Das heißt ja nicht, dass Landry's keine gute Aktie wäre und dass es nicht Millionen verdienen könnte; es heißt auch nicht, dass Landry's auf lange Sicht ein schlechtes Unternehmen wäre. Es gibt vielleicht gute Gründe für das niedrige ROIC, aber Doug und Susan sind keine Super-MBAs, die liebend gerne Research treiben. Wenn Landry's nicht der Regel entspricht, dann ist die Geschichte für Landry's zu Ende. Aber diese Art der Regel-1-Analyse ist sehr lehrreich: Denken Sie daran, dass Sie mit der wichtigsten Zahl anfangen sollten, nämlich mit der Kapitalrendite oder ROIC. Wenn

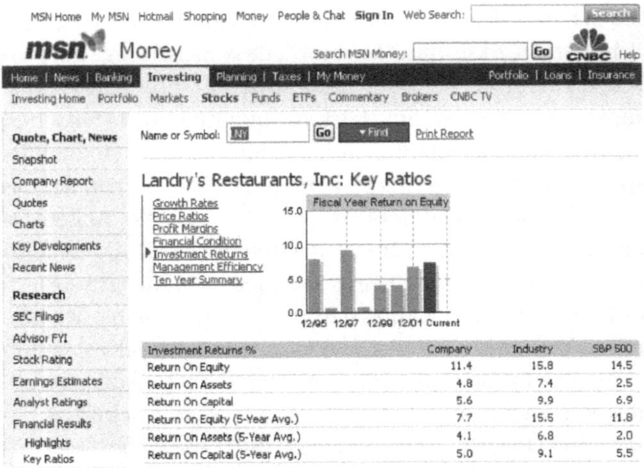

Investment Returns %	Company	Industry	S&P 500
Return On Equity	11.4	15.8	14.5
Return On Assets	4.8	7.4	2.5
Return On Capital	5.6	9.9	6.9
Return On Equity (5-Year Avg.)	7.7	15.5	11.8
Return On Assets (5-Year Avg.)	4.1	6.8	2.0
Return On Capital (5-Year Avg.)	5.0	9.1	5.5

sie nicht zehn Prozent oder mehr beträgt, sind wir ohne großes Rechnen fertig. Hier noch einmal die Reihenfolge, in der wir die großen Fünf analysieren:

1. ROIC – wenn zehn Prozent oder mehr, gehe zu ...
2. Eigenkapital – wenn zehn Prozent oder mehr, gehe zu ...
3. EPS – wenn zehn Prozent oder mehr, gehe zu ...
4. Umsatz – wenn zehn Prozent oder mehr, gehe zu ...
5. Cashflow – wenn zehn Prozent oder mehr, gehe zu ... Management und MOS

Nächstes Unternehmen. Darden Restaurants (DRI). Das ROIC ist gut, aber die Wachstumsrate des Eigenkapitals beträgt nur sechs Prozent. Nächstes Unternehmen.

Brinker International (EAT). Das ROIC ist gut. Das Kapitalwachstum beträgt neun Prozent: Nicht gut. Und das EPS-Wachstum ist in den letzten fünf Jahren unter zehn Prozent gerutscht.

Doug und Susan haben ein Unternehmen gefunden, das den 4-M-Test besteht: The Cheesecake Factory. Sie haben jetzt im Moment 20.000 Dollar, die sie investieren wollen. Und jetzt?

Die Hausaufgaben sind erledigt. Es ist fast schon Zeit zu kaufen, aber zuerst will Doug noch nachsehen, was die CAKE-Insider machen. Er geht wieder zu MSN Money, gibt CAKE ein, klickt auf „Insider Trading“ und sieht, dass keine nennenswerten Insidergeschäfte vorliegen. Schön.

Die Beurteilung des Insiderhandels

Wenn Sie beurteilen wollen, ob Insidergeschäfte ein Warnsignal darstellen oder ob sie harmlose Routine-Transaktionen sind, benutzen Sie Ihren gesunden Menschenverstand. Wenn viele Manager 30 Prozent oder mehr ihrer Anteile an dem Unternehmen abstoßen, würde ich das als schlechtes Zeichen betrachten. Sowohl MSN Money als auch Yahoo geben an, welchen Anteil am Unternehmen jeder Manager besitzt. Gehen Sie von der Hauptseite eines Unternehmens bei MSN aus zu „Insider Trading“ oder bei Yahoo Finance zu „Ownership“, wo Sie dann Links zu „Insider Transactions“ und „Insider Roster“ finden.

Jetzt klickt Doug auf „Chart“, weil er sehen will, ob die institutionellen Fondsmanager im Moment kaufen oder verkaufen. Er und Susan wissen: Ein Unternehmen kann noch so wunderbar sein und das Sicherheitspolster kann noch so dick sein – wenn die großen Jungs verkaufen, kann es noch tiefer fallen.

Die drei Charts (gleitender Durchschnitt, MACD und Stochastik-Indikator) von CAKE für das Jahr 2003 zeigen Doug und Susan, dass alle drei Werkzeuge auf „Einstieg“ stehen. Damit haben Doug und Susan keine andere Wahl mehr: CAKE ist ein wunderbares 4-M-Unternehmen zu einem attraktiven MOS-Preis und die Großinvestoren steigen gerade wieder ein. Die Connellys haben ihre 20.000 Dollar schon auf dem Konto eines Onlinebrokers. Jetzt platzieren sie einen Bestensauftrag

THE CHEESECAKE FACTORY INC.

GLEITENDER DURCHSCHNITT UND KURSHISTORIE

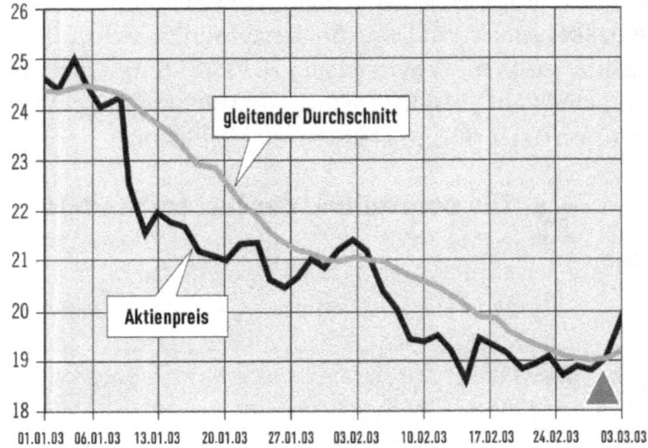

MACD

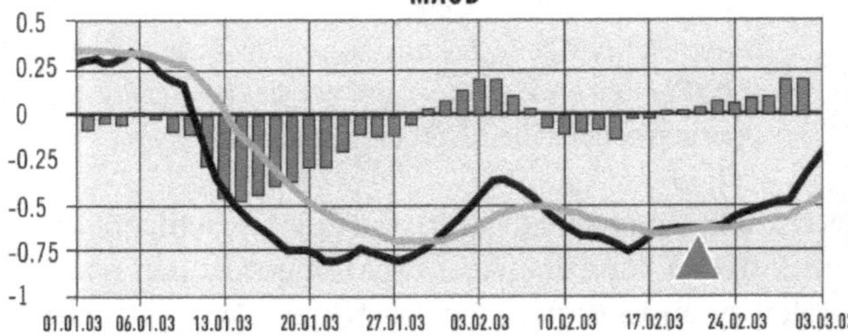

8-Perioden vs. 17-Perioden MACD — 9-Perioden EMA — Divergenz

STOCHASTIK-INDIKATOR

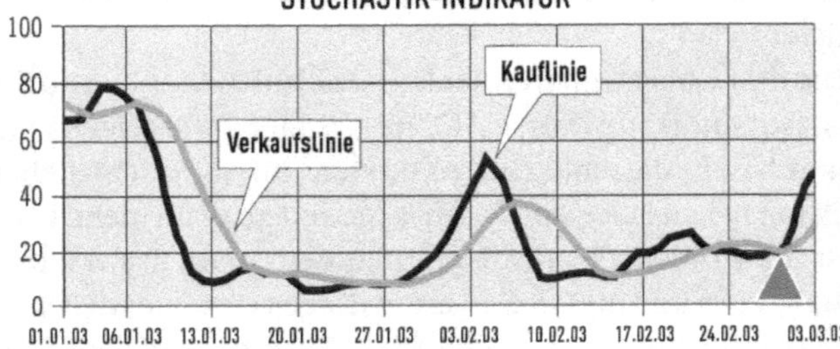

Langsamer Stochastik-Indikator: 14-Perioden %K — 5-Perioden %D

für 1.000 CAKE-Aktien, der am nächsten Tag zu Handelsbeginn ausgeführt wird.
Um 9:31 Uhr Ostküstenzeit kauft ihr Onlinebroker 1.000 Aktien von CAKE zum Preis von 18,90 Dollar pro Stück. In den nächsten zwei Jahren passiert Folgendes:

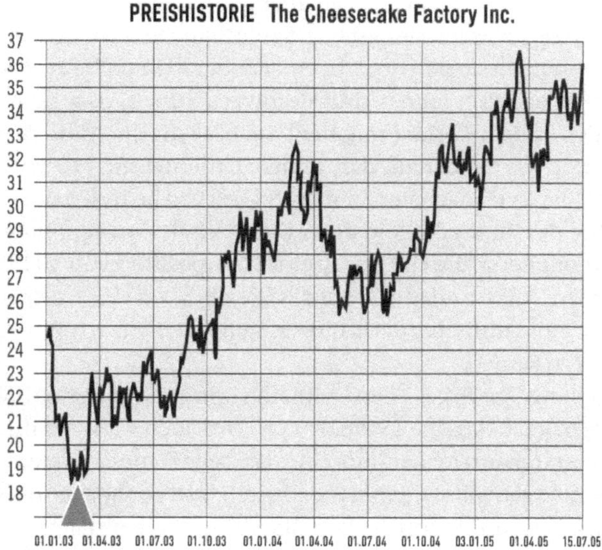

Doug und Susan steigen knapp unter 19 Dollar zum ersten Mal ein. Während der nächsten zwei Jahre steigen sie zusammen mit den Großen elfmal aus und wieder ein, wobei sie jeden Monat 500 Dollar Erspartes zusätzlich anlegen. Bis zum Juli 2005 erzielen sie damit einen hübschen kumulierten durchschnittlichen Jahresertrag von 56 Prozent und aus den anfänglichen 20.000 Dollar sind inzwischen 78.000 Dollar geworden. Für zwei Jahre ist das ziemlich gut. Genau genommen ist das eine unglaublich hohe Ertragsrate. Doug und Susan wissen natürlich, dass sie die Ertragsrate von mehr als 50

Prozent wohl kaum über längere Zeit halten können. Sie wissen auch, dass fast jeder Finanzplaner sie rügen würde, weil sie nicht diversifiziert haben. Sie haben nur eine Aktie und jedermann weiß, dass das gefährlicher ist, als wenn man 50 Aktien hat. Jedermann außer den Regel-1-Anlegern.

Zugegeben, jetzt, wo sie fast 80.000 Dollar haben, sollten sie das Geld nach Möglichkeit auf mehrere Unternehmen verteilen, aber nur, wenn sie die betreffende Branche verstehen; deshalb müssen sie sich noch in einer anderen Branche auskennen. Nach zwei Jahren sind sie zuversichtlich, dass sie mit CAKE keinen Verlust machen, auch wenn die Aktie fällt, und sie warten darauf, dass andere Unternehmen zu guten MOS-Preisen angeboten werden. So gesehen befinden sie sich Mitte des Jahres 2005 in guter Gesellschaft. Warren Buffett hält mit Berkshire Hathaway eine Cashposition von 40 Milliarden Dollar und wartet auf das Gleiche – auf eine Gelegenheit, ein wunderbares Unternehmen zu einem attraktiven Preis zu kaufen.

Das Beste, was Regel 1 den Connellys bringt, ist Folgendes: Sie wissen jetzt, dass die 15 Prozent pro Jahr auch während ihres Ruhestands erreichbar sind. Und das, liebe Freunde, ändert in ihren Augen alles, denn das bedeutet, dass der Sparstrumpf, den sie bis zum Antritt des Ruhestands zusammensparen müssen, lange nicht so groß zu sein braucht, wie sie ursprünglich dachten. Wenn sie mit den 80.000 Dollar, die sie jetzt haben, weiterhin mindestens 15 Prozent im Jahr verdienen, haben sie in zehn Jahren schon 323.000 Dollar. Ab diesem Punkt haben sie – wenn sie weiterhin 15 Prozent Ertrag bekommen – jeden Monat 4.000 Dollar, die sie ausgeben können, ohne dafür das Ersparte von 323.000 Dollar anzutasten. Anstatt nach 20 Jahren notdürftig in Rente zu gehen, können sie sich jetzt schon nach zehn Jahren bequem zur Ruhe setzen. Das motiviert sie sehr.

Und die Connellys haben noch einen Pluspunkt. Da sie eigentlich erst in 20 Jahren aufhören wollen zu arbeiten, wächst ihr Sparstrumpf dank des regelmäßigen Sparbetrags und der Regel-1-Anlage bis zu dieser Zeit auf fast 1.500.000 Dollar. Dann müssen sie überlegen, was sie mit den 220.000 Dollar Anlageertrag anfangen, den sie jährlich bekommen. Das sind 18.000 Dollar im Monat, also 500 Dollar am Tag – und nicht 500 Dollar im Monat. Welch einen Unterschied das ausmacht! Anstatt sich zu fragen, wie sie die Stromrechnung bezahlen sollen, können sie sich überlegen, auf welcher Karibikinsel sie den Winter verbringen wollen und in welches europäische Land sie im nächsten Sommer ihre Kinder und Enkel mitnehmen sollen.

Ich hoffe, Sie sind jetzt begierig darauf, selbst anzufangen, auch wenn Sie noch ein paar Schritte hinter den Connellys liegen. Das ist in Ordnung. Wir haben noch ein paar Lektionen vor uns, in denen Sie die winzigen Schritte lernen, die Sie weiterbringen. Im nächsten Kapitel behandeln wir natürliche Hürden, die Sie überwinden müssen, bevor Sie anfangen können.

Kapitel 14 – Beseitigen Sie die Hürden!

„Geld ist besser als Armut,
wenn auch nur aus finanziellen Gründen."

*– Woody Allen (*1935)*

Wenn Sie bis jetzt mitgearbeitet haben, dann haben Sie wahrscheinlich mindestens ein Unternehmen gefunden, das für Sie eine Bedeutung hat – das Sie begreifen und auf dessen Besitz Sie stolz wären. Nehmen wir einfach an, Sie hätten wirklich so ein Unternehmen gefunden. Sie haben einen Burggraben ausgemacht und ihn durch die großen Fünf bestätigt gesehen. Sie haben sich über das Management informiert, Google-Recherchen über das Unternehmen betrieben und die entsprechenden Artikel gelesen; Sie waren auf den Internetseiten des Unternehmens und haben die Jahresberichte sowie die Briefe des Vorstandsvorsitzenden an die Aktionäre gelesen. Sie haben den Empfehlungspreis und den MOS-Preis berechnet und beide mit dem Preis verglichen, den Mr. Market verlangt. Sie haben anhand der Werkzeuge überprüft, ob die institutionellen Anleger die Aktie kaufen oder verkaufen. Manche Leser haben vielleicht sogar schon ein Unternehmen gefunden, das sämtliche Regel-1-Kriterien erfüllt und bei dem alle drei Werkzeuge auf „kaufen" stehen. Und jetzt überlegen Sie, ob Sie gleich heute ein Depot anlegen und dieses Unternehmen kaufen.

Bevor Sie den Sprung wagen, sollten Sie allerdings sicher sein, dass Sie die fünf häufigsten Hürden für Regel-1-Investing beseitigt haben:

1. Lästige Schulden
2. Kapitalertragsteuer

3. Diversifizierung
4. Fondsmanager
5. Angst

Befreien Sie sich von schlechten Schulden

Die erste Barriere vor dem Erfolg sind schlechte Schulden. Ja, es gibt gute Schulden und schlechte Schulden. Gute Schulden bestehen aus Geld, das Sie sich zu niedrigen Zinsen geliehen haben und mit dem Sie einen hohen Ertrag erzielen. Das ist das GAL-Prinzip (Geld Anderer Leute), neudeutsch auch als Leverage bezeichnet. Am Beispiel einer Wohnanlage kann man sich das gut klar machen. Die Schulden werden durch die Mieteinnahmen gedeckt – jedenfalls nach ein paar Jahren. Schlechte Schulden sind dagegen Verbraucherschulden oder Konsumschulden – Geld, das man sich zu hohen Zinsen leiht, damit man sich Dinge kaufen kann, die weder Einnahmen bringen noch eine Wertsteigerung erfahren. Gemeint sind Dinge wie Autos, Kühlschränke, Kleider und Reisen nach Europa. Wir alle haben das schon gemacht und wir haben alle den Preis dafür bezahlt. Der Preis für schlechte Schulden besteht darin, dass der kumulierte Ertrag (der Zinseszins) nicht für einen, sondern gegen einen arbeitet. Wenn Sie Kreditkarten- oder Bankschulden zu 18 Prozent Zinsen oder noch mehr haben, dann arbeiten die 18 Prozent gegen Ihre Altersversorgung. Da Regel 1 besagt, dass man kein Geld verlieren soll, müssen die meisten von uns als Erstes ihre schlechten Schulden abzahlen, bevor sie erfolgreiche Regel-1-Investoren werden können.

Denken Sie einmal darüber nach: Wenn Sie mit der Regel einen Jahresertrag von 15 Prozent anstreben und gleichzeitig 18 Prozent auf Kreditkartenschulden bezahlen, bedeutet das im Endeffekt, dass Sie sich Geld zu 18 Prozent leihen, aber nur 15 Prozent dafür bekommen. Selbst wenn Sie als Regel-1-Investor erfolgreich sind, nimmt Ihr Vermögen um drei Prozent pro Jahr ab. Das ist eine verflixt hohe Hürde. Reich werden können Sie auf diese Art nur, wenn Sie im Lotto gewinnen. Andernfalls machen Sie mit Sicherheit bankrott. Aber wenn wir hingehen und das Geld, das wir eigentlich anlegen wollten, lieber für die Begleichung der 18-prozentigen Schulden verwenden, dann verlieren wir keine drei Prozent mehr im Jahr; sogar wenn am Ende nichts mehr übrig bleibt, das wir anlegen könnten, stehen wir wenigstens am Nullpunkt und verletzten nicht mehr Regel 1. Und wenn man Regel 1 nicht verletzt, wenn man übt, lernt und spart – wird man eines Tages reich.

Auch für Regel-1-Anleger gibt es gute Schulden. Wenn Sie sich für vier Prozent Zinsen Geld leihen können und als erfahrener Regel-1-Investor einen stetigen Jahresertrag von sagen wir 16 Prozent erzielen können, dann ist es sinnvoll, einen Kredit aufzunehmen. Wenn wir vier Prozent bezahlen und dafür 16 Prozent bekommen, nutzen wir die Leverage, um unseren Gesamtertrag zu steigern. Es gibt drei Regeln für das Schuldenmachen. Nehmen Sie nur dann einen Kredit auf (oder behalten Sie ihn), wenn:

1. Sie ein erfahrener, erfolgreicher Regel-1-Investor sind.
2. die Zinsen auf die Schulden weniger als 33 Prozent ihrer erwarteten Ertragsrate betragen. Wenn Sie beispielsweise mit 21 Prozent Jahresertrag rechnen, können Sie ein Darlehen zu sieben Prozent aufnehmen.
3. Sie Ihre gesamten Schulden (ausgenommen für Ihr Haus und Ihr Auto) innerhalb eines Jahres von dem Einkommen begleichen können, das nach den üblichen monatlichen Ausgaben übrig bleibt.

Trotzdem: Die Aufnahme von Schulden zur Steigerung des Anlageertrags gehört zu den „fortgeschrittenen Methoden“ und am liebsten würde ich das hier gar nicht erwähnen, weil ich Sie auf keinen Fall dazu ermuntern will. Tun Sie es nicht.

Wenn Sie nicht wirklich genau wissen, was Sie tun, halten Sie sich bitte, bitte von Schulden fern – beziehungsweise werden Sie zuerst Ihre Schulden los. In dieser Zeit können Sie trotzdem Regel-1-Investing üben und sich darin verbessern, und zwar durch Paper Trading – ich erkläre das später noch genauer. Als Anfänger sollte man unbedingt reale Regel-1-Trades simulieren, ohne wirklich Geld einzusetzen – das ist sehr wichtig. Ich mache Sie fit, damit Sie bereit sind, den Sprung zu wagen, sobald Sie Ihre Schulden los sind. Schon bald werden Sie Reichtümer statt Schulden anhäufen. Ist das nicht toll?

Steuern

Wenn wir einfach die „Buy and Hold“-Strategie anwenden könnten, gäbe es keine steuerlichen Probleme. Aber leider sind wir keine Genies und erkennen die Aktie nicht im Voraus, die nicht fallen kann; und außerdem ist Mr. Market so irrational, dass wir uns nicht auf ihn verlassen können. Deshalb benutzen wir die Werkzeuge und steigen zusammen mit den Großanlegern ein und aus, damit wir keine Aktien haben, die schwer einbrechen könnten. Sehr gut. Allerdings verlangt der Bund dafür Steuern von uns. Als gute Staatsbürger, die wir gewillt sind, auch im gebrechlichen Alter selbst für uns zu sorgen, gehört es zu unseren Pflichten, überall dort Steuerzahlungen zu vermeiden, wo das legal möglich ist. Tatsächlich hielt es der Staat für angemessen, uns eine breite Palette von Schlupflöchern anzubieten, dank derer wir Steuern sparen können. Diese Schlupflöcher heißen SIMPLE IRAs, Roth IRAs, SEP IRAs, 401ks und Defined Benefit Plans* (unter anderem). Wir können sogar einen Treuhandfonds gründen, mit dem wir Steuern sparen können.

✖ Essen Sie nicht das Saatgetreide auf!

Viele Menschen geben ihr gesamtes Einkommen für den Lebensunterhalt aus. Deshalb haben sie heute nicht genug für den Ruhestand übrig und werden auch morgen

* Arbeitgeber-unterstützer Pensionsplan, der sich nach Gehalt und Beschäftigungsdauer errechnet. Investitionsrisiko und Portfolio-Management unterliegen der Unternehmensleitung.

nicht genug dafür übrig haben. Die Bauern sagten früher immer: „Iss nicht dein Saatgetreide auf!" Die Bauern hoben die Saatkörner auf und säten sie im nächsten Jahr aus, damit sie auch in Zukunft ernten konnten. Wenn man das Saatgetreide aufisst, lebt man vielleicht in diesem Jahr gut, aber im nächsten Jahr dürfte man dann in ernste Schwierigkeiten geraten. Viele von Ihnen können von den Bauern noch etwas lernen, denn Sie verzehren Ihr Saatgetreide.
Wenn Sie in 15 Jahren in den Ruhestand gehen wollen, aber Ihr Lebensstil Ihr gesamtes Einkommen aufzehrt, was machen Sie dann? Sie treffen ein paar schwere Entscheidungen und ergreifen Maßnahmen:

1. *Entscheidungsmöglichkeit: Lernen und üben Sie Regel 1, während Sie sich einen Nebenjob suchen und 500 Dollar im Monat dazuverdienen, die Sie in einen IRA einzahlen können. Dann praktizieren Sie Regel 1 und heimsen 15 Prozent ein.*
2. *Entscheidungsmöglichkeit: Lernen und üben Sie Regel 1, während Sie Ihre Ausgaben um 500 Dollar im Monat senken, das Ersparte in einen IRA einzahlen und dann mit Regel 1 einen Ertrag von 15 Prozent ernten.*

Ich habe eine gute Nachricht für Sie: Wenn Sie Regel 1 beherrschen und 15 Prozent im Jahr verdienen, ist der Geldberg, den Sie als Altersvorsorge brauchen, viel kleiner, als Sie dachten. Ein Regel-1-Investor, der mit 50.000 Dollar im Jahr auskommt, braucht nur 300.000 Dollar, damit er sich zur Ruhe setzen kann. Ein Regel-1-Investor, der 500 Dollar im Monat sparen kann, hat die 300.000 Dollar selbst dann nach nicht einmal 15 Jahren zusammen, wenn er bisher noch keinen einzigen Dollar angespart hat.
Wenn Sie das tun, können Sie sich in 15 Jahren mit einer lebenslangen Jahresrente von 50.000 Dollar zur Ruhe setzen. Und wenn Sie jetzt schon 50.000 Dollar haben (das ist

das durchschnittliche Vermögen einer Familie aus der Babyboom-Generation), können Sie sich spätestens in zehn Jahren zur Ruhe setzen.
Sie können das. Essen Sie einfach nicht das Saatgetreide auf!

Da ich River Guide und kein Steuerberater bin, gebe ich Ihnen keine Ratschläge, wie Sie die erwähnten Pläne benutzen sollten. Ich sage Ihnen nur, dass ich kein Fan von 401k-Plänen bin, weil man damit meistens gezwungen ist, in Investmentfonds zu investieren. Ein 401k ist nur dann besser als ein IRA, wenn Ihr Arbeitgeber mindestens 50 Prozent der Vermögensbildung trägt. In diesem Fall nehmen Sie das geschenkte Geld, aber setzen Sie nur Ihren Pflichtbetrag ein. Mit dem, was übrig bleibt, eröffnen Sie einen IRA, für den Sie selbst die Verantwortung tragen und in dem Sie Regel-1-Investing für maximalen Ertrag betreiben können. Roth IRAs sind unbefristet steuerbefreit! Sie investieren Ihr versteuertes Geld in einen Roth IRA, dort mehrt es sich steuerfrei und auch wenn Sie es im Ruhestand entnehmen, brauchen Sie auf die Gewinne keine Steuern zu bezahlen. Das gefällt mir. Das machen auch meine Kinder. Sie sind nämlich in einer niedrigen Steuerklasse und werden dort wohl auch noch eine Weile bleiben; deshalb ist es für sie sinnvoll, möglichst viel bereits versteuertes Geld in einen Roth zu stopfen, weil dann nie wieder Steuern darauf anfallen.
Jeder Onlinebroker kann Ihnen am Telefon sagen, wie man einen der erwähnten Pläne anlegt. Das ist ganz einfach und dauert nur fünf Minuten. Er kann Ihnen auch sagen, wie man einen 401k umwandelt, in den keine Arbeitgeberanteile mehr eingehen. Manche Pläne haben nur ein begrenztes Fassungsvermögen und sind für Menschen in den Zwanzigern besser geeignet als für Menschen in den Fünfzigern (Ihr Steuerberater kann Ihnen bei der Entscheidung helfen, was für Sie am besten ist und wie viel Sie pro Jahr einzahlen dürfen). Ein SIMPLE IRA ist schon eine tolle Sache – wenn man die Voraus-

setzungen dafür erfüllt, kann man damit jedes Jahr einen enormen Betrag steuerfrei anlegen. Entscheidend ist, dass man sein Geld auf ein steuerbegünstigtes oder steuerbefreites Konto bekommt.
Aber natürlich können wir nicht alle unser gesamtes Geld steuerfrei anlegen. Manche von uns haben mehr Geld, als uns Uncle Sam auf einem Rentenkonto anlegen lässt. Es kann also sein, dass Sie einen Teil Ihrer Investments versteuern müssen. Zu der Frage, ob man lieber Gewinne mitnehmen oder die Anlage lieber langfristig liegen lassen sollte, weil man dann keine Steuern auf kurzfristige Kapitalerträge bezahlen muss, habe ich eine bestimmte Einstellung. Wenn man das durchrechnet, kommt heraus, dass das langfristige Halten eindeutig die bessere Wahl ist, aber ich mache das trotzdem nicht.
Der Grund dafür ist, dass ein Markt, der schon so lange überbewertet ist wie jetzt, irgendwann einen ernsthaften Crash erleiden könnte. Das muss zwar nicht passieren und man kann ja auch nicht zwingend von der Vergangenheit auf die Zukunft schließen, aber auf jeden Fall kann so etwas passieren; und wenn man dann langfristig investiert ist, kann die lange Frist in der Tat sehr lang werden. Wenn man eine Aktie behält, die durch einen Börsencrash von 100 auf 20 Dollar fällt, muss sie um 400 Prozent steigen, damit sie wieder ihren alten Wert erreicht. Wäre es im Hinblick auf dieses Risiko nicht vielleicht doch sinnvoller, die Steuern zu bezahlen und seine Gewinne aus dem Spiel zu nehmen, wenn die Großen mit dem Ausstieg beginnen? Entscheiden Sie selbst.
Ich finde es kriminell, dass ich meine Gewinne nicht innerhalb eines vernünftigen Zeitrahmens in ein anderes Unternehmen verschieben darf. Wieso begreift der Kongress nicht, dass er jedes Mal, wenn er mir 40 Prozent meiner Gewinne abzwackt und damit irgendwelche Hanseln bezahlt – dass er dadurch Investitionskapital herauszieht, das Arbeitsplätze schafft? Auf dem Feld der gewerblichen Immobilien scheint der Kongress das begriffen zu haben. Dort kann man mittels

eines „1041 exchange"* seine Gewinne verlagern. Warum klappt das mit Immobilien, nicht aber mit Unternehmen? Ich habe noch keine Gesellschaft gesehen, die durch den Bau von Wohnungen und Wolkenkratzern reich geworden ist. Wohlstand wird von Unternehmen geschaffen, die Produkte erzeugen, dank derer unsere Arbeit effizienter wird. Wie verrückt ist es wohl, Investitionen in Unternehmen zu bestrafen und Investitionen in Immobilien zu fördern? Ganz schön verrückt.

Diversifizierung

Kommen wir jetzt zu der Frage, ob man selbst diversifizieren sollte. Im Fernsehen wird das immer wieder empfohlen, aber meistens wird das schlecht umgesetzt und generell überbewertet. Sie wissen ja schon, wie ich zu der Diversifizierung am Aktienmarkt stehe. Das ist etwas für die Unwissenden, aber zu denen gehören Sie jetzt ja nicht mehr und deshalb kaufen Sie keine 50 verschiedenen Aktien. Das wäre nämlich dumm. Sie diversifizieren auch nicht, indem Sie einen Investmentfonds mit 100 verschiedenen Aktien kaufen. Dumm. Dumm. Sie konzentrieren Ihr Geld auf wenige Unternehmen, die für Sie eine Bedeutung haben. Kaufen Sie kein Hightech-Unternehmen, das Sie nicht verstehen, nur damit Sie „diversifiziert" haben und Gewinn machen, wenn die Technologiewerte generell steigen. Wir spielen dieses Spiel nicht mit, auch wenn uns ein so großartiger Investor wie Jim Cramer dringend rät, das zu tun.

Ich mag Jim Cramer und ich mag seine Fernsehsendung. Wenn Ihnen das alles Spaß macht, kann ich Ihnen die Sendung nur empfehlen. Jim Cramer bringt großartige Kommentare zum Thema Investing und er nennt es zwar nicht Regel-1-Investing, aber er ist fundamental orientiert und gehört damit in unsere Abteilung. Cramer macht das auf seine Weise, weil er eben Cramer ist. Der Mann hat mindestens 50 Regeln im Kopf, die er als Hedgefondsmanager gelernt hat, aber falls Sie es noch nicht gewusst haben, Cramer ist ein kluger Kopf. Viel

*Verfahren in den USA, mit dem Steuerzahlungen auf Immobilieneinkünfte vermieden werden, indem Erlöse auf eine andere Immobilie umgelegt werden.

klüger als ich. Er ist so klug, dass er über viele Dinge viel weiß. Meine Klugheit reicht nur für eines: Regel 1.

Ein weiterer Unterschied zwischen uns ist, dass Jim jederzeit am Markt engagiert sein kann. Ich bin nur zeitweise engagiert – nur wenn die Großen in meine Richtung tendieren. Und Jim sagt auch deutlich, wie viel Zeit man braucht, um auf seine Art zu investieren. Da ist es mit 15 Minuten pro Woche nicht getan, liebe Freunde. Er sagt uns, dass man für Research im Cramer-Stil mindestens fünf Stunden pro Woche aufbringen muss. Nun ist es ja so, dass Cramer seine Arbeit liebt. Das ist kaum zu übersehen. Aber ganz ehrlich, es ist ja nicht jeder so begeistert vom Aktienhandel. Manche von uns wollen lieber angeln gehen und trotzdem 15 Prozent im Jahr haben. Wenn das Ihre Einstellung ist, dann ist Regel 1 genau das Richtige für Sie. Regel-1-Anleger zielen mit ihrem Research darauf ab, wenige Unternehmen sehr gut kennenzulernen.

Es ist in Ordnung, wenn Sie alles auf eine Karte setzen. Dann müssen Sie auf die Karte eben gut aufpassen.

Es gibt aber noch eine andere Art von Diversifizierung: die Streuung über verschiedene Klassen von Vermögenswerten. Geld ist eine Vermögenswertklasse, Immobilien sind eine Vermögenswertklasse, Aktien sind eine Vermögenswertklasse und Anleihen sind eine Vermögenswertklasse. Meines Erachtens decke ich mit meinen Aktieninvestitionen sowohl Geld als auch Aktien ab, denn ich kann mein Geld in Sekundenschnelle aus dem Markt nehmen. Investitionen in Immobilien und Privatunternehmen sind erheblich weniger liquide; es ist viel schwerer, sie schnell in Geld zu verwandeln. Anleihen sind für mich ein kurzfristiges Bargeld-Zwischenlager und am liebsten kaufe ich kurzfristige US-Schatzwechsel. Alles, was länger als ein oder zwei Jahre läuft, birgt ein größeres Marktrisiko. Ich kaufe Anleihen, wenn ich keine kaufwürdigen Unternehmen finde und in meinem Depot so viel Geld liegt, dass ich mich damit nicht wohlfühle. Dieses Problem werden Sie in der ersten Zeit vermutlich nicht haben.

Tja, so sieht meine Diversifizierung aus: Bargeld, Unternehmen, kurzfristige Staatsanleihen und natürlich auch noch ein paar Immobilien. Drei Klassen.

Früher besaß ich viele Immobilien. Viel mehr als heute. Das war, bevor ich gelernt habe, wie sicher man mit Regel 1 und mit den Werkzeugen in Aktien investieren kann. Ich habe meinen Immobilienbesitz vor allem abgebaut, weil ich faul bin und weil Immobilien richtig Arbeit machen können. Ich musste mit Hausverwaltungen zusammenarbeiten, mit Hypothekenbanken, musste Einnahmen und Ausgaben überwachen und sah grundsätzlich keinen Unterschied zwischen umfangreichem Immobilienbesitz und der Leitung eines richtigen Unternehmens. Beides ist Arbeit. Und wie Sie wissen, fahre ich lieber Harley. Deshalb habe ich heute nur noch Immobilien, um die ich mir nicht viele Gedanken zu machen brauche. Die bekommen später meine Kinder.

Mein restliches Geld steckt in Regel-1-Anlagen, die größtenteils absolut liquide sind.

Da die meisten Finanzplaner keine Regel-1-Investoren sind, empfehlen sie meistens, dass man die Verteilung der Vermögenswerte mit zunehmendem Alter ändern sollte, um das Risiko zu vermindern. Für diese sogenannte „Asset Allocation" haben sie spezielle Formeln, nach dem Motto: „Mit 30 sollte man sein gesamtes Vermögen in Aktien anlegen, mit 60 sollte man unter allen Umständen x Prozent in Anleihen investieren." Für einen Regel-1-Investor spielt das Alter aber keine Rolle. So lange man klar denken kann, kann man auch an der Börse investieren. Und Sie haben ja gesehen, was es für einen Unterschied für den Lebensstandard macht, ob man nun mit 15 Prozent oder mit vier Prozent für die Altersvorsorge spart – vor allem wenn es so weit ist, dass man sich zur Ruhe setzt. Als Regel-1-Investor kann man früher und bequemer in den Ruhestand gehen, wenn man die Regel immer befolgt.

Verabschieden Sie sich von Ihrem Fondsmanager und begrüßen Sie die Finanzkompetenz!

Wie es in einem Lied von Simon und Garfunkel beziehungsweise in der deutschen Übersetzung von Ulla Meinecke so schön heißt, habe ich „50 Tipps, ihn zu verlassen" – den Fondsmanager nämlich – und frei zu sein. Vergessen Sie nicht, dass der Fondsmanager Ihr Geld behalten will (das gehört genauso zu seiner Arbeit wie das Auffinden von Investments für den Fonds). Das Gleiche gilt für Ihren Broker und für alle anderen Profis, die ihre Finger in Ihren Taschen haben. Sie bringen folgende Argumente:

1. Sie wissen nicht, was Sie tun.
2. Sie haben keinerlei Erfahrung.
3. Geldanlage überlässt man – genauso wie Hirnoperationen – am besten einem Profi.
4. Den Markt kann sowieso niemand schlagen.
5. Dass ein Amateur 15 Prozent im Jahr schafft, ist sehr unwahrscheinlich, also versuchen Sie es gar nicht erst.
6. Wenn die Profis das nicht können, dann können Sie das erst Recht nicht.
7. Wenn Sie das könnten, dann würde es ja jeder tun.
8. Wer ist dieser Regel-1-Typ überhaupt?

Betrachten Sie die Sache doch einmal so: Vor ein paar Jahrhunderten lebten unsere Vorfahren als Kleinbauern in Dörfern irgendwo in Europa. In jedem Dorf gab es einen Mann, der Briefe las und Antworten schrieb. Er war gebildet. Er wurde mit Ehrfurcht betrachtet. Er konnte lesen und schreiben. Wenn Sie ihn damals gefragt hätten, ob Sie nicht auch lesen und schreiben lernen sollten, hätte er vermutlich gekichert, ein dickes Buch aus dem Regal gezogen, es aufgeschlagen und

Ihnen die komplizierten lateinischen Buchstaben gezeigt, die für ihn irgendwie einen Sinn ergaben, die für Sie aber nicht mehr Bedeutung hatten als die Kieselsteine am Strand. Er hätte dazu vielleicht gesagt: „Gewiss könntest du das lernen, wenn du die Zeit dazu hättest. Aber dazu braucht man außerdem Lehrer und Hilfsmittel wie dieses Buch – beides ist sehr teuer. Ich glaube nicht, dass du dir das leisten kannst, auch wenn du als Schmiedegeselle nicht schlecht gestellt bist. Außerdem ist das in Latein geschrieben. Kannst du Latein, *tu dummus idiotus*? Und außerdem brauchst du das ja auch gar nicht. Ich mache das ja für dich und ich mache das gerne. Wenn du etwas zu lesen hast, bring es mir einfach und ich sehe es mir sofort an. Ich bin ja für dich da."

Sie gehen wieder und schlagen sich das Lesen und Schreiben aus dem Kopf, Sie streichen diesen Gedanken als Verrücktheit und Zeitverschwendung. Aber ein paar Jahre später kommt Gutenberg daher und erfindet eine Technik, die Bücher in die Hände von viel, viel mehr Menschen bringt. Und schon bald hat die Idee Konjunktur, dass der Durchschnittsbürger in der Lage sein sollte zu lesen und zu schreiben.

Ich glaube, dass heutzutage der Finanz-Alphabetismus im Anmarsch ist. Und dadurch, dass Sie dieses Buch lesen, gehören Sie schon zu der Revolution. Es ist ganz leicht und bald kann das jeder. Wenn Sie weiterhin Regel 1 praktizieren und lernen, haben Sie den Vorteil, zu den Ersten zu gehören, die das auf eigene Faust machen (abgesehen von der sehr kleinen Gruppe von Anlegern, die das schon seit Jahrzehnten macht).

Ich werde immer wieder gefragt, was passieren würde, wenn alle Anleger der Welt den Investmentfondsmanagern das Geld wegnehmen und es selbst investieren würden – so, als würde dann etwas Schreckliches passieren. Der Besitz eines Unternehmens ist kein Nullsummenspiel. Niemand braucht zu verlieren, damit Sie gewinnen können. Unternehmen schöpfen Wert sozusagen aus der Luft. Jemand erfindet etwas, und auf einmal dauert ein Unterfangen, das früher zehn Stunden gedauert hat, nur noch zehn Sekunden. Die Ersparnis von zehn Stunden kostspieliger Arbeitszeit ist Wohlstand. Damit dieser Wohlstand uns allen zugute kommt, braucht niemand etwas zu verlieren. Wenn Sie das Unternehmen besitzen wollen, das sich diese Sache ausgedacht hat, machen Sie großen Gewinn, denn jeder wird diese Sache haben wollen, egal was es ist, und dadurch wird Ihr Unternehmen groß und profitabel. Das heißt, wenn alle Investoren die Kontrolle über ihr Geld selbst in die Hand nehmen und alle nach Regel 1 investieren, wird nur eines passieren: Die Unternehmen werden nicht mehr irrational bewertet und das bedeutet, dass es schwerer wird, beim Kaufpreis ein Sicherheitspolster zu bekommen. Die Kehrseite der Medaille ist, dass Manager, die sich den Besitzern gegenüber treulos verhalten, keine Investoren mehr haben, dass unmoralische Unternehmen keine Investoren mehr haben, dass Mr. Market aus dem Irrenhaus freikommt und dass unser Land von einer Investorenklasse profitiert, die sich wie Inhaber verhält. Unsere Ertragsrate dürfte dann absacken, weil es immer schwieriger wird, eine dicke MOS zu finden, aber auch das Crash-Risiko wird dann wahrscheinlich kleiner. Auf lange Sicht ist das wohl ein guter Kompromiss. Aber das wird wirklich noch lange dauern – wenn es überhaupt je passiert. In der Zwischenzeit können wir als Regel-1-Investoren fröhlich von Mr. Markets irrationaler Preisbildung profitieren. Und damit kommen wir zum Thema Angst.

Die Angst überwinden

Erinnern Sie sich noch an ERI? Die „Emotional Rule of Investing" – die „emotionale Investmentregel" diktiert, dass der Preis eines Unternehmens fällt, sobald Sie es gekauft haben. Genau davor haben Sie Angst. Sie können diese Verlustangst nur überwinden, wenn Sie wissen, dass Sie nicht verlieren werden.

Ich werde ständig gefragt: „Wie viel Geld braucht man mindestens, um damit anzufangen?" Die Antwort lautet: null. Und ich möchte, dass Sie mit genau diesem Betrag anfangen.

Null Dollar investiert. Erinnern Sie sich, bei Regel 1 geht es nur darum, dass man seine schwer verdienten Dollars nicht gefährdet. Wenn Sie mit der Geldanlage anfangen und nicht wissen, was Sie tun, können Sie Fehler machen und sogar als Regel-1-Investor einen Teil Ihres hart erarbeiteten Geldes verlieren. Das könnte Sie verschrecken. Ich möchte nicht, dass Sie Angst haben, Sie könnten Ihr Geld verlieren. Das ist kein Spaß, obwohl es doch richtig klasse sein sollte. Falls Sie das selbst noch nie erlebt haben – glauben Sie mir, es ist ein Riesenspaß, in kurzer Zeit Hunderttausende zu verdienen. Also haben Sie keine Angst ... denn wir werden keine Risiken eingehen.

Sie fangen nicht mit richtigem Geld an, sondern mit Spielgeld. Man nennt das Paper Trading oder simulierten Handel. Sie brauchen dafür nur einen Notizblock für Ihre Anlageentscheidungen und den Willen, Millionär zu werden (es gibt auch Online-Programme, mit denen Sie ein Übungsdepot eröffnen und den Handel simulieren können. Solche Internetseiten simulieren die Börse und überwachen Gewinne und Verluste).

Beginnen Sie die Simulation damit, dass Sie ein wunderbares Unternehmen suchen, das zu einem attraktiven Preis verkauft wird. Führen Sie so lange 4-M-Analysen durch, bis Sie ein Unternehmen finden, das zu Ihnen passt. Notieren Sie den Namen des Unternehmens, das Symbol, den Empfehlungspreis und den MOS-Preis. Machen Sie auch eine Spalte für Ihren Geldbestand. Sie können zum Beispiel mit 100.000 Dollar anfangen oder mit der Summe, mit der Sie wahrscheinlich wirklich anfangen werden. Das bleibt Ihnen überlassen. Wenn Sie mehr „Geld“ benutzen, können Sie in mehr Unternehmen investieren und dadurch Ihren Lernprozess beschleunigen. Deshalb würde ich 100.000 Dollar benutzen.

Überwachen Sie die Werkzeuge im Hinblick auf das Unternehmen, das Sie kaufen wollen, und wenn sie „einsteigen“ sagen, kaufen Sie das Unternehmen – nur auf dem Papier. Sie müssen natürlich den Preis aufschreiben, den Sie bezahlt hätten, wenn Sie echtes Geld eingesetzt hätten. Sehen Sie deshalb auf der Website, auf der Sie sich immer informieren, zum Beispiel auf MSN Money, nach, wie viel die Aktie jetzt im Moment kostet. Außerhalb der New Yorker Handelszeiten (9:30 Uhr bis 16:00 Uhr) warten Sie ab und nehmen Sie den Preis zur Handelseröffnung am nächsten Morgen um 9:30 Uhr (EST), wenn Sie können. Die meisten kostenlosen Internetseiten (auch MSN Money) arbeiten mit einer Verzögerung von 20 Minuten, also ist der Preis, den Sie sehen, nicht ganz der aktuelle Preis der Aktie. Wenn Sie mehr Genauigkeit wollen, können Sie ein Depot eröffnen (mehr dazu im nächsten Kapitel, vielleicht müssen Sie bei der Eröffnung Geld einzahlen) und von Ihrem Onlinebroker die sekundengenauen Preise bekommen.

Notieren Sie das Kaufdatum, den Preis pro Aktie, die Anzahl der gekauften Aktien und die Gesamtkosten der Transaktion. Vergessen Sie nicht, dass pro Trade zehn Dollar Gebühren anfallen. Diesen Betrag müssen Sie von der Gesamtsumme abziehen.

Ich habe bei www.ruleoneinvestor.com ein E-Trading-Journal hinterlegt, das Sie als Vorlage für ein Papierjournal als Excel-Dokument verwenden können. Wenn Sie es herunterladen, können Sie jetzt sofort etwas für Ihre Zukunft tun.

Sehen Sie sich jetzt die Werkzeuge an. Sobald Sie Ihr Geld in eine Aktie investiert haben, brauchen Sie nur noch anhand der Werkzeuge festzustellen, wann der Zeitpunkt gekommen ist, zu dem Sie verkaufen müssen. Das dauert nur ein paar Sekunden. Wenn Sie das öfter machen, werden Sie merken, dass Sie wirklich nur 15 Minuten pro Woche brauchen, wenn Sie erst einmal ein paar großartige Unternehmen gefunden haben.

Wenn die Werkzeuge sagen, dass Sie aussteigen sollen, sehen Sie sich den Preis an, notieren Sie ihn und stellen Sie sich zehn Dollar Gebühren in Rechnung. Das ist der Gesamterlös der Transaktion und den schreiben Sie auf. Die Differenz aus dem Geld, das Sie eingesetzt haben, und dem Erlös ist der Gewinn oder Verlust, den Sie mit diesem Trade erzielt haben. Diesen Betrag notieren Sie ebenfalls. Und dann zählen Sie das verbleibende Geld zu Ihrem Barguthaben dazu.

Ich zeige Ihnen hier ein Tradingjournal, das auf den CAKE-Anlagen der Connellys basiert. Es zeigt, dass sie im Februar 2000 die Summe von 20.000 Dollar investiert haben, dass sie nach und nach noch zusätzlich 5.500 Dollar angelegt haben und dass sie Ende 2003 insgesamt 39.500 Dollar haben (wenn Sie das Journal von meiner Website benutzen, werden die Beträge automatisch ausgerechnet). Wenn Sie anfangen, echtes Geld zu investieren, führt selbstverständlich Ihr Broker über alle Vorgänge Buch.

Wie lange Sie nur auf dem Papier investieren sollten, hängt von Ihrem Selbstvertrauen ab. Der Sinn der Sache ist, dass Sie sich Regel-1-Investing zutrauen und dass Sie sich zutrauen, damit kein Geld zu verlieren. Wenn Sie kleine Verluste ma-

Buy Date	Stock symbol	Buy Price	# of Shares	$ Out	Broker Comm	Total $ Out	Sell Date	Stock symbol	Sell Price	# of Shares	$ In	Broker Comm	Total $ In	Banking Date	Deposits and Withdrawals	Cash Balance
														15-Jan-02	$ 20,000	$ 20,000
13-Feb-03	CAKE	$ 19	1000	$ 19,000	$ 10	$ 19,010										$ 990
														15-Feb-02	$ 500	$ 1,490
														15-Mar-02	$ 500	$ 24,000
							4-Apr-03	CAKE	$ 22	1000	$22,000	$ 10	$22,010			$ 24,000
														15-Apr-02	$ 500	$ 24,500
6-May-03	CAKE	$ 22	1100	$ 24,200	$ 10	$ 24,210										$ 290
														15-May-02	$ 500	$ 790
														15-Jun-02	$ 500	$ 1,290
														15-Jul-02	$ 500	$ 27,100
							7-Aug-03	CAKE	$ 23	1100	$25,300	$ 10	$25,310			$ 27,100
														15-Aug-02	$ 500	$ 27,600
28-Aug-03	CAKE	$ 21	1300	$ 27,300	$ 10	$ 27,310										$ 290
														15-Sep-02	$ 500	$ 790
														15-Oct-02	$ 500	$ 1,290
							18-Nov-03	CAKE	$ 25	1300	$32,500	$ 10	$32,510			$ 33,800
														15-Nov-02	$ 500	$ 1,290
2-Dec-02	CAKE	$ 25	1300	$ 32,500	$ 10	$ 32,510										$ 1,790
														15-Dec-02	$ 500	$ 1,790
							30-Dec-03	CAKE	$ 29	1300	$37,700	$ 10	$37,710			$ 39,500

chen (ein bis zwei Prozent), haben Sie Geduld. Das kann mit den besten Unternehmen passieren. Aber wenn Sie die vier Ms beachten (und der Markt nicht gerade im feien Fall ist), werden Sie sehen, dass der Kurs Ihrer Aktie steigt. Normalerweise macht ein einziger kräftiger Anstieg mehrere kleine Verluste wett. Manche Investment-Neulinge handeln vielleicht ein halbes Jahr lang oder noch länger nur auf dem Papier. Wenn Sie nach einem Jahr noch nicht zum Einstieg bereit sind, verlieren Sie nicht den Mut. Der Markt bewegt sich richtungslos und Sie lernen dabei jedes Mal etwas. Bei anderen dauert der simulierte Handel vielleicht nur zwei Monate. Wenn das gut klappt, bedauern Sie zutiefst, dass Sie kein echtes Geld eingesetzt haben. Das geht jedem so. Aber fangen Sie trotzdem auf dem Papier an.

Ich habe einmal einen Brief von einem Mann bekommen, den ich hier Fred nenne (um seine Ehe nicht zu gefährden). Fred lernte, wie man mit Regel 1 arbeitet und sagte seiner Frau, er würde ihr Geld jetzt selbst anlegen. Sie sagte: „Nur über meine Leiche. Ich kenne dich und ich weiß, dass du keine Ahnung hast, was du da tust." Er sagte ihr, sie solle sich keine Sorgen machen, denn er würde nur auf dem Papier handeln. Sie schaute sich das Paper Trading zwei Monate lang an – dabei erzielte er einen durchschnittlichen Ertrag von 19 Prozent – und sagte dann zu ihm: „Fred, warum in aller Welt hast du das nicht mit echtem Geld gemacht?" Es stimmt schon, simuliertes Handeln kann frustrierend sein, vor allem wenn es so richtig gut klappt. Man bekommt Riesengewinne, aber sie sind nicht echt. Wenn es einem so geht, sollte man vielleicht darüber nachdenken, ein paar echte Dollars in den Markt zu stecken. Im nächsten Kapitel erfahren Sie ein bisschen genauer, wie das funktioniert, vor allem wenn Ihnen das alles neu ist.

Kapitel 15 – Vorbereitungen für den ersten Kauf nach Regel 1

„Machen Sie einen konkreten Plan für die Ausführung Ihres Wunsches und fangen Sie sofort mit der Umsetzung des Plans an, egal ob Sie vorbereitet sind oder nicht!“

– Napoleon Hill (1883–1970)

Als ich mit dem Investing anfing, war die Branche nicht für richtig kleine Anleger ausgelegt. Die Broker wollten nicht mit Menschen zusammenarbeiten, die weniger als 100.000 Dollar geschweige denn nur 1.000 Dollar hatten. Die Informationsbeschaffung kostete mich Wochen. Ich rief wegen eines Jahresberichts an und zehn Tage später war er da. Ich musste mir Informationen in Bibliotheken beschaffen und die waren immer schwer zu finden. Ich konnte damals keine Telefonate zwischen Fondsmanagern und Unternehmensmanagern mithören, in denen sie über die Zukunft sprachen. Ich bekam nie rechtzeitig Informationen über Insidergeschäfte. Insiderhandel wurde selten gemeldet, und wenn, dann so lange nach der Transaktion, dass es keinen Nutzen mehr brachte.

Und ich hatte noch nie etwas von technischen Werkzeugen gehört. Wenn ich nicht jemanden gehabt hätte, der mich an die Hand nahm und mich bei jedem Schritt führte, wäre es unmöglich gewesen, dass ein River Guide wie ich zum Investor wird. 100 Jahre lang war das in der Finanzbranche einfach der Lauf der Dinge, so war es eben schon immer. Sie war immer für die Großen und Reichen ausgelegt – für diejenigen, die viel Geld für den Zugang zu den Informationen bezahlen konnten, mit denen die Branche so geizte. Es ist kein Wunder, dass die Finanzdienstleister immer noch der Meinung verhaftet sind, der Kleinanleger sollte sein Geld lieber von einem Profi anlegen lassen (die Fondsmanager und die Berater wollen immer noch von Ihnen leben). 100 Jahre lang stimmte ihre Behauptung vielleicht sogar, sie seien die Einzigen, die Ihr Geld klug investieren könnten. Aber jetzt stimmt sie nicht mehr.

Sie haben ja schon gesehen, wie viele Finanzinformationen Sie per Mausklick auf den Computerbildschirm bekommen. Tatsächlich hat sich das Informationsproblem inzwischen in das Gegenteil verkehrt. Dank der SEC-Vorschriften, die gleiche Bedingungen für alle schaffen sollen, und dank der einfachen, schnellen Informationsübertragung via Internet stehen dem kleinen Mann in Sekundenschnelle derart viele Informationen zur Verfügung, dass ihn das leicht einschüchtern kann. Regel 1 löst dieses Problem, denn sie sagt uns genau, wonach und wie wir mit unserer wertvollen Zeit und unseren wertvollen Ressourcen suchen sollen. Sie gibt uns das Wissen und die Werkzeuge, mit denen wir ERI überwinden können. Aber wenn wir noch nie echtes Geld am Markt investiert haben, müssen wir trotzdem noch eine Hemmschwelle überwinden.

In diesem Kapitel erkläre ich Ihnen genau, wie Sie Geld von Ihrem Girokonto holen und so unterbringen, dass Sie es in Unternehmen investieren können, die Sie wunderbar finden und die Sie zu attraktiven Preisen bekommen. Ich gratuliere Ihnen schon im Voraus zu der Bewältigung dieser wichtigen Schritte, denn wenn Sie die hinter sich haben, können Sie sich entspannt zurücklehnen und die Vorzüge des Regel-1-Investings genießen.

Die Eröffnung eines Depots

Es ist zwar möglich, einem Unternehmen direkt, ohne Vermittlung durch einen Börsenmakler oder „Broker“, Anteile abzukaufen – genauso wie man ein Haus direkt dem Besitzer abkaufen kann –, aber der Verkauf auf eigene Faust ist schon nicht mehr so einfach. Makler vereinfachen den Kauf und Verkauf verschiedenster Dinge – Immobilien, Öl und Gas, Unternehmen und Aktien. Sie teilen einem mit, was die Menschen zu zahlen bereit sind, und wenn man etwas kaufen oder verkaufen will, sorgen sie dafür, dass beide Seiten alles tun, was für den Vollzug der Transaktion notwendig ist. Sie erledigen den Papierkram und bringen den Handel über die Bühne.

Immobiliengeschäfte gehen so langsam vor sich, dass man den Vorgang mitbekommt. Der Makler zeigt einem die Angebote, er besichtigt mit einem die Objekte, er hilft bei der Preisgestaltung für ein bestimmtes Objekt, er macht den Papierkram, er unterbreitet dem Verkäufer das Kaufangebot, erledigt noch mehr Papierkram für das Gegenangebot, dann macht er alle glücklich und bringt die Angelegenheit zum Notar, wo noch mehr Papierkram erledigt wird. Und schließlich wird das Geschäft ausgeführt. Wenn man einen Anteil an einem Unternehmen kauft, passiert im Grunde das Gleiche, aber das geht sehr schnell und man bekommt davon nichts mit. In diesem Fall dauert die Prozedur keine 60 Tage, sondern vielleicht sechs Sekunden. Im Vergleich zu einem Broker bewegt sich ein Immobilienmakler mit der Geschwindigkeit eines Gletschers.

Börsenmakler können Transaktionen in Sekundenschnelle abwickeln, weil sie viele Stücke des gleichen Produkts haben (identische Aktien eines Unternehmens), weil viele Käufer und Verkäufer am Markt sind und manchmal auch dadurch, dass sie selbst Aktien kaufen und verkaufen. Und die Geschwindigkeit wird auch nicht durch die Tatsache beeinträchtigt, dass die durchschnittliche Anzahl der Aktien, die pro Transaktion den Besitzer wechseln, 345 beträgt und dass sie einen durchschnittlichen Wert von 5.000 Dollar haben. Kleinere Geschäfte gehen sehr viel schneller als große Geschäfte (Sie erinnern sich bestimmt noch, wie sich die großen Jungs hinein- und herausschleichen müssen). Im Laufe der Jahre hat sich die Prozedur so entwickelt, dass der Kauf und Verkauf von Aktien viel leichter ist als der Verkauf von irgend etwas anderem, sogar leichter als im Lebensmittelladen.

Das Erste, was Sie im Rahmen dieses Prozesses brauchen, ist ein Depot bei einem Broker. Dafür gibt es drei Möglichkeiten: Full-Service-Broker (zum Beispiel Merrill Lynch), Discountbroker (zum Beispiel Scottrade, Schwab oder TD Waterhouse) oder Onlinebroker (zum Beispiel E-Trade). Es gibt ein riesiges Spektrum von Discountbrokern (ob Sie's glauben oder nicht, es gibt Discountbroker, die sich als „premium" bezeichnen, und welche, die sich als „basic" bezeichnen), also nehmen Sie sich Zeit und finden Sie einen, der Ihren Bedürfnissen entspricht. Die Transaktionskosten und Gebühren können von einem Discountbroker zum anderen enorm variieren, aber dank des scharfen Wettbewerbs sind die Gebühren in den letzten Jahren größtenteils gesunken. Wenn Sie verschiedene Broker vergleichen, müssen Sie berücksichtigen, welche Leistungen sie anbieten, was das kostet und wie leicht sie zu nutzen sind.

Full-Service-Broker wie Morgan Stanley, UBS, Smith Barney und Merrill Lynch bieten ihren Investoren persönliche Betreuung an, aber im Allgemeinen nehmen sie nur Klienten ab einer Anlagesumme von 250.000 Dollar (oft auch erst ab 500.000 Dollar). Aber auch wenn Sie 500.000 Dollar haben und zu einem Full-Service-Broker gehen, kaufen Sie normalerweise nur den persönlichen Kontakt - nicht unbedingt auch gute Beratung. Die meisten Broker haben weder die Fähigkeit noch die Werkzeuge, Ihnen zu zeigen, wie Sie 15 Prozent im Jahr verdienen können. Und die wenigen, die das können, arbeiten nur für Sie, wenn Sie Millionen haben. Aber trotzdem, vielen Menschen ist das Händchenhalten wichtiger als das Ergebnis und sie haben nichts gegen die höheren Gebühren. Bei 500.000 Dollar bezahlt man für ein Full-Service-Depot rund 10.000 Dollar im Jahr - bei einem Onlinebroker bezahlt man für 50 Trades 500 Dollar. Das ist ein hoher Preis dafür, dass einem jemand sagt, dass alles gut wird. Um Warren Buffett zu zitieren: „Die Wall Street ist der einzige Ort auf der Welt, wo die Kunden im Rolls Royce vorfahren und jemandem Geld geben, der mit der U-Bahn zur Arbeit fährt."

Wenn Sie ein Depot bei einem Onlinebroker eröffnen, der auch telefonisch erreichbar ist, haben Sie das Beste aus beiden Welten. Wenn Sie einen guten Onlinebroker suchen, googeln Sie als Erstes „Onlinebrokertest" (wie man mit Google sucht, wissen Sie ja; gehen Sie zu www.google.de, geben Sie „Onlinebrokertest" ein und klicken Sie auf „Suche"). Dann bekommen Sie eine Liste mit Broker-Bewertungen (wenn Sie amerikanische Broker suchen, geben Sie lieber „online broker ratings" ein).

Brokerhäuser gehören zu den vielen Firmen, die jedes Jahr von anderen Firmen bewertet werden. Es ist ziemlich einfach, eine Auflistung der Vor- und Nachteile der beliebtesten Broker zu bekommen – wieder etwas, das durch das Internet sehr erleichtert wird. Ich habe hier eine Liste von unabhängigen Unternehmen, die Onlinebroker bewerten. Das sind gute Ausgangspunkte:

- **SmartMoney**:
  www.smartmoney.com/brokers/index.cfm?story=intro
- **Weiss Ratings, Inc.:**
  www.weissratings.com/News/Broker/20020514broker.htm
- **JD Power:**
  www.jdpower.com/cc/finance/search.asp?CatID=5
- **Keynote Systems:**
  www.keynote.com/measures/brokers/

Machen Sie sich nicht zu viele Umstände. Suchen Sie sich aus der Liste einen Broker aus und eröffnen Sie ein Depot.

Bevor Sie sich endgültig für einen bestimmten Onlinebroker entscheiden, überlegen Sie sich, ob Sie wollen, dass die anfallenden Kosten direkt von dem Depot abgebucht werden, achten Sie darauf, dass der Broker für Sie einen IRA anlegt und darauf, dass Sie nicht auf Investmentfonds beschränkt sind. Wenn Sie vorhaben, mit weniger als 2.500 Dollar anzufangen, stellen Sie sicher, dass das bei Ihrem Broker möglich ist.

Grundsätzliche Fragen an Ihr potenzielles Brokerhaus:

- *Wie viel Gebühren verlangen Sie?*
- *Welche Depot-Typen bieten Sie an?*
- *Welche Mindestbeträge sind für diese Depot-Typen erforderlich?*
- *Wie viele Zinsen zahlen Sie auf Bargeldkonten?*
- *Welche Bankdienstleistungen bieten Sie?*
- *Bin ich hinsichtlich dessen, was ich kaufen kann, irgendwie eingeschränkt?*

Die Eröffnung eines Aktiendepots ist im Grunde das Gleiche wie die Eröffnung eines Girokontos bei einer Bank. Suchen Sie sich eine Firma aus, laden Sie die Formulare herunter (oder lassen Sie sich die Formulare per Post schicken) und schicken Sie einen Scheck mit dem geforderten Minimalbetrag, der sich zwischen einem Dollar und 2.500 Dollar bewegen kann. Nach ein paar Tagen ist Ihr Depot dann eröffnet, egal wie viel Geld darin liegt. Jetzt können Sie diesen Betrag investieren.

Beachten Sie, dass es viele verschiedene Typen von Depots gibt. Im vorangegangenen Kapitel, als es um die Steuer ging, habe ich schon ein paar Typen erwähnt. Die üblichsten sind Einzelkonto und IRA. Ich empfehle mindestens ein IRA, weil darin die Investitionen für die Altersvorsorge nicht besteuert werden. Jeder gute Onlinebroker kann Ihnen telefonisch erklären, wie Sie Ihr derzeitiges Rentenkonto ohne steuerliche Bestrafung in ein investitionsfähiges Depot überführen können. Da ist nichts dabei und die machen das jede Woche

Tausende Male; es gibt also keinen Grund, weshalb Sie das Geld für Ihre Altersvorsorge nicht gänzlich selbst in die Hand nehmen sollten.

Ich habe auch schon erwähnt, dass viele Ruhestandskonten gewissen Beschränkungen unterliegen, zum Beispiel was den jährlichen Einzahlungsbetrag angeht. Welche Art Depot Sie eröffnen, hängt von Ihrem Einkommen und von dem Geld ab, das Sie zum anlegen übrig haben. Sie sollten so viel wie möglich in das steuerbefreite Depot einzahlen. Wie schon im letzten Kapitel gesagt, sollten Sie Ihre konkrete Situation mit Ihrem Steuerberater besprechen, falls Sie das alles verwirrt. Vielleicht kann Ihnen auch Ihr Onlinebroker helfen.

Der Aktienkauf

Wenn Sie ein Depot haben und eine Aktie kaufen, nimmt Ihr Broker Geld aus Ihrem Depot, kauft die von Ihnen angegebene Anzahl Aktien und behält die Aktienzertifikate so lange, bis Sie sie verkaufen. Wenn Sie die Aktien verkaufen, kommt der Verkaufserlös in Ihr Depot. Ihr Depotauszug zeigt immer, wie viel die Aktien wert sind, die Sie momentan halten, und wie viel Geld Sie für Investments übrig haben.

Onlinebroker verlangen für jeden Kauf und für jeden Verkauf eine bestimmte Gebühr. Bei fast allen Brokern ist diese Gebühr fix und Sie können im Rahmen einer Transaktion so viele Aktien kaufen, wie Sie wollen, ohne dass sich das auswirkt. Egal ob Sie 100 oder 1.000 Aktien kaufen, die Gebühr beträgt 9,99 Dollar oder was auch immer Ihr spezieller Broker verlangt. Die Transaktionsgebühren bewegen sich zwischen 4 und 20 Dollar und man bekommt so viel, wie man bezahlt. So verlangt zum Beispiel Sharebuilder nur vier Dollar, aber nur für „automatische“ Trades, die an Dienstagen ausgeführt werden. Für Käufer, Halter, Diversifizierer, die keine wissenden Regel-1-Investoren sind, ist das viel Geld. Ich würde Ihnen empfehlen, Ihr Geld bei einem bekannten Brokerhaus mit Online-Präsenz anzulegen – zum Beispiel bei

Scottrade, Fidelity, E-Trade, Ameritrade, Options Express oder Schwab (wenn Sie sich erkundigen, finden Sie noch mehr). Dort bezahlen Sie rund zehn Dollar pro Trade. Wenn Sie zehnmal im Jahr kaufen beziehungsweise verkaufen, belaufen sich Ihre Gebühren somit auf rund 100 Dollar. Diese Firmen buchen die Gebühr bei jeder Transaktion von Ihrem Depot ab. Im Vergleich zu früheren Zeiten sind die Gebühren zwar sehr gering, aber wenn die Anlagesumme nicht so groß ist, können sie sich ganz schön summieren. Bedenken Sie: Wenn Sie 1.000 Dollar anlegen, entsprechen die zehn Dollar Gebühr beim Kauf einem Anteil von einem Prozent. Wenn Sie verkaufen, ist wieder ein Prozent Gebühr fällig. Das bedeutet, dass die Aktie um zwei Prozent steigen muss, damit Sie keinen Verlust haben. Ich verdiene viel Geld mit Anstiegen um zwei Prozent und so sollte es bei Ihnen auch sein. Aus diesem Grund ist es wichtig, den Anlagebetrag so schnell wie möglich auf rund 5.000 Dollar zu erhöhen. Bei 5.000 Dollar fressen die zweimal zehn Dollar Gebühren einen kleineren Teil Ihrer Gewinne auf.

Wenn Sie ein Depot eröffnet haben, wenn Sie Ihre Regel-1-Hausaufgaben gemacht haben und bereit sind zu investieren, haben Sie mehrere Möglichkeiten.

Wenn Sie Ihr Depot öffnen und auf „Handeln“ klicken, erscheint eine Seite, auf der Sie das Symbol der gewünschten Aktie eingeben können. Dort steht dann so etwas wie „Preise“. Wenn Sie dort klicken, findet Ihr Broker den Preis heraus, den die Käufer in dieser Sekunde bieten. Dieser Preis nennt sich „Bid“ oder Geldkurs. Außerdem sehen Sie dort sekundengenau den Preis, den die Verkäufer bieten, den sogenannten „Ask“ oder Briefkurs. Und schließlich erfahren Sie dort den „Last“, den letzten Preis, zu dem die Aktie tatsächlich gekauft und verkauft wurde.

Whole Foods, WFMI, hat in diesem Moment einen Geldkurs von 134,62 Dollar, einen Briefkurs von 136,68 und einen Last von 135,95 Dollar. Sie sehen, dass der Last zwischen Bid und

Ask liegt. Ein guter Onlinebroker verschafft Ihnen diesen Preis, egal ob Sie kaufen oder verkaufen. Ein schlechter Onlinebroker kauft für Sie zum hohen Ask-Preis und verkauft zum niedrigen Bid-Preis und damit werden Sie um ein oder zwei Dollar betrogen. Die etablierten Broker machen das nicht und deshalb ist es am besten, zu einem gut eingeführten Haus zu gehen. Manchmal ist der Unterschied zwischen Bid und Ask sehr groß, aber bei den meisten Unternehmen, die nach Regel 1 als wunderbar gelten können, dürfte der Unterschied sehr klein sein.

Wenn Sie auf den Button „Kaufen" klicken, verlangt die Internetseite von Ihnen die Eingabe der Stückzahl und des Symbols der Aktie, die Sie kaufen wollen. Ich teile normalerweise den Last-Preis durch den Geldbetrag, den ich in dem betreffenden Unternehmen anlegen möchte, und runde dann die Anzahl ab. Wenn Sie zum Beispiel für 10.000 Dollar Walgreens kaufen möchten und der letzte Verkaufspreis 34,51 Dollar beträgt, teilen Sie 10.000 Dollar durch 34,51 Dollar und kommen auf 289,77 Aktien. Da ist es im Prinzip am einfachsten, die Anzahl auf 290 aufzurunden, die zehn Dollar Gebühren dazuzurechnen und 10.017,90 Dollar zu bezahlen. Aber wenn die 10.000 alles sind, was Sie im Depot haben, runden Sie auf 289 ab und investieren einschließlich Gebühr 9.983,39 Dollar. Dann haben Sie noch 16 Dollar Bargeld übrig.

Sie geben die Anzahl der Aktien und das Symbol ein, dann fragt Sie die Internetseite, ob Sie einen Bestensauftrag oder einen Limitauftrag aufgeben wollen. Wenn Sie den Bestensauftrag wählen, geben Sie dem Broker den Auftrag, die Aktie zu dem Preis zu kaufen, der in diesem Moment gilt. In diesem Fall liegt Ihr Preis wahrscheinlich bei rund 34,51 Dollar, denn der Last-Preis ist der beste Anhaltspunkt für den Preis, den Mr. Market verlangt. Wenn die Aktie gerade steigt, bezahlen Sie vielleicht ein bisschen mehr, und wenn sie gerade fällt, bezahlen Sie vielleicht ein bisschen weniger. Da Sie nur 290 Aktien kaufen, wird die Order wahrscheinlich als einzelner Trade ausgeführt, denn die durchschnittliche Stückzahl pro Trade beträgt 345. Wenn Sie jedoch 1.000 Aktien kaufen, werden wahrscheinlich zwei oder drei Trades von 300 bis 500 Aktien ausgeführt, wobei die Preise zwar sehr ähnlich, aber nicht unbedingt exakt gleich sind. Sie bezahlen allerdings auch in diesem Fall nur einmal Gebühren (ich gebe meistens Bestensaufträge auf, weil sie innerhalb von Sekunden ausgeführt werden und ich dann snowboarden kann). Bestensaufträge machen Spaß, weil sie so schnell gehen; meistens sind sie schon ausgeführt, bevor Sie klicken und nachsehen können, ob sie platziert wurden.

Limitaufträge, Stoppaufträge und Stop-Loss-Aufträge

Manchmal wollen wir allerdings auch Unternehmen kaufen, deren Preis derart hin- und herspringt, dass zwischen einem Trade und dem Last Trade eine Preisdifferenz von einem ganzen Dollar besteht. Eigentlich ist das für Regel-1-Unternehmen untypisch, denn solche extremen Ausschläge kommen eher bei neueren Unternehmen vor, die nicht als vorhersehbar gelten können. Aber wenn wir wirklich eine solche Aktie haben wollen (zum Beispiel im Rahmen unseres „Risky Biz"-Portfolios, das ich später noch erläutern werde), können wir uns vor stark überhöhten Preisen schützen, indem wir einen sogenannten Limitauftrag benutzen.

Wenn Sie auf „Limitauftrag" klicken, werden Sie gefragt, welchen Preis Sie höchstens zu zahlen bereit sind. Nehmen wir einmal an, ich will für Walgreens maximal 34,80 Dollar bezahlen. Wenn ich einen Limitauftrag zu diesem Preis aufgebe, versucht mein Broker, den besten Preis unter dieser Grenze zu bekommen, und über 34,80 Dollar führt er den Trade nicht aus. Wenn niemand die Aktie zu diesem Preis oder darunter verkaufen will, bleibt die Order unausgeführt bei dem Broker liegen. Wenn die Aktie unter diese Preisgrenze fällt, kauft sie der Broker zum besten verfügbaren Preis. Es gibt viele kluge Investoren, die Limitaufträge benutzen. Eventuell können Sie auch einen Zeitraum bestimmten, nach dem Ihre Order gestrichen wird, wenn sie bis dahin nicht ausgeführt werden konnte, weil das Preislimit nicht erreicht wurde.

Bestimmt geraten Sie von Zeit zu Zeit in Versuchung, kleinere Unternehmen oder vielleicht IPOs (Erstemissionen) zu kaufen. Versuchen Sie, sich mit solchen Dingen ein paar Jahre lang zurückzuhalten, bis Sie wissen, was Sie tun. Halten Sie sich an vorhersehbare, berechenbare Unternehmen. Gelegentlich kommt es auch vor, dass Sie ein wunderbares Unternehmen zu einem unglaublich attraktiven Preis finden, dass aber nicht viele Aktien des Unternehmens gehandelt werden. Wenn eine Aktie wenig gehandelt wird, ist sie „illiquide" und das bedeutet, dass man sie nur schwer verkaufen kann, ohne dadurch den Preis drastisch zu drücken. Mir ist es am liebsten, wenn von einer Aktie im Durchschnitt mindestens 500.000 Stück pro Tag gehandelt werden. Ich weiß, das hört sich nach viel an, ist es aber nicht. Von Microsoft werden jeden Tag etwa 50 Millionen Aktien gehandelt. Wenn Sie sich von einem Unternehmen verführen lassen, von dem nur 50.000 Aktien am Tag gehandelt werden, und wenn Sie es wirklich kaufen, dann verspreche ich Ihnen, dass Sie am eigenen Leib erfahren werden, wie es ist, zu den Großen zu gehören und nicht aussteigen zu können, ohne dadurch den Preis zu drücken.

Ich habe einmal ein kleines Unternehmen gekauft, von dem pro Tag etwa 20.000 Aktien gehandelt wurden. Ich kaufte 30.000. Als ich kaufte, konnte ich dem Preis beim Steigen zusehen und als ich nach ein paar Wochen wieder zu Verstand kam, musste ich zusehen, wie der Kurs während meines Verkaufs wie eine Bleiente absackte. Noch bevor ich alle Aktien abgestoßen hatte, war der Preis schon von 1,20 auf 0,80 Dollar gefallen. So geht es den institutionellen Anlegern jeden Tag, aber mir gefällt dieses Gefühl genauso wenig wie vermutlich Ihnen. Halten Sie sich deshalb von dünn gehandelten

Unternehmen fern, bis Sie sehr viel mehr Erfahrung haben. Ein „nachgezogener Stopp“ ist eine großartige Methode, sich vor Kursrückgängen zu schützen, ohne dass man darauf aufpassen muss. Dabei handelt es sich um einen Stop-Loss-Auftrag, der auf einen bestimmten Prozentsatz unterhalb des aktuellen Preises festgelegt wird. Der konkrete Preis, zu dem die Order ausgeführt wird, verändert sich daher automatisch, wenn der Preis der Aktie steigt. Das ist ein großartiges Werkzeug für all jene, die nicht ständig aufpassen wollen. Es lässt die Gewinne laufen, begrenzt aber gleichzeitig die Verluste. Stopps und nachgezogene Stopps sind besonders wichtig, wenn der Marktpreis weniger als 20 Prozent vom Empfehlungspreis entfernt ist. In diesem Bereich beginnen die großen Jungs mit dem Ausstieg, sodass ganz plötzlich ganz viel passieren kann. Ein typischer Abstand für einen nachgezogenen Stopp sind fünf Prozent.

Erkundigen Sie sich bei Ihrem Broker, ob Sie diese Werkzeuge benutzen können. Normalerweise muss man für Stoppaufträge keine zusätzlichen Gebühren bezahlen, also gehören sie zum normalen Trade. Auf den meisten Websites muss man, wenn man einen nachgezogenen Stop setzen will, auf „Verkaufen“ und dann auf „Trailing Stop“ klicken.

Der Begriff „Marktkapitalisierung“ bezeichnet den Gesamtwert in Dollar aller umlaufenden Aktien. Sie errechnet sich durch Multiplikation der Anzahl der umlaufenden Aktien mit dem aktuellen Marktpreis.

Es gibt eine Daumenregel, mit der man die Marktkapitalisierung eines Unternehmens berücksichtigen und entscheiden kann, ob es überhaupt eine solide Investition sein kann. Normalerweise sollten pro Tag mindestens 500.000 Aktien des Unternehmens gehandelt werden. Wenn aber der Aktienkurs unter einem Dollar liegt, setzen Sie die Grenze auf eine Million Aktien pro Tag hoch. Es muss einfach so viel Handel stattfinden, dass Sie aussteigen können, ohne den Preis zu beeinflussen. Eine andere Daumenregel besagt, dass die Aktien, die Sie besitzen, weniger als ein Prozent des durchschnittlichen Handelsvolumens in Dollar darstellen sollten. Von Whole Foods werden beispielsweise täglich 900.000 Aktien zu 130 Dollar gehandelt – also Aktien im Wert von rund 120 Millionen Dollar. Ich möchte daher zu keinem Zeitpunkt mehr als eine Million Dollar in Whole Foods investiert haben. Von der Autohandelskette NowAuto werden täglich etwa 250.000 Aktien zu einem Dollar das Stück gehandelt, also im Wert von rund 250.000 Dollar. Nach meiner Regel sollte man höchstens für 2.500 Dollar Aktien kaufen. Wenn man mehr kauft, löst man vielleicht einen großen Kursrutsch aus, wenn man versucht, alle Aktien auf einmal loszuwerden.

Bevor Sie richtiges Geld einsetzen können, müssen Sie natürlich erst welches haben. Ich empfehle Ihnen, den Gürtel enger zu schnallen, sobald Sie anfangen, Regel-1-Investing zu lernen. Geben Sie kein Geld mehr für Dinge aus, die Menschen beeindrucken sollen, die Sie gar nicht kennen. Einer meiner wenigen großen Vorteile, als ich mit Regel-1-Investing anfing, war die Tatsache, dass ich mit Schlafsack und Rucksack vollkommen zufrieden war. Bevor ich den Wolf kennenlernte und anfing zu investieren, hatte ich so gelebt, seit ich 19 war, also seit 13 Jahren. Ich hatte kein Problem damit, jeden Groschen auf die Seite zu legen, den ich verdiente. Ich versuchte einfach, mehr oder weniger so weiterzuleben wie bisher. Nun, ich gebe zu, dass ich ziemlich schnell ein Haus und einen Jaguar kaufte, als mich Regel 1 reich machte, aber ansonsten steckte ich mein Geld weiterhin in wunderbare Unternehmen. Der Wolf überredete mich zu einer entspannteren Einstellung zum Geld, also kaufte ich den Jaguar. Das war mir zuerst peinlich, aber ich gewöhnte mich daran. Als es mit dem Auto die ersten Probleme gab – immerhin war es ja ein gebrauchter Jaguar –, war mir das wieder höchst unangenehm, also verkaufte ich ihn … teurer als ich ihn ein Jahr davor gekauft hatte! Dann ging ich hin und kaufte mir einen Jeep. Passt besser zu mir. (Erinnern Sie sich, dass Regel 1 an vielen Märkten funktioniert – Immobilien, Autos, Diamanten. Sie brauchen nur einen Dollar für 50 Cent zu kaufen und alles ist gut.)

Wie viele Unternehmen sollte man haben? Warren Buffett hat 30, aber schließlich hat er 60 Milliarden Dollar investiert. Wenn Sie weniger als 10.000 Dollar haben, sollten Sie nur ein Unternehmen kaufen. Wenn Sie höchstens 20.000 Dollar haben, können Sie zwei Unternehmen kaufen. Insgesamt sollten es vielleicht höchstens fünf werden. Zugegeben, auf Ihrer Watchlist haben Sie zeitweise bestimmt 30 bis 40 Unternehmen, die Sie beobachten. Diese Unternehmen sollten zu verschiedenen Marktsegmenten gehören und alle Regel-1-Kriterien erfüllen, aber entweder sind sie gerade nicht zu einem MOS-Preis zu haben oder sie wecken Mr. Markets Interesse nicht so sehr, dass sie institutionelle Käufer anlocken, sodass der Preis steigt und die Werkzeuge „einsteigen" anzeigen. Sie beobachten diese potenziellen Käufe einfach und wenn sie wieder auf Interesse stoßen, können Sie sich überlegen, ob Sie sie kaufen und dafür andere Unternehmen abstoßen, weil ihr Preis nicht mehr so attraktiv ist oder weil sie bei den Institutionellen in Ungnade gefallen sind. Sie sollten Ihr Geld jederzeit auf höchstens fünf Unternehmen verteilen, die Sie wirklich verstehen und deren Preis immer noch unter oder auf dem Empfehlungspreis liegt. Lou Simpson, den Warren Buffett als Manager des GEICO-Vermögens gewählt hat, investiert 2,5 Milliarden Dollar in etwa acht Unternehmen (nebenbei gesagt vermehrt Herr Simpson das Geld von GEICO seit 24 Jahren um mehr als 20 Prozent im Jahr – also übertrifft er den S&P 500 um sieben Prozent! Das bedeutet Folgendes: 10.000 Dollar, die man im Jahr 1980 in den S&P 500 in-

vestiert hätte, wären heute 240.000 Dollar wert. Bei Herrn Simpson wären die gleichen 10.000 Dollar heute eine Million Dollar wert).

✖ *Wenn es in Ordnung ist, Aktien zum Empfehlungspreis zu halten, warum kann man dann nicht die ganze Sache mit der MOS einfach überspringen und gleich zum Empfehlungspreis kaufen? Weil MOS genau das bedeutet, was die Abkürzung besagt: „Margin of Safety" heißt „Sicherheitsabstand" oder „Sicherheitspolster" – gegen einen falschen Empfehlungspreis und für den Fall, dass irgendetwas anderes schiefgeht. Und wenn wir die unverbindliche Preisempfehlung richtig berechnet haben, nutzen wir den Anstieg vom MOS-Preis zur Empfehlung aus. Dieser Aufstieg erhöht unseren Ertrag hoffentlich über das Ziel von 15 Prozent hinaus. Wenn wir diese Bergfahrt erwischen, können wir die Aktie behalten, so lange sie steigt, sogar über den Empfehlungspreis hinaus. Ab diesem Punkt ist es allerdings (1) unwahrscheinlich, dass wir die Ertragsrate halten können, und (2) gibt es dann bestimmt andere Regel-1-Unternehmen, die zum MOS-Preis zu haben sind – wir müssen nur danach Ausschau halten. Warum sich mit 15 Prozent zufriedengeben, wenn wir mit ein bisschen zusätzlichem Aufwand 20 Prozent oder mehr einheimsen können?*

Ihre ersten 1.000 Dollar

Jetzt sind Sie bereit. Kaufen Sie also von den ganzen 1.000 Dollar das Unternehmen, das allen Regel-1-Kriterien genügt. Fangen Sie auch dann mit 1.000 Dollar an, wenn Sie mehr investieren könnten. Sie können aufstocken, wenn Sie sich mit „richtigem" Investment wohlfühlen. Kaufen Sie nur ein Unternehmen. Benutzen Sie die drei Werkzeuge. Während der nächsten Tage, Wochen oder sogar Monate müssen Sie die Werkzeuge jeden Tag einmal überprüfen. Sie müssen den

Markt nicht unbedingt bei Handelseröffnung checken. Nehmen Sie sich einfach vor, die drei Werkzeuge einmal täglich zu kontrollieren. Irgendwann kommt der Punkt, an dem alle drei ein negatives Signal geben – das Signal zum Ausstieg. Normalerweise bewegt sich zuerst der Preis seitwärts und dann gibt entweder der MACD oder der Stochastik-Indikator ein negatives Signal. Dann müssen Sie das dritte Werkzeug sorgfältig beobachten. Wenn es negativ wird, gehen Sie auf Ihr Brokerdepot und verkaufen Sie sämtliche Aktien Ihres wunderbaren Unternehmens. Und dann warten Sie, bis die drei Indikatoren Ihnen sagen, dass die großen Jungs wieder einsteigen.

Halten Sie sich bereit. Die Werkzeuge bewahren Sie erstens vor einem Crash und lassen Sie zweitens vor großen Anstiegen einsteigen. Mehr brauchen Sie nicht.

Zur Erinnerung: Vergessen Sie nie, dass Ihnen diese Werkzeuge wahrscheinlich kein Geld bringen, wenn Sie versuchen, Unternehmen zu kaufen, deren Preis schon weit über dem Empfehlungspreis liegt. Wenn Sie bei der Bestimmung des Empfehlungspreises einen erheblichen Fehler machen, bescheren Ihnen die Werkzeuge wahrscheinlich viele Trades ohne Gewinn oder Verlust, denn Mr. Market drückt den Preis unter den Wert, den Sie für richtig halten. Machen Sie vor der Investition auf jeden Fall die vollständige Regel-1-Analyse (den 4-M-Test). Wenn Sie bei mehreren Trades hintereinander auf null herauskommen, sollten Sie die vier Ms vielleicht noch einmal überprüfen, vor allem, um zu bestätigen, dass Sie das Unternehmen auch wirklich verstehen.

Ich möchte, dass Sie unabhängig von Ihrem tatsächlichen Vermögen mit 1.000 Dollar anfangen, damit Sie merken, dass Sie mit richtigem Geld genauso erfolgreich sind wie mit dem simulierten Handel. Wenn Sie wirklich darauf vertrauen, dass Sie mit Regel 1 selbst dann kein Geld verlieren, wenn Sie den Empfehlungspreis falsch bestimmt haben, können Sie Ihr Depot auffüllen. Nehmen Sie 3.000 Dollar und achten Sie darauf, dass Sie mit den emotionalen Aspekten des Investings nicht anders umgehen als zuvor. Wenn Sie wissen, dass Sie ERI unter Kontrolle haben, erhöhen Sie Ihr Kapital auf 5.000 Dollar.

Sobald Sie 5.000 Dollar haben, sind die Gebühren für den Ein- und Ausstieg nicht mehr von Bedeutung. Bei Scottrade können Sie beispielsweise für 70 Dollar im Jahr fünfmal ein- und wieder aussteigen. 70 Dollar auf 5.000 Dollar bedeutet laufende Kosten von 1,4 Prozent.

Da Sie möglichst keine Steuern auf Ihre Gewinne bezahlen wollen, investieren Sie so viel wie möglich in einem steuerfreien IRA. Die Sache ist klar: Finden Sie ein wundervolles Unternehmen zum attraktiven Preis (also mit dicker MOS), zahlen Sie auf Ihre Gewinne keine Steuern und machen Sie sich wegen zehn Dollar Gebühren keine Sorgen. Steigen Sie einfach mit den großen Jungs ein und aus.

Risky Biz

Wenn Sie zum Regel-1-Meister geworden sind und ein hübsches Sümmchen am Markt für sich arbeiten lassen – sagen wir 50.000 Dollar –, machen Sie vielleicht komische Sachen. Sie bringen ein paar Sachen durcheinander und machen den Regel-1-Test mit relativ jungen Unternehmen, bei denen Sie ein gutes Gefühl haben. Gibt es Ausnahmen von der Regel?

Alle Schaltjahre begegnet mir ein relativ neues Unternehmen, das die meisten M-Prüfungen besteht, aber nicht ganz als Regel-1-Unternehmen gilt, entweder weil es aufgrund seines jungen Alters noch keine zehnjährige Vorgeschichte hat oder weil es ein Hightech-Unternehmen ist, das man als River Guide einfach nicht ganz verstehen kann. Trotzdem habe ich das Gefühl, dass ich genug davon verstehe; die großen Fünf sind soweit sie zurückreichen einfach genial und das Management ist Weltklasse. Ach ja, und Mr. Market verschleudert es weit unter dem Empfehlungspreis. Da kommt einem sofort Google in den Sinn. Soooooo eine große Versuchung. Ich habe dieser Versuchung tatsächlich schon vor langer Zeit nachgegeben. Es ist einfach nicht meine Art, immer nur auf Sicherheit zu spielen, und ich liebe es, ein Unternehmen zu besitzen, das die Welt verändert. Deshalb habe ich das sogenannte „Risky Biz"-Portfolio erfunden. Hier die Regeln:

1. Sie haben mindestens 50.000 Dollar an der Börse investiert.
2. Sie investieren höchstens zehn Prozent Ihres Kapitals in das „Risky Biz"-Portfolio.
3. Sie sind wirklich der Meinung, Sie würden das Unternehmen durchschauen, auch wenn das wahrscheinlich nicht stimmt.
4. Sie beobachten die Werkzeuge mit Argusaugen.

Risky Biz macht Spaß. Und wenn das wirklich klappt, stammen sogar Ihre größten Gewinne aus diesem Portfolio. Ich hatte damit nur ein paarmal wirklich Erfolg und deshalb nenne ich es ja auch „Risky Biz". Meinen ersten Coup landete ich mit einem kleinen Biotech-Unternehmen und den zweiten mit einer kleinen Softwarefirma. Beide wurden von größeren Unternehmen übernommen, bevor sie selbst groß wurden, aber ich bekam dadurch einen monstermäßigen Anlageertrag! Es ist eine Freude zu sehen, wie aus 1.000 Dollar Risikokapital in vier Jahren eine Million wird. Und wenn man die Werkzeuge benutzt, ist das Verlustrisiko viel kleiner als ohne (nebenbei gesagt kaufen meine Freunde für das „Risky Biz"-Portfolio auch Call-Optionen, die ein Unternehmen automatisch zum „Risky Biz" machen, egal wie berechenbar das Unternehmen ist oder wie gut man es versteht. Wenn man die Hebelwirkung von Call-Optionen benutzt, können so schnell schlimme Dinge passieren, dass man es nicht mehr schafft, sich an die Regel zu halten. Zum Thema Optionen möchte ich in diesem Buch nur so viel sagen, dass man die Risiken kennen muss, bevor man sich darauf einlässt).

Bilanz: Es macht großen Spaß, ein heißes Unternehmen zu finden, das explodiert. Sie können Ihr Portfolio auf eine höhere Stufe bringen, indem Sie es um ein „Risky Biz"-Portfolio erweitern, aber tun Sie das nur, wenn der Ertrag von 15 bis 20 Prozent im Jahr Sie langweilt, okay? Und gehen Sie nicht davon aus, dass das nicht riskant wäre!

Und jetzt legen Sie los!

Jetzt bin ich an dem Punkt angelangt, an dem mein Lehrer immer sagte: „Okay, und jetzt leg los!" Gehen Sie immer nur einen winzigen Schritt weiter. Sie haben keine Eile. Mr. Market ist manisch und deshalb wird es immer wunderbare Unternehmen zu attraktiven Preisen geben. Ihre Aufgabe ist es, sich Zeit zu nehmen und auf keinen Fall Regel 1 zu verletzen. Ich würde sagen, dass Sie am Anfang höchstens 15 bis 30 Minuten damit verbringen sollten. Später, wenn Sie eine Liste wunderbarer Unternehmen haben, die Sie gerne kaufen würden, brauchen Sie nur noch 15 Minuten pro Woche. Also, gehen Sie auf Einkaufstour, finden Sie ein Schnäppchen und werden Sie mit Regel 1 fröhlich reich!

Kapitel 16 – Fragen und Antworten

„Es gibt für keinen Menschen einen Grund, einen Computer zu Hause zu haben."

*– Ken Olsen (*1926), Präsident von Digital Equipment, 1977*

F: Was ist, wenn ich kompletter Neuling bin? Ich habe noch nie in Aktien investiert. Ich kenne mich da nicht aus. Kann ich das überhaupt?

A: Sie sind mein Lieblingsschüler. Selbstverständlich können Sie das lernen. Sie können es von Anfang an richtig lernen. Machen Sie immer nur einen Schritt auf einmal, benutzen Sie kein richtiges Geld und denken Sie an Regel 1. Gehen Sie heute auf die Suche nach einem Unternehmen, das Sie kaufen könnten. Je schneller Sie Ihre Einkaufsliste zusammen haben, desto schneller können Sie kaufen und sich von den schlauen Geschäftsleuten reich machen lassen. Lassen Sie sich auf keinen Fall von jemandem, der das nicht selbst macht, sagen, Sie könnten das nicht selbst machen. Warum sollte jemand anderes darüber entscheiden, wie gut Sie in 20 Jahren leben werden?

F: Wie investiert man eigentlich Geld an der Börse? Brauche ich da einen Broker?

A: Sie brauchen zwar einen Broker, aber Sie müssen nicht viel Geld pro Transaktion bezahlen. Das sollte höchstens 5 bis 14 Dollar kosten. Nehmen Sie irgendeine Suchmaschine, zum Beispiel Google, und suchen Sie „Onlinebroker". Dann bekommen Sie eine Liste mit Internetseiten von Onlinebrokern. Während ich dies schreibe, kommt auf die Suche nach „online brokerage" als erster Treffer Scottrade. Das ist ein gutes Unternehmen und die Transaktion kostet sieben

Dollar. Ameritrade ist mit elf Dollar auch gut. Suchen Sie sich eine Firma aus, wählen Sie eine gebührenfreie Telefonnummer und lassen Sie sich von einem netten Mitarbeiter die Eröffnung eines Depots erklären. Vielleicht entscheiden Sie sich für einen Broker, der in der Nähe eine richtige Vertretung hat, aber das muss gar nicht sein. Heutzutage kann man fast alles online und per Post machen.

Die Eröffnung eines Depots geht genauso wie die Eröffnung eines Girokontos. Sie zahlen eine gewisse Summe ein, zum Beispiel 1.000 Dollar, und schon können Sie loslegen. Vielleicht brauchen Sie ein bisschen Zeit und Übung, bis Sie sich an die Funktionen der Website Ihres Brokers gewöhnt haben, aber die meisten sind sich sehr ähnlich. Sie klicken auf „Handeln", geben das Symbol des Unternehmens ein, das Sie kaufen möchten, und die Anzahl der Aktien. Dann klicken Sie auf „Bestensauftrag", überprüfen den potenziellen Kauf noch einmal, und wenn alles in Ordnung ist, klicken Sie auf „Kaufen". So einfach ist das. Der Broker kauft die Aktie zum bestmöglichen Preis und bucht das Geld von Ihrem Konto ab. Wenn Sie die Aktie verkaufen, funktioniert das ähnlich; Ihr Broker verkauft die Aktie und bucht das Geld auf Ihr Konto. (Natürlich bucht der Broker nicht den gleichen Betrag auf Ihr Konto, wenn Sie die Aktie nicht zum gleichen Preis verkaufen. Wenn Sie verkaufen, schreibt Ihnen der Broker natürlich den Betrag gut, der aus dem aktuellen Marktpreis resultiert – sodass Sie entweder mehr oder weniger zurückbekommen.) Ganz einfach.

F: Wie lange dauert es, bis ich mich an Regel-1-Investing gewöhnt habe? Wie viel Aufwand und Freizeit muss ich investieren?

A: Ich brauche rund 15 Minuten pro Woche, um mein Portfolio zu überprüfen und die Zahlen durchzurechnen. In manchen Wochen dauert es auch länger und es kann sein, dass ich mehrere Stunden mit Suchen verbringe. In vielen Wochen brauche ich allerdings nicht einmal eine Minute am Tag. Das geht so schnell, weil ich eine ziemlich kurze Liste von Unternehmen habe, an denen ich interessiert bin, und weil ich gute Werkzeuge habe, die die meiste Arbeit erledigen. Wenn in eines der Unternehmen auf meiner Liste viel Geld hineinzufließen beginnt, wird es Zeit zu handeln. Andernfalls gibt es nichts zu tun. Manche Investmentgurus stimmen da nicht mit mir überein. Einige sind der Meinung, dass man eine Stunde pro Unternehmen und Woche braucht, und man brauche mindestens fünf Unternehmen. Das sind also fünf Stunden pro Woche. Aber diese Leute sind ständig am Markt und versuchen, immense Erträge zu erzielen. Ich achte darauf, dass ich keinen Verlust mache, und ich habe nichts dagegen, mehrere Monate am Stück nicht am Markt investiert zu sein.

F: Wie soll ich anfangen?
Was sind die ersten Schritte zum Investment?

A: Hier sind meine zehn Schritte zum Regel-1-Investing:

1. Denken Sie an das Ziel, nämlich einen Dollar für 50 Cent zu kaufen.
2. Machen Sie Ihre Hausaufgaben und finden Sie ein paar Unternehmen, die die ersten drei Ms erfüllen – Meaning, Moat und Management. Vergessen Sie nicht, dass die einzigen Unternehmen, die eine vorhersehbare Zukunft vor sich haben, „wunderbare" Unternehmen sind. Sie müssen das Unternehmen durchschauen, stolz sein, es zu besitzen, und sowohl eine gute Unternehmensführung als auch einen dauerhaften Burggraben erkennen.
3. Um zu wissen, ob Sie einen Dollar für 50 Cent gefunden haben, müssen Sie den Wert des Unternehmens kennen, und dafür müssen Sie bis zu einem gewissen Grad seine Zukunft vorhersehen können. Stellen Sie Ihre Berechnungen an, damit Sie einen konservativen Empfehlungspreis erhalten. Und dann ...

4. Legen Sie Ihren MOS-Preis [„Margin of Safety“ – Sicherheitspolster] fest.
5. Stellen Sie eine Watchlist Ihrer Unternehmen zusammen.
6. Warten Sie und haben Sie Geduld.
7. Wenn Mr. Market Ihren Preis anbietet, machen Sie sich bereit zu handeln!
8. Beobachten Sie die drei Werkzeuge auf den Einstiegszeitpunkt hin, wenn Sie alle drei auf „Los!“ stehen, kaufen Sie.
9. Steigen Sie – anhand der Werkzeuge – zusammen mit den „großen Jungs“ aus und ein, bis der Preis, den Mr. Market festlegt, die unverbindliche Preisempfehlung erreicht oder überschreitet.
10. Wenn Mr. Market mehr als den Empfehlungspreis verlangt, nehmen Sie das Unternehmen wieder in die Watchlist auf und suchen Sie sich neue Unternehmen, die Sie kaufen können.

F: Gibt es eine Website, die mir bei dem ganzen Regel-1-Zeug hilft?

A: Aber ja. Meine: www.ruleoneinvestor.com.

F: Brauche ich einen Hochgeschwindigkeits-Internetzugang?

A: Nein. Das funktioniert auch mit einer Einwählverbindung. Und wenn Sie selbst keinen Internetzugang haben, gehen Sie in die örtliche Bibliothek, in ein Internetcafé oder wo immer Sie preiswert und problemlos ins Internet kommen. Heutzutage ist es kein Problem mehr, einen Internetzugang zu finden, und es kostet nur wenig Übung und kaum Mühe, sich im Internet zurechtzufinden (glauben Sie mir, das ist leichter als lesen zu lernen, selbst wenn man eine Computerphobie hat).

F: Können Sie mir sagen, was Sie – Phil Town – bisher gekauft beziehungsweise gemieden haben?

A: Wenn Sie Aktientipps wollen, haben Sie das Buch nicht verstanden. Ich will vor allem, dass Sie lernen, zum Regel-1-Investor zu werden, indem Sie Unternehmen finden, die für Sie eine Bedeutung haben, die Sie verstehen und auf deren Besitz Sie stolz wären – und das ist eine sehr persönliche Erfahrung. Wenn ich Ihnen sage, was mir in der Vergangenheit Gewinn oder Verlust gebracht hat, hilft Ihnen das kein bisschen, ein möglichst guter Regel-1-Investor zu werden. Die Empfehlung von Aktien widerspricht meiner Regel-1-Philosophie. Denken Sie daran, dass es beim Regel-1-Investing nicht um den Besitz von Aktien, sondern von Unternehmen geht. Der Besitz eines Unternehmens ist der ganz persönliche Ausdruck individueller Werte, individuellen Wissens und individuellen Verständnisses. Er spiegelt Sie als Person wider. Abgesehen davon kann ich sagen, dass ich die Aktien gekauft beziehungsweise gemieden habe, von denen in diesem Buch die Rede ist.

**F: Werde ich Fehler machen?
Haben Sie je grobe Fehler begangen?**

A: Natürlich, ich habe große Fehler gemacht, aber ich habe keine großen Fehler gemacht, die mich Geld gekostet haben. Mir sind Gewinne entgangen, weil ich zu lange an Unternehmen festgehalten habe, so wie es Warren Buffett mit Coca-Cola passiert ist. Ich möchte keine Namen nennen, aber ich habe einmal ein Softwareunternehmen gekauft, das aus meiner Investition von 500.000 Dollar eine Million machte, aber ich dachte, es würde mir 20 Millionen bringen. Das tat es auch, aber dann war es massiv überbewertet und – o Wunder – stürzte wieder ab. Ich kam mit meiner Million davon, aber nur knapp. Daraus habe ich gelernt, dass man zum Empfehlungspreis oder knapp darüber verkaufen sollte. (Das war übrigens in der Zeit, als die Werkzeuge noch nicht zur Verfügung standen, also ist es heuzutage weniger riskant, deutlich über die Preisempfehlung hinaus bei einem Unternehmen zu bleiben und bei den ersten Anzeichen für Probleme auszusteigen.)

F: Sie reden so viel von Warren Buffett, dass ich mich frage, ob ich nicht vielleicht in sein Unternehmen investieren sollte? Und sollte ich in Unternehmen investieren, in die auch er investiert?

A: Ich liebe Warren Buffetts Anlageprinzipien und er ist eine derartige Ikone, dass man sich auf seine Glaubwürdigkeit verlassen kann. Wenn Sie das Buch gelesen haben, wissen Sie ja eigentlich, wie Sie diese Frage beantworten sollten: Kontrollieren Sie die vier Ms von Berkshire Hathaway, dann sehen Sie, ob es (1) ein wunderbares Unternehmen ist und ob es (2) zu einem attraktiven Preis verkauft wird. Wenn Sie es wunderbar finden und es billig zu haben ist, kaufen Sie es.

Von den Unternehmen, die Warren Buffett besitzt, werden manche an der Börse gehandelt, zum Beispiel Coca-Cola und die *Washington Post*. Wenn die 4-M-Prüfung ergibt, dass sie für Sie wunderbar und günstig sind, kaufen Sie sie. Sie könnten dabei zu dem Ergebnis kommen, dass sie zwar wunderbar sind, aber nicht so günstig. Dann setzen Sie sie auf die Watchlist und berechnen etwa viermal jährlich einen neuen Empfehlungspreis.

Wenn sie günstig genug werden, kaufen Sie sie. Aber kaufen Sie niemals ein Unternehmen nur, weil es jemand anderes gekauft hat. Herr Buffett kauft ständig Unternehmen, mit denen er Arbitragegeschäfte macht, oder Wandelanleihen. Wenn ein Unternehmen nicht den Anforderungen von Regel 1 genügt, suche ich mir ein anderes, egal wer es sonst noch besitzt.

F: Wie würde eine Regel-1-Analyse von Berkshire Hathaway aussehen?

A: So würde sie aussehen:

Regel-1-Analyse von Berkshire Hathaway
(circa September 2005)

Aktueller Preis: 82.990 Dollar
EPS der letzten 12 Monate: 4.736 Dollar

Die großen Fünf	alt	5	3	1
ROIC	11 %			
Eigenkapital	21 %	9 %	15 %	12 %
EPS	24 %	27 %	144 %	-10 %
Umsatz	37 %	25 %	25 %	16 %
Cash	21 %	23 %	-2 %	-16 %

Wachstumsrate laut den großen Fünf: 1 7 %
(meine Schätzung)
Wachstumsrate laut Analystenschätzung: 11 %
Wachstumsrate nach Regel 1: 11 %

Historisches KGV: 22
KGV als doppeltes Wachstum: 34
KGV nach Regel 1: 22

Künftiges EPS: 13.447,50 Dollar
Künftiger Wert: 295.845 Dollar
Empfehlungspreis: 73.128 Dollar
MOS-Preis: 36.564 Dollar

Neuberechnung mit meinen Schätzungen statt den Analystenschätzungen:

Künftiges EPS: 22.765,14 Dollar
Künftiger Wert: 500.833 Dollar
Empfehlungspreis: 123.798 Dollar
MOS-Preis: 61.899 Dollar

Wenn man Herrn Buffett zuliebe im Zweifelsfall zur positiven Seite neigt und die Wachstumsrate eher an dem historischen Wachstum von 21 Prozent festmacht, kann man das Unternehmen kaufen, wenn man es vorher schon hatte, aber nur ganz knapp. Ich steige zum Beispiel immer noch ein und aus. Wenn Sie jedoch meinen, die Analysten hätten Recht, ist das Unternehmen im Moment überbewertet. Die Entscheidung ist also für die meisten Regel-1-Anleger zu schwierig. Finden Sie lieber ein Unternehmen, bei dem Sie mit den Analysten übereinstimmen oder bei dem Ihre Schätzungen konservativer sind (also niedriger als die Analystenprognosen).

F: Nehmen wir an, ein kluger Mensch interessiert sich für ein Unternehmen, er stellt alle Berechnungen an und erkennt enormes Potenzial – aber kein Fondsmanager ist der gleichen Meinung und der Kurs der Aktie steigt nicht. Geht es bei der Geldanlage nicht vor allem darum vorauszusehen, was die meisten anderen Menschen tun – also in die Fußstapfen der Mehrheit zu treten und den Markt genauso zu sehen wie sie?

A: Das Problem an dieser Frage ist, dass sie sich auf Spekulation und Aktien-Investitionen bezieht. Ich kann es nicht oft genug betonen: Als Regel-1-Investoren müssen wir uns verhalten wie Unternehmenskäufer, die eben Unternehmen kaufen und keine Aktien. Was andere tun, interessiert uns nicht. Wir kümmern uns gar nicht um den Aktienmarkt. Wir wollen nur ein wunderbares Unternehmen zu einem sehr guten Preis kaufen. Was andere tun oder denken, geht uns nichts an; je weniger wir auf die Experten im Fernsehen und auf das Auf und Ab der Börse achten, desto besser funktioniert es.

Wenn wir das richtige Unternehmen zum richtigen MOS-Preis bekommen, wissen wir, dass wir Geld verdienen, wir wissen nur nicht, wann. Wir wissen das, weil Mr. Market die Dinge immer korrekt bewertet – zu irgendeinem Zeitpunkt. Anders gesagt ist die Tatsache, dass die Mehrheit anderer Meinung ist als wir, für unsere Entscheidung irrelevant, denn wir wissen, dass sie irgendwann mit uns übereinstimmen wird. Und das ist so gut wie Geld auf der Bank.

F: Was ist, wenn ich den Markt eine Weile nicht beobachten kann, zum Beispiel im Urlaub, oder wenn ich sonst einmal mehrere Handelstage hintereinander keinen Zugang zum Internet habe? Nehme ich dann Stop-Loss- oder Limitaufträge?

A: Wenn Sie Ihr Investment nicht beobachten können, ist ein Stop-Loss eine gute Idee. Mit Stop-Loss-Aufträgen kann man Verluste begrenzen. Damit gibt man seinem Broker die Anweisung, eine bestimmte Aktie zu verkaufen, sobald sie einen bestimmten Preis erreicht, zum Beispiel zehn Prozent unter dem Preis, den Sie bezahlt haben. Wenn ich solche Orders einsetze, lege ich sie normalerweise fünf Prozent unter den aktuellen Preis, weil ich weiß, dass Absacker um fünf Prozent normalerweise das technische Signal zum Ausstieg nach sich ziehen (alle drei Werkzeuge stehen auf „Ausstieg", wenn der Preis um fünf Prozent einbricht. Wenn ich nicht da bin und keinen Zugang zu den Signalen habe, weiß ich, dass meine Order genau dann für den Verkauf sorgt, wenn die Signale auf „verkaufen" stehen).

Wenn Sie bewegliche Stop-Loss-Aufträge setzen können, die mit dem Preis mitgehen, dann tun Sie das. Auf den Internetseiten der meisten Broker heißt das „Trailing Stop". Natürlich können Sie auch jederzeit liquidieren und ihre Anlagen ein paar Wochen lang einfach vergessen, ohne dass das etwas schaden würde. Als ich im vergangenen Jahr mit meinen Kindern nach Rom geflogen bin, habe ich genau das getan und drei Wochen lang alles vergessen. In solchen Situation ist ein steuerfreies Depot besonders nützlich.

F: Wo erfahre ich mehr über Optionen? Was ist das überhaupt?

A: Optionen sind eine Möglichkeit, mit wenig Geld viel Geld zu verdienen – mit dem Risiko, das gesamte Geld zu verlieren. Viele schlaue Investoren benutzen trotzdem Optionen, um ihr Risiko zu senken. Ich finde, wenn man Optionen erfolgreich einsetzen will, muss man zuerst ein solider Regel-1-Investor sein und dann braucht man noch Übung. Auf meiner Website finden Sie Links zu den besten Optionskursen und den besten Produkten (genauere Definitionen finden Sie im Glossar am Ende des Buches, denn Optionen sprengen den Rahmen des vorliegenden Buches bei weitem).

F: Was ist mit zyklischen Aktien? Gibt es zyklische Regel-1-Unternehmen? Falls nicht, kann ich dann trotzdem unter Verwendung der Werkzeuge zyklische Aktien kaufen, wenn sie nach oben tendieren?

A: Zuerst müssen wir definieren, was „zyklisch" bedeutet. Zyklische Aktien sind Aktien, die mit den konjunkturellen Wachstumszyklen steigen und fallen, insbesondere mit den branchenspezifischen Zyklen. So werden zum Beispiel Auto- und Flugzeughersteller von den Konjunkturzyklen beeinflusst (wenn die Wirtschaft schlecht läuft, kaufen die Menschen keine Autos; die Fluggesellschaften kaufen neue Flugzeuge, wenn die Wirtschaft brummt), aber Unternehmen aus dem Gesundheitsbereich sind im Allgemeinen nicht zyklisch, weil die Menschen unter allen Umständen Medikamente kaufen. Weitere Beispiele für zyklische Branchen sind die Stahlindustrie, Papier, Maschinenbau und Möbel. Zyklische Branchen reagieren auf Wirtschaftszyklen und Preisänderungen. Unternehmen, deren Produkte unabhängig vom Zustand der Konjunktur nachgefragt werden, bezeichnet man im Gegensatz dazu gelegentlich als „säkulare" Unternehmen.

Regel 1 besagt, dass man den Gegenwert von einem Dollar zum halben Preis kauft – egal um welche Art Unternehmen es sich handelt. Es stimmt, dass das bei zyklischen Unternehmen sehr schwierig ist, weil sie per definitionem schwächer werden und man nicht mit Sicherheit wissen kann, wie lange die Schwäche anhält. Und wenn man das nicht wissen kann, wie soll man dann wissen, wie viel das Unternehmen in Dollar wert ist? Man kann es nicht wissen. Trotzdem kann man mithilfe der Werkzeuge ein zyklisches Unternehmen in der Niedergangsphase kaufen und guten Gewinn machen, wenn man den richtigen Zeitpunkt erwischt. Sie müssen eben die Werkzeuge benutzen und nicht daran hängen, wenn nach ein paar Monaten noch nichts passiert.

F: Wie lange brauche ich, um eine gute Liste von Unternehmen zusammenzustellen, die mir gefallen?

A: Sie können pro Unternehmen, das auf Ihrer Watchlist landet, vier bis zehn Stunden Recherchen rechnen, je nachdem wie viel Sie schon wissen. Die meisten von uns haben schon eine ziemlich gute Vorstellung von dem, was wir haben wollen, denn wir gehen ja immer wieder einkaufen und haben vielleicht schon beschlossen, dass uns Whole Foods besser gefällt als Ralphs oder Wal-Mart besser als Kmart (beziehungsweise in beiden Fällen umgekehrt). Natürlich investiert man nicht in jedes Unternehmen, das man sich anschaut, vier bis zehn Stunden, aber wenn sich die Wahl auf immer weniger Kandidaten eingrenzt, steckt man in die wenigen Unternehmen mehr Zeit. Mit den besten verfügbaren Werkzeugen geht die Finanzanalyse sehr schnell, mit kostenlosen Werkzeugen dauert sie etwas länger, aber was macht das? Wir haben keine Eile. Irgendwohin geht der Markt schon, glauben Sie mir! Sie suchen nach einem Schnäppchen. Einkaufen macht Spaß, also nehmen Sie sich Zeit und genießen Sie es.

F: Wo finde ich Researchwerkzeuge, wenn ich mir keine professionellen leisten kann?

A: Bevor ich darauf eingehe, möchte ich auf meinen Vergleich zurückkommen: Ackerbau bedeutet, dass man ein Loch in die Erde gräbt und einen Samen hineinlegt. Manche Bauern graben die Löcher immer noch mit einem Stock. Andere machen das mit einem großen Traktor. Mit dem Traktor geht es viel schneller, aber – und jetzt kommt der entscheidende Punkt – man braucht den Traktor nicht unbedingt. Ist er besser? Ja. Schneller? Ja. Schafft man damit viel mehr? Ja. Aber man kann auch Landwirtschaft betreiben, wenn man sich keinen Traktor leisten kann. Die „Stock"-Anlage (um noch weiter auf dem Vergleich herumzureiten) besteht darin, dass man sich Jahresberichte beschafft und sie durcharbeitet. Langsam, schmerzhaft langsam, aber machbar. Wenn man sich ein bisschen umsieht, findet man mehrere kostenlose Internetwerkzeuge (MSN Money, Yahoo Finance, CNN Money), die Daten über Tausende von Aktien anbieten. Ihre Werkzeuge waren zum Zeitpunkt der Drucklegung zwar mittelmäßig, aber wenn man das Unternehmen erst einmal kennt, über das man sich informieren will, bietet Ihnen die kostenlose Informationsautobahn des Internets 70 Prozent der benötigten Informationen, wenn es Ihnen nichts ausmacht, die Daten an verschiedenen Stellen auszugraben. Lassen Sie sich beim ersten Mal nicht abschrecken. Ich sage es noch einmal: Wenn Sie sich erst einmal daran gewöhnt haben, mithilfe des Internets auf Informationen zuzugreifen, das Benötigte herauszuziehen und es sinnvoll zusammenzubauen, ist das ein Klacks. Wer weiß, wenn Sie dieses Buch lesen, sind die Online-Funktionen für Suche und Research vielleicht schon ein bisschen besser – bedienungsfreundlicher und umfassender.

Für Nachrichten und Informationen über das Management brauchen Sie außerdem noch eine gute Suchmaschine, zum Beispiel Google. Wenn Sie sich auf meiner Website einloggen, haben Sie Zugang zu meinen Regel-1-Rechnern. Dann brauchen Sie nur noch ein paar wichtige Indikatoren: MACD, Stochastik-Indikator und gleitende Durchschnitte, entweder von einer Finanz-Website oder von den Internetseiten Ihres Brokers.

F: Welche Werkzeuge sind die besten?

A: Die Frage, wer den besten Satz Werkzeuge anbietet, ist eines meiner liebsten Hobbies, denn ich stelle mich auf die Bühne und zeige den Menschen genau, wie ich das alles mache – und natürlich zeige ich ihnen dabei auch die Werkzeuge, die ich benutze. Da sich diese Werkzeuge immer wieder verändern, kann ich nicht sagen, dass ein bestimmter Satz Werkzeuge der beste wäre, sondern ich empfehle Ihnen, sich auf meiner Website einzuloggen, denn dort verweise ich immer auf die momentan besten Werkzeugkisten. Dort finden Sie Links zu Profiseiten und eine Übersicht, welche Seiten für welche Art von Investing am besten geeignet sind. An dieser Stelle nenne ich nur ein paar Beispiele: Investors Business Daily, Zacks, Morningstar und Success.

F: Ein Werkzeug ist nur so gut wie die Zahlen, auf die es zugreift. Enthält die Datenbank alle Unternehmen von Nasdaq und NYSE?

A: Das kommt auf die Datenbank an. Die Profidatenbanken enthalten alles und dazu noch die Börsen Toronto, Montreal und den OTC-Handel. Aber dafür verlangen sie etwas. Die kostenlosen Datenbanken von MSN und Yahoo enthalten rund 60 Prozent der Unternehmen. Aber dafür sind sie eben kostenlos und damit gute Ausgangspunkte. Lassen Sie sich davon nicht aufhalten.

F: Auf welchen kostenlosen Onlineseiten findet man die besten Finanzinformationen?

A: MSN Money und Yahoo Finance. MSN hat die besten Informationen über einzelne Aktien und Yahoo hat bessere Brancheninformationen.

F: Was ist, wenn ich viele Schulden habe?

A: Dass ich vor langer Zeit einmal bei den Spezialeinheiten war, bringt mir unter anderem den Vorteil, dass ich mich über die kleineren Dinge, die in meinem heutigen Leben schieflaufen, nicht zu sehr aufrege. Wenn man schon einmal beschossen wurde, erscheint einem alles andere relativ unwichtig. Deshalb sage ich Ihnen zum Thema Schulden als Erstes, dass Sie immer die Perspektive wahren sollten. Gehen Sie damit genauso um wie ein Sonderkommando nach einem schlimmen Zwischenfall: Niemand ist gestorben, wir sind alle noch wohlauf, wir sind immer noch im Spiel.

Aber wir wollen hier trotzdem realistisch bleiben. Der Druck, den die Schuldenlast bedeutet, lässt sich nur schwer abschütteln. Man fühlt sich wie in einer Tretmühle; egal wie schnell man tritt, man kommt nicht vom Fleck. Um das zu beheben, brauchen wir eine bessere Vorbereitung und wir müssen anders an die Sache herangehen.

Erst die Vorbereitung: Lesen Sie Bücher, zum Beispiel von Suze Orman, William Danko oder David Bach. Damit lernen Sie, gleichzeitig zu Geld zu kommen und Ihre Schulden abzubauen. Machen Sie gemäß dem Gelernten einen Plan und halten Sie sich daran. Wenn Sie das Ziel im Auge behalten, sind Sie in ein paar Jahren (vielleicht erst in fünf Jahren oder so, aber egal) schuldenfrei und haben Geld, das Sie anlegen können.

In der Zeit, in der Sie Ihre Schulden abbezahlen, können Sie das Wichtigste sammeln, was Sie brauchen: Investment-Erfahrung. Diese Empfehlung gilt unabhängig davon, ob Sie Schulden haben oder nicht: Als Regel-1-Anfänger sollten Sie mit 300.000 Dollar so lange Paper Trading betreiben, bis Sie genau wissen, was Sie tun. (Ich habe in Kapitel 14 ausführlich erklärt, was Paper Trading ist; man schreibt Gewinne und Verluste in ein Notizbuch, so als hätte man am realen Markt Unternehmen gekauft und verkauft. Es gibt Online-„Marktsimulatoren", die den vorgetäuschten Handel erleichtern und automatisch Buch führen. Ich möchte, dass Sie 300.000 Dollar einsetzen, weil Sie sich mit dieser Summe im richtigen Leben zur Ruhe setzen können, wenn Sie 15 Prozent im Jahr schaffen. Auf meiner Website finden Sie erste Werkzeuge und Informationen.) Es kann sein, dass Sie dafür zwei Monate brauchen, es kann aber auch sein, dass Sie dafür zwei Jahre brauchen. Aber das ist in Ordnung, weil Sie dabei Erfahrung sammeln. Und in der Zwischenzeit werden Sie Ihre Schulden los.

F: Welche steuerlichen Konsequenzen hat der regelmäßige Kauf und Verkauf von Aktien?

A: Wenn Sie einen der vielen IRA- oder sonstigen Rentenpläne benutzen, hat das keinerlei steuerliche Konsequenzen. Sie können innerhalb eines IRAs so viele Aktien kaufen und verkaufen, wie Sie wollen, und zahlen auf die Gewinne keine Steuern. Wenn Sie in einem kleinen Unternehmen arbeiten oder selbstständig sind, können Sie jedes Jahr mehrere Tausend Dollar in einen IRA einzahlen. Das ist ein Riesenvorteil. Wenn Sie Geld zum Anlegen haben und es nicht in einem steuerbegünstigten Depot unterbringen können, wollen Sie aber bestimmt trotzdem nicht zusehen müssen, wie Ihr Vermögen um 50 Prozent schrumpft, weil Sie aus steuerlichen Gründen nicht verkaufen wollten. Ziemlich blöde, oder? Also wenn Sie Steuern bezahlen müssen, dann bezahlen Sie sie eben. Wenn Sie einen Jahresertrag von 15 Prozent erzielen und nach Steuern zehn Prozent übrig bleiben, ist das doch immer noch besser, als wenn Sie Ihr Geld verlieren, oder? (In Kapitel 14 finden Sie noch mehr zu diesem Thema. Dort erkläre ich, wieso es nicht so schlau ist, sich beim Kauf und Verkauf an den steuerlichen Folgen zu orientieren.)

F: Wenn Sie sagen müssten, welche Zahl unter den großen Fünf die allerwichtigste ist, welche wäre das? Und warum?

A: Die wichtigste Zahl ist das ROIC (die Kapitalrendite), weil sie so viel darüber aussagt, wie das Unternehmen geführt wird. Am zweitwichtigsten ist das Eigenkapitalwachstum, weil es einen Näherungswert für das Wachstum der unverbindlichen Preisempfehlung (alias innerer Wert alias Empfehlungspreis) darstellt. Wenn das Eigenkapital pro Jahr um 24 Prozent zunimmt, wird der Empfehlungspreis dieses Wachstum letzten Endes widerspiegeln. Aber alle fünf Zahlen sind wichtig.

F: Welche Gebühren fallen für Online-Depots an? Bringt es irgendwelche Vorteile, zu einem Broker mit höheren Gebühren zu gehen? Hat es Nachteile, wenn man zu einem günstigeren Broker geht?

A: Die Gebühren bewegen sich zwischen 5 und 20 Dollar bei unbeschränktem Handel. Teurere Brokerhäuser wie zum Beispiel Schwab bieten Girokontofunktionen und Onlinebanking an und vielleicht ist Ihnen das den höheren Preis wert. Wenn Sie keine Bankdienstleistungen brauchen, nehmen Sie einfach einen großen preiswerten Broker: Brown, Scottrade, Fidelity, E-Trade und Ameritrade sind alle in Ordnung.

F: Ich weiß, dass ich hinsichtlich der Nachrichten und Zahlen zu meinem Unternehmen auf dem Laufenden bleiben muss, aber inwieweit muss ich auf weltpolitische Ereignisse und die allgemeinen Nachrichten achten? Und was ist mit den vielen Börsensendungen im Fernsehen, vor allem auf den Kabelsendern?

A: Sie müssen so weit auf dem Laufenden sein, dass Sie begreifen, was Sie besitzen. Was darüber hinausgeht – also ich persönlich gehe lieber snowboarden oder reite auf meinem Pferd durch die Berge, als mir irgendwelche Gesichter im

Fernsehen anzuschauen. Ich werfe einmal am Tag einen kurzen Blick auf die drei Werkzeuge, damit ich weiß, was die Institutionellen machen. Sie können mir glauben, dass die immer viel besser wissen, was vor sich geht und wie sich das auf Ihr Unternehmen auswirkt, als Sie das jemals könnten. Also wenn Sie sich ein Unternehmen ausgesucht haben, beobachten Sie, wann die Großen Ihre Aktien kaufen oder verkaufen. Das sagt Ihnen viel mehr als jedes Lesen oder Fernsehen. Wenn sie anfangen, ihre Aktien wie wild loszuschlagen, dann sollten Sie vielleicht doch einmal die Nachrichten durchsehen.

Und falls Sie sich doch die Gesichter im Fernsehen anschauen, vergessen Sie nicht, dass Sie ein Spiel beobachten. Diese Menschen haben viel Geld investiert und sie tun und sagen alles, was ihren Positionen zugute kommt, vor allem wenn sie sie verkaufen wollen. Nichtsdestotrotz muss ich sagen, dass ich mir Jim Cramer gerne ansehe. Er ist ein Verrückter, aber ein sympathischer Verrückter. Es gibt durchaus Schlechteres, als einen Blick auf die Unternehmen zu werfen, die er in seiner Sendung lobend erwähnt.

F: Gibt es Zeiten, in denen man Indexfonds oder Sektorenfonds kaufen sollte?

A: Man kann Indizes genauso kaufen wie Aktien. Das nennt sich dann „Exchange Traded Funds“ oder ETF. Indizes haben den Vorteil, dass man kein wunderbares Unternehmen zu suchen braucht, das den Anforderungen der vier Ms genügt. Stattdessen hat man dann alle Aktien, die zu dem entsprechenden Index oder Sektor gehören (soll heißen: die guten und die schlechten). Der größte Nachteil ist, dass der Index entsprechend dem Durchschnitt der darin enthaltenen Aktien steigt, während wunderbare Unternehmen, die den vier Ms genügen, keinen Beschränkungen unterliegen. Ein Beispiel: Der Index der Einzel- und Großhändler in der Lebensmittelbranche ist in den letzten fünf Jahren um null Prozent gestiegen, während Whole Foods 600 Prozent zugelegt hat. Das ist signifikant. Wenn man sich allerdings nicht die Mühe machen will, Regel 1 zu lernen, ist die langfristige Investition in Indizes die zweitbeste Wahl.

F: Mein Arbeitgeber bietet einen 401k an, leistet aber keinen Arbeitgeberbeitrag, und außerdem können wir keine einzelnen Aktien kaufen (sondern nur Investmentfonds). Sollte ich nichts mehr in meinen 401k einzahlen und lieber ein anderes Depot eröffnen? Wenn ja, welches?

A: Ich bin kein Freund von 401k-Plänen, weil sie davon ausgehen, Sie seien nicht in der Lage, Anlageentscheidungen selbst zu treffen; daher zwingen sie Sie, Ihr Geld Fondsmanagern anzuvertrauen, und so kann es passieren, dass Sie 20 Jahre lang keinen Ertrag bekommen. Wenn der Arbeitgeber einen Beitrag dazu leistet, ist das trotzdem ein gutes Geschäft; versuchen Sie, bei Ihrem Arbeitgeber einen SIMPLE IRA auf die Beine zu stellen. So können Sie erhebliche Geldmengen vor Steuern abführen. In Ihrem Fall gibt es keinen Arbeitgeberanteil, also vergessen Sie's. Beschaffen Sie sich einen IRA. (Mehr zu diesem Thema in Kapitel 14. Was für Sie das Beste ist, hängt von Ihrem Einkommen und davon ab, welche Arten von Rentenkonten Ihnen zugänglich sind. Es gibt viele verschiedene Arten von IRAs mit unterschiedlichen Merkmalen und Beschränkungen. Bei der Entscheidung, welcher Typ für Sie am besten ist, kann Ihnen ein Steuerberater helfen. Das Wichtigste ist, dass Sie möglichst viele Steuern sparen und dass sie am Markt ohne Einschränkung kaufen können, was Sie wollen. Das Depot soll also „self-directed" sein, das heißt, Sie haben die Kontrolle.)

F: Ich habe viel Geld in einen 401k gesteckt und würde das Geld jetzt gern in ein anderes Konto oder Depot überführen, das ich selbst kontrolliere und in

dem ich einzelne Aktien kaufen kann (mein 401k ist stark eingeschränkt). Aber wenn ich den 401k liquidiere, bezahle ich Strafgebühr. Was soll ich tun?

A: Rufen Sie irgendeinen Onlinebroker an und lassen Sie sich erklären, wie Sie den Wechsel straflos vornehmen können. Die machen das ständig. In manchen Fällen ist das allerdings aufgrund unternehmensinterner Richtlinien nicht möglich, sodass Sie auf Ihren 401k-Plan sitzen bleiben. In diesem Fall setzen Sie alle verfügbaren Fonds auf eine Watchlist, benutzen Sie langfristige Werkzeuge und verschieben Sie das Vermögen auf das Geldmarktkonto, sobald die Ampel auf Rot steht. Von 2000 bis 2005 hätte einem ein Fonds wie der Janus 20, der in dieser Zeit 40 Prozent verloren hat, mit dieser Methode trotzdem einen durchschnittlichen Jahresertrag von 15 Prozent gebracht.

F: Wenn ein Unternehmen hohe Dividenden ausschüttet, ist das für einen Regel-1-Investor gut oder schlecht?

A: Weder noch. Das kommt darauf an. Wir bevorzugen Unternehmen, die mit dem überschüssigen Geld ihr Geschäft ausweiten können, so lange die Kapitalrendite (ROIC) hoch genug ist. Wenn sie abfällt, haben wir lieber Dividenden, die wir in ein Unternehmen mit schöner MOS investieren können (mehr über Dividenden in Kapitel 5).

F: Wann sollte man Markt und Handel am besten überprüfen? Morgens, mittags oder nach Handelsschluss? Und wie ist es am Wochenende? Wenn ich an einem Freitag ein Unternehmen finde, das ich kaufen möchte, warte ich da, bis der Handel am Montag wieder eröffnet und die Orders abgearbeitet werden, die am Wochenende aufgegeben wurden?

A: Kontrollieren Sie nach Handelsschluss. Wenn Sie im Laufe des Tages nachsehen, wecken Sie bloß ERI und machen sich verrückt. Entspannen Sie sich. Die Nacht ist gut geeignet, aber es ist immer gut, wenn Sie sich regelmäßig zwei Minuten Zeit nehmen – auch am Wochenende.

F: Bringt es irgendetwas, ein Portfolio mit Anleihen auszubalancieren, sodass man als Regel-1-Investor auch in Jahren profitiert, in denen die Aktien stagnieren, aber die Anleihen steigen?

A: Versuchen Sie, sich Folgendes zu merken: Es ist mir egal, ob Sie Immobilien kaufen, Aktien, Privatunternehmen, Goldmünzen, Oldtimer oder Anleihen – Regel-1-Investing hat nichts mit ausgewogenen Portfolios zu tun, sondern nur damit, dass man einen Dollar kauft und nur 50 Cent dafür bezahlt. Also, wenn Sie wissen, dass Anleihen gerade preiswert sind, kaufen Sie sie. Und denken Sie daran, dass es in fast allen Marktsituationen wunderbare Unternehmen zu attraktiven Preisen gibt.

F: Wenn man als Regel-1-Investor eine Bargeldposition hält und darauf wartet, dass Mr. Market den richtigen Preis für ein wunderbares Unternehmen nennt, wo verwahrt man sein Geld dann am besten? In einem Geldmarktfonds? In Form von Anleihen? Auf einem Sparbuch?

A: Die meisten von uns haben irgendwann genug Geld im Depot, dass der Onlinebroker kurzfristige Geldmarktzinsen bezahlt, wenn das Depot in „Cash" ist. Das reicht aus.

F: Ist es jemals in Ordnung, ein großartiges Unternehmen zum Empfehlungspreis oder knapp darunter zu kaufen? Was ist, wenn ich ein wunderbares Unternehmen zum „halbattraktiven" Preis finde?

A: Charlie Munger, ein Partner von Warren Buffett und selbst ein brillanter Investor, hat einmal gesagt, es sei besser, ein wunderbares Unternehmen zu einem passablen Preis zu kaufen als ein passables Unternehmen zu einem wunderbaren Preis. Aber Charlie und Warren können den Wert eines Unternehmens wirklich sehr, sehr gut berechnen. Sie und ich … nun ja, wir heißen weder Munger noch Buffett. Deshalb verlassen wir uns lieber auf ein dickes Sicherheitspolster, das uns den Hintern rettet, wenn wir beim Empfehlungspreis gepatzt haben. Je dichter am Empfehlungspreis man kauft, desto weniger Luft hat man für grobe Fehler beim Empfehlungspreis und desto weniger Gewinn kann man im Eiltempo mitnehmen. Ich empfehle, mit dem Kauf zu warten. Wenn Sie einfach nicht anders können und ein bestimmtes Unternehmen unbedingt haben müssen, dann achten Sie darauf, dass Sie wenigstens ein Polster von 20 Prozent zum Empfehlungspreis haben. Und dann achten Sie sorgfältig darauf, was die Großen machen. Denken Sie immer daran, dass es noch andere wunderbare Unternehmen zu attraktiveren Preisen gibt, wenn Sie einfach ein bisschen mehr Aufwand betreiben.

F: Manche Investmentgurus sagen, es sei verrückt, beim Unternehmenskauf nicht die Zinsen zu berücksichtigen. Wie gut sollte ich darauf achten, was die Federal Reserve tut und wie die aktuellen Zinssätze aussehen?

A: Nicht besonders gut, aber nicht etwa, weil wir keine Zinsen berücksichtigen würden. Wir kümmern uns darum nicht so sehr, weil wir erstens 15 Prozent Jahresertrag haben wollen und weil wir zweitens ein sensationelles Sicherheitspolster von 50 Prozent haben. Die Zinsen werden durch diese beiden Zahlen berücksichtigt.

F: Ist es nicht schwer, mit bekannten Großkonzernen viel Geld zu machen? Bringt es etwa nicht den größten Lohn, unbekannte Unternehmen zu identifizieren, die noch am Anfang ihrer Reise stehen?

A: Es mag vielleicht den größten psychologischen Lohn bringen, wenn man die nächste Dell im Anfangsstadium erkennt, aber der Preis, den man für unberechenbare Unternehmen bezahlt, wiegt den Gewinn in den meisten Fällen mehr als auf. Es ist viel sicherer und viel lukrativer, ein großes, wohlbekanntes Unternehmen zu kaufen, das gerade unterbewertet ist, denn wir wissen, dass es massiv unterbewertet ist. Woher wollen Sie den Wert eines Start-ups kennen? Nicht einmal die Wagniskapitalgeber wissen das so genau. Halten Sie sich an Unternehmen, die wirklich breite Gräben um sich gezogen haben. Sie empfinden dann zwar nicht den Nervenkitzel, dass ein neues Projekt in astronomische Höhen schießt, aber dafür genießen Sie die große Freude, entspannt und ohne Geldsorgen alt zu werden. Wenn es Ihnen so geht wie mir und Sie es sich nicht verkneifen können, in ein paar Unternehmen zu investieren, die die Welt verändern könnten, dann tun Sie das nur mit einem kleinen Teil Ihres Kapitals im Rahmen des „Risky Biz“-Portfolios (die Regeln finden Sie in Kapitel 15).

F: Ich mache meine Steuererklärung normalerweise selbst und mit der heutigen Software ist das ja auch ganz leicht. Aber wenn ich ein Regel-1-Depot eröffne und anfange, mit Aktien zu handeln, brauche ich dann nicht einen guten Steuerberater, der das alles für mich regelt?

A: Wahrscheinlich kaufen und verkaufen Sie ja gar nicht so viel. Sie schaffen die Buchführung schon alleine – zumindest bis die Beträge so groß werden, dass Sie ohnehin jemanden brauchen. Glauben Sie mir, ab diesem Punkt ist ein guter Buchhalter ein Vielfaches dessen wert, was er kostet.

F: Mein Bruder ist Finanzanalyst und hält mich für dumm, weil ich mein Geld an der Börse selbst verwalten will. Was soll ich ihm sagen?

Seien Sie nett zu ihm. Er ist so ähnlich wie die Menschen, die vor 500 Jahren auf den Dörfern die Lese- und Schreibarbeiten besorgten; egal wie gern er Sie mag: Ihm zu sagen, dass Sie das jetzt selbst machen wollen, widerspricht allen

Paradigmen, an die er glaubt. Außerdem will er überhaupt nicht, dass Sie finanzkundig werden, denn dann brauchen Sie ihn ja nicht. Sagen Sie ihm, Sie wüssten, dass es ja eigentlich dumm von Ihnen ist, das selber zu machen, aber Sie könnten einfach nicht anders und Sie würden hoffen, dass er immer für Sie da wäre. Dann gehen Sie hin und machen im ersten Jahr 20 Prozent Gewinn, während die Investmentfonds, die er empfohlen hat, null Prozent bringen. Zeigen Sie ihm, was Sie gemacht haben und fragen Sie ihn, ob er 20 Prozent für gut hält. Einer meiner Schüler hat seine Ergebnisse am Ende seines ersten Regel-1-Jahres seinem höchst skeptischen Steuerberater gezeigt und ihn gefragt: „Und, wie ist das?" Der Steuerberater prüfte die Zahlen und sagte: „Sie haben im letzten Jahr 36 Prozent Gewinn gemacht." Mein Schüler fragte scheinheilig: „Ist das gut?" Sein Steuerberater ist jetzt auch Regel-1-Investor.

F: Ich habe vor ein paar Monaten ein wunderbares Unternehmen zu einem attraktiven Preis gekauft und es hat mir viel gebracht. Aber jetzt scheint es gegen eine Mauer anzurennen. Die Indikatoren sagen zwar, dass ich verkaufen sollte, aber ich will das nicht, weil ich weiß, dass das Unternehmen wiederkommt und weitersteigt. Können Sie mir einen Rat geben?

A: Das liegt bei Ihnen. Sie können natürlich investiert bleiben, wenn das Unternehmen beim Kauf wirklich alle Regel-1-Kriterien erfüllt hat, aber dann laufen Sie Gefahr, dass Sie sich irren oder dass Sie die Aktie über eine sehr harte Durststrecke oder während eines größeren Börsenrutschs halten müssen. Erinnern Sie sich, was ich über den heutigen Aktienmarkt gesagt habe: Sogar ein wunderbares Unternehmen, das beim Kauf alle Regel-1-Kriterien erfüllt hat, kann ohne ersichtlichen Grund abstürzen. Das liegt an den Marktkräften, die nur die Fondsmanager in der Hand haben. Für die Vermeidung zu großer Handelsaktivitäten oder für die Vermeidung von Steuern ist das ein großes Risiko. Unterm Strich würde ich sagen: Finden Sie ein besseres Unternehmen, das wirklich jetzt wunderbar ist und setzen Sie das weniger wunderbare auf die Watchlist. Sie können es ja jederzeit zurückkaufen!

F: Was halten Sie von Rohstoffunternehmen? Haben nicht einige Rohstoffgesellschaften bessere Zahlen vorzuweisen als Unternehmen mit breiten Burggräben, weil sie einfach besser laufen? Und wenn es um Rohstoffe geht, zum Beispiel um Metalle, wäre es dann nicht besser, das Metall an sich zu kaufen, als ein Metallunternehmen?

A: Ein Rohstoffunternehmen ist per definitionem ein Unternehmen ohne Graben (das bedeutet, dass es nicht alle Regel-1-Kriterien – die vier Ms – erfüllen kann). Ein Unternehmen ohne Graben ist unabhängig von seinen guten Finanzdaten langfristig nicht vorhersehbar, weil es seine Preise nicht kontinuierlich anheben kann. Im vergangenen Jahr kostete Mais genauso viel wie im Jahr 1948. Niemand weiß, was Mais im Jahr 2015 kosten wird, aber ich wette, dass der Preis für Coca-Cola bis dahin mindestens um das gleiche Maß wie die durchschnittlichen Lebenshaltungskosten steigen wird. Und wenn Sie mich fragen, ob man mit Rohstoffen spekulieren sollte, kann ich Ihnen nur sagen, dass dieses Spiel von fortgeschrittenen Investoren wie Warren Buffett gespielt wird. Ich habe das gelegentlich auch schon gemacht, aber das ist Investing für Fortgeschrittene. Halten Sie sich eine Zeit lang an die grundlegenden Methoden. Ein solider Ertrag von 15 Prozent oder mehr im Jahr macht Sie glücklich genug.

Aber (großes Aber!) es ist ja fast immer gut, wenn man die Regel ab und zu bricht, oder? Wenn Sie Lust haben, die Regel mit dem Kauf eines Rohstoffes zu brechen, rate ich Ihnen zum Kauf eines börsennotierten Rohstofffonds (ETF), der den Preis des Rohstoffs abbildet. Man kann zum Beispiel GLD (den Gold-ETF) statt Goldaktien kaufen. Wenn der Goldpreis steigt, steigt auch GLD. Die Werkzeuge funktionieren auch bei ETFs gut.

F: Und REITS? Was ist das und ist das etwas für mich?

A: REITS oder „Real Estate Investment Trusts“ sind eine Möglichkeit, in Immobilien zu investieren, ohne konkrete Grundstücke oder Objekte zu kaufen. Man kauft damit ein Unternehmen, das seinerseits Immobilien kauft (entweder Objekte oder Hypotheken) und das wie alle anderen Aktien an der Börse gehandelt wird.
Daher kann man REITs genauso bewerten wie alle anderen Unternehmen auch. Unterziehen Sie ein REIT dem Regel-1-Test, und wenn Sie einen Immobilienwert von 20 Dollar für zehn Dollar bekommen, ist das ein ziemlich gutes Geschäft. Achten Sie wie bei anderen Unternehmen auch hier darauf, dass Sie den Empfehlungspreis kennen. Erfüllt es alle vier Ms? Gegenüber physischen Immobilien haben REITs einen großen Vorteil: Wenn der Immobilienmarkt stagniert oder zurückgeht, kann man aus einem REIT mit Leichtigkeit aussteigen. Das dauert acht Sekunden. Um Ihre Eigentumswohnungen in Florida loszuwerden, brauchen Sie erheblich länger, wenn niemand sie kaufen will. Denken Sie außerdem an die vielen Gebühren und sonstigen zusätzlichen Kosten, die allein schon beim Kauf von Wohneigentum anfallen.

F: Was ist mit Dollar Cost Averaging (DCA)? Erzielt man damit nicht unabhängig von der Marktentwicklung langfristige Gewinne?

A: Dollar Cost Averaging oder DCA bedeutet, dass man jeden Monat den gleichen Dollarbetrag in Investmentfonds oder Aktien investiert, sodass man bei hohen Preisen automatisch weniger Anteile und bei niedrigen Preisen automatisch mehr Anteile kauft. Wenn der Markt 20 Jahre lang abwärts driftet, garantiert einem das keinen Gewinn, geschweige denn einen angenehmen Ruhestand. Da wir als Regel-1-Investoren auf den Preis achten und die Verwendung der Werkzeuge die Sicherheit gewährleistet, ist DCA irrelevant.

Haben Sie noch mehr Fragen? Schreiben Sie mir von meiner Website aus eine E-Mail. Die häufigsten Fragen und Antworten stelle ich ins Netz!

Glossar

Anmerkung für den Leser: Die hier erklärten Begriffe sind nur ein kleiner Bruchteil der Investment- und Finanzbegriffe, denen Sie wahrscheinlich begegnen werden, wenn Sie Regel 1 praktizieren und Ihr Geld an der Börse selbst in die Hand nehmen. Die Liste ist nicht vollständig und sie ist vor allem dafür gedacht, dass Sie die entscheidenden Punkte des vorliegenden Buches besser verstehen.
Wenn Sie weitere Erklärungen brauchen, benutzen Sie ein Finanzwörterbuch aus einer Bibliothek, aus einem Buchladen oder aus dem Internet.

American Stock Exchange (AMEX): Das ist gemäß dem Handelsvolumen die drittgrößte Börse der Vereinigten Staaten – nach der NYSE und der Nasdaq. Sie hat ihren Sitz in New York und dort finden rund zehn Prozent des Wertpapierhandels der Vereinigten Staaten statt.

Anleihe/Bond: Eine Schuldinvestition. Man kann zum Beispiel dem amerikanischen Staat für einen festgelegten Zeitraum und zu einem festgelegten Zinssatz Geld leihen. Der Staat gibt einem dafür ein Zertifikat, auf dem der Zinsatz (Kupon) und der Zeitpunkt steht, zu dem die Rückzahlung des geliehenen Geldes fällig ist (Fälligkeitsdatum). Dabei spricht man häufig von T-Bonds („Treasury Bonds“, Schatzanleihen) und T-Bills („Treasury Bills“, Schatzwechsel).

Arbitrage: Der gleichzeitige Kauf und Verkauf von Aktien mit dem Ziel, aus Preisdifferenzen Gewinn zu ziehen – normalerweise aufgrund des Handels der gleichen Aktie an verschiedenen Börsen. Man kauft zum Beispiel eine Aktie in den Vereinigten Staaten und verkauft sie dann an einer ausländischen Börse, an der sie ebenfalls gehandelt wird – allerdings wegen der verzögerten Anpassung der Wechselkursdifferenz zu einem anderen Preis. Warren Buffett macht manchmal Arbitragegeschäfte mit Übernahmekandidaten. Dabei nutzt er die Differenz zwischen dem Marktpreis und dem Übernahmepreis aus.

Ask/Briefkurs: Der Preis, den ein Verkäufer verlangt.

Asset/Vermögenswert: In einem Unternehmen ist ein Vermögenswert etwas, das das Unternehmen besitzt und das einen Wert in Dollar hat (allgemein ist ein Vermögenswert oder „Asset" etwas, das einen Wert hat und mit dem man handeln kann). Ein immaterieller Vermögenswert ist etwas, das einen in Dollar messbaren Wert hat, das aber möglicherweise nur dann einen Wert hat, wenn das Unternehmen erfolgreich ist. Häufig ist das ein Vermögenswert, der durch die Übernahme eines anderen Unternehmens erworben wurde. Den Preis, der über den materiellen Wert des Unternehmens hinaus bezahlt wird, bezeichnet man im Abschluss häufig als „Goodwill".

Baisse/Bärenmarkt: Rückläufiger Markt.

Bestensauftrag: Eine Order an den Broker, eine Aktie zu dem Preis zu kaufen, den der Markt in diesem Moment verlangt – falls der Handel schon beendet ist, zum Eröffnungspreis des nächsten Handelstages. Ich benutze ständig Bestensaufträge. In der Nacht, wenn kein Handel stattfindet, gebe ich einen Bestensauftrag auf und bei Handelseröffnung wird er ausgeführt. Das geht auch mit einem Limitauftrag.

Bid/Geldkurs: Der Preis, den ein Käufer anbietet.

Börse: Ein Markt, an dem Wertpapiere, Rohstoffe, Optionen oder Futures gehandelt werden. Die wichtigsten amerikanischen Aktienbörsen sind NYSE, Nasdaq und AMEX.

Broker(-haus): Ein Unternehmen, das berechtigt ist, im Kundenauftrag mit Aktien zu handeln.

Buchwert: Das Vermögen eines Unternehmens, errechnet als Gesamtvermögen minus immaterielle Vermögenswerte (Patente, Goodwill) und Verbindlichkeiten. So viel ist das Unternehmen wert, wenn man es schließt.

Bullenmarkt/Hausse: Steigender Markt.

Dividende: Die Ausschüttung von Geld, Aktien oder Immobilien durch ein Unternehmen an seine Anteilseigner; sie richtet sich nach dem Unternehmensgewinn. Normalerweise wird die Dividende pro Aktie angegeben. Die Dividende ist sozusagen der Lohn dafür, dass man Anteile eines stabilen Unternehmens besitzt, dessen Aktienkurs sich normalerweise nicht allzu schnell ändert.

„Dollar Cost Averaging" (DCA): Bei dieser Methode kauft man in regelmäßigen Abständen für den gleichen Geldbetrag Unternehmensanteile (also in unterschiedlicher Anzahl in Abhängigkeit vom Aktienkurs). Angeblich wird dadurch die Gefahr geringer, dass man zum falschen Zeitpunkt zu viel auf einmal in eine bestimmte Aktie investiert. Wenn der Preis niedrig ist, kauft man nach dieser Methode mehr Aktien, und wenn er hoch ist, kauft man weniger Stücke. Wenn sich der Markt über längere Zeit seitwärts bewegt, senkt DCA das Risiko des Nullertrags nicht. Als Regel-1-Investoren wissen wir allerdings, welchen Preis wir zahlen wollen, und deshalb brauchen wir kein DCA.

Dow Jones Industrial Average: Ein preisgewichteter Index aus 30 wichtigen Aktien, die an der New York Stock Exchange (NYSE) und der Nasdaq gehandelt werden. Heute enthält der Index unter anderem General Electric, Disney,

McDonald's und Coca-Cola. Erfunden wurde er im Jahr 1896 von Charles Dow.

Echtzeitinformationen: Informationen über den aktuellen Stand.

Equity: (1) Aktien oder sonstige Wertpapiere, die einen Besitzanteil darstellen („equities" = „stocks" = Aktien). (2) In der Bilanz bedeutet „Equity" so viel wie „Aktiva" oder „Eigenkapital", also das Vermögen, das die Inhaber (die Aktionäre) beigesteuert haben, zuzüglich der einbehaltenen Gewinne (oder Verluste). Das Eigenkapital ist im Grunde der Anteil an einem Vermögenswert, nachdem alle damit verbundenen Schulden bezahlt sind. Für den Regel-1-Investor hat das Eigenkapital vor allem wegen der Wachstumsrate Bedeutung. Das Wachstum des Eigenkapitals repräsentiert das Wachstum der Überschüsse, die ihrerseits den Wert des Unternehmens steigern.

ETF: „Exchange Traded Fund" = börsennotierter Fonds. Ein Wertpapier, das einen Index nachbildet und einen Aktienkorb repräsentiert – ähnlich wie ein Indexfonds, nur dass ein ETF wie eine Aktie an der Börse gehandelt wird und somit im Laufe des täglichen Handels Preisschwankungen unterliegt.

Fondsmanager: Die Person, die für die Investition des Fondsvermögens verantwortlich ist.

Fundamentalanalyse: Die Bewertung von Unternehmen anhand von Finanzinformationen.

GAAP: „General Accepted Accounting Principles" – „allgemein annerkannte Abrechnungsprinzipen", ein Regelwerk, anhand dessen zertifizierte Buchhalter und Rechnungsprüfer die Abschlüsse von Unternehmen erstellen.

Geldmarktkonto: Ein spezielles Sparkonto mit dem aktuellen Realzinssatz, für das normalerweise ein bestimmtes Mindestguthaben oder eine gewisse Mindestzeit gefordert wird, die das Vermögen auf dem Konto liegen muss. Während Sie darauf warten, dass Mr. Market Ihnen ein wunderbares Unternehmen zu einem attraktiven Preis anbietet, können Sie einen Teil Ihrer Geldreserven auf einem Geldmarktkonto lagern.

Gewinn/Unternehmensgewinn: Die Nettoeinnahmen oder der Nettoüberschuss (üblicherweise nach Steuern) eines Unternehmens in einem bestimmten Zeitraum. Der Gewinn pro Aktie ist der Unternehmensgewinn, der auf jede Aktie entfällt, die sich im Besitz der Aktionäre befindet. „Gewinn pro Aktie" wird häufig als „EPS" abgekürzt, vom Englischen: „Earnings per Share." Das „verwässerte EPS" berücksichtigt sämtliche potenziell umlaufenden Aktien, also beispielsweise auch Aktienbezugsrechte. Der verwässerte Gewinn pro Aktie ist ein genaueres Maß für den Gewinn eines Unternehmens. Man berechnet den Gewinn pro Aktie, indem man den Gewinn durch die Anzahl der Aktien teilt, die von Aktionären gekauft wurden. Der verwässerte Gewinn pro Aktie ist der Gewinn geteilt durch die Anzahl der Aktien, die von Aktionären gekauft wurden, zuzüglich der potenziellen Aktien, die in Form von Bezugsrechten existieren.

Hedgefonds: Eine spezielle Art von Fonds, gewöhnlich mit begrenzter Investorenzahl und ohne Regulierungsvorschriften. Hedgefonds sind dafür gedacht, den Anlegern den größtmöglichen Ertrag zu bringen, und deshalb enthalten ihre Portfolios „sichere" und riskante Aktien. Hedgefondsmanager wenden im Allgemeinen ausgefeilte Strategien an, meistens einschließlich Optionen, Leerverkäufen und Leverage.

Index: Ein imaginäres Wertpapierportfolio (Aktien und Anleihen), das einen Markt oder einen bestimmten Teil davon repräsentiert. Der S&P 500 ist einer der bekanntesten Indizes der Welt und er wird am häufigsten als Messlatte für den Aktienmarkt verwendet. Technisch betrachtet kann man in einen Index nicht investieren, sondern nur in Indexfonds oder ETFs, die einen Index so getreu wie möglich abbilden.

Indexfonds: Ein Portfolio aus Investments, die genauso gewichtet sind wie ein Aktienindex, zum Beispiel der S&P 500, mit dem Ziel, dessen Performance widerzuspiegeln.

Innerer Wert: Der momentane Wert eines Unternehmens, berechnet aus seinem künftigen überschüssigen Cashflow. Ich bezeichne diesen Wert als „unverbindliche Preisempfehlung" oder „Empfehlungspreis".

Insiderhandel: Der Kauf oder Verkauf von Aktien durch Personen, die Zugang zu vertraulichen, nicht öffentlichen Informationen über ein bestimmtes Unternehmen haben. Der Insiderhandel betrifft üblicherweise Manager, Führungskräfte und Direktoren des Unternehmens. Die Börsenaufsicht SEC verpflichtet alle Insider, ihre gesamten Transaktionen anzugeben.

Investmentfonds: Eine Gesellschaft, die es einer Gruppe von Anlegern ermöglicht, ihr Geld zu Anlagezwecken zu einem Fonds zusammenzulegen, meistens mit einem definierten Anlageziel. Ein Fondsmanager ist dafür zuständig, mit dem Fondsvermögen – meist Milliarden – Wertpapiere (gewöhnlich Aktien oder Anleihen) zu kaufen. Wenn man in einen Investmentfonds investiert, kauft man Fondsanteile. Die meisten Investmentfonds schaffen es nicht, den Markt – gemessen an breiten Indizes wie zum Beispiel dem S&P 500 – zu schlagen.

IRA: „Individual Retirement Account", individuelles Rentenkonto. Davon gibt es zahlreiche Varianten, unter anderem SEP, SIMPLE und ROTH. Ausführlichere Informationen finden Sie bei Ihrem Onlinebroker [gilt natürlich nur für amerikanische Staatsbürger].

Jahresabschlussbericht/Jahresbericht: In diesen Berichten, die man auf den Internetseiten fast aller Unternehmen findet, wird den Aktionären mitgeteilt, was das Unternehmen getan hat und wie es ihm geht. Sie enthalten unter anderem den überaus wichtigen Brief des Vorstandsvorsitzenden an die Aktionäre. Außerdem gibt es eine Form des Jahresberichts, die in den Vereinigten Staaten als „10K" bezeichnet wird. Das ist der offiziell verlangte Bericht, in dem das Unternehmen die Öffentlichkeit über die Entwicklung der Finanzen in den letzten zwölf Monaten informiert.

Kapital: Dollar, Euro ... Geld.

Kapitalertragsteuer: Eine Steuer auf den Wertzuwachs von Vermögenswerten, also auf die Differenz zwischen dem Kaufpreis und dem Verkaufspreis (der Gewinn wird erst beim Verkauf des Vermögenswertes realisiert). Es gibt kurzfristige (ein Jahr oder weniger) und langfristige Kapitalerträge (länger als ein Jahr). Langfristige Kapitalerträge werden normalerweise geringer besteuert als regelmäßige Einkünfte. Wenn man Aktien sechs Monate nach dem Kauf wieder verkauft und die Gewinne mitnimmt, bezahlt man mehr, als wenn man sie erst ein Jahr und einen Tag nach dem Kaufdatum verkauft (falls man dann auch einen Gewinn mitnimmt).

KGV (PE): Kurs-Gewinn-Verhältnis (Price/Earnings Ratio). Das Verhältnis aus Unternehmenspreis und Unternehmensgewinn (Marktwert pro Aktie geteilt durch Gewinn pro Aktie). Das KGV wird manchmal auch als „Multiple" bezeichnet, weil es angibt, wie viel die Anleger pro Dollar Gewinn zu zahlen bereit sind. Wenn ein Unternehmen ein KGV von 10 hat, bedeutet das, dass der Investor für jeden Dollar Gewinn zehn Dollar zu zahlen bereit ist. Ein hohes KGV bedeutet im Allgemeinen, dass die Analysten für die Zukunft höhere Gewinne prognostizieren. Wenn man KGVs vergleicht, sollte man das am besten innerhalb einer Branche tun oder das geschätzte mit dem historischen KGV des gleichen Unternehmens vergleichen. Das KGV des Gesamtmarkts – das „Markt-KGV" – liegt historisch betrachtet ungefähr bei 16.

Large Cap: Aktien mit hoher Marktkapitalisierung, zwischen 10 und 200 Milliarden Dollar.

Last: Der letzte tatsächliche Preis, zu dem eine Aktie verkauft wurde.

Limitauftrag: Eine Order an einen Broker, eine Aktie nur zu kaufen, wenn der Preis eine bestimmte Grenze nicht überschreitet. Wenn die Verkäufer mehr als diesen Betrag verlangen, wird die Order nicht ausgeführt.

Management: Die Menschen, die das Unternehmen leiten, im Sinne von Regel 1 der Vorstandsvorsitzende.

Margin/Einschusskredit: Ein Darlehen des Brokers über 50 Prozent des Kaufpreises einer Aktie (daher der Ausdruck „auf Margin kaufen").

Marktkapitalisierung: Der Gesamtwert aller umlaufenden Aktien. Die Marktkapitalisierung oder Börsenkapitalisierung eines Unternehmens errechnet sich, indem man die Anzahl der umlaufenden Aktien mit dem aktuellen Aktienkurs multipliziert.

Meaning/Bedeutung: Damit ist gemeint, dass man ein Unternehmen so weit versteht, dass man es besitzen könnte. Dazu gehört auch, dass man auf den Besitz stolz wäre.

Mid Cap: Aktien mit mittlerer Marktkapitalisierung, zwischen zwei und zehn Milliarden Dollar.

Moat/Burggraben: Dieser Begriff wurde von Warren Buffett geprägt und bezieht sich auf den Wettbewerbsvorteil, den ein Unternehmen gegenüber anderen Unternehmen der gleichen Branche hat.

Monopol: Wenn ein Unternehmen eine Branche wie ein König beherrscht, indem es den Markt für ein bestimmtes Produkt oder eine Dienstleistung mehr als zur Hälfte kontrolliert. Beispiele dafür sind Microsoft und PG & E.

MOS, Margin of Safety/Sicherheitspolster/ Sicherheitsabstand: Kräftiger Abschlag vom Empfehlungspreis beziehungsweise dem inneren Wert. Üblicherweise 50 Prozent des Empfehlungspreises.

Nasdaq: Eine Börse mit elektronischem Handel, die im Jahr 1971 geschaffen wurde, und die traditionelle Heimat vieler Hightech-Aktien, unter anderem Microsoft (MSFT), Intel (INTC), Dell (DELL) und Cisco (CSCO). Die Aktiensymbole der Nasdaq haben meistens vier Buchstaben, während an der NYSE drei Buchstaben üblich sind.

NYSE: New York Stock Exchange, die New Yorker Börse. Die NYSE mit Sitz an der Wall Street ist ein Unternehmen, das von einem Board of Directors geleitet wird. Sie ist verantwortlich für die Notierung der Aktien, für Verfahrensweisen sowie für die Überwachung des Börsenhandels und der Aktivitäten der Mitglieder. An der NYSE findet Parketthandel (mit richtigen Menschen) statt, während die Nasdaq und viele andere Börsen nur über Computer funktionieren.

Option: Das Recht, einen Vermögenswert - zum Beispiel eine Aktie - innerhalb eines festgelegten Zeitraums zu einem festgelegten Preis zu kaufen. Optionen sind etwas für fortgeschrittene Anleger.

Order: Ein Vertrag zwischen Ihnen und Ihrem Broker, der bestimmt, was Sie kaufen oder verkaufen wollen.

Portfolio-Liste: Eine Liste von Unternehmen, die Sie gekauft haben und eventuell verkaufen wollen. Der Regel-1-Investor benutzt die Portfolio-Liste, um das Sicherheitspolster und die Werkzeuge zu kontrollieren.

Quartalsbericht: Der in den Vereinigten Staaten sogenannte „10Q" ist ein Bericht über die Finanzen der letzten drei Monate, die börsennotierte Unternehmen abgeben müssen.

Regel 1: Kein Geld verlieren. Warren Buffett schreibt diese Regel seinem Lehrer Benjamin Graham zu. Regel 1 besagt im Prinzip, dass man Unternehmen - keine Aktien - mit großer Gewissheit und geringem Risiko kaufen soll, und zwar wunderbare Unternehmen und diese auch nur zu einem attraktiven Preis - für 50 Cent den Gegenwert von einem Dollar.

Regel 2: Siehe Regel 1.

REIT (Real Estate Investment Trust): Ein Wertpapier, das an den großen Börsen wie eine Aktie gehandelt wird und das unmittelbar in Immobilien investiert, entweder über Objekte oder über Hypotheken. So kann man in Immobilien investieren, ohne konkrete Objekte zu kaufen.

Rohstoff („commodity"): Ein Massengut, das an einer Börse oder am Kassamarkt gehandelt wird. Rohstoffe sind zum Beispiel Getreide, Kaffee, Früchte, Gold, Öl, Rinder, Silber und Erdgas. Ein „Commodity Business" ist im Unterschied dazu ein Unternehmen, das Produkte erzeugt, die jedes andere Unternehmen genauso gut produzieren könnte und das daher keinen Burggraben hat. Wenn Sie zum Beispiel ein Erdbeerfeld besitzen, kann der Nachbar mit seinem Erdbeerfeld höchstwahrscheinlich problemlos mit Ihnen konkurrieren. Die Erdbeeren von Ihrem Feld dürften sich von denen des Nachbarn wohl kaum unterscheiden. Einen Burggraben um ein solches Massenunternehmen zu ziehen und zu halten ist sehr schwierig und teuer.

ROI („Return on Investment", Eigenkapitalrendite): Der prozentuale Ertrag, den man mit einer Anlage erzielt. Die Anlagerendite eines Sparkontos beträgt zwei Prozent pro Jahr. Man nimmt den Gesamtwert des Investments minus die ursprüngliche Investition und teilt die Differenz durch die Gesamtinvestition. Wenn ich nach dem Verkauf von Limonade 120 Dollar habe und anfänglich 100 Dollar investiert hatte, ziehe ich die 100 Dollar von den 120 Dollar ab und bekomme 20 Dollar. 20 Dollar geteilt durch 100 Dollar ergibt 20 Prozent.

Russell 2000: Ein Index, der die Performance der 2.000 kleinsten Unternehmen des Russell 3000 Index misst, wobei der Russell 3000 aus 3.000 der größten US-amerikanischen Aktien besteht. Der Russell 2000 wird als Messlatte für die Small-Cap-Aktien in den Vereinigten Staaten benutzt.

S&P 500: Ein Index aus 500 Aktien, die nach gewissen Kriterien ausgewählt werden, unter anderem Marktkapitalisierung, Liquidität und Repräsentativität für einzelne Branchen. Der S&P 500 ist als führender Indikator der US-Aktien gedacht. Er soll das Risiko-Ertragsprofil des Large-Cap-Universums wiedergeben. Der S&P 500 ist eine der meistverwendeten Messlatten für den gesamten amerikanischen Aktienmarkt. Da der Dow Jones Industrial Average nur aus 30 Unternehmen besteht, sind viele der Meinung, dass der S&P 500 den Markt besser repräsentiert. Für die meisten definiert der S&P 500 den Markt. „S&P" ist die Abkürzung für „Standard & Poor's", ein Finanzunternehmen, das Aktien und kommunale Anleihen nach ihrem Risikoprofil bewertet. Außerdem erstellt dieses Unternehmen Indizes (wie eben den S&P 500) und veröffentlicht eine Reihe von Finanz- und Investmentberichten.

Sektoren-Fonds: Ein Investmentfonds, der in eine bestimmte Branche oder in einen bestimmten Wirtschaftssektor investiert.

Ticker Tape: Das „Laufband" mit Aktiensymbolen und Kursen, das zum Beispiel bei CNBC in den Handelsstunden am unteren Rand des Fernsehbildschirms entlangläuft.

T-Note: US-Schatzanweisung. Eine vom amerikanischen Staat ausgegebene Anleihe (ein Schuldpapier) mit festem Zinssatz und einer Laufzeit zwischen einem und zehn Jahren. Man kann T-Notes entweder direkt beim Staat oder bei Banken kaufen.

Trend: Eine Entwicklungsrichtung, die aus den Handelsdaten abzulesen ist.

Vier Ms: Meaning, Moat, Management und MOS. Zu Deutsch: Bedeutung, Burggraben, Management und Sicherheitspolster.

Watchlist: Eine Liste von Unternehmen, die Sie nicht besitzen, aber die Sie eventuell kaufen wollen. Regel-1-Investoren benutzen die Watchlist, um das MOS und die Werkzeuge zu überwachen.

Zacks: Ein Unternehmen aus Chicago, das institutionellen und privaten Investoren Analysewerkzeuge und Finanzinformationen zur Verfügung stellt. Viele Finanzdaten, die Sie bei Anbietern wie Microsoft Money, Reuters, Quicken und Bank of America finden, stammen ursprünglich von Zacks.

Danksagungen

Dieses Buch fängt mit Ben Graham, Warren Buffett und mit dem Wolf an, der auf eigenen Wunsch ungenannt bleibt. Graham hat den Weg geebnet und Buffett hat ihn zu einem gepflegten und einfach zu beschreitenden Pfad ausgebaut: Ein wunderbares Unternehmen finden und es zu einem attraktiven Preis kaufen. Ohne den Wolf wäre ich wohl nie bereit gewesen, diesen Weg zu gehen. Wenn man 13 Jahre im Schlafsack geschlafen hat, kann man nicht plötzlich ein reiches Leben führen, ohne seine Einstellung zu gewissen Dingen zu ändern. Ich dachte immer noch „reich" = „schlecht". Der Wolf musste mir zuerst beibringen, dass ein Rolls Royce nur ein Auto ist, kein Symbol der Dekadenz. Erst dann konnte er mir beibringen, dass man nicht besonders intelligent sein muss, um Geld zu verdienen – man braucht nur das zu tun, was die besten Investoren schon immer tun.

Der Wolf hat mir zwar den Weg gezeigt, aber was mich wirklich in Bewegung brachte, war die Geburt meiner ersten Tochter, Danielle. Und was mich noch mehr antrieb, war die Geburt meiner zweiten Tochter Alaina. Es ist erstaunlich, wie mich die Ankunft dieser beiden Seelen dazu brachte, nicht mehr über die Vergangenheit nachzudenken, sondern über die Zukunft – über ihre Zukunft. Sie sind immer noch die größte Freude in meinem Leben und jetzt, da sie wissen, wie man Geld verdient, ist es mir egal, was für Kerle sie heiraten.

Und dann kamen Peter und Tamara Lowe und Brian Forte daher. Sie stellten mich vor Millionen Menschen auf die Bühne und ich erzählte meine Geschichte. Dabei haben sie mir mehr als alle anderen Menschen, denen ich begegnet bin, gezeigt, wie man ein erfolgreiches Leben führt. Ohne ihre Unterstützung und Ermunterung würden Sie dieses Buch nicht lesen.

Besonderer Dank geht an Marci Shimoff, die Autorin von „Chicken Soup", für ihre 20-jährige Freundschaft und dafür, dass sie mich zum Schreiben ermuntert hat, und dafür, dass sie mich mit der besten Literaturagentin der Welt bekannt gemacht hat, nämlich Bonnie Solow.

Bonnie und ich trafen uns in ihrem schönen Garten; ihr Hund mochte mich und so blieb ich ein bisschen länger. Bonnie war gerade unterwegs nach Alaska, wo sie mit ein paar Guides einen Fluss erkunden wollte, also wusste ich, dass ich hier zu Hause und an der richtigen Adresse war. Seit jenem Tag hat sie sich mit Leib und Seele für dieses Buch engagiert und ich kann ihr gar nicht genug danken. Sie wurde zum Quarterback des Regel-1-Projekts und dank Ihrer habe ich Erfahrungen gemacht, die nur wenige Erstlingsautoren machen.

Ein entscheidender Teil dieser Erfahrung war die Suche nach dem richtigen Verlag. Sie schleppte mich nach New York, machte mich mit erstaunlichen Menschen aus der Verlagsbranche bekannt und fand die richtige Heimat für mein Buch: Crown Publishers/Random House. Es war Liebe auf den ersten Blick, als ich Jenny Frost und ihr wunderbares Team kennenlernte: Rick Horgan, Julian Pavia, Philip Patrick, Steve Ross, Tina Constable, Tara Gilbride, Jill Flaxman und Brian Belfiglio. Sie begriffen sofort, was aus diesem Buch werden konnte. Sie halten dieses Buch nur in Händen, weil sie eine furchtlose Bande sind, die bereit war, einen Erstlingsautor aufzunehmen, der das Paradigma der Geldanlage verändern könnte.

Riesendank auch an Sandi Mendelson und ihr fantastisches PR-Team für ihre besonderen Bemühungen um mich.

Die beiden Menschen, die dieses Buch lesbar gemacht haben, heißen Rick Horgan und Kristin Loberg. Rick glaubte als allererster in New York an das Buch, er machte sich bei Crown dafür stark – und dann redigierte und redigierte er und machte Vorschläge und änderte noch mehr, bis daraus etwas entstand, das einem Schritt für Schritt beibringt, wie das mit der Geldanlage geht. Kristin Loberg musste die Hauptlast meiner Verbrechen an der englischen Sprache tragen. Sie

Über den Autor

Phil Town

ist ein millionenschwerer Investor und Redner. Der ehemalige Elitesoldat führt seinen Erfolg auf die wichtigste Regel von allen zurück: „Verliere kein Geld!“